杜威晚期著作

1925—1953

国家出版基金项目
NATIONAL PUBLICATION FOUNDATION

复旦大学杜威与美国哲学研究中心　组译

杜威全集

《共同信仰》
1933至1934年间的论文、书评、公告、杂记和访谈

第九卷

1933—1934

[美] 约翰·杜威　著

王新生　朱剑虹　沈诗懿　译

华东师范大学出版社

The Later Works of John Dewey, 1925 – 1953

Volume Nine: 1933 – 1934, Essays, Reviews, Miscellany, and *A Common Faith*

By John Dewey

Edited by Jo Ann Boydston

Copyright © 1986 by Southern Illinois University Press

Published by agreement with Southern Illinois University Press, 1915 University Press Drive, SIUC Mail Code 6806, Carbondale, IL 62901, USA

Simplified Chinese translation copyright © 2015 by East China Normal University Press

上海市版权局著作权合同登记　图字:09 – 2004 – 377 号

《杜威全集·晚期著作》(1925—1953)

第九卷(1933—1934)

主　　　　编　乔·安·博伊兹顿(Jo Ann Boydston)

文 本 编 辑　安妮·夏普(Anne Sharpe)

助理文本编辑　帕特里夏·贝辛格(Patricia Baysinger)

目　录

杂记 / 233

报道和访谈 / 255

中文版序

　　《杜威全集》中文版终于由华东师范大学出版社出版了。作为这一项目的发起人，我当然为此高兴，但更关心它能否得到我国学界和广大读者的认可，并在相关的学术研究中起到预期作用。后者直接关涉到对杜威思想及其重要性的合理认识，这有赖专家们的研究。我愿借此机会，对杜威其人、其思想的基本倾向和影响，以及研究杜威哲学的意义等问题谈些看法，以期抛砖引玉。考虑到中国学界以往对杜威思想的消极方面谈论得很多，大家已非常熟悉，我在此就主要谈其积极方面，但这并非认为可以忽视其消极方面。

一、杜威其人

　　约翰·杜威（John Dewey，1859—1952）是美国哲学发展中最有代表性的人物。他不仅进一步阐释并发展了由皮尔士创立、由詹姆斯系统化的实用主义哲学的基本理论，而且将其运用于社会、政治、文化、教育、伦理、心理、逻辑、科学技术、艺术、宗教等众多人文和社会科学领域的研究，并在这些领域提出了重要创见。他在这些领域的不少论著，被西方各该领域的专家视为经典之作。这些论著不仅对促进这些领域的理论研究起到过重要的作用，在这些领域的实践中也产生过深刻的影响。杜威由此被认为是美国思想史上最具影响的学者，甚至被认为是美国的精神象征；在整个西方世界，他也被公认是 20 世纪少数几个最伟大的思想家之一。

　　杜威出生于佛蒙特州伯灵顿市一个杂货店商人家庭。他于 1875 年进佛蒙特大学，开始受到进化论的影响。1879 年，他毕业后先后在一所中学和一所乡村学校教书。在这期间,他阅读了大量的哲学著作,深受当时美国圣路易黑格尔学派刊物《思辨哲学杂志》的影响。1882 年,他在该刊发表了《唯物主义的形而上学假定》和《斯宾诺莎的泛神论》两文,很受鼓舞,从此决定以哲学为业。同年,他成了约翰·霍普金斯大学的哲学研究生,在此听了皮尔士的逻辑讲座,不过当时对他影响最大的是黑格尔派哲学家莫里斯(George Sylvester Morris)和实验心理学家霍尔(G. Stanley Hall)。两年后,他以《康德的心理学》论文取得哲学博士学位。

1884 年,杜威到密歇根大学教哲学,在该校任职 10 年(其间,1888 年在明尼苏达大学)。初期,他的哲学观点大体上接近黑格尔主义。他对心理学研究很感兴趣,并使之融化于其哲学研究中。这种研究,促使他由黑格尔主义转向实用主义。在这方面,当时已出版并享有盛誉的詹姆斯的《心理学原理》对他产生了强烈的影响。杜威对心理学的研究,又促使他进一步去研究教育学。他主张用心理学观点去进行教学,并认为应当把教育实验当作哲学在实际生活中的运用的重要内容。

1894 年,杜威应聘到芝加哥大学,后曾任该校哲学系主任。他在此任教也是 10 年。1896 年,他在此创办了有名的实验学校。这个学校抛弃传统的教学法,不片面注重书本,而更为强调接触实际生活;不片面注重理论知识的传授,而更为强调实际技能的训练。杜威后来所一再倡导的“教育就是生活,而不是生活的准备”、“从做中学”等口号,就是对这种教学法的概括。杜威在芝加哥时期,已是美国思想界一位引人注目的人物。他团聚了一批志同道合者(包括在密歇根大学就与他共事的塔夫茨、米德),形成了美国实用主义运动中著名的芝加哥学派。杜威称他们共同撰写的《逻辑理论研究》(1903 年)一书是工具主义学派的“第一个宣言”。此书标志着杜威已从整体上由黑格尔主义转向了实用主义。

从 1905 年起,杜威转到纽约哥伦比亚大学任教,直到 1930 年以荣誉教授退休。他以后的活动也仍以该校为中心。这一时期不仅是他的学术活动的鼎盛期(他的大部分有代表性的论著都是在这一时期问世的),也是他参与各种社会和政治活动最频繁且声望最卓著的时期。他把两者有机地结合在一起。他对各种社会现实问题的评论和讲演,往往成为他的学术活动的重要组成部分。从 1919 年起,杜威开始了一系列国外讲学旅行,到过日本、墨西哥、俄罗斯、土耳其等国。“五四”前夕,他到了中国,在北京、南京、上海、广州等十多个城市作过系列讲演,于 1921 年 7 月返美。

杜威一生出版了 40 种著作,发表了 700 多篇论文,内容涉及哲学、社会、政治、教育、伦理、心理、逻辑、文化、艺术、宗教等多个方面。其主要论著有:《学校与社会》(1899 年)、《伦理学》(1908 年与塔夫茨合著,1932 年修订)、《达尔文主义对哲学的影响》(1910 年)、《我们如何思维》(1910 年)、《实验逻辑论文集》(1910 年)、《哲学的改造》(1920 年)、《人性与行为》(1922 年)、《经验与自然》(1925 年)、《公众及其问题》(1927 年)、《确定性的寻求》(1929 年)、《新旧个人主义》(1930 年)、《作为经验的艺术》(1934 年)、《共同的信仰》(1934 年)、《逻辑:探究的理论》(1938 年)、《经验与教育》(1938 年)、《自由与文化》(1939 年)、《评价理论》(1939 年)、《人的问题》(1946 年)、《认知与所知》(1949 年与本特雷合著)等等。

二、杜威哲学的基本倾向

杜威在各个领域的思想都与他的哲学密切相关,这不只是他的哲学的具体运用,有时甚至就是他的哲学的直接体现。我们在此不拟具体介绍他的思想的各个方面和他的哲学的各个部分,仅概略地揭示他的哲学的基本倾向。杜威哲学的各个部分,以及他的思想的各个方面,大体上都可从他的哲学的基本倾向中得到解释。这种基本倾向从其积极意义上说,主要表现为如下三点。

第一,杜威把对现实生活和实践的关注当作哲学的根本意义所在。

在现代西方各派哲学中,杜威哲学最为反对以抽象、独断、脱离实际等为特征的传统形而上学,最为肯定哲学应当面向人的现实生活和实践。如何通过人本身的行为、行动、实践(即他所谓的以生活和历史为双重内容的经验)来妥善处理人与其所面对的现实世界(自然和社会环境),以及人与人之间的关系,是杜威哲学最为关注的根本问题。杜威哲学从不同的角度来说有着不同的名称,例如,当他强调实验和探究的方法在其哲学中的重要意义时,称其哲学为实验主义(experimentalism);当他谈到思想、观念的真理性在于它们能充当引起人们的行动的工具时,称其哲学为工具主义(Instrumentalism);当他谈到经验的存在论意义,而经验就是作为有机体的人与其自然环境的相互作用时,称其哲学为经验自然主义(empirical naturalism)。贯彻于所有这些称呼的概念是行动、行为、实践。杜威哲学的各个方面,都在于从实践出发并引向实践。这并不意味着实践就是一切。实践的目的是改善经验,即改善人与其自然和社会环境的关系,一句话,改善人的生活和生存条件。

杜威对实践的解释当然有片面性。例如,他没有看到人类的物质生产活动在人的实践中的基础作用,更没有科学地说明实践的社会性;但他把实践看作是全部哲学研究的核心,认为存在论、认识论、方法论等问题的研究都不能脱离实践,都具有实践的意义,且在一定意义上是合理的。

值得一提的是:与胡塞尔、海德格尔等人通过曲折的道路返回生活世界不同,与只关注逻辑和语言意义分析的分析哲学家也不同,杜威的哲学直接面向现实生活和实践。杜威一生在哲学上所关注的,不是去建构庞大的体系,而是满腔热情地从哲学上探究人在现实生活和实践各个领域所面临的各种问题及其解决办法。在杜威的全部论著中,关于政治、社会、文化、教育、心理、道德、价值、科学技术、审美和宗教等多个领域的具体问题的论述占了绝大部分。他的哲学的精粹和生命力,大多是在这些论述中表现出来的。

第二,杜威的哲学改造适应和引领了西方哲学由近代到现代转向的潮流。

19世纪中期以来,西方哲学发展出现了根本性的变更,以建构无所不包的体系为特征的近代哲学受到了广泛的批判,以超越传统的实体性形而上学和二元论为特征的现代哲学开始出现,并越来越占主导地位。多数哲学流派各以特有的方式,力图使哲学研究在不同程度上从抽象化的自在的自然界或绝对化的观念世界返回到人的现实生活世界,企图以此摆脱近代哲学所陷入的种种困境,为哲学的发展开辟新道路。西方哲学由近代到现代的这种转折,不能简单归结为由唯物主义转向唯心主义、由进步转向反动,而是包含了哲学思维方式上一次具有划时代意义的转型。它标志着西方哲学发展到了一个新的、更高的阶段。杜威在哲学上的改造,不仅适应了而且在一定意义上引领了这一转型的潮流。

杜威曾像康德那样,把他在哲学上的改造称为"哥白尼革命"(Copernican revolution)。但他认为康德对人的理智的能动性过分强调,以致使它脱离了作为其存在背景的自然。而在他看来,人只有在其与自然的相互作用中才有能动作用,甚至才能存在。哲学上的真正的哥白尼革命,正在于肯定这种交互作用。如果说康德的中心是心灵,那么杜威的新的中心是自然进程中所发生的人与自然的交互作用。正如地球或太阳并不是绝对的中心一样,自我或世界、心灵或自然都不是这样的中心。一切中心都存在于交互作用之中,都只具有相对的意义。可见,杜威所谓哲学中的哥白尼革命,就是以他所主张的心物、主客、经验自然等的交互作用,或者说人的现实生活和实践来既取代客体中心论,也取代主体中心论。他也是在这种意义上,既反对忽视主体的能动性的旧的唯物主义,又反对忽视自然作为存在的根据和作用的旧的唯心主义。

不是把先验的主体或自在的客体,而是把主客的相互作用当作哲学的出发点;不是局限于建构实体性的、无所不包的体系,而是通过行动、实践来超越这样的体系;不是转向纯粹的意识世界或脱离了人的纯粹的自然界,而是转向与人和自然界、精神和物质、理性和非理性等等都有着无限牵涉的生活世界,这大体上就是杜威哲学改造的主要意义;而这在一定程度上,也正是多数西方哲学由近代到现代转向的主要意义。杜威由此体现和引领了这种转向。

第三,杜威的哲学改造与马克思在哲学上的革命变更存在某些相通之处。

西方哲学从近代到现代的转向与马克思在哲学上的革命变更的政治背景大不相同,二者必然存在原则性区别;但二者发生于大致相同的历史时代,具有共同的历史和文化背景,因而又必然存在相通之处。如果我们能够肯定杜威的哲学改造适应并引领了西方哲学从近代到现代转向的潮流,那就必须肯定杜威的哲学改造与马克思在哲学上的革命变更必然同样既有原则区别,又有相通之处。后者突出地表现在,二者都把实践当作哲学的根本意义而加以强调。马克思正是通过这种强调而得以超越旧唯物主义和唯心主义辩证法的界限,把唯物主义和辩证法有机地统一起来,建立了唯物辩证法。杜威在这些方面与马克思相距甚远。但是,他毕竟用实践来解释经验而使他的经验自然主义超越了纯粹自然主义和思辨唯心主义的界限,并由此提出了一系列超越近代哲学范围的思想。

杜威的经验自然主义并不否定自然界在人类经验以外自在地存在,不否定在人类出现以前地球和宇宙早已存在,而只是认为人的对象世界只能是人所遭遇到(经验到)的世界,这在一定程度上类似于马克思所指的与纯粹自然主义的自在世界不同的人化世界,即现实生活世界。杜威否定唯物主义,但他只是在把唯物主义归结为纯粹自然主义的唯物主义的意义上去否定唯物主义。杜威强调经验的能动性,但他不把经验看作可以离开自然(环境)而独立存在的精神实体或精神力量,而强调经验总是处于与自然、环境的统一之中,并与自然、环境发生相互作用。这与传统的唯心主义经验论也是不同的,倒是与马克思关于主客观的统一和相互作用的观点虽有原则区别,却又有相通之处。

杜威是在黑格尔影响下开始哲学活动的。他在转向实用主义以后,虽然抛弃了黑格尔的绝对唯心主义,甚至也拒绝了黑格尔的辩证法,但是在他的理论中又保留着某些辩证法的要素。例如,他把经验、自然和社会等都看作是统一整体,其间都存在着多种多样的联系;他在达尔文进化论的影响下,明确肯定世界(人类社会和自然界)处于不断进化和发展的过程之中。他所强调的连续性(如经验与自然的连续、人与世界的连续、身心的连续、个人与社会的连续等等)概念,在一定程度上就是统一整体的概念、进化和发展的概念。这种概念虽与马克思的辩证法不能相提并论,但毕竟也有相通之处。

三、杜威哲学的积极影响

杜威实用主义哲学对现实生活和实践的强调,对西方哲学从近代到现代转向的潮流的适应和引领,特别是它在一些重要方面与马克思哲学的相通,说明它在一定程度上体现了时代精神发展的要求。正因为如此,它必然是一种在一定范围内能发生积极影响的哲学。

实用主义在美国的积极影响,可以用美国人民在不长的历史时期里几乎从空地上把美国建设成为世界的超级大国来说明。实用主义当然不是美国唯一的哲学,但它却是美国最有代表性的哲学。实用主义产生以前的许多美国思想家(特别是富兰克林、杰斐逊等启蒙思想家),大多已具有实用主义的某些特征,这在一定意义上为实用主义的正式形成作了思想准备。实用主义产生以后,传入美国的欧洲各国哲学虽然能在美国哲学中占有一席之地,其中分析哲学在较长时期甚至能在哲学讲坛上占有支配地位;但是,它们几乎都毫无例外地迟早被实用主义同化,成为整个实用主义运动的组成部分。当代美国实用主义者莫利斯说:逻辑经验主义、英国语言分析哲学、现象学、存在主义同实用主义"在性质上是协同一致的",它们"每一种所强调的,实际上是实用主义运动作为一个整体范围之内的中心问题之一"。[①] 就实际影响来说,实用主义在美国哲学中始终占有优势地位。桑塔亚那等一些美国思想家也承认,美国人不管其口头上拥护的是什么样的哲学,但是从他们的内心和生活来说都是实用主义者。只有实用主义,才是美国建国以来长期形成的一种民族精神的象征。而实用主义的最大特色,就是把哲学从玄虚的抽象王国转向人所面对的现实生活世界。实用主义的主旨

---

① Morris, Charles W. *The Pragmatic Movement in American Philosophy*. New York: George Braziller, 1970, p. 148.

就在指引人们如何去面对现实生活世界,解决他们所面临的各种疑虑和困扰。实用主义当然具有各种局限性,人们也可以而且应当从各种角度去批判它,马克思主义者更应当划清与实用主义的界限;但从思想理论根源上说,正是实用主义促使美国能够在许多方面取得成功,这大概是一个不争的事实。

在美国以外,实用主义同样能发生重要的影响。与杜威等人的哲学同时代的欧洲哲学尽管不称为实用主义,但正如莫利斯说的那样,它们同实用主义"在性质上是协同一致的"。如果说它们各自在某些特定方面、在一定程度上体现了现代西方社会的时代特征,实用主义则较为综合地体现了这些特征。换言之,就体现时代特征来说,被欧洲各个哲学流派特殊地体现的,为实用主义所一般地体现了。正因为如此,实用主义能较其他现代西方哲学流派发生更为广泛的影响。

杜威的实用主义在中国也发生过重要的影响。早在"五四"时期,杜威就成了在中国最具影响的西方思想家。从外在原因上说,这是由于胡适、蒋梦麟、陶行知等他在中国的著名弟子对他作了广泛的宣扬;杜威本人在"五四"时期也来华讲学,遍访了中国东西南北十多个城市。这使他的思想为中国广大知识界所熟知。然而,更重要的原因是:他在理论中所包含的科学和民主精神,正好与"五四"时期中国先进知识分子倡导科学和民主的潮流相一致。另外,他的讲演不局限于纯哲学的思辨而尤其关注现实问题,这也与中国先进分子的社会改革的现实要求相一致。正是这种一致,使杜威的理论受到了投入"五四"新文化运动和社会改革的各阶层人士的普遍欢迎,从而使他在中国各地的讲演往往引起某种程度的轰动效应。杜威本人也由此受到很大鼓舞,原本只是一次短期的顺道访华也因此被延长到两年多。胡适在杜威起程回国时写的《杜威先生与中国》一文中曾谈到:"我们可以说,自从中国与西方文化接触以来,没有一个外国学者在中国思想界的影响有杜威先生这样大的。我们还可以说,在最近的将来几十年中,也未必有别个西洋学者在中国的影响可以比杜威先生还大的。"①作为杜威的信徒,胡适所作的评价可能偏高。但就其对中国社会的现实层面的影响来说,除了马克思主义者以外,也许的确没有其他现代西方思想家可以与杜威相比。

尽管杜威的实用主义与马克思主义有原则区别,但"五四"时期中国马克思主义者对杜威及其实用主义并未简单否定。陈独秀那时就肯定了实用主义的某

---

① 引自《胡适哲学思想资料选》(上),上海:华东师范大学出版社,1981 年,第 181 页。

些观点,甚至还成为杜威在广州讲学活动的主持人。1919 年,李大钊和胡适关于"问题与主义"的著名论战,固然表现了马克思主义与实用主义的原则分歧,但李大钊既批评了胡适的片面性,又指出自己的观点有的和胡适"完全相同",有的"稍有差异"。他们当时的争论并未越出新文化运动统一战线这个总的范围,在倡导科学和民主精神上毋宁说大体一致。毛泽东在其青年时代也推崇胡适和杜威。

"五四"以后,随着国内形势的重大变化,上述统一战线趋向分裂。20 世纪 30 年代后期,由于受到苏联对杜威态度骤变的影响,中国马克思主义者对杜威也近乎于全盘否定了。20 世纪 50 年代中期,为了确立马克思主义在思想文化领域的主导地位,从上而下发动了一场对实用主义全盘否定的大规模批判运动。它在一定程度上达到了预期的政治目的,但在理论上却存在着很大的片面性。当时多数批判论著脱离了杜威等人的理论实际,形成了一种对西方思潮"左"的批判模式,并在中国学术界起着支配作用。从此以后,人们在对杜威等现代西方思想家、对实用主义等现代西方思潮的评判中,往往是政治标准取代了学术标准,简单否定取代了具体分析。杜威等西方学者及其理论的真实面貌就因此而被扭曲了。

对杜威等西方思想家及其理论的简单否定,势必造成多方面的消极后果。其中最突出的有两点:一是使马克思主义及其指导下的思想理论领域在一定程度上与当代世界及其思想文化的发展脱节,使前者处于封闭状态,从而妨碍其得到更大的丰富和发展;二是由于扭曲了马克思主义哲学和现代西方哲学的关系,忽视了二者在某些方面存在的共通之处,在批判杜威哲学等现代西方哲学的名义下扭曲了马克思主义哲学一些最重要的学说,例如关于真理的实践检验、关于主客观统一、关于个人与社会的关系等学说都存在这种情况。这种理论上的混乱导致实践方向上的混乱,甚至在一定程度上导致实践上的挫折。

需要说明的是:肯定杜威实用主义的积极作用并不意味着否定其消极作用,也不意味着简单否定中国学界以往对实用主义的批判。以往被作为市侩哲学、庸人哲学、极端个人主义哲学的实用主义不仅是存在的,而且在一些人群中一直发生着重要的影响。资产阶级庸人、投机商、政客以及各种形式的机会主义者所奉行的哲学,正是这样的实用主义。对这样的实用主义进行坚定的批判,是完全正当的。但是,如果对杜威的哲学作具体研究,就会发觉他的理论与这样的实用主义毕竟有着重大的区别。杜威自己就一再批判了这类庸俗习气和极端个人主义。如果简单地把杜威哲学归结为这样的实用主义,那在很大程度上就是把杜威所批判的哲学当作是他自己的哲学。

四、杜威哲学研究在当代中国的积极意义

改革开放以来,中国政治和思想文化上的"左"的路线得到纠正,哲学研究出现了求真务实的新气象,包括杜威实用主义在内的现代西方哲学研究得到了恢复和发展。以1988年全国实用主义学术讨论会为转折点,对杜威等人的实用主义的全盘否定倾向得到了克服,如何重新评价其在中国思想文化建设中的作用的问题也越来越受到学界的关注,对杜威等人的实用主义的研究由此进入了一个新阶段。"五四"时期,由于杜威的学说正好与当时中国的新文化运动相契合,起过重要的积极作用;今天的中国学界,由于对马克思主义哲学和现代西方哲学都已有了更为全面和深刻的理解,对杜威的思想的研究也会更加深入和具体,更能区别其中的精华和糟粕,这对促进中国的思想文化建设会产生更为积极的作用。

对杜威哲学的重新研究在当代中国的积极意义,至少包括如下三个方面:

第一,有利于对马克思主义哲学有更为全面和深刻的理解。

这是因为,杜威哲学和马克思的哲学虽有原则性区别,但二者在一些重要方面有相通之处。这主要表现在二者都批判和超越了以抽象、思辨、脱离实际等为特征的传统形而上学;都强调对现实生活和实践的关注在哲学中的决定性作用;都肯定任何观念和理论的真理性的标准是它们是否经得起实践的检验;都认为科学真理的获得是一个不断提出假设、又不断进行实验的发展过程;都认为社会历史同样是一个不断发展的过程,社会应当不断地进行改造,使之越来越能符合满足人的需要和人的全面发展的目标;都认为每一个人的自由是一切人取得自由的条件,同时个人又应当对社会负责,私利应当服从公益;都提出了使所有人共同幸福的社会理想,等等。在这些方面将马克思主义与杜威的实用主义作比较研究,既能更好地揭示它们作为不同阶级的哲学的差异,又能更好地发现二者作为同时代的哲学的共性,从而使人们既能更好地划清马克思主义和实用主义的界限,又能通过批判地借鉴后者可能包含的积极成果来丰富和发展马克思主义。

第二，有利于对中国传统文化的批判继承。

杜威哲学和中国传统文化有着两种不同的联系。以儒家为代表的中国传统文化是一种前资本主义文化，没有西方资本主义文化的理性主义特质，不会具有因把理性绝对化而导致的绝对理性主义和思辨形而上学等弊端；但未充分经理性思维的熏陶又是中国传统文化的缺陷，不利于自然科学的发展，更不利于人的个性的发展和自由民主等意识的形成。正因为如此，以儒家为代表的中国传统文化往往被历代封建统治阶级神圣化和神秘化，成为他们的意识形态，后者阻碍了中国科学技术的发展、人民的觉醒和社会历史的进步。"五四"新文化运动的主要矛头就是针对儒家文化作为封建意识形态的方面，以此来为以民主和科学精神为特征的新文化开辟道路。杜威哲学正是以倡导民主和科学为重要特征的。杜威来到中国时，正好碰上"五四"新文化运动，他成了这一运动的支持者。他的学说对于批判作为封建意识形态的儒学，自然也起了促进作用。

但是，儒家文化并不等于封建文化；孔子提出的以"仁"为核心的儒学本身并不是统治阶级的意识形态。直到汉武帝实行"罢黜百家，独尊儒术"的政策以后，儒学才取得了独特的官方地位，由此被历代封建帝王当作维护其统治的精神工具。即使如此，也不能否定儒学在学理上的意义。它既可以被封建统治阶级所利用，又能为广大民众所接受，成为他们的生活信念和道德准则。历代学者对儒学的发挥，也都具有这种二重性。正因为如此，儒学除了被封建统治阶级利用外，还能不断发扬光大，成为中华民族宝贵的思想文化遗产。儒学所强调的"以人为本"、"经世致用"、"公而忘私"、"以和为贵"、"己所不欲，勿施于人"等观念，具有超越时代和阶级的普世意义。新文化运动的代表人物并不反对这些观念，而这些观念与杜威哲学的某些观念在一定程度上是相通的。杜威哲学在"五四"时期之所以能为中国广大知识分子接受，在一定程度上正是因为中国文化传统中已有与杜威哲学相通的成分。正因为如此，研究杜威的实用主义思想，对于更清晰地理解儒家思想，特别是分清其中具有普世价值的成分与被神圣化和神秘化的成分，发扬前者，拒斥后者，能起到促进作用。

第三，有利于促进对各门社会人文学科的研究。

杜威的哲学活动的一个突出特点，是他非常自觉地超越纯粹哲学思辨的范围而扩及各门社会人文学科。我们上面曾谈到，在杜威的全部论著中，关于政治、社会、文化、教育、道德、心理、逻辑、科学技术、审美和宗教等各个领域的具体问题的论述占了绝大部分。他不只是把他的哲学观点运用于这些学科的研究，而且是通过对这些学科的研究更明确和更透彻地把他的哲学观点阐释出来。反过来说，他对这些学科的研究都不是孤立地进行的，而是通过其基本哲学观点的具体运用而与其他相关学科联系起来，从而把对这些学科的研究形成为一个有机整体，并由此使他对这些学科的研究可能具有某些独创意义。

例如，杜威极其关注教育问题并在这方面作了大量论述，除了贯彻他对现实生活和实践的重视这个基本哲学倾向、由此强调在实践中学习在整个教学过程中的决定作用以外，他还把教育与心理、道德、社会、政治等因素紧密地结合在一起，从而使教育的内容更加丰富、全面。他的教育思想也由此得到了更为广泛的认同，被公认为是当代西方最具影响的教育学家。值得一提的是：无论在中国还是在苏联，杜威在教育上的影响几乎经久不衰。即使是在政治和意识形态影响极为深刻的年代，杜威提出的许多教育思想依然能不同程度地被人肯定。陶行知的教育思想在中国就一直得到肯定，而陶行知的教育思想被公认为主要来源于杜威。

我们这样说，并不是全盘肯定杜威。无论是在哲学和教育或其他方面，杜威都有很大的局限性，需要我们通过具体研究加以识别。但与其他现代西方哲学家相比，杜威是最善于把哲学的一般理论与其他人文社会学科密切结合起来、使之相互渗透和相互促进的哲学家，这大概是不可否认的事实。在这方面，很是值得我们借鉴。

五、关于《杜威全集》中文版的翻译和出版

要在中国开展对杜威思想的研究，一个重要的条件是有完备的和翻译准确的杜威论著。中国学者早在"五四"时期就开始从事这方面的工作。当时杜威在华的讲演，为许多报刊广泛译载并汇集成册出版。"五四"以后，杜威的新著的翻译出版仍在继续。即使是杜威在中国受到严厉批判的年代，他的一些主要论著也作为供批判的材料公开或内部出版。杜威部分重要著作的英文原版，在中国一些大的图书馆里也可以找到。从对杜威哲学的一般性研究来说，材料问题不是主要障碍。但是，如果想要对杜威作全面研究或某些专题研究，特别是对他所涉及的人文和社会广泛领域的研究，这些材料就显得不足了。加上杜威论著的原有中译本出现于不同的历史年代，标准不一，有的译本存在不准确或疏漏之

处，难以为据。更为重要的是，在杜威的论著中，论文（包括书评、杂录、教学大纲等）占大部分，它们极少译成中文，原文也很难找到。为了进一步开展对杜威的研究，就需要进一步解决材料问题。

2003 年，在复旦大学举行的一次大型实用主义国际学术讨论会上，我建议在复旦大学建立杜威研究中心并由该中心来主持翻译《杜威全集》，得到与会专家的赞许，复旦大学的有关领导也明确表示支持。2004 年初，复旦大学正式批准以哲学学院外国哲学学科为基础，建立杜威与美国哲学研究中心，挂靠哲学学院。研究中心立即策划《杜威全集》的翻译。华东师范大学出版社朱杰人社长对出版《杜威全集》中文版表示了极大的兴趣，希望由该社出版。经过多次协商，我们与华东师范大学出版社达成了翻译出版协议，由此开始了我们后来的合作。

《杜威全集》(Collected works of John Dewey)由美国杜威研究中心（设在南伊利诺伊大学）组织全美研究杜威最著名的专家，经 30 年(1961—1991)的努力，集体编辑而成，乔·安·博伊兹顿(Jo Ann Boydston)任主编。全集分早、中、晚三期，共 37 卷。早期 5 卷，为 1882—1898 年的论著；中期 15 卷，为 1899—1924 年的论著；晚期 17 卷，为 1925—1953 年的论著。各卷前面都有一篇导言，分别由在这方面最有声望的美国学者撰写。另外，还出了一卷索引。这样共为 38 卷。尽管杜威的思想清晰明确，但文字表达相当晦涩古奥，又涉及人文、社会等众多学科；要将其准确流畅地翻译出来，是一项极其庞大和困难的任务，必须争取国内同行专家来共同完成。我们旋即与中国社会科学院哲学研究所、北京大学、清华大学、中国人民大学、北京师范大学、南京大学、浙江大学、武汉大学、北京外国语大学，以及华东师范大学和上海社会科学院哲学研究所等兄弟单位的专家联系，得到了他们参与翻译的承诺，这给了我们很大的鼓舞。

《杜威全集》英文版分精装和平装两种版本，两者的正文（包括页码）完全相同。平装本略去了精装本中的"文本的校勘原则和程序"等部分编辑技术性内容。为了力求全面，我们按照精装本翻译。由于《杜威全集》篇幅浩繁，有一千多万字，参加翻译的专家有几十人。尽管我们向大家提出在译名等各方面尽可能统一，但各人见解不一，很难做到完全统一。为了便于读者查阅，我们在索引卷中把同一词不同的译名都列出，读者通过查阅边码即原文页码不难找到原词。为了确保译文质量，特别是不出明显的差错，我们一般要求每一卷都由两人以上参与，互校译文。译者译完以后，由复旦大学杜威与美国哲学研究中心初审。如无明显的差错,交由出版社聘请译校人员逐字逐句校对,并请较有经验的专家抽查,提出意见,退回译者复核。经出版社按照编辑流程加工处理后,再由研究中心终审定稿。尽管采取了一系列较为严密的措施,但很难完全避免缺点和错误,我们衷心地希望专家和读者提出意见。

复旦大学杜威与美国哲学研究中心的工作是在哲学学院和国外马克思主义与国外思潮创新基地的支持下进行的,学院和基地的不少成员参与了《杜威全集》的翻译。为了使研究中心更好地开展工作,校领导还确定研究中心与美国研究创新基地挂钩,由该基地给予必要的支持。《杜威全集》中文版编委会由参与翻译的复旦大学和各个兄弟单位的专家共同组成,他们都一直关心着研究中心的工作。俞吾金教授和童世骏教授作为编委会副主编,对《杜威全集》的翻译工作作出了重要的贡献。汪堂家教授作为常务副主编,更是为《杜威全集》的翻译工作尽心尽力,承担了大量具体的组织和审校工作。华东师范大学出版社与我们有着良好的合作,编辑们怀着高度的责任心,在组织与审校等方面做了大量的工作,在此一并表示衷心的感谢。

刘放桐

2010 年 6 月 11 日

导　言

弥尔顿·R·康维茨（Milton R. Konvitz）

I.

1934 年，在《共同信仰》(*A Common Faith*)出版时，约翰·杜威 75 岁。他像 *xi*
其他任何一位哲学家或学者那样明白这样一点，即已经不可能以任何有意义的
方式来定义"宗教"这个术语了。在《共同信仰》中，他有力地提出了这一结论：

> 因为我们被迫承认，具体而言，没有像单数的宗教这样的事物，有的只
> 是众多的宗教。"宗教"是一个严格的集合术语，而且所代表的这个集合甚
> 至不属于逻辑教科书中所例证的那类集合。它不具有批量或会聚的统一
> 性，而是五花八门的杂集。①

既然宗教不能被定义，杜威区分了作为名词实词的"宗教"与形容词性词语
"宗教性的"；而且，随之作出了如下解释：

> 更为直白些说，宗教（就像我刚说过的，没有一般意义上的宗教这样的
> 事物）总是指谓一个信念和实践的特殊体，具有某种或紧或松的制度组织。
> 相比之下，形容词"宗教性的"并不以可指明实体的方式指代任何事物，无论

---

① 杜威：《共同信仰》，纽黑文：耶鲁大学出版社，1934 年，第 7—8 页（本卷第 7 页——边码，下文括号
中的页码均为边码）。

是制度性的实体,还是一种信念体系。它并不指代任何人可以具体指向的事物,就像能够指向这个或者那个历史性的宗教或现存教会那样。因为它并不指代任何能够凭其自身而存在的事物,也不指代任何能够被组织成一个独特性的和区别性的存在形式的东西。它指代可以对每个对象和每个拟想目的或理想所秉持的一些态度(第8页)。

杜威的这一建议,即避免使用作为实词的"宗教"而改用作为形容词的"宗教性的",是人们在他的这本著作中最为广泛地注意到的一个特色。《共同信仰》中还有其他一些命题引起关注和批评——值得注意的是,他对于超自然的东西,以及同时对于使用"上帝"这个概念的接受度所持有的否定立场。该书的这些特色和其他一些特色,需要某种讨论。

杜威有关宗教思想主要的和基本的思路,在他早于《共同信仰》四年发表的一篇自传性的文章中有所勾勒。① 在那篇文章中,他讲到,在佛蒙特大学读大学期间,他修读了一门宗教哲学课程,该课程集中讲授巴特勒(Butler)主教的《宗教的类比》(*The Analogy of Religion*)一书。杜威成长在一种传统福音教派的家庭氛围之中,就此家庭氛围,他写道:"属于比较'自由的'一类";"后来,我在接受福音派信仰与摈弃传统体制信仰之间来回挣扎,但这种挣扎并非源自哲学对我的影响,而是源自我的个人经验。"正是从个人经验,无论这些经验为何,杜威发展出一种人们在其晚期著作中发现的"对于具体经验材料的尊重"、一种对于"具体的、经验的和'实际的'"的强调。②

杜威模糊地提到因为传统的宗教信念与他可以诚实持守的意见之间的冲突而来的"一场考验人的个人危机";但是,他写道,这种冲突"在任何时候都没有构成一种引领性的哲学问题"。代之以被强烈地促发去对付、可能去解决这种宗教性的冲突,杜威从早期就发现,对他而言,社会兴趣和问题具有"智识的吸引力,

---

① 杜威:《从绝对主义到实验主义》(From Absolutism to Experimentalism),载于乔治·普林普顿·亚当斯(George Plimpton Adams)和威廉·佩珀雷尔·蒙塔古(William Pepperell Montague)编:《当代美国哲学:个人声明》(*Contemporary American Philosophy: Personal Statements*),纽约:麦克米兰出版公司,1930年,第二章,第13—27页(《杜威晚期著作》,乔·安·博伊兹顿编,卡本代尔和爱德华兹维尔:南伊利诺伊大学出版社,1984年,第5卷,第147—160页)。
② 同上书,第15—16、17页(《杜威晚期著作》,第5卷,第149—150、151页)。

而且提供了许多人似乎主要在那些宗教性问题中才发现的智识养料"。杜威说，并非是他刻意地把传统宗教信念与他自己的意见隔离开来，而是他有这样一种感觉，即他的真正健全的宗教体验"都能够而且应该使一个人适应他的理智所允许他持有的任何信念"。对他而言，这成为"一个根本信念"。因而，杜威说，他不认为宗教是一个十分重要的哲学问题。因为如果他认为宗教是重要的哲学问题，他说："我就是在唆使公正的哲学思考去满足某套特殊信念所宣称的、人为创造出来的需求。"①鉴于他一直因为"有关宗教问题不合宜的寡言少语"而频繁受到批评，他给出了下述解释：

> 在我看来，许多相信人类普遍需要宗教的人十分关心宗教的现状和未来，这表明他们更关注的，其实是某一个具体的宗教教派，而不是宗教体验。②

他的早期楷模显然是柏拉图，后者的著作正是杜威在大学岁月里喜欢的读物，而且对杜威的影响是持续和长久的：因为杜威注意到，柏拉图的形而上学飞扬到最高处，总是终结于一种社会的或实践的转折；因为杜威深信，"哲学最终会产生一种完全的统一，并且符合现代科学，与教育、道德和宗教的实际需求相联系"。③

四年之后，杜威以《共同信仰》的出版，打破了他关于宗教"不合宜的寡言少语"。开篇伊始，他就说，他的意图是要把宗教的"宗教性的"那一方面与超自然的东西区分开来，是要解放真正宗教性的东西——容许让经验的宗教性那一面凭其自身自由地发展。他说，这个观点将令两个阵营感到不满：一是那些持守传统宗教的人们；二是那些认为所有宗教都不可信、凡是带有宗教本质的东西都应予以摒弃的人们。

在他的自传性文章中，杜威曾谈及"宗教性的经验"；但在《共同信仰》中，他 *xiv*

---

① 杜威：《从绝对主义到实验主义》，载于乔治·普林顿·亚当斯和威廉·佩珀雷尔·蒙塔古编：《当代美国哲学：个人声明》，纽约：麦克米兰出版公司，1930 年，第二章，第 19、20 页（《杜威晚期著作》，第 5 卷，第 153、154 页）。
② 同上书，第 20 页（《杜威晚期著作》，第 5 卷，第 154 页）。
③ 同上书，第 26 页（《杜威晚期著作》，第 5 卷，第 159 页）。

采取的立场则是:宗教性的经验不能凭其自身而存在。它是属于其他经验——美学的、科学的、道德的和政治的经验的一个属性。它是属于同伴关系和友谊关系的属性。宗教性的经验不是一个人能够离开一些其他经验而独立地拥有的一种经验。尽管杜威本人没有使用这个术语,但该书的读者肯定想到,就其作者而言,经验中的宗教性的东西是一种附带现象——不是一个主要的而是一种次要发生的事。经验中的宗教性属性"是所产生的效果,是生活及其条件的更好调适,而非它产生的方式和原因。经验在其中运行的方式,它的功能决定着它的宗教性的价值"(第11页)。经验中的宗教性属性的产生,有时"是因着献身某种事业,有时是凭借一段开启新视野的诗歌,有时……是经由哲学的反思"。经验中的宗教性属性,可以见诸"那些带来更美好、更深刻和更持久的生活调适能力的经验"。它们"频繁地与很多有意义的生活契机相关"而发生。它是这样一种属性,赋予"那些支撑和深化这样一些价值——承载人们度过黑暗和绝望的阶段而使之失去通常的阴郁特征——的价值感的所有自然条件和人际交往"以意义(第11页)。

于是迄今,我们有了两个重要的命题,即(1)没有一般意义上的宗教这种东西;存在的是具体的诸种宗教,但它们之间的差异是如此之大,以至于中间没有能够析取的共同要素;而且(2)存在一种宗教性的属性,它属于或者处于某些经验之中,但是它并非一种独立存在的属性;它是一种对于对象、目的或者理想所采取的态度;它是属于或者附属于其他一些经验的一种属性。

后一点比前一点得到杜威更多的阐发。他说,道德可以成为一种宗教经验。当道德确信的那些目的激发起强烈的情绪,而这些情绪受到统一自我的那些目的促动的时候,这就会发生。要使经验成为一种宗教性的经验,"与自我和一个包容性的自我所关联的'宇宙'相关的目的的包容性,是不可或缺的"(第16页)。这听起来的确像马修·阿诺德(Matthew Arnold)下述陈言的一种回声:"宗教的真正意义并非是单纯的道德,而是由情绪触动的道德。"①

那些促动情绪的目的或理想是看不见的,但这并不就使它们成为超自然的。理想发挥着一种看不见的力量的作用;我们所有为了更美好所做的努力,都是由

xv

---

① 阿诺德:《文学和教义》(*Literature and Dogma*),伦敦:史密斯-埃尔德出版公司,1883年,第16页。

看不见的东西的信仰所促动的。看不见的东西激发我们所有的人——父母、艺术家和科学家；凡是为一个预设而看不见的目的的行动，在属性上都是宗教性的。是故，我们所有正常的、"自然的"活动都可能牵涉宗教性的属性——的确，"对区别性的宗教性价值的领会[是]自然的经验中固有的"(第 20 页)。

要为宗教性的属性获得其自由生活和发挥的这个宽阔舞台，就必须把它从传统上人们当作诸种宗教来看的那些东西中解放出来。这些宗教全都有其相对的人们生活于其中的社会文化条件。它们充满了历史性的累赘和陈旧的文化包袱。既然这是事实，那么，这种承认的逻辑就是要在废弃这些(过去的)宗教过度生长的那些特质方面奋力向前。既然我们生活在当下，那么，当下的文化状况就应该促使我们废弃那些与过去的宗教相关的过度生长的观念。我们应该正本清源。如果我们那么做了，那么，我们经验中凡是基本上宗教性的东西都将有机会免受所有的历史累赘而自由地表达自己。

诸宗教固有的累赘中包括智识信念，即在智识的意义上以为是真的教义。这些都与超自然的东西相关，而且，这种关联损耗了宗教性的生活本身；因为那些宗教已经变成一般意义上的怀疑论和不可知论的附庸。天文学、地质学、生物学、人类学、心理学、文学批评和其他领域都取得了长足进展，结果一些宗教不得不舍弃宇宙性的、历史性的和神学性的信念，但是仍然保留了最小限度的智识内容，而且把宗教性的力量归于文学文献和某些人物，继续坚守有关有神论和不朽方面的信念。然而，令所有这些事实黯然失色的是：承认"唯有一条确然的真理进路"，即"借由观察、实验、记录和受控反应而运作的耐心合作的探究道路"(第23 页)。

现在的问题不再是任一信条的真理问题。问题的核心在于探究方法，即借此达到任一和每个智识信念的方法。从而，倘若要解放经验中的宗教性属性或功能，那么，这种解放之实施，"只有通过舍弃整个特殊真理——凭其本质就是宗教性——并舍弃通达这些真理的特殊通衢观念"(第 23 页)。把经验分为两个范畴，即分为那些服从科学方法的，与其他并不服从这种方法的——不服从科学的方法、标准或科学的理智习惯的，此等两分法缺乏理据。存在一些人们称为神秘经验的东西，它们的发生应该导致对其因果关系的科学探究。

解放经验中的宗教性属性，将会让其成为附属于理想的目的或价值的东西。这样的目的或价值——诸如正义、慈爱和真理——的实在性，毋庸置疑，它们的

xvi

宗教性属性与这样的理想或价值的统一应该是充足的,无需用教义或教条来拖累这种宗教态度。于是,宗教性的信仰能够把目标瞄向"自我因着忠诚于包容性的理想目的而来的一体化,而那些理想目的是想象力呈现给我们的,也是人的意志值得将之作为控制我们的欲望和选择的东西加以回应的"(第 23 页)。在这个语境中,可以把上帝说成是"所有激发我们去渴望、去行动的理想目的的统一体"(第 29 页)。

这些理想不是幻觉。它们的实在性由它们在行动中的力量所证明。理想是事实上尚未实现的东西,它们被我们谙熟于心,而且有激发我们的力量。随着这些理想目的而来的宗教性的属性指谓一个统一体,它并不是一个单一的在者,"而是被这样的事实——许多目的就它们的理想之力量而言,其实是一个——所激发的忠诚和努力的统一体,或激发和掌控我们的想象性的属性"(第 30 页)。

激发我们行动的那些理想的力量无需超自然的力量,后者只能涣散对于那些理想的注意力,因为那样的话,人们将会等待外在的力量替他们工作。如果那些被征召加入诸超自然宗教中去的力量,以自然的方式加以运用,"作为结果产生的增强效果将是无法估量的"(第 34 页)。罪恶的减少或消除,无需依赖超自然的力量也能完成。因为社会和自然中自有力量产生和支撑理想。上帝可以说成是理想和现实之间的能动关系。

理想和现实之间的联系不是一种神秘的联系;它既是自然的,又是道德的。它不是某种既定的东西,而是一种统一活动、一种能动的连接。生活的善是真实的,但也是处于萌芽状态的;它们的完全现实化有赖于我们的努力,而我们的努力则有赖于我们的情绪。如今,

> 一个人是否给予在思想和行动中这一操作性的统一以"上帝",完全是一个由个人决定的事。但是,在理想与现实之间,这一可操作的统一的功能在我看来,无异于事实上一直附加到所有具有属灵内容的诸般宗教的"上帝"概念之上的那种力量……(第 35 页)

既拒斥"传统的超自然主义",又拒斥"进攻性的无神论",杜威就为何自己选择使用"上帝"这个名称时写道:

我个人认为，用"上帝"这个词指代所说的理想与现实之间的那个统一活动……理由寓于这样一个事实，即进攻性的无神论在我看来，与传统的超自然主义有某种共同的东西。尽管与这个事实是相干的，但我并非只是想说，前者总体说来如此负面，以至于不能对思想给出正面的指导。我心中所想的，尤其是这样一点，即战斗的无神论和超自然主义两者把人孤立起来的排他性先入之见……然而，一种宗教性的态度需要人们以既依赖又支撑的方式与想象力，产生与一个宇宙的周围世界相联系的感觉。使用"上帝"或"神圣的"这样的词语来传达现实与理想之间的统一，可以避免人的一种孤立感，以及因之而来的绝望或目空一切（第 36 页）。

杜威竭力避免"神圣的"这个术语带有任何超自然的意义；他说，它无非是"一个有关人类选择和志向的术语"（第 36 页）。通过他的书名所投射出来的"共同信仰"，被他的作者设想为一种"人本主义宗教"（第 36 页）。他断言，马修·阿诺德把上帝当作"成就公义的持续力量——而非我们自己"①，这在两个方面过于狭隘。首先，马修·阿诺德的陈言带有一个外在上帝的意味，而"产生并支撑所经验到的、作为理想的善的诸般权能不仅在外部而且在内部起作用"（第 36 页）。其次，"那些运行的力量所强化的，是价值和理想而非公义"，诸如美、真理和友谊。如果赋予宗教以自然主义的根基，那么，人们将会发现，"它在人类经验的每个方面都有其自然地位，关涉可能性的评估，关涉尚未实现的那些可能性所致的情绪激发，而且关涉有利于实现它们的所有行动。人类经验中所有具有意义的东西，无不落入这个框架范围之内"。（第 39 页）

在时间顺序方面，宗教一般等同于礼仪和仪式、传说和神话、宇宙生成论和神学。共同体及其宗教是共延的。人们出生于某个宗教共同体；宗教渗透到它的生活的方方面面。但是，宗教已经出现了巨大的变化，即某个宗教的成员身份现在是自愿选择的。尽管人们仍然出生于某个宗教之中，但该宗教组织却是某个世俗社会中一个特殊的机制。这在历史上是一种新生事物。尽管科学性和宗教性信念之间的智识冲突，过去吸引的关注更多一些，现在仍然受到关注，但是"宗教的社会重心的变化"已经稳步地进行；而且一般而言，已经完成，尽管一些

---

① 阿诺德：《文学与教义》，第 43 页。

国家仍然存在政教之争。宗教基要主义者们固然不容许科学在智识方面对其产生影响,但他们的日常生活却不可避免地受到了科技成果的影响。宗教的社会地位和功能彻底地发生了变化——这是数千年来宗教方面最伟大的变革。世俗的人际关系形式,如今令信徒们也大感兴趣。

两个事实尤其赋予这一变革以特征:首先,在容许让自己的宗教性信仰影响世俗兴趣方面,具有个人选择性;其次,个人把自己的宗教性态度带入世俗事务这个事实,本身就构成了一种巨大的变化。宗教性态度于是业已成为一种浮动的、自由游动的事情,独立于作为一种机制的宗教之外。尽管超自然的宗教在圣与俗之间划有一条界线,但是一种宗教可以独立于超自然的东西之外,这个观念排除了作出这种区分的需要。然而,教会已经落后于社会运动,而且当它们把注意力转向社会问题的时候,总是关注社会张力的那些表征,而非关注表征产生的原因。

文艺复兴是世俗主义的一种新生。18 世纪追求一种自然性的宗教运动,是对教会机构的一种反抗。它并非否定超自然的观念。事实上,它力图证明有神论的合理性和对于不朽之信仰的合理性,只是经由自然理性而已。先验主义也并未逃脱超自然主义——它寻求超自然的东西在整个世俗生活中的扩散。但是,现今即便超自然的这个概念已经从宗教组织上松脱下来。开明的宗教圈子现今并不强调原罪、总体堕落或本性腐败。现今,它们强调两个价值体系,即自然的和超自然的;而且,强调两者是互补性的。这当然是对于传统观念而言的一种进步。既然如此,那么,

> 一旦承认人际关系带有功能上具有宗教性的一些价值,那么为何不让问题取决于可证实的东西,把思想和精力集中到它的完全实现上呢?(第48 页)

开明宗教代表历史上的第二个生长阶段,其中人际关系的那些理想被看作宗教性的价值,即超自然的宗教的价值。若是,何不移动到第三个阶段,其中那些在宗教中加以褒扬的价值将被看作"带有自然联系特色的那些事物的理想化"(第48 页)。这将会避免那个分散精力的二元论——避免世俗的与属灵的、宗教的与渎神的二元论。

通过把智力投向解决人的社会问题——通过看原因而非看纯粹的表征，这种二元论可以得到克服。诸般罪恶并非社会关系的正常表达；它们源于那些被许多力量所铸就的机制。许多罪恶和许多社会关系是偶发的，并非固有的，而且是并未预见到的，也不是蓄意而为的结果。可以说，我们必须把"运行中的智力方法"制度化，切勿诉诸"一般的道德原因"、"抽象的道德力量"、"人的原罪"、"人心的腐败"和"人的自爱和贪权"来谈论诸般罪恶，或者消除诸般罪恶。社会现象不应诉诸"一般的道德原因"（第51页）。

xx

杜威抨击"孤立的个体性的空洞性"（第52页）。他贬斥个体灵魂的个体拯救观念和自由放任主义，后者否定理智彻底介入人的生活行为的可能性。诉诸超自然的介入，可能是一种根深蒂固的自由放任主义的表达。人们必须承担起让上帝的旨意得以伸张的责任，而这需要"与旧有的理性概念有别"的理智——"内在地包含在行动中的"一种理智（第52页）。而且在理智与情绪之间并不存在什么对立，因为所需要的是充满激情的理智，"强烈到带有宗教性的虔诚"（第52—53页）。我们必须有情绪与理智的一种联姻。

一个人必须在选项之间作出选择：要么是超自然的东西，要么是自然能力的运用。但是，这并非意味着我们必须摧毁那些教会。教会能够用其不同的象征来礼赞和强固人类的价值。战争与和平、经济不公平、政治腐败和在地上建立神的国等问题——所有这些都是"这时候的神迹"①（第55页）。但是，麻烦在于基督教仍然委身于一种灵性方面的贵族制度，即分为获得拯救者和被拒斥的受咒诅者。这意味着与人的介入相关的一种自由放任主义，而人人皆兄弟的观念只是口惠而已。"我不能理解，"杜威说，

> 倘若不放弃超自然的基督教所执迷的那个基本区分，我不能理解，作为人类事务中至关重要的道德和属灵理想的那个民主理想的实现何以可能（第56页）。

在其总结评述中，杜威拒斥不可知论和弱怀疑主义，因为所需要的是一种"直白的和战斗的"共同信仰。因为我们全都身陷于

----

① 语出《马太福音》16章3节。——译者

想象力称之为宇宙的那个神秘存在整体的最为广泛和最为深刻的象征……它是我们的理想志向得以诞生和哺育的母体……我们的责任是保护、传承、矫正和扩展我们所获得的那些价值遗产，以便后生之辈比我们更加坚实和稳固地接受它们，更加广泛地亲近它们，更加慷慨地分享它们。此乃是并不固封于教派、阶级或种族之内的宗教性信仰所需要的所有因素。如此这般的信仰，从来就是人类的共同信仰（第56、57—58页）。

II.

在《共同信仰》出版的前一年，杜威撰写了一篇书评——《存在一个上帝吗？一场对话》(Is There a God? A Conversation)。对话的对谈人是亨利·尼尔森·威曼（Henry Nelson Wieman）、道格拉斯·克莱德·麦金托什（Douglas Clyde Macintosh）和马克斯·卡尔·奥托（Max Carl Otto），发表在《基督教世纪》(Christian Century)上。[①] 鉴于这篇书评和杜威对所引发的讨论的回应[②]几乎与《共同信仰》同时发表，所以有理由假设：杜威在《基督教世纪》中表达的观念，与他在书中所表达的观念完全是一致的。

杜威在书评中责备作者们肯定"一个上帝"的信念，而且责备他们特别看重"那些只有他们才认可的'宗教体验'；因为只有那些'宗教体验'，才能真正唤起宗教性的态度"（第216页）。杜威在下述两者之间看到了一种矛盾：一方面断言上帝的普遍性，另一方面却要求对人们适应"排他的和妒忌的以色列人的上帝"的那些反应和态度加以设限（第216页）。他说，那些作者们"仍然坚持一种特定的存在或者对象，即一个上帝，以及用于接近它的特殊方法和特定的途径"（第216页）。杜威还在下述两者之间发现了矛盾：一方面诉诸作为宗教性的观念——"包括上帝观念"——的内容之根据的道德理想的至高无上性，另一方面

① 威曼、麦金托什和奥托有关"存在一个上帝吗？"的讨论，原初发表在1932年2月到8月的《基督教世纪》上，后来以《存在一个上帝吗？ 一场对话》结集出版，芝加哥和纽约：威利特-克拉克出版公司，1932年。

② 杜威：《杜威博士的回应》(Dr. Dewey Replies)，载《基督教世纪》，第50期（1933年3月22日），第394—395页（本卷第223—228页）。关于这篇回应所针对的文章，参见《威曼和麦金托什与杜威的对话》(Mr. Wieman and Mr. Macintosh' with Mr. Dewey)，载《基督教世纪》第50期（1933年3月1日），第299—302页（本卷附录3）。

坚持"一个上帝为道德观念提供外部支持"（第218页）。他抨击宗教现代主义者，因为他们一方面断言上帝的"普遍性"，而另一方面固守"一种更早的排他性的传统和膜拜"（第218页）。"麦金托什先生想要给我们的道德理想和道德乐观主义一种宇宙性保证。威曼先生想要一个与人类之爱和奉献相匹配的对象"（第219页）。杜威在下述段落中点明了他的"要点"：

> 再次重申我的要点，即这样一种转变是从包含在人类经验中某种过于普遍和包容，以至于无法等同任何历史性的宗教传统——无论何种传统，遑论基督教有神论了——的东西，向某种充分"妒忌的"和排他性的，足以成为一种传统宗教信仰的情绪载体的东西转变（第220页）。

固然，杜威说，存在着一些条件和力量——且不说人的欲望和打算——带来人们所享受的和可以享受的诸种善，而且通过对于这些条件的关注而使这些善能够得以确保和扩展，但是，

> 这个公认的事实是否为那些促成善的因素提供了线索？如果不能，那么，威曼先生的观点在我看来，不过是一种借口和托词，即在一个过渡的和动荡的年代，许多人发现下述做法是有益的和宽慰的：继续使用"上帝"这个词来指代事实上的一种力量集合，而它们只是在功能效果方面——促进人类生活中的诸种善——统一起来（第220—221页）。

在同一杂志接下来一个月的那一期中，杜威试图澄清某些论点。援引佛教和孔德实证主义学派为例，杜威断言，把宗教性的经验与上帝存在问题区分开来是可能的。他说，他自己的经验以及他人的经验都表明，通常被认定为与上帝相关的宗教经验，在我们与外在自然界的关系中，在我们与他人的关系中，以及在家庭、友情、工业、艺术、科学或公民的关系中"这种情况表明，要么有关上帝的观念真的完全可以与宗教经验分离；要么，它只是一个从最直接的人类经验中与自然关系形成的观念"。[1]

---

[1] 《杜威博士的回应》，本卷第223页。斜体为原有（中文版中均改成楷体。——译者）。

在他与威曼的辩论中,杜威陈言,他不像威曼,不会说"上帝是一种……的力量"等等。杜威会把句子翻转过来说:"成就最伟大的善的力量就是上帝"。而且,杜威补充说,"这种陈述模式并非看似纯粹语词方面的……"(第225页)。

杜威因为威曼在"上帝是那个促成至善的力量"与"上帝是那个至善的力量"的转换而加以责难(第225页)。那成就善的东西所需要的,是人类的关注、关照和谨慎的态度,而非热爱和敬拜。"我可以因为一个人的健康而越发爱这个人,或者因为那个人给我带来更好的健康而对他充满感激。但是,我不知道是不是一些化学的或物理的反应产生了爱意(或崇拜之情),从而影响了健康……"(第225—226页)。

杜威再次抓住机会申明,"如果任何人要将这介入性的观念和事实冠名为'上帝',那么,我觉得,只要澄清了这个名字的意义,没有谁会拒绝"(第226页)。

在《基督教世纪》的这些著述中,杜威先期提出了《共同信仰》中的那些构想。1933年和1934年所发表的那些陈言,我认为,彼此是一贯的,而且早前的陈言大概是因其论战背景的缘故,有时更为鲜明;对于弄清杜威的意思而言,是有所裨益的。

III.

正如我们已经注意到的,在其1930年的自传性文章中,杜威说,他意识到了那个事实,即因其对于宗教问题沉默寡言而时常受到责备。但遗憾的是,当他最终着手阐述他在这个主题方面的思想的时候,他写出的却是他最为短小的著作之一。宗教是一个困扰和抚慰了人类数千年的主题;它不仅搅动和安定了无数男男女女,而且搅动和安定了诸般社会和帝国;多少世纪以来,它也一直搅扰着那些名列前茅的哲学家们的思想。然而,杜威直到大约75岁的时候才着手这个主题,而且只是以一篇扩写的论文来论述这个主题。有人可能说,那时杜威年事已高,在处理这么复杂的问题时,脑力和体力已然不济。但是,他的皇皇巨著《逻辑:探究理论》却在《共同信仰》四年之后的1938年面世,其时,杜威几近80岁高龄。无论如何,《共同信仰》令人困扰和懊恼。人们但愿杜威在宗教问题上的着墨更多一些,容许他更加纵情地挥洒他的智力和感受。他这本小书的写作风格过于局促,几近乖戾。他给人的感觉是:仓促上马,仓促结束。就上帝所说的——此主题的著作填满一个大型图书馆——他只压缩为模棱两可的寥寥数语。这本书当然有很多有价值的洞见,但总体而言,给人留下的印象是一种"打了就跑"的手法。结果,尽管该书被人们广泛地阅读,而且出现在各种参考书目之中,但它对于宗教思想的影响却一直未能与杜威在美国哲学家圈子中的地位相称。

杜威并非首位未能或拒不承认宗教经验的独立地位的思想家。马修·阿诺德因为把宗教性的经验认定为"被情绪触发的道德",事实上赋予宗教以附属现象这样的地位。对于阿诺德而言,宗教性的经验是希伯来圣经的"公义",但是"被附加的感情所触发、加强和几近改造"。不过,杜威使宗教经验成为属于其他经验的属性——诸如不仅是道德的而且是美学的、科学的和政治的经验的一种属性,扩展了宗教经验的范围或地盘。根据杜威的观点,阿诺德的命题过于局促和局限。使一种经验带有宗教性的那种东西并非它产生的方式或原因,而是该经验的运作方式、它所发挥的功能。献身于某个事业,将使该经验在性质上具有宗教性。宗教经验从而"频繁地与生活中许多有意义的时刻相关"而发生。凡是支撑和深化价值感的东西——"在那些黑暗和绝望时期承载着人的东西"——都是一种宗教性的经验;但是,这样的经验并非局限于这样的时期;它是一种属性,可以说,也属于伙伴关系、友谊,以及对诗歌或其他艺术作品的审美享受。是故,杜威既认同又不认同阿诺德。他说,宗教经验固然并不具有一种独立的地位,但是它确实并非只附属于道德。

xxv

伯纳德·鲍桑奎(Bernard Bosanquet)在其1913年出版的吉福德讲座《个体的价值和命运》(*The Value and Desting of the Individual*)中所表达的一种观点,现在可以认定为是杜威主义的。鲍桑奎说,凡是使我们在精神上附着于一种具有超验价值的实在的那种东西,都不能与宗教区分开来。无论何地,他写道,

> 人公正地而且诚实地把直接的自我之外的他的价值席位投入某种别的事物之中,对此事物,他加以崇拜;对此事物,他的意志加以认同;对此事物,他当作一种至少相对于其私下生存而言充实和牢固的对象——作为在其对待美的态度方面的一位艺术家,或者作为在其对待真理的态度方面的一位科学人——我们在它的程度上,就会有对宗教的经验;而且在它的程度上,就会有有限的自我的稳定性和安全性。①

---

① 鲍桑奎:《个体的价值和命运》,伦敦:麦克米兰出版公司,1913年,第235、240页。

于是，鲍桑奎像他之前的阿诺德和像他之后的杜威那样，移除了宗教经验的独立存在，并且把他附属于诸如追求真理或追求美的那些价值；而鲍桑奎和杜威两者与阿诺德不同的是：拒不把宗教性的经验局限于道德操守，或追求公义的领域。

在《文学与教义》中，阿诺德承认这样一个事实，即以色列之外，还有其他的古代民族认识到需要道德秩序。但是，以色列民族天才和巨大的贡献，是用宗教取代道德；献身和追求公义，成为以色列人宗教性的经验、委身和使命的核心。阿诺德着手所做的，可以说是把宗教重新移译成道德，把他所说的以色列人所做的事颠倒过来。以色列人择取道德，并且把它打造成宗教；阿诺德择取宗教，并把它打造成道德——"被情绪触发的道德"——"被附加的感情所触发、加强和几近改造"。杜威则可以说是扩展了那个（业已被鲍桑奎所处理的）过程，把所有重要的价值——对科学真理的追求、对艺术美的追求、对友谊和伙伴情谊的享有，以及凡是赋予生以价值和意义的东西——转换为宗教性的经验。

"宗教"和"宗教性的"这些术语使用普泛，当今把这些术语局限于任何一个具体实体已经不可能。就像杜威所说，它们指代一种态度，可以指向任何对象或理想。我认为，杜威正是站在这一立场上，反思那些已经变得普泛的用法和做法。例如，梭罗（Thoreau）在《瓦尔登湖》（*Walden*）中的某处写道："我早早起来，浸浴在湖塘中；那是一种宗教性的历练……"①约翰·斯图加特·穆勒（John Stuart Mill）在《自传》（*Autobiography*）中有关他的妻子这样写道："她的记忆对我是一种宗教"②。爱默生（Emerson）在1844年的一场演讲中说，他看到"宗教性的一方"已经疏远了体制性的教会，并且开始涌现在各种各样的社会活动团体中，诸如"在诸种戒酒和不抵抗协会中，在那些废奴主义者和社会主义者运动中，在那些'安息日和圣经大会'中……甚至在那些需要加以维护的蝼蚁般的人群中"③。爱默生注意到这样一个事实，即人们不是在诸种教会中而是毋宁在其他形式的活动中寻求宗教性的经验——宗教已经变成某种日月半影的东西，变成一种附属现象。

尽管承认这个事实已经发生，但是仍然可以追问——是否必须否定宗教性

---

① 亨利·戴维·梭罗：《瓦尔登湖》，纽约：托马斯·Y·克罗威尔出版公司，1910年，第115页。
② 穆勒：《自传》，世界经典丛书（World's Classics），伦敦：牛津大学出版社，1924年，第213页。
③ 拉尔夫·瓦尔多·爱默生：《新英格兰改革派》（New England Reformers），载《论文集》（*Essays*），第二集，波士顿：霍顿-米夫林出版公司，1903年。

的经验作为某种独立的东西——不仅是其他诸如美学的、道德的、科学的经验，或无论何种经验的余韵——而存在。我想，杜威本会承认这样一种事实，即可能拥有作为首要经验的宗教经验，而美学的或其他的价值则作为附着于其上的次等属性。此处仅援引一例：对于很多世纪以来的许多人而言，《诗篇》(Psalm)①第23篇所表达的，可以描述为一种纯粹的宗教性经验。那人说："耶和华是我的牧者，我必不至缺乏。他使我躺卧在青草地上，领我在可安歇的水边；他使我的灵魂苏醒，为自己的名引导我走义路。我虽然行过死荫的幽谷，也不怕遭害，因为你与我同在；你的杖，你的竿，都安慰我。在我敌人面前，你为我摆设筵席；你用油膏了我的头，使我的福杯满溢。"

xxvii

我想，乔赛亚·罗伊斯(Josiah Royce)在写出下面这些话的时候，头脑中所想的正是本质上纯粹的并不附着于任何其他经验或价值的一种宗教性的经验："更高的宗教性意识"的志趣之一，是这样一种志趣，即"在遇见某种外在真理、某种实在——它是完善的，没有我们的弱点，即便我们失败，但它是获胜的；即便我们一无是处，但它是善的——的时候困顿和失望的灵魂"的志趣。② 在反思斯宾诺莎(Spinoza)有关顺服的虔敬形式的说法的时候，罗伊斯说，一个人接受自己的不幸、失败和挫折，而且静观永生者、永恒的上帝，则仍然可能说："他的圣洁，我不能创造。我或许还是作为困惑的、静思的、崇敬的和无助的旁观者看到他、崇拜他，因着认识到——即便我失败了、迷失了，但他从亘古直到永远——而得到些许安慰。"③

那么，我会说，"宗教性的"这个术语，事实上可能以某种特定经验的方式，指代某种凭其自身而存在的东西。尽管这个术语经常指代一种面向任何对象或任何理想的态度，但也可以指代凭其自身而存在的一种经验；这种经验是首要的经验而非来自某种其他经验的流溢，它并非一种附属经验。

再者，我会说，对某些人而言，公义并非道德而是宗教。马修·阿诺德坚称，以色列人通过用宗教取代道德，且把追求公义作为这种宗教的核心而赢得了一场革命；在这方面，他是正确的。但是，对于那些伟大的先知们而言，宗教并非

---

① 诗篇是《圣经·旧约》中《诗篇》卷150篇中的任何一篇。——译者
② 罗伊斯：《现代哲学的精神》(*The Spirit of Modern Philosophy*)，波士顿和纽约：霍顿-米夫林出版公司，1892年，第46页。
③ 同上书，第50页。

导 言 **15**

"由情绪触发的道德",宗教是服从上帝有关公义的诫命。道德意味着上帝降临在面前的生活。它并非意味着追求幸福,追求德性,或者力图按照理性的指令而生活。我们会以道德称之的那种东西的目标对于希伯来先知而言是公义,后者是我们以以色列人的宗教称之的那种东西的目标(尽管以色列人没有"道德"这个词,没有"宗教"这个词,但是有神的教导或诫命的词)。是故,耶利米(Jeremiah)呐喊:"他为困苦和穷乏人伸冤……认识我不在乎此吗?这是耶和华说的。"①弥迦(Micah)的教导则是:"世人哪,耶和华已指示你何为善,他向你所要的是什么呢?只要你行公义,好怜悯,存谦卑的心,与你的神同行。"②阿摩司(Amos)发出同样的呼吁:"要使你们歌唱的声音远离我,因为我不听你们弹琴的响声。惟愿公平如大水滚滚,使公义如江河滔滔!"③简而言之,服从神的诫命并不意味着过一种道德的生活,而是意味着过一种像神一样的生活、一种宗教生活。"要止住作恶,学习行善,"以赛亚说,"寻求公平,解救受欺压的,给孤儿伸冤,为寡妇辨屈。"④干坏事是一种罪,是上帝面前的一种冒犯,是对上帝律法的一种违背。没有道德律法,没有理性指令,没有良心要求,只有而且唯有上帝的律法。我不明白,在面向并非添加或附着于道德之上的一种宗教经验的时候,为何不指出这一点。如果有什么的话,道德在那个背景上可能是一种衍生的价值或属性。

IV.

杜威说,宗教性的经验不应受到超自然信念的妨碍,因为这样的信念削弱宗教性的生活本身。肯定地说,通往真理的道路只有一条,即"观察、实验、记录和受控反映";而且,这条通往真理的道路可以无涉超自然的东西。对超自然的东西的关切,之所以转移人们对于理想的关注,是因为这样的关切导致人们坐等上帝来实现他们的理想。被导向超自然的东西的那些力量,倘若以自然的方式加以运用,那么,罪恶就会被人类的行动所消除。因而,那些超自然的宗教是而且已然是人类进步之途上的障碍。

---

① 《耶利米书》,22 章,16 节。
② 《弥迦书》,6 章,8 节。
③ 《阿摩司书》,5 章,23 - 24 节。
④ 《以赛亚书》,1 章,16 - 17 节。

这声明了一个真理，而这个真理，我相信可以得到历史的佐证。然而，它只是部分真理。固然一些宗教已然是而且的确是扎根在对一个超自然的上帝的信念或对超自然主义的信念之中，但并非是超脱尘世的，而是具有此世性的。例如，《希伯来圣经》并无清晰表达的不朽或复活信念。① 那些伟大的先知们并非经天，只是纬地，只是指向人生所获得的那种把公平和公义作为上帝的律法和生活的律法加以追求的机会。有些宗教教导人们不要追求奇迹，不要寻求上帝来完成上帝本来为亚当和夏娃的后代所设立的那些任务。上帝被呈现为对人如此说："若你承担，我也承担；你不愿担，我也不担。"②这样的一些宗教教导说，上帝将不会向无家可归者提供庇护所，不会为忍饥挨饿者提供食物，也不在乎鳏寡孤独和他乡来客，而是指望人来完成这些任务。他对人说，"寻求公平，解救受欺压的，给孤儿伸冤，为寡妇辨屈"——上帝所创造的是一个未完成的世界，他指望人来纠错，与他合力完成和成全创造。

就像人类历史记载将会表明的，人们依赖于奇迹和超自然的介入，已经规避了神所赋予他们的任务。同样，我认为，历史记载本也会表明：许多相信一个超验上帝的人们，在尘世致力于做上帝所遗留的未竟事业；对于超自然的东西的信念赋予他们所需的勇气和力量，以成就他们的理想——对此，他们视作是上帝为他们设立的目标。

正如我们所看到的，杜威在《共同信仰》中为上帝找到了位置。人们一直说，康德用《纯粹理性批判》(Critique of Pure Reason)摧毁了有神论，又用《实践理性批判》(Critique of Practical Reason)使之借尸还魂。③ 没有同情心的批评家们会说，杜威已经借由文字魔法上演了同一个奇迹。没有超自然的东西的空间，没有什么超脱尘世的东西，却有上帝。杜威说，上帝可能指代"激发我们去渴望、去行动的理想目的的统一体"(第29页)。上帝可以说成是理想与现实之间的能动关系。杜威在这种语境中的话语，非常稀少和罕见。我认为，想以一种赋予杜

① 在《诗篇》第16篇、第49篇和第73篇之中，以及在《约伯记》的一些经节中，一些圣经学者发现，有些对于不朽的暗示。
② 《塔木德》(Talmud)，"种子部·舍玛篇"。转引自伯纳德·曼德尔鲍姆(Bernard Mandelbaum)：《选择生命》(Choose Life)，纽约：兰登书屋，1968年，第32页。
③ 保罗·埃尔默·摩尔(Paul Elmer More)：《雪伙集》(Shelburne Essays)，第六辑，波士顿和纽约：霍顿-米夫林出版公司，1909年，第3页。

威这些话语以实质、力量和生命的方式诠释这些话语,而又不担心把超出杜威之外且他会否认的观念赋予他,这是不可能的。基于他所写的一个有关上帝的文本,不可能构建一个评论。

当考虑到他在书中没有在任何地方谴责过无神论这个事实,这种感觉得到了进一步强化。他鞭挞"进攻的无神论"和"战斗的无神论";但是,一种并非进攻的、也非战斗的无神论的情况是怎么样的呢?杜威本人并没有说,别人也无以冒险地替他说。但是,事实仍然在那里,即尽管他谴责超自然主义,但他为上帝找到了位置;尽管他谴责战斗的或进攻的无神论,但并未说要谴责不是战斗的或进攻的时候的无神论。

杜威说,有些被称作神秘经验的东西,但是除了说它们的发生应该导致对其因果关系的科学探究之外,再没有进一步说什么。这就像说,有被称作爱的东西,但是它的发生应该导致对它的因果关系的科学探究——仿佛这样的探究会驱散爱的激情、兴奋和欢乐一样。神秘经验是一种其本质需要通过科学研究加以揭示的幻觉吗?研究可以把所有的神秘从经验中剥除,而且清除经验所有尘世的和超验的价值吗?神秘经验比美学的或道德的或爱的经验更能"还原"为生理的和心理的、物理的和化学的成分吗?

既然诸般宗教都受到文化和历史的条件限制,杜威说,我们就应该抛弃过时的文化包袱,轻装上阵。我认为,这忽视了这样一个事实,即一个人与过去的联系可以是一种维系纽带,而非一种束缚锁链。与过去决裂,没有历史感,缺乏对于一个人的起源、传承和传统的虔敬感,可能令一个人成为无根之萍或孤家寡人。一个白板似的头脑可能就像空房子里的生活那样,令人羞愧,令人伤感。

也许,约翰·杜威实质上身处约翰·斯图亚特·穆勒写作其身后出版的宗教三论时的境地。[①] 在论文《宗教的功效》(Utility of Religion)中,穆勒争辩说,心理能量被浪费在支撑宗教信念方面,而相同的心理力量本来应该导向其他的美德和幸福源头的。穆勒提出,整个超自然领域应该从信念领域移到希望领域;因为就对待启示信念和无神论而言,唯一的合理态度是怀疑主义。穆勒说,怀有

---

① 《约翰·斯图亚特·穆勒的哲学》(*The Philosophy of John Stuart Mill*),马歇尔·科恩(Marshall Cohen)编,纽约:现代文库,1961 年;约翰·斯图亚特·穆勒:《政治和文化论集》(*Essays on Politics and Culture*),哥特鲁德·希梅尔法布(Gertrude Himmelfarb)编,花园城,纽约:道布尔迪-多兰出版公司,1962 年。

这样的盼望是合法的，即盼望神佑，盼望不朽，盼望拥有相信上帝需要我们的帮助这样一种空间。

我不得不认为，当杜威努力应对宗教问题的时候，在某种程度上，他在心里把穆勒作为先例。有人但愿他写得更多一些，或者作为另一种不怎么可心的选择——但愿他写得更少一些。无论如何，《共同信仰》是一部引发争议的著作、一个理智和属灵方面的"挑逗者"、一部没有任何哲学家可以完全绕过去的宗教哲学论著。

当人们在约翰·杜威对美国思想的整体贡献这样一个语境中来思考这本小书的时候，就会想起马修·阿诺德对马可·奥勒留（Marcus Aurelius）的刻画，因为杜威所规范的思想和行动的脉络大体上是这样的，对此，

xxxii

　　每一个健全的天性必定承认是正确的，而且他所分派的那些动机是每个清晰的理性必定承认有效的。所以，他仍旧是所有头脑清醒和一丝不苟却内心纯净及力争上游的人们的特殊朋友和抚慰者，尤其是在那些凭视觉而非凭信仰却没有敞开视野的时代；大概他不能给予那些这样的灵魂所渴望的一切，但是他给予他们许多；而且，他所给予他们的，他们都可以获得。①

---

① 阿诺德：《批评文集》（*Essays in Criticism*），第一辑，伦敦和纽约：麦克米兰出版公司，1891年，第278页。

共同信仰

1.
宗教与宗教性的

历史上,人类从未像今天这样三心二意,从未像今天这样分裂为两军对垒的阵营。诸般宗教在传统上一直与超自然观念结盟,而且时常基于对超自然东西的显明信念。如今,有许多人秉持这样一种观点,即任何配称宗教性的东西都不可能脱离超自然的东西。那些秉持这一信念的人们之间,在很多方面又有所不同。他们的变阈从那些采信希腊和罗马天主教教义和圣事作为唯一确然的、通往超自然东西的途径的人们,到有神论者或温和的自然神论者,不一而足。处于上述两端之间的则是许多新教派别,认为那些《圣经》经卷辅以一种纯粹的良知,足以成为通往超自然真理和权能的通衢大道。尽管凡此种种,但他们在一点上是彼此认同的,即必然要求一种超自然的存在和一种自然力量之彼岸的不朽。

构成对立阵营的则是这样一群人,他们认为,文化和科学的推进已经彻底地令超自然的东西失信于人,所有与超自然信念结盟的那些宗教也随之信誉扫地。但是,他们远不止于此。这些群体中的极端分子相信,随着超自然的东西的根除,不仅历史上的诸般宗教必须被摒弃,而且连同它们一道,但凡具有宗教性本质的一切都必须被否弃。时至历史知识已经使人们就那些据说奠定了史上诸般宗教人物的超自然品格所做的种种声言已无信用,时至归于那些奉为神圣的诸般文献的超自然灵感之谜已然破解,而且时至人类学和心理学的知识业已揭示出宗教信念和实践由之发端的那个不外乎人性的源头,凡是宗教性的东西也必须予以离弃——他们如是说。

有一种观念是两个对立的群体所共同秉持的,即把宗教性的东西认同为超自然的东西。在本书章节中,我将提出的问题关乎这一认同的根基和后果:它的理由和它的价值。在这一探讨中,我将就经验的宗教性层面的本质来阐发另一种概念,这一概念把此本质与超自然的东西及其增生出来的东西分别开来。我将会努力表明:这些衍生出来的东西是一些累赘,而且真正宗教性的东西一旦摆脱其桎梏,将经历一种解放;待到那时,经验的宗教性方面将首次任凭自身自由地发展。

这个观点暴露在两个阵营各自的火力之下。它冒天下传统宗教之大不韪,包括那些对当今的宗教头脑最具掌控力的宗教。在它们看来,此一观点所宣示的要害挖掉了传统宗教和机制立足其上的基础,锋芒所向将会斩断宗教要素本身的生命维系神经。从另一阵营来看,我所采取的立场看似一种胆怯的中间立场,一种让步和妥协,不配享有十足的思想价值。它被当作一种以博心智薄弱者一粲的观点,被当作一种儿提教化的情绪残余,甚或被当作一种渴望避免非难或示好的表征。

我的要点之核心就将在本书首章对其阐发而言,具体如下:在"宗教"、"某种宗教"和"宗教性的"之间存有差异;在可用名词实词指代的任何东西与借由形容词指谓的经验属性之间存有差异。要找到一个实词意义上的、赢得普遍接受的宗教定义并非易事。不过,我在《牛津词典》(*Oxford Dictionary*)中找到了下面的定义:"从人这方面承认某种看不见的更高权能,不仅掌控他的命运,而且配享顺服、敬畏和崇拜。"

这个特定的定义在断言那种看不见的更高权能的超自然品性方面,与其他一些或许援引的定义相比,尚不显白。然而,它所附载的那些蕴含却有着与超自然信念——历史上诸般宗教的特色——相关的诸多观念作为源头。如若一个熟悉宗教(包括那些原始宗教)历史的人,把该定义与已知的五花八门的事实加以比对,而且着手借助这种比对决定该定义究竟何意。我想,他将遭受来自三个事实的冲击,而这三个事实把该定义的术语还原为如此这般的一个低值公分母,以至于意义所剩无几。

他将会注意到,所指涉的那些"看不见的权能"是以众多互不兼容的方式构想出来的。一经去除差异,除了裸指看不见的、充满权能的某物之外,岂有他哉!有关此物的构想包括:美拉尼西亚人的模糊且未经界定的魔力;原始神道教的神灵;非洲人的物神;具有某些属人属性、遍及自然界四面八方并激活自然力量的鬼神;佛教终极的、非人格的理;希腊思想中不动的推动者;希腊和罗马万神殿中的众神和半人半神的英雄;基督教人格性的、充满爱心的神意,它全能,还有就是受限于相应的邪恶权能;①穆斯林教的任意意志;②自然神论的至高立法者和裁决者。凡此种种,也只是那个隐匿的权能得以构想的各种方式中一些突出的样式而已。

在表达顺服和敬畏的诸多方式方面,绝无较之更大的相似性。除了一种充满可畏权能、慈爱和智慧的大写的存在,还一直有动物崇拜、魂灵崇拜、祖先崇拜和男根崇拜。用以表达敬畏的方式有:秘鲁人和阿兹台克人的人祭;某些东方宗教的欢爱;驱鬼和净仪;常怀虚心痛悔的那位希伯来先知的奉献③;希腊和罗马众教会的精致仪式。甚至献祭也从不千篇一律;它在新教教派和穆斯林教中是高度升华的。凡有献祭,形式必异,必是指向各式各样的权能和神灵。它被用以补赎,用以安抚,以及用以邀宠。凡有想到的目的,必有可用的仪式。

最后,在那些所诉诸和运用的道德动机中,没有什么可以识别的统一性。它们彼此之间相去甚远,诸如害怕无尽的折磨,盼望持久蒙福——其中性的享受有时是一种显而易见的要素;禁绝肉欲和极端苦行;卖淫和守贞;旨在灭绝不信者的战争;旨在劝信或征服不信者的迫害;慈善热忱,以及对于强加教义的逆来顺受,连同人皆兄弟的爱和对于公义充满人间的渴望。

当然,我只是提及任何像样的图书馆馆藏书卷中所充斥的那些事实中的一星半点而已。那些不喜见宗教历史阴暗面的人们,可能追问为何要暴露这些阴暗的事实。我们全都知晓,文明化了的人类有着兽性的和迷信的背景,而且这些因素仍然与我们同在。实际上,某些宗教——包括基督教的那些最有影响的形态,难道没有说教人心完全堕落吗?宗教在其整个航程的航线上,又岂能不留有残酷和好色的可耻印记?又岂能不留下一些蒙羞的、匪夷所思的信念疤痕?对于知识无几、方法堪虞的人们,对于机制原始、听命自然而时时惊恐的人们,夫复

6

---

① 杜威此处的说法或不够严谨,"全能"和"受限"之间的矛盾是明显的,基督教神学恐难认同。——译者

② 此处译作"穆斯林教"。原文 Moslemism 是历史上西方对伊斯兰教的古旧称谓。伊斯兰教认为,此称谓含有贬义而加以反对;若非有意为之,如今西方已经弃用。——译者

③ 杜威在此处可能暗引《圣经》中的《以赛亚书》,其中的 66 章 2 节有"但我看顾的,就是虚心痛悔、因我话而战兢的人"这样的经文。——译者

何求？

我欣然承认，历史性的宗教一直都是与人们生活于其中的社会文化条件相对而生的。的确，我所关切的是竭力讲透用以处置过去诸般宗教疯长出来的那些特性的此种方法的逻辑。一种现在盛行的宗教的信念和实践凭借的，就是相对于当下文化状态的这种逻辑。倘若有关一种看不见的权能、有关它影响人类命运的方式，以及有关我们对其所采取的态度方面在过去已经获得如此之大的弹性，那么，为什么应当假定那种概念和行动方面的变化现在戛然而止？清除过去诸般宗教那些令人不便的方方面面所牵涉到的逻辑，迫使我们探究现在为人采信的诸般宗教中有多少是自那些疯长的文化而来的遗存；迫使我们追问有关看不见的权能形成何种概念，以及我们与这些权能保持何种关系，才符合当下最好的成就和志向。它要求追问：倘若经验中但凡基本上是宗教性的东西都有机会不受所有历史负累的羁绊而自由地表达自己，那么，看不见的东西的观念究竟为何、其掌控我们的方式究竟为何，以及敬畏和顺服得以展现的途径究竟如何——借此，我们在想象力方面轻装上阵，重新来过。

是故，我们要回到前述那个定义的那些要素。何以导其在捍卫宗教的普遍性方面采信这样一个定义，它既适用于那些与看不见的权能相关的、最为野蛮和蒙羞的信念和实践，又适用于道德内涵最为丰富的一种宗教的崇高理想。所涉要点有二：其一，如果我们悄然地滑过业已归于那些权能的本质而不顾，悄然地滑过所料想的它们掌控人的命运的——以及顺服和敬畏得以展示的——那些极为多样的方式而不顾，那么看不见的权能的诸多观念中就没余下什么值得保留的东西了。其二，当我们开始选择、择取，并且开始说当下有关看不见的权能的某种思考方式优于其他一些方式的时候，说自由而自尊的人所表露的敬畏优于惊恐的人们对于一种肆意的权能所表现出来的逆来顺受的时候说我们应当相信人的命运受智慧而慈爱的圣灵掌控而非受狂妄魂灵或纯粹强力掌控的时候——当我说我们开始择取的时候，开始进入一条尚未到达终点的道路。我们已经抵达一个招引我们继续前行的地点。

因为我们被迫承认，具体而言，没有像单数的宗教这样的事物，有的只是众多的宗教。"宗教"是一个严格的集合术语，而且所代表的这个集合甚至不属于逻辑教科书中所例证的那类集合。它不具有批量或会聚的统一性，而是五花八门的杂集。力图证明那种普遍性，要么所证过多，要么所证过少。我们凡有所知的民族全有某种宗教，很可能在这个意义上，诸般宗教一直是普遍的。但是，它们之间的差异如此巨大和令人惊异，以至于任何抽提的共同要素都是无意义的。宗教是普遍的这个观念所证过少，因为古老的基督教护教士在谴责己教之外的每个宗教是江湖骗子、本质上是某种魔鬼崇拜或在一定程度上是迷信臆想方面，比一些现代护教者更加明达纯熟。在诸般宗教之间，有所取舍则势在必行，而且选择的必然性令出自普遍性的论证不具有任何力量。更何况，一旦我们开始进入选择的道路，那么，立刻就会呈现一种尚未普遍认识到的可能性。

诸般宗教伦理的和理想的内涵的历史性的增长，提示着净化过程可能会更加往前推进。它标志着进一步的选择迫在眉睫，其中经验中的某些价值和功能可能得以择取。当我谈论宗教性的和一种宗教之间的差异的时候，心中所装着的就是这种可能性。我不是在提议某种宗教，而是在提议对于那些可能被称作宗教性的东西的要素和见地的一种解放。因为一旦我们拥有某种宗教，无论是苏族印第安人的宗教，还是犹太教抑或基督教，从那一刻起，经验中可以称作宗教性的东西的那些理想因素就会带上并非自身固有的载荷、一种与它们并不相干的流行信念和机构性实践的载荷。

我可以例证我所说的当代生活中一种共同的现象是什么意思。人们广泛料定，不采信任何宗教的人结果会表现为非宗教性的人。尽管如此，可以想见，当下的宗教萧条与这样一个事实紧密关联，即现在的诸般宗教因为它们的历史累赘的重负而阻碍了经验的宗教属性进入意识，阻碍了其找到适于当下智识和道德条件的表达方式。我相信，情况就是如此。我相信，许多人如此拒斥作为一种宗教而存在的东西的智识的和道德的内涵，以至于他们甚至意识不到：诸多态度本身倘若开花结果，就会是真正宗教性的。我希望，这番话有助于说清我所说的作为名词实词的"宗教"与作为形容词的"宗教性的"之间的区别。

更为直白些说，宗教（就像我刚说过的，没有一般意义上的宗教这样的事物）总是指谓一个信念和实践的特殊体，具有某种或紧或松的制度组织。相比之下，形容词"宗教性的"并不以可指明实体的方式指代任何事物，无论是制度性的实体，还是一种信念体系。它并不指代任何人可以具体指向的事物，就像能够指向这个或者那个历史性的宗教或现存教会那样。因为它并不指代任何能够凭其自身而存在的事物，也不指代任何能够被组织成一个独特性的和区别性的存在形式的东西。它指代可以对每个对象和每个拟想目的或理想所秉持的一些态度。

我提出，一旦意识到刚刚所作的区分，就会开启把宗教性的属性从现在窒息和限制它的那些负累之下解放出来的操作。然而在阐发这一提法之前，我必须提及这样一个立场，它在用词上与我所采取的立场有某些方面的相似，但事实上则整个不是那么回事。我数次用到"宗教性的经验要素"这个短语。当下，特别是在那些开明的圈子里，不乏有关宗教性的经验保证某些信念的真实性和某些实践（诸如特定的祷告和崇拜形式）的称心性的一些谈论，甚至断言宗教经验是宗教本身的终极基础。这个立场和我所采取的立场之间的鸿沟，正是我现在要用心加以指出的。

有观念认为，存在一种明确的经验种类，其本身是宗教性的；那些秉持这种观念的人们，正是仅凭此点，把它打造成某种特殊的东西，打造成一种与美学的、科学的、道德的和政治的经验，以及与同伴关系和友谊关系的经验大相径庭的经验。但是，"宗教性的"作为一种经验属性，意指某种可能属于这些经验的某种东西。它是与凭其自身而存在的某类经验相对立的一极。此一关乎明显有别的经验种类的概念，被用来证明对某种特殊对象的信念的有效性，也被用来证明某种特殊类型的实践的合理性；一旦注意到此点，分别之处便真相大白了。

现在，很多宗教人士不满那些有关上帝存在的古老"证明"，即其名以本体论的、宇宙论的和目的论的证明不胫而走的那些证明。不满的原因，恐怕与其说来自康德用以表明这些所谓证明不够充分的那些论证，不如说越来越感到它们过于流于形式，无法为运行中的宗教提供任何支撑。无论如何，存在着不满。更何况，这些宗教人士为其他领域兴起的实验方法所触动。还有什么比印证他们就像任何他人一样是好的经验主义者——确实就像好科学家本身一样——更自然、更恰当呢？正如后者依赖某些种类的经验来证明某些种类的对象的存在，宗教人士依赖某种经验来证明宗教对象的存在，尤其是终极对象即上帝的存在。

在此处通过引入有关这类推理的一个特定例证，可以使本探讨更加明确。有位作者说："过劳令我崩溃，很快濒临精神衰弱的边缘。在无眠长夜之后的某个早晨……我决意不再那么一成不变地仰靠自己，而是开始仰靠上帝。我决心每天挪出许多时间让自己的生命接续到其终极源头，重获在上帝之中活着、活动和存在的那种意识。三十年了，弹指一挥间！从那时开始，我简直再未有过黑暗或绝望的一刻。"

这个记述令人印象深刻。我不怀疑其真实性,也不怀疑所述经验的真实性。它例证了一个宗教性的经验方面。但是,它也例证了运用那个属性来承载一个特定宗教的附加载荷。因为在基督教这种宗教中长大成人,其臣民通过作为那个宗教特色的人格上帝来诠释它。道教徒、佛教徒、穆斯林,以及包括拒斥所有超自然影响和力量的人在内的那些没有宗教的人们,拥有效果相似的经验。尽管如此,另一位评论这段文字的作者说:"相较于就思辨臆测的宇宙论的上帝或道德乐观主义的有效性所牵涉到的基督似的上帝所能确定的,宗教性的专家可以更加确定这种上帝的存在。"而且,他进一步补充说,此般经验"意味着救主上帝、大能上帝——在人能够成全某些条件的情况下,赐予压倒罪恶的胜利——是一种实存的、可及的和科学上可知的实在"。应当清楚,仅当产生该效果的那些无论什么种类的条件被称作"上帝"的时候,这种推论才是周全的。但是,绝大多数读者会认为,该推论意味着:一种特定的大写的在者——基督教这种宗教中被称作"上帝"的那类——的存在,是被一种类似实验科学的方法所证明的。

实际上,唯一可说"被证明"的东西是条件复合体的存在,这些条件的运作影响到生活中的调适,即随之带来安全和平安感的一种取向。这个条件复合体所获得的那个特定诠释,不是那经验本身固有的。它是从一个特定的人浸染其中的那个文化衍生出来的。宿命论者会给它一个名字,基督徒科学家会给它另一个名字,而拒斥所有超自然的东西的人又会给它一个名字。在对该经验的诠释中起决定作用的因素,是一个人业已投身其中的那个特定的教条机制。整个情景泛滥着与先前的教导相关联的情绪积淀。它可能轻易地授予该经验一种特别神圣的珍贵性,以至于所有对其因果关系的探究都受到封禁。那稳定的结果如此能堪大用,以至于所诉诸的原因通常无外乎一再重复已经发生的事情,外加某个已经获得一种深度情绪属性的名字。 *11*

这个研讨的立意并非否定那结果的真实性,亦非否定其生活中的重要性。除非顺便捎带,并非意在指出对于事件的纯粹自然主义解释的可能性。我的目的是要表明:当宗教性的经验业已留作某种自成一格的东西的时候,会发生什么情况。所描述的那个经验中的实际宗教性属性,是所产生的效果,是生活及其条件的更好调适,而非它产生的方式和原因。经验在其中运行的方式,它的功能决定着它的宗教性的价值。如果重新取向实际发生的话,那么,它以及伴随着它而来的安全感和稳定感就是凭其自身的力量。它以为数众多的方式发生在不同的人身上。它的发生有时是因着献身某种事业，有时是凭借一段开启新视野的诗歌，有时就像斯宾诺莎——他那个时代所认为的无神论者——的情况那样，是经由哲学的反思。

在因其处于和对生活过程的作用而具有宗教性力量的一种经验，与作为一种独立种类的宗教性经验之间的差异，给我一个提及前论的契机。倘若通过摆脱具体类型的信念和实践而得解放，通过摆脱那些构成一种宗教的因素而得解放，那么，这种功能就会得以安全无虞，很多个人就会发现：那些带来更美好、更深刻和更持久的生活调适能力的经验，并不像人们普遍设想的那样罕见和稀少。它们频频地与很多有意义的生活契机相关而发生。看不见的权能这个观念，就会担当那些支撑和深化这样一些价值——承载人们度过黑暗和绝望的阶段而使之失去通常的阴郁特征——的价值感的所有自然条件和人际交往的意义。

我并非假定就很多人而言，使宗教性的东西与一种宗教脱钩是件容易生效的事情。传统和习俗，特别是带有情绪的时候，是与我们自身的存在合二为一的那些习惯的一部分。但是，这种脱钩的可能性却借由其现实性而得以展现。那么，我们暂且放下"宗教性的"这个术语，追问向生活过程提供深刻而持久支撑的态度为何。例如，我用过"调适"和"取向"这些词，它们是什么意思？

尽管"顺应"、"归化"和"调适"这些词经常被作为同义词使用，但是所存在的态度如此不同，以至于为思想清晰之故，应该加以辨析。我们遭遇到的一些条件，是不能被改变的。如果它们是特定的和限制性的，那么，我们则依照它们而改变我们的态度。是故，我们使自己顺应气候的变化，顺应收入的多少——当我们没有其他来源的时候。当外部条件持续不变的时候，我们变得习惯起来，习以为常，或者就像现在经常所称的那个过程——习惯使然。我喜欢称之为顺应的这种态度的两个主要特色是：它影响特定的行为模式，而非整个自我；这个过程主要是被动的。不过，它可能变得普泛，然后可能变成宿命论式的屈从或顺从。面对环境还有其他一些态度，它们是特定的，却是更为主动的。我们反作用于那些条件，致力于改变它们，以满足我们的需要和目的。外语戏剧要"归化"，以满足美国观众的需要。房屋重建，以适合家庭变化了的条件；发明电话，以满足远程快捷交流的需要；灌溉土壤，以长出丰足的作物。代之以我们自己顺应条件，我们改变条件，以便它们顺应我们的需要和目的。这个过程可以称为归化。

现在这两个过程常用一个更为一般性的名称"调适"来统称。但是在与我们所生活的世界的关系中,我们本身也出现了包罗万象和根深蒂固的变化。它们不是在与我们环境中的这个或者那个条件的关系中涉及这个或者那个需要,而是关涉我们整体性上的存在。有鉴于它们的范围,我们自己的这种修正是持久性的。它经由内外环境的任何变迁而延续。在各种各样的要素中,有一种组构性的、协和性的要素,尽管我们周围的那些特殊条件有所变化,但那些条件也在与我们的关系中得到分类、安置。这种态度包含某种顺从的意味。然而,它是自愿的,而非外部强加的;而且作为意志性的,它不只是斯多亚派那般任凭命运拍打我自泰然处之的决心。它比后一态度更加外求,更加心甘情愿;比前一态度更加主动。尽管称之为意志性的,但并不意味着它依赖于一个特定的决心或意志。它是一种属于意志的变化——被看作我们之在的有机丰富性,但并非意志之中的任何特殊变化。

诸般宗教宣称,它们影响到这种类属的和持久的态度变化。我宁肯把这一陈述颠倒过来说,凡是有这种变化发生的时候,就有一种明确的宗教性的态度。并非一种宗教带来这种变化,而是当变化出现的时候,无论什么原因和凭借何种方式,都有一种宗教性的见地和功能。正如我前文所说,教义性的或智识性的装置,以及增长的机制性积淀,在一种严格的意义上,对于这般经验的内在属性而言,是外来偶发的。因为它们是那个文化的——在众多个人身上得以接种培养的那个文化的——诸多传统的事务。桑塔亚那(Santayana)先生已经把这种宗教性的经验属性与诗歌所表达的那种想象性的属性联系起来。"宗教和诗歌,"他说:"在本质上是同一的,差别只在于它们附加在实践事务方面的方法。诗歌介入生活的时候被称作宗教,宗教仅仅附着于生活之上的时候会被看作无外乎诗歌。"介入之中与附着之上两者之间的差异,就像上述同一性一样重要。想象力要么在生活之上轻轻地荡漾,要么深深地进入生活之中。正如桑塔亚那先生所说,"诗歌具有一种普世的和道德的功能",因为"其最高力量寓于其与生活理想和目的的相关性"。除非它介入,"但凡观察满眼都是粗蛮事实,但凡训诫实则都是纯粹镇压,直到这些得到消化的事实和体现在人道冲动中的这种训诫成为想象力的创造性运思的起点,成为社会、宗教和艺术中理想建构的坚实基础"。

如果我可以就桑塔亚那先生这一入木三分的洞见加以评论的话,我会说,附着的想象力与介入的想象力之间的差异,是这样两者之间的差异:一方完全渗透我们之在的所有因素,另一方只是与特殊的和片面的因素相交织。实际上,仅仅因事实之故而观察粗蛮的事实这种事情极少发生，正如几乎没有训诫是镇压和不外乎镇压。事实通常是参照某些实践目标和目的而加以观察的，而且那个目标只是想象地得到呈现。最具镇压性的训诫，也有某种要达到的目标——至少把一种理想属性归于此；否则，就是纯粹的施虐狂。但是，在这样的观察和训诫事例中，想象力是有限的和片面的。它延展不远，渗透不深不广。

想象力与自我协和之间的关系，比人们通常所想的更为密切。有关整体的观念，无论是个人存在的整体，还是世界的整体，是一种想象性的而非实至名归的观念。我们观察和反思的那个有限世界，只有通过想象性的延展，才会变成宇宙。它既不能在知识中把握到，也不能在反思中认识到。自我——被称作一个整体——的完全统一，既不是观察和思想能够达到的，也不是实践活动能够企及的。作为一个整体的自我，只是一种理想、一种想象性的投射。从而有关自我与宇宙（作为自我与之关联的诸多条件的整体性的一个名称）的一种彻彻底底的和根深蒂固的协和活动的观念，只有通过想象力来运作——此乃为这种自我组构并非在特殊的意志活动或决心意义上的意志性的一个原因。"调适"拥有意志，而非其特别产物。宗教人士一直正确地把它当作来自有意识的处心积虑和明确目的之彼岸的那些源头的涌流——这个事实有助于从心理学上解释它为何一直如此普遍地被归于一种超自然的源头，而且大概也为理解威廉·詹姆斯（William James）所提到的无意识因素提供了某种亮光。值得注意的是，贯穿自我所做、所受和所得而形成的那个无休无止涌流始终的那个自我统一，是不能凭靠自我本身而达成的。自我总是指向某种它本身之外的东西，因此它自己的统一有赖于把世界的万千变化整合到我们所称的宇宙之中去这样一种观念。

想象力与经验中的理想要素之间的密切关联，得到人们的普遍承认。此般光景不同于其与信仰之间的关联。信仰一直被当作知识和洞见的替代物。在基督教这种宗教中，它被界定为未见之事的证据。[①] 暗含的意思是说，信仰是对于那些因我们有限和出错的本性之故而现在不可见的诸般事物的一种先见之明。因为它是知识的一种替代物，所以它的材料和对象在性质上是智识性的。正如约翰·洛克（John Locke）就此所作的总结，信仰"是根据说教者的信用……而对

---

① 杜威此处暗引《圣经》，《希伯来书》11 章 1 节有"信就是所望之事的实底，是未见之事的确据"这样的经文。——译者

一个命题所给予的同意"。① 那么,宗教信仰就是给予一个当作真的命题体系的信仰,所根据的是那些命题的那位超自然作者的信用,以及用来展示这种授信合理性的理由。结果不可避免地产生诸般神学的发展或者系统性的命题体系,以便以一种组织化的形式昭显诸般附有信念和予以同意的命题的内容。鉴于此既定的观点,那些认为宗教必然蕴含神学的人们是正确的。

但是,信念或信仰还有一种道德和实践的内涵。甚至魔鬼,根据过去一些神学家的说法,也信仰——并颤栗着。因此,就有在"思辨性的"或智识性的信仰与被称作"称义"信仰的一种行动之间所作出的区分。除却任何神学语境,下述两种信念之间存在着一种差异:确信某种目的相对品行而言,应是至高无上的;相信某种对象或存在作为理智可及的真理而存在。道德含义上的确信,意味着被我们活跃本性中的一种理想目的所征服、所降服;意味着承认其对于我们的欲望和目的所提出的合法要求。这样的承认是实践性的,而主要不是智识性的。它跨到能够向任何观察者呈现的证据之彼岸。反思——通常持久而费力——在达成这种确信方面可能牵涉到,但思想的内涵并非穷尽于发现为智识同意提供合理性证明的证据。一个理想对于选择和品行所享有的权柄,是一个理想的而非事实的权柄,亦非智识保证的真理的权柄,亦非提出真理的人的地位的权柄。

这样的道德信仰并非易事。它要被追问:人子到来时,在地上是否发现信仰这个古老的问题。道德信仰一直得到各种各样论证的支撑,意在证明它的对象并非理想;而且它对我们的要求主要并非道德的或实践的,因为题中理想已经包含在事物的现存框架之中。有论证认为,理想是处于所存在的诸般事物之核心的最终实在,而且唯有我们的感官或我们本性的堕落阻碍我们把握其先在的存在。比方说,出于这样一种观念——正义不止是一种道德理想,因为它就包含在实际存在的世界的构成之中,人们继而构建诸般宏大的智识体系、诸般哲学和诸般神学,以证明诸般理想不是作为诸般理想而是作为在先存在的现实性而实在的。他们未能看清,在把道德实在性转换为智识同意问题的时候,他们显示出缺乏道德信仰。一种信仰——只要我们力所能及,某物就应该存在——被转换为某物已经存在这样一种智识信念。当有形的物理存在无法证实断言的时候,有形的东西被微妙地转换成形而上的东西。以此方式,道德信仰已经与有关超自

16

---

① 参见洛克:《人类理解论》(下),关文运译,商务印书馆,1959 年,第 366 页。——译者

然的东西的智识信念难分难解地捆绑在一起了。

把道德信仰和行动的目的转化为智识性的信经条款，这种倾向一直得到心理学家们所谙熟的一种倾向的促进。我们所热切渴望拥有的东西就是如此，我们所倾向相信的东西业已这般。渴望本身对于智识性的信念，具有强大的影响。况且，当条件不利于实现我们所渴望的那些对象的时候——而且就意义重大的理想而言，在条件极为不利的情况下，一条轻易的出路就是假定它们毕竟已经体现在存在之终极结构之中，假定相反的表象仅仅是表象而已。那么，想象力仅仅伴生介入责任，且被免除介入责任。那些软弱的本性把幻想当作避难所，正如强大的人之于狂热。对于那些持异议的人，第一类人徒叹奈何，而第二类人则用力使之得以转化。

已经所说的，并不蕴含凡是对于理想目的的道德信仰都凭借那个性质上宗教性的事实。仅当道德确信的那些目的激发情绪，而这些情绪不仅强烈且被足够包容，以至于把自我统一起来的那些目的所激活和支持的时候，宗教性的东西才是"情绪触动的道德"。与自我和一个包容性的自我所关联的"宇宙"相关的目的的包容性，是不可或缺的。根据那些最高水平的权威的说法，"宗教"源于意为被捆绑或被捆缚的一个词根。原初，它意指被所发特定生活方式的誓言所捆绑，正如宗教人士是一些立下某些誓言的修士或修女。宗教性的态度指谓某种东西，它经由想象与一种普泛的态度捆绑在一起。再者，这种普泛的态度，比通常意义上的"道德性的"一词所表明的任何东西都要广泛。态度的性质展现在艺术、科学和良好的公民身份之中。

如果我们把所提出的概念应用到早先援引的那个定义的术语上面，那么，这些术语就呈现出全新的重要性。某个掌控我们命运的、看不见的权能，变成某个理想之权能。所有可能性，作为可能性，在特性上都是理想的。艺术家、科学家、公民和父母在他们被其职份精神所激活的意义上，受到看不见的东西的掌控。因为但凡为更加美好而奋斗，都是受到对可能性的东西的信仰的促动，而非对现实的东西的坚守。这种信仰也不为其促动力之故而依赖智识性的确保或这样一种信念——所追求的事物必须毫无疑问地大行其道，而且成为得以体现的存在。因为对象所拥有的决定我们态度和品行的权柄，及其所得到的要求我们忠诚和献身的权利，都是基于那个理想的固有本质。所产生的结果，即便我们尽了最大的努力，也不在于我们。理想主义所有智识性体系的固有之恶，是它们把行动的理想主义转化为有关先行实在的信念体系。这个实在所获得的特征,如此不同于观察和反映所导致和支撑的东西,以至于这些体系不可避免地滑入与超自然的东西的联盟之中。

以高扬的理想属性为标志的所有宗教,对于把视角导入琐细的和变幻的存在的宗教能力,总是念兹在兹。在此,我们需要把通常的表述颠倒过来:说凡是导入真正视角的都是宗教性的,而非说宗教是某种导入真正视角的东西。毫无疑问(关涉那个定义的第二个要素),我们有赖于超出我们控制之外的那些力量。原始人面对这些力量的时候如此无能为力,特别在处于不利的自然环境的时候,恐惧成为一种主导态度。正如常言道:恐惧造就众神。

随着控制机制的增强,恐惧因素相对来说有所减弱。一些乐天派的人甚至得出结论说,我们周围的诸般力量总的来说,本质上是温良的。但是每次危机,无论是个体的危机,还是共同体的危机,都提醒人类这样一点,即人类所施展的控制力本质上是不稳定的和片面的。当个体意义上和集体意义上的人极尽所能的时候,在不同的时间和地点导致命运和运气观念、机运和天意观念的那些条件仍在。坚守奋力把自然的和社会的力量导向属人目的之人类职能,这一点本乎人的气概。但是,有关这般努力无所不能的那些不加限定的绝对主义陈述所反映的,却是自我主义而非智识勇气。

人的命运与超出人类掌控的诸般力量交织在一起这个事实,使假设与之伴随的依赖和谦卑非得找到传统教义所指定的特定渠道成为不再必要,反而是依赖感所呈现的形式特别重要。在任何人的生活中,恐惧从不提供稳定的视角;它是分散性的和在消退中的。绝大多数宗教,事实上,已经把共融仪式加到那些补赎和抚慰仪式上。因为我们的依赖性展现在与环境之间的那些关系之中,而那些关系支撑着我们的担当和志向,其程度就像在挫败中折磨我们一样。本质上,非宗教性的态度是这样一种态度,即把人的成就和目的归于独立于自然世界和人类同胞的人。我们的诸般成功有赖于自然的合作。当人的本性的尊严感基于作为更大整体的一个合作方的人的本性感的时候,它就像敬畏感一样,是宗教性的。自然虔敬既不必然是对自然事件一种宿命论的默从,也不必然是对世界一种浪漫的理想化。它可能只是基于对自然作为我们是其组成部分的那个整体的一种感觉,同时也承认我们这些组成部分具有智识和目的这样的标识,具有在它们的援助下奋力把诸般条件纳入与人类可心的东西之间一种更和谐的职能。这般虔敬,是一种应有生活视角的固有成分。

知性和知识也进入属性上是宗教性的视角之中。经由有所指导的、合作性的人类奋斗不断揭示真理——这种信仰在属性上比任何对于一个完成了的启示的信仰都更具有宗教性。当然,现在通常认为,启示在终结的意义上并未完成。但诸般宗教所秉持的是:至少在其重要的道德特征方面,本质框架是确定了的;而且所提供的诸般新的要素必须以是否符合这个框架来判断。对于某个宗教而言,某些稳固的教义器具是必须的。但是,对于持续的和严格的探究的诸般可能性的信仰,并非把真理进路局限于事物的任何特定渠道或机制。它并非先是说真理是普遍的,然后把唯有的一条道路加给真理。它并非为了确保之故而依赖于服从任何教条或教义。它所信赖的是:假如界定运作中的智力的那些科学方法进一步推行到世界奥秘当中,而且那些科学方法本身在那种运作中得到促进和改进,那么,人与其环境之间的自然互动将哺育更多的智力和产生更多的知识。存在这样的事,即对于智力的信仰在属性上变成宗教性的——这个事实可能解释了一些宗教人士何以竭力贬损作为一种力量的智力。他们恰切地感到,这般信仰是一种危险的对手。

那些因着忠诚于我们所述的这样一些理想而有意识地受到鼓舞的人的生活,在激起狂热的宗教性的功能的那种广度和强度上,相对来说,仍属少见。但是,我们在推断这样一些理想及其激发的那些行动软弱无力之先时,至少应当扪心自问:现存状况在多大程度上是因为这样的事实——宗教性的经验要素已经被招募到那些超自然的渠道之中,从而背负不相干的累赘? 一个脱离人类共同的和自然的那些关系的信念和实践体系,在其影响程度上,必定削弱和耗尽这些关系固有的那些可能性的力量。把宗教性的东西从宗教中解放出来的一个方面,正是寓于此。

为了某个理想之故而排除万难,且因为深信其一般的和持久的价值而不顾个人得失所投身的任何活动,在属性上都是宗教性的。许多人,如探究者、艺术家、慈善家和公民们,以及生活在最卑微的各行各业的男男女女,无需推定、无需展示地获得了他们自身的这般统一,及其与生存条件的关系的这般统一。他们的精神和灵感,仍然需要推广到更广泛的人群。倘若我就诸般宗教和宗教貌似说过什么刺耳的话,那是因为一个坚定的信念,即尽管诸般宗教宣称拥有诸般理想和超自然手段的垄断权,而且据称唯有凭此,它们才能百尺竿头更进一步,但这种宣称阻遏了对区别性的宗教性价值的领会(是)自然的经验所固有的。万一有人被我频繁地运用形容词"宗教性的"所误导,以致把我所说的看成是对作为诸般宗教而过去了的东西的一种乔装辩护,倘若因为此而非别的原因,我应该表示歉意。就像我所构想的那样,宗教性的价值与诸般宗教之间的对立无法衔接。恰恰因为这些价值的释放如此重要,以至于对它们与诸般宗教的信经和膜拜之间的认同必须加以消解。

2.
信仰及其对象

21 就像我在前章所指出的那样，但凡宗教都牵扯到具体的智识信念，而且都对赞同这些教义为真——智识意义上为真——这一点或多或少地予以重视。它们拥有本质上被视为神圣的文献，包含诸般宗教的有效性与之关联的历史材料。它们发展出"教众"义不容辞（不同的宗教，其严格的程度是不同的）予以采纳的教义器具。它们还坚持认为，就它们所秉持的那些真理，存有某种特殊的和孤立的进路。

我想，没有人会否认当前的宗教危机与这些声言密切相关。怀疑主义和不可知论——从宗教人士的立场看来，它们对于宗教精神来说，是致命性的——大行其道，它们与诸如历史的、宇宙论的、伦理的和神学的智识内容——据称是一切宗教性的东西不可或缺的——直接相关。就我而言，在此无需细致入微地探析那些引起对这些内容怀疑、不信、不确定和拒斥的原因。只要指出下述这些足矣：所有涉及信念和观念，无论关乎历史性的和文字性的问题，还是关乎天文学、地质学和生物学，抑或关乎世界和人的创造及其结构，都与超自然的东西相关联，而且这种关联是导致对它们怀疑的因素；该因素从历史性的和制度性的诸般宗教的立场看来，正在耗尽宗教性的生命本身。

本论明显而简单的事实是：某些有关世界和人的起源和机制的观点，某些有关人类历史进程、人物和事件的观点，已经变得与宗教如此这般地交织在一起，以至于被等同于宗教。另一方面，知识及其方法和检验方法的增长已经达到这
22 般程度，导致大批开化的男女接受这些信念变得日益困难，甚至使之成为不可能的事。就这些人而言，这些观念越被用作一种宗教的基础和证成，该种宗教就越

发变得可疑。

新教教派基本上舍弃了有关特定的教会资源能够权威性地决定那些宇宙的、历史的和神学的信念这一观念。其中,那些更加开明的教派,至少已经减持有关个人困苦和人心不古是造成从智识上拒斥基督教的智识器具的原因这一古老信念,但这些教派(有些数量可以忽略不计的例外)还持守最小程度的不可或缺的智识内容。它们把特定的宗教性力量归于某些书面文献和历史人物。即便及至它们基本上把大宗的智识内容归约到一种可接受的程度,至少仍然坚持有神论和个人不朽。

我无意具体地复述那些以科学和宗教的冲突之名而被集体称谓的重大事实;只要哪怕最低限度的智识性同意被规定为本质性的,那么,科学和宗教的冲突就不会凭借称之为科学与神学的冲突而消除。司空见惯的是,天文学不仅冲击着宗教古老的宇宙生成论,而且冲击着那些处理历史事件——见证升天观念——的诸般信经的要素。地质学的发现,置换了那些一度显得重要的创世神话。生物学不仅给一度在宗教信念和观念中占据中心地位的灵魂和心灵观念带来革命性的变化,而且在原罪、救赎和不朽这些观念上面留下了深刻的印记。人类学、历史和文学批评提供了有关基督教的诸般宗教建立于其上的那些历史事件和人物一个极为不同的版本。心理学正在为我们开启对于那些非同寻常的现象的自然解释;这些现象如此非同寻常,以至于曾几何时,它们的超自然起源可谓是最为自然而然的解释。

就我的目的而言,所有这一切的重要干系在于,全新的探究和反思方法已经成为当今受过教育的人在有关事实、存在和智识同意方面所有问题的最终裁量者。毫不夸张地说,"智识权威的座次"已经发生革命。事情的核心在于这种革命本身,而非它对于这个或那个宗教信念的特定影响。在这种革命中,每个失败都会激发新的探究;每个胜利都会开启更多发现的大门,而且每个发现都是在智力土壤中播下的一粒新种子,从中生长出结满全新果子的新鲜植物。人的头脑正在习惯于一种新的方法和理想:唯有一条确然的真理进路——借由观察、实验、记录和受控反应而运作的耐心合作的探究道路。

下述事实很好地例证了这种变化的范围:每有特定的持守被放弃,通常就有开明的神学家发声,说那个被放弃的特定教义或所谓的历史性的或文字性的信条毕竟从来就不是宗教信念的一个固有部分;而且没有了它,宗教的真正本质比

23

以往更加鲜明突出。同等重要的是:众教会中基要派与开明派之间的鸿沟正在变大。尚未意识到的——尽管基要派比开明派更加确定地看到——关键不在于这个或那个琐细的信念条款,而在于借此达成和证成任一和每个智识性信念的那个方法问题。

正面吸取的教训是:宗教性的属性和价值如若是真实的,并非系于任何单一的智识同意条款,甚至并非系于有神论的上帝存在这个条款;而且在现有条件下,只有通过舍弃整个特殊真理——凭其本质就是宗教性的——观念,一并舍弃通达这些真理的特殊通衢观念,经验中的宗教性功能才能得到解放。因为倘若我们承认唯有一种验明事实和真理的方法——在其最为一般和最为慷慨的意义上,以"科学的"所传递的那种方法,那么就没有什么知识分支和探究中的发现会搅扰那种本身是宗教性的信仰。我应当把这种信仰描述为自我因着忠诚于包容性的理想目的而来的一体化,而那些理想目的是想象力呈现给我们的,也是人的意志值得将之作为控制我们的欲望和选择的东西加以回应的。

因为智识能量已经投入对诸般历史性的宗教所抱有的那些教义的合理化,所以很可能无法想象,有多少智识能量从达成智识结论的常规过程中游离出来。在我看来,如此这般给定的一般头脑定势比任何特定的信念条款所产生的那些后果更为有害,就像因接受其中的一些东西所带来的那些东西一样严重。基督教智识内容的现代开明版本在现代头脑看来,要比那些遭到反对的一些早先教义更加合乎理性。事实并非如此。中世纪的神学哲学家们在给予所有罗马天主教教义以一种合理形式方面,并不比当今开明神学家从智识上阐发和证成他所抱有的那些教义困难更大。这个陈言就像适用于"三位一体"、道成肉身、赎罪和圣事一样,适用于持续神迹教义、忏悔、特赦、圣徒和天使等等。我再次重申:根本问题不是在于智识信念的这个或那个条款,而是在于智识习惯、方法和准则。

一种规避变化了的知识和方法,对于宗教的智识内容产生冲击的方法,是那种把辖区和权限划分为两部分的方法。原先,这两部分被称作自然领域和恩典领域。现今,它们以自然知识领域和启示领域为人所熟知。大概除了前章所涉科学的与宗教性的经验之间的那个区分,现代宗教性的自由主义还没有明确的名称对它们予以称谓。暗含的意思是说:在一个领域,必须承认科学知识至高无上的地位;而在另一个尚需精确界定的领域——私密的个人经验领域,又有其他的方法和准则占据支配地位。

这种用以证成某些信念要素的独特而合法主张的方法，总是面临这样的诘难，即正面的结论得自负面的事实。现存的无知或落后，被用来维护在所处理的题材性质上存在区分的坚称。尽管如此，这种缺憾可能至多是反映现存的局限，但在将来是要消除的。因为某个经验领域或方面尚未经受科学方法的"入侵"，所以不服从这些方法——这种论调不仅了无新意，而且相当危险。在某种特定的保留领域，这种论调一再被证明无效。心理学仍然处在其幼儿期。但如果有人断言，私密的个人经验永远不会进入自然知识的范围，那只能说：正好应了无知者无畏。

然而，考量宗教人士所声言的那个，属于特殊自留地的领域更加切合当前的话题；那就是神秘经验。不过，必须留意神秘经验与我们获得的有关神秘经验的理论之间的差异。那种经验，是一个我们有待加以探究的事实。那种理论，就像任何理论一样，是对那种事实的诠释。有观念认为，那种经验就其本质而言，就是对上帝直接在场的一种真实领悟；这个观念与其说基于对那些事实的稽考，不如说基于把外部形成的一种概念植入对它们的诠释之中。就其依赖于一个先入为主的超自然观念——这正是有待证明的——而言，它陷入循环论证之中。

历史展现出许多神秘经验的类型，而且各自得到那种文化中和那种现象所出现的那个领域中的那些主导概念的同时性解释。就像在北美一些印第安部落中一样，由禁食引发的一些神秘危机，伴随某种神思恍惚和略带的歇斯底里；它们的目的是获取某种特殊权能，大概诸如定位一个迷路的人或找到秘藏的物件的能力。印度人实践的神秘主义，在一些西方国家享有某种风尚。有新柏拉图主义随着完全取消自我和融入非人格的存在整体之中而来的神秘狂喜。有不依赖任何神学的或形而上学诠释的强烈审美经验的神秘主义。有威廉·布莱克（William Blake）的异端神秘主义。有突如其来无端恐惧的神秘主义，其中大地好似在人的脚下动摇。凡此种种，只是顺手拈来。

比方说，在新柏拉图主义完全脱离人的需要和条件的一种超神圣存在的概念，与通过关注圣事或专注耶稣之心而促发即刻合一这个中世纪理论之间，有什么共同要素？当代一些新教神学家强调宗教经验中发现的与上帝的那种内在人格共融感，与中世纪基督教相去之远，几乎不亚于它与新柏拉图主义或瑜伽之间的天壤之别。对于那种经验的诸般诠释，并非在可及科学资源的襄助下，从那种经验之中生长出来，而是从周围文化中流行的那些观念里不加鉴别地偷借而来。

萨满和某些北美印第安人的神秘状态平心而论,就是一些获取特殊权能的技法——就如一些复兴主义宗派所构想的那种权能。并无特殊的智识对象化与那种经验相伴。那种据称获取的知识不是有关大写的存在的知识,而是有关特定的秘密和隐秘运作模式的知识。目标不是获取有关超凡的神圣权能的知识,而是为病人获得治愈的良方,为立威获得锦囊妙计,等等。神秘经验是宗教经验一种正常的模式,借此,我们可以获得有关上帝和神圣事物的知识——这种19世纪的诠释,伴随古老的宗教护教学方法的衰落而直接成比例地时兴起来。

非但没有理由否认被称为神秘经验的那些经验的存在,反倒有理由假设它们以某种如此密集的程度频繁地发生,以至于它们被当作经验活动在一定节奏点的正常展现。下面的假设是没有事实根据的:否定对于它们的客观性内容的某种特定诠释,证明那些作出否定的人们没有所论的那种经验,俾使他们拥有那种经验,同样会为其上帝在场的客观性来源所折服。就像每种经验现象那里的情况一样,被称为神秘状态的那种状态的出现,何尝不是一个我们对其因果模式加以探究的契机。相较于一种闪电经验或任何其他自然事件的经验,绝无更多的理由,把这种经验本身转化为对其原因的直接知识。

那么,我简短地提及神秘主义的目的,不是对于被称作神秘经验的那种特定经验的存在产生怀疑,亦非提出任何理论以对它们进行说明。我提及此事,只是例证那个标定两个截然不同的领域的一般倾向——认为在其中一个领域,科学拥有管辖权;而在另一个领域,有关宗教对象的特殊直接知识模式拥有权柄。为了证明某些信念的有效而在当代对于神秘经验的诠释中运作的二元论,无非是自然与超自然之间的那种古老二元论的一种重申,不过是在术语上更加切合当下的文化条件而已。既然科学认为,成问题的正是超自然的东西这个概念,那么,这种类型的推理的循环性质就是显而易见的。

宗教护教士们经常把科学方法和材料方面发生的变迁,指责为科学作为一种知识模式之不可靠性的证据。科学在当下这代人期间所发生的那种巨大的、几乎是革命性的变化,看起来时常令他们兴高采烈。即使所声称的不可靠性,像他们所假定的那么巨大(甚或更加巨大),那个问题仍旧故我:我们还有任何别的知识渠道吗?但是事实上,他们不得要领。科学并非是由任何特定的题材体系构成的,而是由一种方法所构成的;这种方法不仅是达成信念的方法,而且是凭借得到检验的探究而改变信念的方法。它的题材随着那种方法的改进而发展,这恰恰是它的荣耀而非它的罪责。绝无神圣不可侵犯的特殊信念题材。把科学认同为一套特定的信念和观念,本身就是对既古老又现行的教条主义的思想习惯——科学与之对立且正在予以破除——的一种抱残守缺的做法。

因为科学的方法不仅与教义——如果在它只需要当作真的东西来教导和学习的一种明确信念体系这个通常的意义上,看待"教义"——相抵牾,而且与教条相抵牾。科学对待教义的这种负面态度,并不表示对真理的漠然置之。它意味着,对于借此获得真理的那种方法的至高忠诚。科学的与宗教的之间的冲突,归根结底,是忠诚于这种方法与忠诚于一种最低限度的信念——预先如此固定,以至于成为不刊之论——之间的冲突。

那种智力方法是公开性和公共性的。那种教义方法则是受限的和私下的。甚至当宗教性真理的知识据说通过一种特殊的经验模式——被称为"宗教性的"——达到的时候,这种局限继续存在。因为后者被假定为一种非常特殊种类的经验。诚然,据称它对所有遵循某些条件的人敞开,然则就像我们所看到的,神秘经验对于不同的人而言,在信念方面所产生的结果是不同的,这仰赖于那些经历它的人们的周围文化。作为一种方法,它缺乏那种属于智力方法的公共特征。何况,当所论经验并不产生上帝在场——在宣称存在的意义上——的意识的时候,反驳总是现成的——那不是一种真正的宗教性经验。因为就定义而言,唯有产生这种特定结果的经验,才是宗教性的。这种论证是循环论证。传统的立场是:某种人心的顽固或腐败妨碍人拥有这种经验。开明派宗教人士现在更加人性一些,但他们的逻辑别无二致。

有时,人们认为,有关宗教性问题的信念是象征性的,就像礼仪和仪式一样。相对于那种持守这些信念逐字逐句的对象性和有效性的观点,这种观点可以说是一种进步。但是就像通常提出的那样,它深受模棱两可之苦。那些信念是什么东西的象征符号?它们是在那些有别于独立门户的宗教性模式的其他模式下经验到的东西的象征符号,结果所象征的东西具有一种独立地位吗?抑或在代表某种超验实在的意义上——因为不是一般而言的经验题材而超验——它们是一些象征符号吗?即使基要派也承认,后者意义上,宗教信念对象的某种性质和程度的象征主义。因为它所秉持的是:这些信念的对象如此远远地超出有限的人类能力,以至于我们的信念或多或少地要以隐喻性的术语来表达。有关信仰是我们当下资产中可用的最好知识替代品的概念,仍然附着于信仰内容的象征特征这个观念;除非我们把一种象征性本质归于它们所要表达的意思是:这些材料代表某种在一般和公共经验中可证实的某种东西。

倘若我们采纳后一种观点的话,那么,这一点就会很明显:不仅信经的智识条款必须理解为道德的和其他理想价值的象征,而且那些被当作历史性的且被用作那些智识条款的具体证据的诸般事实,本身是象征性的。这些信经条款的呈现,充其量是为了道德理想之故而被理想化的想象力所加工的事件和人物。历史人物在其神圣特质方面,是赢得献身和激发努力的那些目的的物化。它们象征着在很多经验形式中促动我们的那些目的的实在性。被如此象征的那些理想价值,也在科学、艺术和各种人际模式中的人的经验上留有痕迹;凡是源于掌控现存环境这个层面的一切,几乎无不留有它们的痕迹。人们承认,宗教对象是与我们当下状态形成对照的理想。倘若也承认它们恰恰因为是理想,所以对于品行拥有权威性的要求,那么,我们又会损失什么呢? 假定这些宗教对象已经存在于某种大写的存在领域,非但看来对于它们的力量而言于事无补,反倒削弱了它们作为理想对于我们所提要求的力度——只要所提要求是基于智识上可疑的东西。问题归结为这样一点,即那些促动我们的理想是真正理想的,还是只在与我们当下资产相对照的意义上是理想的?

这个问题的内涵所及甚远。它决定给予"上帝"这个词的意义。一方面,该词意味着唯一的、特定的、大写的存在;另一方面,它意指所有激发我们去渴望、去行动的理想目的的统一体。这种统一,是因为已经在我们之外实现了的存在中,还是因为其自身的固有意义和价值,才对我们的态度和品行有所要求? 暂且假设"上帝"这个词意味着一个人在某个既定的时间和地点所承认的,对于他的意志活动和情绪拥有权威的那些理想目的(只要这些目的借助想象力而呈现统一性)、一个人极力献身的那些价值。如果我们采取这种假设,那么就与有关"上帝"指谓某种大写存在——具有先在且因而非理想(non-ideal)的存在——的宗教教义形成对照,问题的要害就会清晰地凸显出来。

关于某些历史上存在的宗教,就它们全部在其神圣存在中无视道德属性而言,"非理想的"这个词要从字面上加以对待。它并不在同一文字方式上适用于犹太教和基督教,因为它们已经断言,至高存在具有道德的和属灵的特质。但是,有鉴于这些道德的和属灵的特征被当作某种特定存在的属性,被当作因为在此般存在中的体现而对于我们来说才具有宗教性的价值,它依然适用于它们。

就我所见,此乃有关某种宗教与作为经验功能的宗教性的东西之间的那个区别的终极要害所在。

　　"上帝"代表着诸般理想价值的一种统一,而这种统一是当想象力伴生于品³⁰行时而起源的,本质上是想象性的——这一观念伴有因我们频繁地使用"想象力"这个词语,指谓幻想和可疑的实在而来的文字困难。作为理想的理想目的之现实性,是由它们在行动中不可否认的力量所保证的。理想不是幻觉,因为想象力是理想由之得到把握的官能。因为所有可能性都是经由想象力而及于我们的。在一种明确的意义上,唯有一种意义能够赋予"想象力"这个术语,即那些事实上尚未实现的事物为我们所领会,并且具有打动我们的能力。通过想象力而生效的那种统一,不是充满幻想的;因为它所反映的,是实践性的和情绪性的态度的那种统一。那种统一性并不意味着一个单一的、大写的存在,而是被这样的事实——许多目的就它们的理想力量而言,其实是一个——所激发的忠诚和努力的统一性,或激发和掌控我们的想象性的属性。

　　鉴于传统上,诸般上帝概念实体化为一种存在归因于一种汇流,即人的本性中那些把所渴望的对象转化为(就像前章所述的)一种先行实在的倾向,与过去文化中占据主导地位的那些信念之间的一种汇流,我们大可一问:传统上,诸般上帝概念生命之中的能力和意义,是否并非归于它们所指涉的那些理想属性?因为在古老的文化中,在"自然的"意指某种习惯的和熟悉的东西这个意义上,超自然的概念是"自然的"。看来,宗教性的人们得到借此理想价值对于他们而具有吸引力的那种实在的支撑和抚慰,要比他们得到事实存在的纯物的支承,更加可信一些。一旦人们习惯于理想的东西与物理的东西合一的观念,那么,这两者在情绪中被如此捆缚在一起,以至于难以实施分离。这一点,符合我们有关人类心理学所获知的一切。

　　不过,实施分离所获得的益处是明显的。这种脱钩,使经验的宗教性价值一劳永逸地摆脱那些持续变得更加可疑的东西。随着那种释放而来的,则是从诉诸护教学的必然性中解放出来。理想的目的和价值对于我们具有的权威性这点的实质性,是一个无可置疑的事实。公义和慈爱的有效性,以及我们称之为真理的观念与实在的符合的有效性,在其依托人性方面得到如此确保,以至于宗教性³¹的态度不必用教条的和教义的器具来拖累自己。有关宗教性的态度的任何别的概念,一经充分地分析,意味着那些秉持者更在乎力量而不是理想价值——因为一个大写的存在者所能增添的一切，无非是予以确立、惩罚和回报的力量。固然有人坦言，他们自己的信仰无需任何有关道德价值得到物理力量支撑的担保；但是他们认为，民众是如此落后，以至于理想价值不会影响他们的品行——除非在大众信念中，这些价值具有一种力量，不仅能够强迫他们服从，而且能够对那些未能服从者进行惩处。

还有一些更值得尊重的人说："理想至上乃为起点，我们赞同。但是，为何止于此点？为何不以最大的热望和力度寻找我们能够发现的所有证据，诸如历史所提供的和自然中呈现的设计性所提供的那些证据？它们可能导致这样一种信念，即理想已经原封不动地存在于一个大写的、具有客观存在的人格之中。"

对于该问题的一种回答是：这种寻找使我们陷于所有有关恶的存在的难题之中，这些难题过去一直困扰着神学，而且那些最为巧妙的护教士们也没有直面过，遑论予以应对了。倘若这些护教士们没有把那些理想的善的存在认同为一个位格的存在——假设这个位格产生并支撑它们——即一个大写的存在，况且全能被归于它，那么，恶的产生这个难题就会是无理取闹。理想目的和意义的重要性的确与这样一个事实密切相关，即生活中有各种各样对我们而言的恶的事物，因为我们本来可以别样地拥有它们。假使现存条件完完全全是善的话，那么，有待实现的诸般可能性这一观念就永远不会浮现了。

但更为基本的回答是：如果基于一种严格经验性的基础来进行这种寻找，就没有它不应产生的理由；而且事实上，它总是以符合超自然的东西的利益而加以从事的。于是，它分散了对理想价值和实际条件加以探索的注意力，而借助这种探索，理想价值可能得到促进。历史是对这个事实的见证。人们从未充分地运用所拥有的力量以推进生活中的善，因为他们一直等待着自己和自然之外的某种力量，代理他们有责任去做的工作。依赖外部力量，等于放弃了人的努力。强调为善而发挥我们的力量，不是唯我的办法或一厢情愿的乐观办法。它不是唯我的，因为它既不个体地、也不集体地把人与自然隔离起来；它不是一厢情愿地乐观的，因为它并未超出下述这些假设：人有努力的需要和责任；深信倘若为了自然目的而寻求人的渴望和努力，条件本会变得更好。它并不包含对于善的千禧年的期待。

关于超自然的东西作为把握那种理想及其实践性附着物的一种必要力量的

信念,有其对应的一种有关自然手段腐败和无能的悲观主义信念。在基督教信条中,这是公理性的。但是,这种显而易见的悲观主义,有办法突然转化为一种夸张的乐观主义。因为根据那个教义的术语,如果对于超自然的东西的信仰属于所需要的那一类,就会马上出现再生。在所有的本质点上,善从而得以确立;如果不是,则有证据表明所确立起来的与超自然的东西的关系受损。这种浪漫的乐观主义,是过于关注个人拯救——传统基督教的特色——的一个原因。有关经由皈依和祈祷的客观效力而突然和完全嬗变的信念,是一种过于容易地摆脱困难的法门。那些问题被通常弃置在那里,它们一如既往;这种情况如此糟糕,以至于要有额外的东西来支撑,唯有超自然的襄助,才能改善这个观念。而自然智力的立场是:存在善与恶的一种混合,而且倘若在理想目的所示的善的方向上加以重建的话,必须通过持续的合作努力。面向正义、仁爱和秩序的冲动至少是足够的,所以倘若这种冲动为了行动而被调动起来,即便不期待发生突兀的和完全的转化,所存在的无序、残酷和压迫也会减少。

本研讨已经进行到这样一个节点,需要考虑对我所采取的立场一个更为根本的诘难。这个诘难本来的那个错误理解,应当予以指出。我所推导的观点,有时仿佛被当成是这样的:把神圣的东西认同为理想目标,招致理想没有存在之根,没有存在支撑。该诘难暗含的意思是说,我的观念令人委身于理想和存在这样一种分离,以至于理想即便作为一种或许可以发芽生长和开花结果的种子,也没有机会找到扎根之处。恰恰相反,我一直批评的,正是把理想认同为某个特定的大写的存在的做法——尤其是当这种认同必然导致这个大写的存在是在自然之外这样的结论的时候;而且我一直努力表明的,是理想本身根植于自然条件之中,浮现于想象力通过把持住向思想和行动所呈示的诸般可能性而把存在加以理想化之时。有些价值和诸般善——人际关系、艺术和知识的诸般善——事实上是基于一种自然基础而得以实现的。进行理想化的想象力,利用在经验的跃变时刻所发现的那些最为珍贵的东西并投射它们。对于它们的善性,我们无需外在的准则和保障。作为善而存在的它们,拥有善性;而且,我们用它们铸就我们的理想目标。

何况,源于我们把所经验到的诸般善投射到思想、欲望和努力对象中的诸般目标之存在,只有作为目标才存在。目标、目的在人的品行中,行使着决定性的力量。慈善家们的目标,弗洛伦斯·南丁格尔①、霍华德②、威尔伯福斯③和皮博迪④的目标,并非痴心妄想。它们已经修正了机制。目标、理想并非只存在于"头脑"之中;它们存在于人品、人格和行动之中。一个人或许是艺术家、智识探究者、父(母)、朋友和邻居公民,以表明目的以一种操作性的方式存在。我重申,我一直诘难的并非这样一种观念——诸般理想与存在相关联而且其本身作为力量通过人的体现而存在,而是这样一种观念——诸般理想的权柄和价值依赖某种先验的完全体现,仿佛人类为了正义、知识或美之故的那些努力,就其有效性和合法性而言,依赖于确保在某个超自然领域存在一个地方;在此,罪犯得到人道对待,没有农奴制或奴隶制,所有事实或真理已然被发现和被拥有,而且所有的美以一种实现了的形式而得到永恒的展现。

那些驱动我们的目标和理想,是经由想象力而产生的。但是,它们并非出自虚构的东西,而是出自物理的和社会经验世界的坚实的东西。火车头在史蒂文森(Stevenson)之前并不存在,电报在莫尔斯(Morse)之前也不存在。但是,它们存在的条件本来就在物理物质、能量和人的能力之中。想象力攫取一种重整那些会演化出新的对象的现存事物的观念。画家、音乐家、诗人、慈善家和道德先知同样如此。新愿景并非出自虚无,而是浮现于:依据可能性即想象力,看到老事物以新关系服务于一个新目标——这一点,正是该新目标帮助创造的。

再者,该创造过程是实验性的和持续性的。艺术家、科学工作者或好市民有赖于他人先前的作为,而且在他人周围的作为。对于成为有待实现目标的那些新价值的感觉,首先是以一种暗淡的和不确定的形式出现的。随着人们在头脑中念念不忘和在行动中发扬光大这些价值,它们在明确性和连贯性方面不断增长。目标与实存条件之间的互动,改善并检验理想;而且,条件与其同时得到修

① 弗洛伦斯·南丁格尔(Florence Nightingale, 1820—1910)作为现代护理学的创始人,几乎家喻户晓。"国际护士节"定在她的生日5月12日,以志纪念。她所体现的"燃烧自己、照亮别人"的精神,被称为南丁格尔精神。南丁格尔奖则是国际医学护理界的最高荣誉奖。——译者
② 霍华德·希勒·约翰逊(Howard Hille Johnson (1846 - 1913)),美国盲人教育家和作家,著名的西弗吉尼亚盲聋学校的创立者。——译者
③ 威廉·威尔伯福斯(William Wilberforce, 1759 - 1833),英格兰废奴运动的领袖和相关废奴法案的主要推动者。——译者
④ 乔治·福斯特·皮博迪(George Foerster Peabody, 1852 - 1938),美国实业家、金融家和慈善家。美国电视奖中以其命名的"皮博迪奖",不同于商业色彩浓重的"艾美奖",更加注重艺术性和公益性。——译者

正。理想随着被应用于实存条件而发生改变,该过程伴随着人类的生命持续和前进。一个人和一个群体所完成的东西,成为后继者们的立足地和出发点。当这一自然过程中的那些至关重要的要素在情绪、思想和行动中得到普泛承认的时候,通过清除超自然观念中累积的那些不相干的因素,该过程将得到加速和纯化。当那些至关重要的要素获得先前一直归给超自然宗教的那种宗教性的力量的时候,作为结果产生的强化作用,将是无法估量的。

这些考量可以应用到"上帝"这个概念,或者为了避免令人误入歧途的概念,不如说应用到神圣的东西。正如我所说,这个观念是通过想象性的实现和投射所统一起来的诸多理想可能性之一。但是,"上帝"这个概念,或神圣的东西这个概念,与促进理想成长和推进理想实现的所有自然力量和条件——包括人和人际关系——相关联。我们所面对的情况是:诸般理想既非完全体现在存在之中,亦非纯粹是无根无据的理想、幻想和乌托邦。因为在自然和社会中,有一些产生出并且支撑着这些理想的力量。它们进一步借助赋予它们连贯性和坚实性的行动而统一起来。我会赋予"上帝"之名的,正是理想和现实之间的这种能动关系。我不会坚持必须给予这样的名称。有些人秉持的观点是:该术语与超自然东西的那些关联如此众多和紧密,以至于对"上帝"这个词的任何使用必定会产生误解,必定会被当作对传统观念的一种迁就。

他们在这个观点方面,可能是对的。但是,我所提到的那些事实就在那里,它们需要被尽可能清晰而有力地呈现出来。存在一些具体的和实验性的诸善——所有形式的艺术价值、知识的价值、努力的价值、奋斗之后的歇息价值、教育和团契的价值、友谊和爱的价值、身心成长的价值。这些善就在那里,但是相对而言,尚处于胚芽的状态。许多人被拒之门外,无法慷慨地分有它们;有一些作祟的力量不但阻碍现存诸善的扩展,而且危及并消耗它们。一个有关理想目标和现实条件相统一的、清晰而强烈的概念,能够激发稳定不变的情绪。它可以获得每个经验的滋养,而不管经验的材料怎样。

在一个心烦意乱的时代,急需这样的观念。它能聚合现在涣散的志趣和能量;它能指导行动,而且能产生情绪热度和理智之光。一个人是否给予在思想和行动中这一操作性的统一以"上帝"之名,完全是一件由个人决定的事。但是,在理想和现实之间,这一可操作的统一的功能在我看来,无异于事实上一直附加到所有具有属灵内容的诸般宗教的"上帝"概念之上的那种力量;而且在我看来,当下急需有关这个功能的清晰概念。

这种统一感在某些人那里，可能被神秘的经验——在最为宽泛的意义上使用"神秘的"一词——更加推进一步。这种结果主要依赖于性情。但是，在那种与神秘主义相关联的统一与我心中所想的那种统一之间，有着明显的差异。就后者而言，没有什么神秘的东西；它是自然的和道德的。对于这种统一的察知和意识，也没有什么神秘可言。有关切合实际条件的诸般理想目标的想象力，代表着受过训练的头脑的成就。固然存在这样一种风险，即诉诸神秘经验将是一种逃避，而且其结果将是那种消极的感觉——现实和理想的统一已经完成，但是事实上，这种统一是能动的和实践的。它是一种统一进程，而非某种既定的东西。

36 　　我个人认为，用"上帝"这个词指代所说的理想和现实之间的那个统一活动是合宜的，理由寓于这样一个事实，即进攻性的无神论在我看来，与传统的超自然主义有某种共同的东西。尽管与这个事实是相干的，但我并非只是想说，前者总体说来如此负面，以至于不能对思想给出正面的指导。我心中所想的，尤其是这样一点，即战斗的无神论和超自然主义两者把人孤立起来的排他性先入之见。因为尽管超自然主义涉及自然之彼岸的某种东西，但是它把这个地球认作宇宙的道德中心，把人认作万物之灵长。它把孤立而孤独的个人灵魂之内上演的罪与赎的活剧，当作一件最为重要的事情。离开人，自然要么被当作可诅咒的，要么被当作可无视的。战斗的无神论也受到缺乏自然虔敬的影响。诗人们总是予以礼赞的人与自然的那些纽带，被轻率地逾越不顾。他们通常认为，人生活在一个漠然的和敌对的世界，并且对这样的世界发出阵阵蔑视。然而，一种宗教性的态度需要人们以既依赖又支撑的方式与想象力，产生与一个宇宙的周围世界相联系的感觉。使用"上帝"或"神圣的"这样的词语来传达现实与理想之间的统一，可以避免人的一种孤立感，以及因之而来的绝望或目空一切。

无论如何，不管那个名称到底如何，那个意义是选择性的。因为它并不牵涉对于一切事物不分青红皂白地崇拜一气。它从存在中选择这样一些要素，这些要素产生和支撑我们作为目标为之奋斗的善的观念。它排除了众多在任何既定时间与这个功能并不相干的力量。自然固然产生出一些具有强化功能和指导功能的东西，但也产生出一些引致违和与混乱的东西。是故，"神圣的"是一个有关人类选择和志向的术语。一种人本主义宗教，就像它自以为是地把人类当作崇拜对象那样，如果排除我们与自然的关系，那么，它就是苍白的和单薄的。马修·阿诺德的"异己权能"概念,在其指涉操作性和维系性的条件方面过于狭隘。尽管它是选择性的,但是在其选择的基础——正当性——方面过于狭隘。该概念于是需要在两方面加以拓展。那些产生并支撑所经验到的、作为理想的善的诸般权能,不仅在外部而且在内部起作用。在阿诺德的陈言中,好像存在对一个外在的耶和华的回想。而且那些运行的力量所强化的,是价值和理想而非公义。阿诺德有关希腊主义和希伯来主义之间的对立感,源于从里里外外发挥作用的那些权能所产生的后果列表中,排除掉了美、真理和友谊。

37

在自然与人的目标和努力之间的关系方面,近来的科学已经打破了古老的二元论。三个世纪以来,科学一直致力于此项任务。但是,只要那些科学概念是严格机械性的(在假定不同的事物纯粹通过外部的排斥力和吸引力彼此作用的意义上),宗教护教士们在指出人与物理自然之间的差异方面就有立足之地。这些差异,本来可以用来论证某种超自然的东西已经介入的人类事务。然而,护教士们就经典类型的机械论①的投降而为宗教所发出的欢呼,从他们自己的观点看来,也是欠考虑的。因为对于自然所持的现代科学观的变化,只是让人与自然彼此更加接近。我们不再被迫在下述两者之间作出选择:要么通过把人还原为另一种形式的机械模型而抹杀人身上独特的东西,要么持守有关某种确实超自然的东西把人与自然区分开来的教义。越是发现物理自然并不那么机械(在其古旧含义上),人与自然就越是接近。

在那部精彩的著作《良心发现》(*The Dawn of Conscience*)中,詹姆斯·亨利·布雷斯特德(James Henry Breasted)②提及海克尔(Haeckel)③,说他最希望回答这样的问题:宇宙对人友好吗?该问题是一个模棱两可的问题。在哪个方面对人友好?在关乎安适、物质成功和自私的野心方面,还是在关乎探究和发现、发明和创造,以及建设更为安全的人类生存秩序方面?无论以何种形式提出该问题,老实说,答案都不可能是没有限制的和绝对的。作为历史学家的布雷斯特德先生,他的回答是:自然对于良心和品格的浮现和发展而言,一直是友好的。那些将会全有或全无的人们,都不可能满足这种答案。对于他们而言,浮现和成

---

① 我之所以使用这个术语,因为科学放弃了那些工作机理本质上属于离散事物的一种严格的机械接触的观念,但是尚未放弃它对那些工作机理的信念。

② 詹姆斯·亨利·布雷斯特德(1865—1935),美国考古学家、历史学家。——译者

③ 恩斯特·海克尔(1834—1919),德国生物学家、博物学家、哲学家。——译者

长都不够。他们所要的东西,远不止胼手胝足而来的成长。他们要的是最后的成就。另一些并非那么绝对的人们可能满足于认为,从道德上说,成长是比纯粹的成就更高的价值和理想。他们还将谨记成长并非局限于良心和品格;还延展到发现、学习和知识,延展到艺术创作,以及促进人们彼此守望相助的那些纽带。这些人至少会满足于,对那种以导向理想目标的持续选择为基础的宗教功能的一种智识观点。

在结论中,我会提醒读者注意:我一直考虑的,正是宗教态度的智识一面。我已经提出,生活中的宗教因素遭到超自然东西的那些概念的阻碍,那些概念埋藏在那样一些文化之中;我们在其中对外部自然几乎没有掌控,也几乎没有确实的探究方法和检验标准。至于当今宗教信念的智识内容的危机,则是由于我们的知识和理解手段的增进而来的知识气候的变化所导致的。我致力于表明,无论这种变化对那些历史性宗教的影响多么不利,但对于我们共同的经验中的那些宗教价值而言,并非是致命性的。相反,只要发挥作用的智力方法和结果被坦诚地采纳,那么,这种变化就是解放性的。

它澄清我们的理想,使它们更少流于幻觉和幻想。它使我们脱离把它们当作固定的、没有成长能力的东西来看待的梦魇。它揭示出我们的理想随着自然智力的增长,在连贯性和适切性方面得到发展。鉴于在理解自然方面的成长被看作有机地与理想目标的形成联系在一起,这种变化就赋予追求自然知识的志向一种明确的宗教性品性。同一变化,使人们在自然条件中选择可以组织起来支撑和拓展诸般理想的影响力的那些因素。所有目的都是选择性的,而且所有明智的行动都包括精心选择。在我们不再依赖超自然信念这种程度上,选择是得到启蒙的,而且为了符合诸般理想的利益而作出选择——对于诸般理想与条件和结果的固有关系,人们是理解的。倘使把捉到宗教的自然主义基础和方位的话,生活中的宗教性因素就会从宗教危机的阵痛中浮现出来。那么,我们就会发现,宗教在人类经验的每个方面都有其自然地位,关涉可能性的评估,关涉尚未实现的那些可能性所致的情绪激发,而且关涉有利于实现它们的所有行动。人类经验中所有具有意义的东西,无不落入这个框架范围之内。

3.
宗教功能的属人栖所

先讨论宗教的智识内容，再从社会联系方面来稽考宗教，我这种做法并未遵 40
循通常的时间顺序。总体而言，集体性的实践模式要么最先出现，要么更加重
要。诸般宗教的核心一般所见在其礼仪和仪式中。逐渐形成的那些传说和神
话，部分是作为呼应人类不可遏制的说书倾向的一些装饰性调料，部分是作为解
释礼仪惯例的一些尝试。然后随着文化的进展，那些说书故事得以合并，神谱和
宇宙生成论得以形成——就像在巴比伦人、埃及人、希伯来人和希腊人那里的情
况。就希腊人的情况而言，那些创世故事和对这个世界构成的述说主要是诗体的
和书面的，而且从中最终发展出各种哲学。在绝大多数情况下，传说连同礼仪和
仪式，处于一个特殊群体即祭司群体的监护之下，而且服从这个团体所拥有的特
殊技艺。同时，留出一个特殊的群体，作为信仰典籍的负责任的拥有者、保护者
和颁布者。

但既与宗教实践又与宗教信念有独特关系的一个特殊群体的形成，只是部
分情况。在最为广阔的视角下，它并不是那么重要的一部分。关乎宗教的社会
内涵，更为重要的一点是：祭司阶层是某个共同体、部落、城邦或帝国的代表。无
论是否有一个祭司阶层，作为共同体成员的个人，就像生于社会和政治组织之中
那样，都生于一个宗教共同体之中。各个社会群体都有作为其奠定者和保护者
的神圣存在物。它们的那些献祭、净化和共融礼仪，都是一些组织化的公民生活
的展现。庙宇是一种公共机构，即共同体崇拜的聚焦之处；它的那些实践的影 41
响，扩展到该共同体诸如家庭、经济和政治方面的所有习俗。甚至群体之间的战
争，通常都是它们各自神祇的冲突。

个体并非加入一个教会。他生于和长于一个共同体,这个共同体的社会统
一性、组织和传统在一个集体性宗教的那些礼仪、膜拜和信念中,得到象征和礼
赞。教育是把年轻人归纳到共同体的活动之中,而这些活动在每一点上都交织
着一种宗教与之密切关联并予以裁定的习俗、传说和仪式。有一些人,特别是一
些在苏俄犹太人共同体中成长起来的人们,不用想象就能理解一种宗教——当
它充斥群体生活的所有习俗和活动的时候——从社会上说意味着什么。对于我
们合众国中的绝大多数人而言,这样的状况只是一种遥远的历史插曲。

条件方面所发生的那个变化——曾经普遍而如今罕见——以我之见,是所
有历史上宗教中所发生的最大变化。科学的与神学的信念之间的智识冲突,已
经吸引更多的关注。它仍然处于关注的焦点附近。但是,宗教的社会重心转变
如此稳步地进行着,而且现今如此普遍地完成了,以至于已经从绝大多数人的思
想中淡去。唯独历史学家是个例外,而且即便他们对它有特别的意识,也只是意
识到它的政治方面。这是因为,政教冲突在某些国家仍然进行着。

甚至现在有人出生在一个特定的教会,即父母的教会,而且具有这个教会的
成员身份,几乎是一件理所当然的事情。固然,成员身份这个事实,在一个人的
整个生涯中可能是一个重要的、甚至是决定性的因素,但历史中的新鲜事物、从
前闻所未闻的事物却是这样的:话题所涉组织,只是世俗共同体内的一个特殊机
构。甚至凡是确立起来的教会,都是由国家设立的,所以可能遭到国家废除。以
那些基于和关于一个宗教的组织为代价,不仅民族国家,而且群体间其他组织形
式,已经在力量和影响方面发展起来。与这个事实相关联的是,宗教类型的那些
团体中的身份越来越成为个人自愿选择的事情;这些个人可能倾向于承担教会
所托付的一些责任,而接受这些责任出于他们自己的意愿。如果他们的确接受
它们,那么,他们所加入的那类组织,在很多国家得到有关政治和世俗实体的一
般性的公司法的特许。

我所称的社会重心的变迁,伴随着为了教育、政治、经济、慈善和科学目的而
形成的诸般团体的巨大扩张,而这种扩张的发生独立于任何宗教。这些社会模
式已经成长到如此程度,以至于它们对于绝大多数人的思想和志趣施展更大的
掌控力,甚至那些在教会中拥有成员身份的人们亦是如此。志趣——从宗教观
点看来,属于非宗教性的志趣——的这种积极延展是如此巨大,以至于科学对宗
教信经的直接效果在我看来,相较于此是次要的。

我说的是直接效果；因为科学在刺激那些相互竞争的组织的成长方面的间接影响是极大的。那些纯粹智识的变化，充其量只是影响少数专家。相对于通过影响人类彼此关联的那些条件而导致的后果，它们是次要的。发明和技术，连同工业和商业，不用说，已经深刻地影响到这些作为根基的关联条件。从失业到银行业，从市政管理到新运输模式使之成为可能的人们的大迁徙，从计划生育到外贸和战争，凡此种种，当今的每个政治和社会难题都反映了这种间接影响。通过新知识的应用而出现的社会变化，影响到每一个人，无论他们是否意识到作用于他们的那些力量的源头。的确，因为大体上是无意识的，所以效果才更加深刻。重申我所说过的话，因为人们汇聚其下并且在其中共同行动的那些条件已经被修正了。

宗教中的基要主义者是这样一种人，他们在智识内容方面的信念，几乎不为科学发展所触动。他们有关天地人的观念，就它们与宗教相关而言，受爱因斯坦的影响与受达尔文、牛顿和哥白尼的影响差不多。但是他们的实际生活，在他们天天所做的事情和所设定的联系方面，已经被随着科学的应用而来的政治和经济变化彻底地改变了。就严格智识性的变化而言，信经展现出巨大的顺应能力；其条款经历不知不觉的视角变化；重点被更改，而且悄悄地混进新意。尤其是天主教，在处理智识性的离经叛道方面表现出从宽的处理，只要它们不触及纪律、礼仪和圣事。

在平信徒中，只有少数受过更高教育的人，受到科学信念中那些变化的直接影响。某些观念或多或少地退入背景，但并未遭到严重的挑战；名义上，它们是被采纳的。受过最好教育的人们可能一直认为，生物进化概念已经作为一种家常便饭而被人接受，直到有一天，田纳西州的立法和司寇波（Scopes）审判①带来

① "司寇波审判"正式称作"田纳西州诉约翰·托马斯·司寇波案"，通常称作"司寇波猴子审判"。这是 1925 年在田纳西小镇代顿（Dayton）开审的一个轰动美国的司法案例。该案中，一所中学的代课老师约翰·托马斯·司寇波，被支持"神创论"的一方以违反禁止在州立学校教授进化论的巴特勒法案的罪名告上法庭。最终，司寇波被判有罪，罚款 100 美元（相当于 2015 年的 1 345 美元）。控辩双方的律师分别是大名鼎鼎的威廉·詹宁斯·布赖恩（William Jennings Bryan）和克莱伦斯·丹诺（Clarence Darrow），加之涉及基要主义与现代主义之争，该审判堪称一次世纪大审判。尽管当年辩方不服判决而上诉，但被驳回。直到 1968 年，美国最高法院在"埃珀森诉阿肯色州案"（Epperson v. Arkansas）中，判决阿肯色州以司寇波审判为判例，禁止在州立学校教授进化论的法令违宪，司寇波审判的是非才有后续定论。——译者.

一场尖锐的危机,才暴露出实情与之相去多么遥远。另一方面,在教会组织内部,专业人士阶层并未感到一般人头脑中有关价值的视角和重点的变化,直到某种尖锐的局面揭示出人心不古这个事实。然后,他们极力地否认已经涌现出来的那些新志趣的有效性。但是,有鉴于他们所针对的是志趣,而非纯粹针对观念,他们的绝望努力不能让人信服——除非对那些已经信服的人们而言。

在实践中,影响集体生活的那些变化深刻而广泛。甚至从我们称之为中世纪的那个时候开始,它们就一直发挥着作用。文艺复兴实质上是世俗主义的一种新生。带有18世纪特色的"自然宗教"这个观念的发展,是对教会团体控制的一种反抗——在此方面作为这一运思前兆的,则有前一世纪"独立"宗教社团的发展。但是,自然宗教和独立会众一样,并不否定超自然观念的智识有效性,而是试图基于个人的自然理性为有神论和不朽提供合理性证明。19世纪的先验主义是同一大方向上更进一步的步骤,是一个其中"理性"以一种更浪漫、更多彩和更加集体性的形式呈现出来的运动。它维护通过世俗生活扩散超自然的东西。

44　　这些运动和其他未具名的运动,是人在地球上数千年来诸般宗教中所发生的那场最伟大革命的智识反应。因为正像我所说的,这种变化与宗教的社会地位和功能有关。甚至超自然的东西对于大众头脑的掌控,已经越来越脱离教会组织的力量——即任何特定群体组织形式的力量。是故,可以说,这个处于宗教核心的观念,已经与守护和关照任何特定社会机构这一点渐行渐远。这样一个事实甚至更为重要,即对于那些作为联系形式的教会机制的一种稳步侵蚀——曾经被当作世俗化看待——已经改变了人们把时间花在工作、娱乐、公民身份和政治活动方面的方式。要点不是仅仅在于世俗组织和活动合法地从外部与教会控制加以切分,而是与任何教会的职权无关的诸般志趣和价值现今甚至如此广泛地支配着信徒们的那些渴望和目标。

个体信徒可能的确把他通过与宗教组织的联系而获得的那种倾向和动机,带到他的政治活动、他与学校的关系之中,甚至带到他的生意和消遣之中。但是,仍然有两个事实构成一种革命。首先,条件是如此这般一种情况,以至于这种活动从个体来说,是一个个人选择和决断的事情,而不是社会组织性质的事情。其次,尽管相信世俗事务应该浸透宗教精神,但个人把个人态度输入或带到宗教范围之外的固有世俗事务之中,这个事实本身构成了一个巨大的转变。即便像一些宗教人士那样断言,所有有些价值的新运动和志趣都是在某个教会的相助下成长起来的,而且从这同一源头获得动力;同时必须承认:那些新船一旦下水,就在陌生的海域驶向遥远的陆地。

在我看来,问题的关键就在于此。我在一种宗教与宗教功能之间所作出的那种区分,尤其适用于此。即便当基于超自然的东西之上的宗教断言,该教会及其宗教具有主宰这些另类志趣的时候,它出于其本质,也在宗教性的东西、世俗的东西和渎神的东西之间划定界限。"宗教性的"意指一种独立于超自然的东西的某种态度和见地,这个观念无需此等划分。它并不把那些宗教性的价值闭锁在一个特定的隔间之内,也不假定一种特定的联系形式与之有独一无二的关系。至于社会方面,宗教性的功能的未来,看似与其从诸般宗教,尤其是从某种特定的宗教中解放出来息息相关。很多人因为教会众多、莫衷一是而深感惶惑。根本的困难则愈发深重。

迄今所言,我并未忽略那些宗教组织的代表就所发生的历史变化提出的解释。那个最古老的组织,即罗马天主教教会,把生活的世俗化以及社会志趣和价值越来越独立于这家教会的控制判定为自然人更加背弃上帝的一种证据:人类意志固有的腐败,已经造成对上帝托给所指派的地上代表的那种权威的蔑视。这家教会把这一事实——世俗化的进展与抗罗宗①的扩展步调一致——指为抗罗宗在诉诸个人良心和选择方面一意孤行的异端证据。对此,疗法简单:正像通过这家教会组织——上帝在地上的代理——所持续表达的那样,服从上帝的旨意是社会关系和价值重回与宗教休戚与共佳境的不二法门。

与之对照,抗罗宗诸教会一直强调这样的事实,即人与上帝的关系主要是一种个人事情,是一种个人选择和负责的事情。据此以观,所勾勒的那种变化,不仅标志着道德的进展,而且标志着宗教的进展。因为据此,总是把人与上帝的关系变成一种集体性的和机制性的事情的那些信念和礼仪,在人的灵魂与神的圣灵之间竖起了屏障。而与上帝共融,则必须经由直接的神助、因着人的全心全意而肇端。因此,在组织化宗教的社会地位方面所发生的那种变化,毫无可悲可叹之处。所失充其量是一些似是而非、外在虚浮的东西。所得却是宗教被置于其

45

---

① 原文 Protestantism,一般情况下译作"新教",但在此语境中,按其原意译作"抗罗宗"似乎更为妥贴。——译者

唯一真实而坚实的基础之上:良心和意志方面与上帝的直接关系。尽管在现存的经济和政治机制中,不乏非基督教和反基督教的东西;但是,由那些深受个人信仰灌输的男男女女各自努力的合力所完成的那种改变,要好过由任何一揽子的机构努力——其中个人臣服于一种外在的和终极而言的属世权威——所引起的变化。

倘若具体来看这两个相互对立的立场所牵涉到的那个问题的话,或许要敦请注意一些特殊考量。或许要敦请注意:生活志趣的进步性的世俗化,并未伴随第一组人的论证所蕴含的日益退变。有许多人,就像历史学者那样,独立于任何宗教的隶属关系,他们把世俗化过程的逆转或重回那家教会作为最后权威的状态,当作对最为珍视的那些东西的一种威胁。至于抗罗宗的立场,可能要敦请注意的是:事实上,就像所发生的一些社会进展,并非是自愿的宗教联合的产物;相反,那些发挥着使人的关系属人化作用的力量,那些导致智识和审美发展的力量,来自独立于众教会的那些影响力。下述立场有其道理:众教会在最为重要的社会运动中已经落后,而且在社会事务方面的主要注意力转向了道德症候,转向了诸如酗酒、贩毒和离婚这样的胡作非为,而非战争的原因,而非罄竹难书的经济上和政治上的不公和压迫;针对后者的抗争任务,主要丢给了世俗运动。

在早先,我们现在所称的超自然的东西几乎并无确指,无非是指异乎寻常的东西。之所以令人触目惊心和印象深刻,是因为它那稀奇古怪的出格特征。即便是当今,有关自然的东西最为共同的理解,很可能是平常的、习惯的和熟悉的东西。正是在此含义上,当对于非同寻常的事件原因缺乏洞见的时候,对超自然的东西的信念本身是"自然的"。因而,只要人们的头脑适应超自然的东西,那么,超自然主义就是一种真正社会性的宗教。超自然主义对于异乎寻常的事件给出一种"解释",与此同时,在事件不利的时候提供一些利用超自然力量的技法,以确保优势和有针对性地保护共同体的成员。

自然科学的发展,致使异乎寻常的事物与那些有"自然的"解释的事件得以等量齐观。同时,那些积极的社会志趣的发展,把天堂及其对立面地狱挤到背景之中。众教会的功能和职分变得越来越专门化;在先前的一种对照中,一直被当作渎神的和世俗的东西看待的那些关切和价值,获得了长足的发展和重要的地位。同时,那种有关基本的、终极的属灵的和理想的价值与超自然的东西相关联的观念,只是作为一种模糊的背景和氛围而存留。对这个观念的一种礼貌遵从,与具体的志趣的转移一道存在。一般人的头脑于是陷入困惑和分裂状态。前些世纪已然进行的运动将继续孵育双重头脑，直到那些宗教性的意义和价值被明确地整合进正常的社会关系为止。

问题的关键可以更加明确地予以陈述。一方的极端立场是：离开与超自然的东西的关系，人在道德水平上与禽兽无异；另一方的立场是：所有有意义的目的和所有安稳与和平的保障，都是从人类关系的母体中生发出来的，而且被赋予超自然位点的那些价值，事实上是一种理想化想象力——它牢牢地抓住了自然的善——的产物。随之产生了第二组对照：一方秉持这样的观点，即与超自然的东西的关系是动机力量的唯一最终可靠的源泉，它直接和间接地激发每个指导和矫正地球上人类生活的严肃努力；另一方的立场则是，在家庭、社区、公民身份以及对艺术和科学的追求这些具体关系中经验到的那些善，才是人们在寻求指导和支持方面实际上依赖的东西；而且诉诸一种超自然的和超脱尘世的位点，既模糊了那些价值的真正本质，又削弱了它们的力量。

所勾勒的两组对照，界定了当前和未来的宗教难题。如果固有的和内在的满足和机会固着于并且培养自那种间或作为诸般历史性的宗教标志的激情和奉献，那么，对与人类关联的那些价值会产生什么影响呢？越来越多的人持有这样的观点，即对于自然的社会价值的贬抑，源于既在原则上又在事实上把它们的起源和重要性归于超自然的东西。夫妻关系、亲子关系、朋友关系、邻里关系、工友关系，以及科学和艺术方面的同侪关系和同好关系，所有这些自然关系都被忽视和逾越不顾，其中的一切都没有得到开发。何况，它们不仅遭到贬抑，而且一直被当作更高价值的危险对手，被当作有待抵制的诱惑，被当作肉欲篡夺属灵权柄，被当作人对神的反叛。

在当下开明派的宗教圈子里，有关原罪和完全堕落的教义，即有关内外本性腐败的教义，并不特别流行；反而盛行这样的观念，即认为存在两个分离的价值体系——这个观念类似前面章节有关两种真理启示所提及的观念。在自然关系和超自然关系中被发现的那些价值，如今在开明派圈子里被说成是互补的，正如启示真理与科学真理是同一终极真理相互支持的两面。

我不得不认为，这个立场相对于传统立场而言，代表着一大进步。尽管逻辑上，它可能面临那些针对真理的双重启示的诘难；但实际上，标志着人类观点的一种发展。但是，一旦承认人类关系带有功能上具有宗教性的一些价值，那么，为何不让问题取决于可证实的东西,把思想和精力集中到它的完全实现上呢?

历史看似展现出三个发展阶段。在第一阶段,人类关系被想成遭到败坏的人类本性的如此污染,以至于需要来自外部的和超自然源头的救赎。在第二阶段,发现这些关系中,意义重大的东西与被独特地尊为宗教性的价值的东西相类似。自由派神学家现在所达到的,就是这一点。在第三阶段会意识到,在具有理想成分的那些宗教中所褒扬的诸般价值,事实上带有自然联系特色的那些事物的理想化,然后为了维安和约束之故而被投射到一个超自然的领域中去。敬请留意基督教词汇中诸如圣父、圣子、新娘、团契和共融这些术语的地位,以及那些表露更为私密联系阶段的术语——诸如王、士师和万军之主——置换具有法律和政治起源的那些术语的倾向,哪怕是一种尚不完全的倾向。

除非有一个我业已称之为第三阶段的运动,否则,根本的二元论和生活中的分裂就会继续。有关神圣东西的那种双重和平行展示——其中,后者具有优越的地位和权威——的观点,带来一种不稳定的平衡状态。它通过划分它所指向的那些对象而分散了能量。它还专横地提出为何不辞劳苦地在通常的共同体生活中辨识宗教性的价值这个问题,认为人们在这方面,不应当再走下去了。自然的人类交流和相互依赖是敞开的和公共的,能够通过所有自然事实得以确立的那些方法获得证明。借助同一实验方法,它们能够扩大。何不集中滋养和拓展它们呢?除非我们采取这个步骤,否则,有关两个属灵价值领域的观念只是世俗的与属灵的、渎神的与宗教的这种古老二元论的一种弱化形式。

那个不稳定的平衡状态,对于富有思想的头脑而言如此显而易见,以至于现在有人企图回归更早的信念阶段。严厉地控诉现存的社会关系,并非难事。指出下述这些就已绰绰有余:战争、妒忌和恐惧主宰着国家之间的关系,国内生活的旧有纽带呈现日益的道德沦丧,政治上腐败和无为的证据令人震惊,而且自私、残酷和压迫成为经济活动的特征。通过堆砌这类材料,如果一个人愿意,他就可能得出那个志得意满的结论,即那些社会关系是如此败坏,以至于唯有依傍超自然的帮助。(第一次世界)大战和随后数十年的大混乱已经导致有关堕落和原罪神学的复兴,以及对超自然救赎的需要。

然而,从那些材料中并不能得出那个结论。首先,它忽略了这样一点,即超自然的权能所诉诸的、所有得到褒扬的积极价值,归根结底,正是浮现自那个画面可能被如此抹黑的人类联系场景。画面中,遗漏了那些事实中的某种东西。

在此,我无意重提早先说到的,那种对特别敏感于超自然渠道的诸般理想考量的人们的实际思想和行动条件的影响。我要提出一个更加直接的实践问题,即通过唤起对那些现存机制的所有罪恶的关注,社会被判为"不道德的",而其中含而不露的前提则是:那些现存机制是社会关系在其本性上通常的表达方式。

倘使这个前提说出来的话,那么,它与所提出的那个结论之间的巨大鸿沟就显而易见了。社会关系与某个时期占主导地位的诸般机制之间的关系,是社会探究所面临的最为错综复杂的难题。有关后者是前者直接反映的观点,忽略了在历史上塑造这些机制的一些因素的多样性。从历史上说,就其与社会关系所给定的机制形式的关联而言,那些因素中许多是偶然的。我喜欢引用的引文之一,是克拉伦斯·艾尔斯①的陈言:"正如一些历史学家所言,我们的产业革命始于纺织业中屈指可数的技术进步;而意识到在我们身上已经发生了什么,超出显而易见的纺与织的进步之外的大事,则花了我们一个世纪的时间。"我得用这个陈述充任长篇大论,以表明我所说的机制性发展与那些主要的人类联系事实之间"偶然的"关系的言下之意。那种关系之所以是偶然的,因为所产生的机制性的后果并不是事先预见到和有意而为的。说这些是要说,在物理关系的智力存在的这个意义上,社会智力迄今并不存在。

此负面事实使必须有超自然的介入来产生重要改善的论证,沦为那种从无知的基础推导出超自然东西的古老做法的又一例证。例如,我们缺乏生命与无生命事物关系的知识;因而超自然的介入,被假定为引发了从野蛮向人的过渡。我们不知道有机物——大脑和神经系统——与思想产生的关系;因而出现有关超自然连接的论证。我们不知道社会事物方面的因果关系,结果缺乏控制手段;因而推论出我们必须仰仗超自然的控制。当然,我并不宣称,在社会关系方面,智力将要发展到多远。但是,我的确知道一件事,那就是:除非我们为之而奋斗,否则所需的理解力将不会发展。而那种假定只有超自然的力量才能控制的想

---

① 此处应指克拉伦斯·埃德温·艾尔斯(Clarence Edwin Ayres,1891 - 1972),制度经济学德克萨斯学派的首脑,因得益于托斯丹·邦德·凡勃伦(Thorstein B Veblen,1857 - 1929)和约翰·杜威的著作而形成的经济哲学而闻名。他接受了前者有关资产阶级社会的斗争就像技术与仪式结构之间的斗争那样的观点,以及有关文化"工具性的"方面与"仪式性的"方面的两分法;接受了杜威的"工具主义"观念,并用来攻击二元论和"更高的价值"。——译者

法,肯定阻碍这一努力。就像早先诉诸超自然的东西成为物理知识发展的绊脚石一样,现今有关社会智力方面的类似做法,无疑是一种阻碍力量。

　　无需坐等与社会事务相关的智力的更大发展,只要使用自然手段和方法,就会即刻产生巨大的不同。现在甚至做得到充分稽考复杂的社会现象,以指证那些错误的东西;做得到在某种程度上,把这些罪恶追溯到它们的原因,而且追溯到迥异于抽象的道德力量的某些原因;做得到想方设法着手纠治某些痛痒。尽管结果并非是一种拯救福音,但是将与(例如)治病救人、保持健康所追求的东西相一致。倘若使用,这种方法不仅会在迈向社会健康方面有所斩获,而且会成就更加伟大的事情;它会推进社会智力的发展,以更大的担当和更大的规模发挥作用。

　　既得志趣,拥有既得权力的志趣,在维持现状方面是强大的,并且在阻碍自然智力方法的发展和应用方面尤其强大。正是因为这些志趣如此强大,就必须为承认智力方法的作用而战。但是,遂行这种战斗的最大障碍之一,是那种借由一般的道德原因来处理社会罪恶的倾向。人的原罪,人心的败坏,人的自爱和贪权,在把这些当作原因的时候,本质上恰恰与诉诸那些抽象权能(事实上,它们只是以一般的名称重述众多的特殊效果)的做法如出一辙——这种做法在物理"科学"中一度盛行,而且成为物理科学产生和发展的主要障碍。为了解释身体疾病,人们一度诉诸魔鬼,并且认为严格意义上的自然死亡这样的事情不会发生。

52　　引入一般的道德原因来解释目前社会的现象,这与之处于同一智识水平。获得传统宗教威望的增强,而且以有关超自然信念的情绪力量为后盾,它抑止了那种社会智力的发展;凭借后者,本来是可以把社会变迁的方向带出所定义的偶然王国的。这种广义的偶然与超自然的观念别无二致。超自然的东西的志趣因而强化了其他的既得志趣,延长了偶然像君主般行使的社会统治。

　　在当今某些宗教圈子里,出现了针对个体灵魂的个体拯救这个观念的强烈反弹。在政治和经济方面,也出现了针对自由放任观念的反弹。这两种运动,反映了一个共同的倾向。两者都是人们对于孤立个体性的空洞性日渐有所意识的迹象。但是,自由放任观念的根本,在于(经常含蓄而非直接地)否认智力彻底介入引导人类生活中去的可能性。现在对于超自然介入社会事务进展的诉求,也是根深蒂固的自由放任主义的一种表达;它自认为,人们被关于人类在介入社会事件和志趣方面事不关己和徒劳无益的想法,逼到了一种绝望的境地。而那些

当代的神学家,一方面对社会变迁感兴趣;另一方面,为了超自然的东西而贬抑
人类的智力和努力,正在做两件背道而驰的事情。反而是那些古典的观念,主张
为了让上帝的旨意盛行于世而要有所作为,并主张人们要主动地承担起责任,这
在逻辑上和实践上都更加值得称道。

但愿我强调把智力作为一种方法,没有误导任何人。智力,与旧有的理性概
念有别,内在地包含在行动之中。况且,在其与情绪之间并无对立。有一种东西
叫做激情智力,就像点亮社会存在的阴沉角落的真挚热忱,发挥提振和净化作用
的奔放热情。整部人类史话表明,凡事皆可深深地激发出使人全神贯注的情绪。
在情绪附着目标方面,人类尚未尝试过的、为数不多的实验之一,就是献身激情。
它强烈到带有宗教性的虔诚,对于智力而言,强烈到就像社会活动中的一股
力量。

但这只是部分场景。无论针对既有的诸般社会机制堆砌多少证据,对于公
义和安全殷切的、激越的渴望是人的本性中实实在在的东西。源于不平等、受压
迫和不安全生活境况的那些情绪,亦是如此。两种情绪的结合,已经不止一次地
促发称作革命的社会变迁。说没有融合智力的情绪是盲目的,无异于同义反复。
强烈的情绪可能在摧毁诸般机制的行动中表达自己。但是,确保更好的机制诞
生的不二法门,是情绪与智力联姻。

是故,对于宗教委身于超自然的东西的批评,在内涵上是正面的。所有的人
类联系模式都"受到公共志趣的影响",而对于这种志趣完全认识的重要意义,在
其功能上不亚于宗教性的意义。对于超自然主义的诘难是:它阻碍有效地认识
到自然的人类关系蕴含的广度和深度。它阻碍我们使用力所能及的手段来彻底
改变这些关系。固然,物质方面的巨大变化或许并不伴随属灵的或理想的本性
的相应改进,但后一方向上的发展并非凭空而来;凭借源于超自然的那些行头来
打扮物质的和经济的变化,并不能使之发生。它唯有来自对人类彼此关联中固
有的那些价值的更强意识。把内隐的公共志趣、一切机制的社会价值和特定组
织中的那些社会安排彼此相互割裂开来的企图,是一种致命的偏移。

倘若男男女女在人类关系的所有方方面面,都以历史上不时成为诸般宗教
标志的那种信仰和热情作为驱动,那么就会产生难以估量的结果。尽管获得这
样的信仰和锐气并非易事,但是诸般宗教已经有过类似的尝试,况且所导向的是
一个更加缺乏前景的对象——超自然的东西。这并非要人们成为那些人——秉

持信仰可以移山①,以致事先否定信仰在可证实的实在的基础上得以展示的可

能性。尽管尚属雏形,但是已经具备那种把社会条件和事件与其原因关联起来的能力,并且这种能力将会随着施展而增强。而且,已经具备为社会的健康和正常而发起一场运动——就像为公共卫生健康而发起的运动——所需的专门技能。人类有着慈爱、同情、公义、平等和自由的冲动。但是,有待于把所有这些熔接起来。只是断言上层阶级利益和权力方面根深蒂固的敌手们,对于实现这样一种统合抱有敌意,并没有什么用处。就像我已经说过的,如果这个敌人并不存在,那么就没有什么道理敦请任何改弦更张。需要把握的要点是:除非一个人把整个斗争作为毫无希望之举而放弃,否则,他就不得不在选项之间作出选择:一个选择是依赖超自然的东西;另一个选择是运用自然的力量。

直到该问题得以面对,无论从逻辑上还是从实践上说,指出阻挡后者道路的那些困难都是没有意义的。如果它得以面对,就要意识到:该选择中的一个要素,是依赖赢得那些委身于超自然东西的人们的支持,而且联合所有那些感受到社会情绪的骚动的男男女女,包括为数众多的、有意无意背离超自然东西的人们。那些面临选项的人们还得在下述两者之间作出选择:其一,持续地甚或更加系统地对智力以及自然的知识和理解力的源头进行自由放任的贬抑;其二,有意识和有组织地把这些手段的使用,从个人和阶级的狭隘目标转移到更大的人类目的。只要他们名义上相信需要彻底的社会变迁,就不得不提这样一个问题:他们一只手指着当下诸般罪恶的严重性所达成的东西,是否在他们为求纠治良方而把另一只手指向人和自然之外的东西的时候被消除?

把不断认识的想象力、思想和情绪转移到自然的人类关系,并不意味着现存诸般教会的毁灭,反而为其提供了恢复活力的手段。那些获得褒扬和需要珍惜

的人类价值储备,所有的人类关切和安排所认可和校正的那些价值,都会受到诸般教会不同方式和不同象征的礼赞和强化。那样,诸般教会就会确实变成大公性的。要求诸般教会表现出对社会事务一种更加活跃的志趣,要求它们在诸如战争、经济不公和政治腐败等问题上立场鲜明,要求它们激发人们为了地上的神

---

① 杜威在此处暗引《圣经》,“同观福音”多处涉及这个话题。例如《马太福音》17:20 有这样的经文,耶稣说:“是因你们的信心小。我实在告诉你们,你们若有信心像一粒芥菜种,就是对这座山说,‘你从这边挪到那边’,它也必挪去,并且你们没有一件不能做的事了。”——译者

圣国度而行动——这种要求正是这时候的神迹之一。① 但是，只要社会价值与诸般教会对之持有特别立场的超自然的东西相关，那么，在这种要求与履行这种要求的努力之间就存在一种固有的不一致性。一方面，迫切要求诸般教会在自身牵涉到经济和政治问题的时候，走出自己的特殊领地；另一方面，宣称即便并非拥有对于至高价值和促动力量的垄断，也至少与之有着独一无二的关系，这个事实本身使诸般教会不可能基于自然和平等的人类基础而参与促进社会目标。放弃排他性和权威性的地位主张，是摆脱诸般教会在社会活动的范围方面所陷入的两难境地的必要条件。

起初，我提及一个突出的历史事实，即社会志趣和社会活动领域与部落的或公民的共同的偶合已经消失。世俗志趣和活动在那些组织化的宗教之外已经生长起来，而且独立于它们的权威。这些志趣对于人们的思想和欲望的掌控力，已经把组织化宗教的社会重要性排挤到一个角落，而且这个角落的区域仍在萎缩。这种变化，要么标志着价值上堪称宗教性的一切东西的一种可怕衰落，传统诸般宗教的一种可怕衰落；要么提供了这些属性在一个新基础上和在一种新观点下的扩展机会。不可能忽视这样一个事实，即历史性的基督教一直致力于绵羊与山羊之间、获救者与迷失者之间、蒙拣选者与群氓之间的分离。不仅在有关自然和人类介入方面的无所作为，而且在属灵方面的贵族制度，都深深地包含于其传统之中。尽管口中念念不忘四海之内皆兄弟——经常不止是口惠，但那些教会圈外的人们以及并不依赖超自然信念的人们一直被当作潜在的兄弟——仍然需要大家庭的接纳。倘若不放弃超自然的基督教所执迷的那个基本区分，我不能理解，作为人类事务中至关重要的道德和属灵理想的那个民主理想的实现何以可能。无论是（除非在某种形而上学的意义上）不是人人皆兄弟，我们至少都在同一怒海中同舟共济。这一事实潜在的重要意义，是无限的。

在开篇那一章，我区分了宗教与宗教性的东西。我指出宗教或诸般宗教带有一些信念、实践和组织模式；它们累积到并被宗教发展所处的文化状态重压到经验中的那种宗教性的要素之上。我力主这样一点，即把宗教性的属性从它周围那些增生物的羁绊中解放出来的条件，现在已经成熟；那些增生物限制了宗教

56

---

① 杜威在此处暗引《圣经》。《马太福音》16:3 有这样的经文："你们知道分辨天上的气色，倒不能分辨这时候的神迹。"——译者

的可信性和影响力。在第二章，我在关于经验的宗教性价值中内在的、对于理想的信仰方面发展了这个观念；而且断言，一旦信念摆脱下述观念的桎梏，这种信仰的力量就会得到强化：该理想的重要性和有效性与这样一个命题紧密相关，即该理想已经在某种超自然的或者形而上学的意义上，体现在存在的本身结构之中。

本章所触及的问题，囊括了以前章节已经提出的问题，并且着眼于问题的正反两面。我们，连同那些没有出生的人们，深陷其中的那个因果共同体，是想象力称之为宇宙的那个神秘存在整体的最为广泛和最为深刻的象征。对于感官和思想而言，它是理智不能把握的那个周围存在领域的体现。它是我们的理想志向得以诞生和哺育的母体。它是道德想象力作为指导性标准和塑造性目的所投射出来的那些价值的源头。

存在物构成的这个广泛共同体的持续生命力，包括人们在科学、艺术以及所有良善的交往和交流职能方面的重要成就。它在内容上，囊括了所有那些对于我们的理想信仰提供可证明的智识支持的材料。基于这种材料上的"信经"，将会变化和成长，但是不可能被动摇。它所放弃的，是它因为新的亮光而欣然舍弃的，而非一种无可奈何的退让。它所增添的，是它因为新知识进一步洞悉关涉我们生活目的的形成和实施条件而增添的。一种片面的心理学，一种18世纪"个体主义"的反映，曾把知识当作孤单头脑的一种成就。我们现在应当意识到，知识是一起生活的人类合作性和交流性运作的产物。它的共有性起源，是其正当的共有性使用的一个指征。在任何既定时代，已知知识的统合——并非基于不可能的永恒和抽象的基础之上，而是基于其对人类欲望和目的的统合的相关性——提供了一个可供人类接受的充分信经、一个本会提供宗教性的释放和增强知识的信经。

"不可知论"是超自然的东西黯然失色时的投影。当然，承认我们并不知道我们不知道的东西，是保持智识方面的表里如一所必需的。但是，一般化的不可知论，只是处于消除超自然东西的半途。当智识见解完全导向自然世界的时候，不可知论其义自现。当智识见解被如此导向的时候，对于大量的特定事物，我们必须说我们不知道；我们唯有探究，形成未来的探究加以肯定或拒斥的假说。但是，这样的一些怀疑是对智力方法抱有信仰方面所发生的一个事变。它们是信仰的迹象，而非苍白的、无能的怀疑主义的迹象。我们怀疑，以便我们可能有所发现，而不是因为某种难以企及的超自然的东西潜藏在我们所能知道的东西的背后。理想目标上的实践性信仰所处的那个实质性背景，是实证的和外展的。

　　当前这章所提出的那些考量，可以用它们所蕴含的东西来概括。我们所信仰的那些理想目标并非是阴暗和摇摆不定的。在我们对于彼此那些关系的理解方面，以及包含在这些关系中的那些价值方面，它们呈现为具体的形式。我们现今在世的人，是延伸到遥远过去的一个人类的组成部分、一个业已与自然相互作用的人类的组成部分。在文明中，我们最为褒扬的那些东西并非我们自己。它们承蒙我们仅为其中一环的那个绵延不断的人类共同体的有所作为和历经磨难而存在。我们的责任是保护、传承、矫正和扩展我们所获得的那些价值遗产，以便后生之辈比我们更加坚实和稳固地接受它们，更加广泛地亲近它们，更加慷慨地分享它们。此乃并非固封于教派、阶级或种族之内的宗教性信仰所需要的所有要素。如此这般的信仰，从来就是含蓄的人类的共同信仰。未竟之功，就是使之具有显明性和战斗性。

58

论　文

经济复苏的步骤[①]

你们已经听说过许多为促进经济复苏所应该采取的各种各样的步骤。我提议，今晚我们在一个步骤上集中注意力。这是一个绝对能使病人永远康复的根本步骤，与给病人服用兴奋剂使之获得暂时兴奋的方法截然不同；这一步骤是如此的简单和基本，以至于通常往往被忽视。

当今，每个人最关心的是以下一些骇人听闻的事情：在富庶之中的贫穷；在闲置数十亿的囤积资金及未动用的信贷中，有数以百万的失业者，以及工厂和作坊由于闲置而日益衰退；当农民在燃烧谷物作为燃料时，饥饿仍然存在。当数百万人缺乏充足的食物时，当婴儿的成长没有所需的牛奶时，难怪人们会问道：我们所拥有的经济体制是多么疯狂！而专家能够想到的、联邦政府推荐的最佳补救方法则是付给农民额外的费用来减少粮食种植，用这些粮食磨成面粉，提供给忍饥挨饿的人们，并付给牧场主额外的费用，减少市场牛奶供应。

亨利·乔治（Henry George）在 50 年前呼吁人民重视这种情况。日益繁荣、潜在安全的增加与实际上的贫穷、不安全之间的矛盾，在他的著作中已经表述出来——《进步与贫困》(Progress and Poverty)，这也是他这本书所要谈论的。这本书是对贫困和不安全随着文明增长而增长这一事实的记录，是对百万富翁和流浪汉的数量为什么同时成倍增长的解释。这是对这一事态为什么会持续的解释，是对国家今天所处困境的一种预测。同时，是对之所以说这种境况是虚假

[①] 首次由罗伯特·沙尔克巴赫基金会(The Robert Schalkenbach Foundation)结集出版，纽约，1933年，第 16 页。杜威于 1933 年 4 月 28 日在 WEVD 大学电台的广播演讲。

的、人为的、无益的且如何进行补救的一种说明。因此,我建议:作为完全康复的第一步骤的开始,在全国范围内复兴对亨利·乔治著述的兴趣;并建议这样的一个公共启示,即我们在立法机构和公共场所的代表采取亨利·乔治所敦促的改革。

难道下面的文字听起来不像是写于今天的吗?"贫困并非因为没有能力生产更多的财富,这一情况是如此真实,以致从任何一方面,我们所获知的生产能力超过了发现市场的能力;以致我们时刻担心的似乎并不是生产得太少,而是生产得太多! 由于害怕其他国家对我们进行商品倾销,我们能不保持高关税率,并在每一个港口设置一大批海关人员吗? 我们的大部分机器不是经常闲置吗? 即使在我们所说的繁荣时期,庞大的失业人群如果获得机会,将乐意去创造财富,不是吗? 即使今天,我们不是听闻各种由生产力和生产联合过剩到紧缩生产的尴尬吗? 这种表面上的生产供过于求和生产力过剩的现象,贯穿于所有的工业部门,在所有的文明世界中显而易见。"

但是,这些文字出自亨利·乔治写于 1883 年,也就是 50 年前的著作——《社会问题》(*Social Problems*)。其中,每个词都能与我们现今的状况相对应,仅需要更强烈的程度。我们的群众不必等待一个技术官僚的出现,听他讲述机器和权力控制可以使消除贫困成为可能的言论;然而,实际上,机器生产和分配的改进是朝着相反的方向运行的。50 年前,乔治指出了同样的矛盾。一方面,正如他所说:"在如同我们的文明状态中,生产力是充足的。我们看重生产力,并极大地增加了财富生产,使得各方面的物质丰富。"但另一方面,现在如同乔治当时所描述的那样:"所有的创造发明和技术改进如此惊人地扩大了生产力,将大量财富集中到少数人的手中,而使其他大多数人的境遇更加绝望……我所想到的无一例外,所有现代工业改良的影响是朝向大规模的生产、劳动力的分工,以及让大资本具有压倒性的优势……机器的趋势不仅仅在各方面将自身置于工人的力量之外,并成为自己的雇主,而且使工人处于一个供给装置或服务员一样的位置,不再需要判断力、技巧和头脑……在对火车开动的控制上,与车厢里的乘客相比,不需要做得更多。"然而,机器和科学技术本身包含了完全消除物资匮乏和穷困的可能性。那么,困难是什么呢?

让我们回归到亨利·乔治本身的工作,并且去了解目前社会仍然承受的许多日益增长的困难从何而来。这应该归因于以下事实:少数人垄断土地,从而有权力使用土地和土地上的资源——包括水力、电力、煤矿、铁矿和一切矿产，以及维系生命的食物——他们有权力将这些他人生产的资源据为己有，并将此作为工业、文明秩序和慈善的价值。这种错误是在我们现存的社会和经济混乱的基础之上的，除非被纠正，否则，所有朝向经济复苏的步骤只是短暂有效的，从长远来看则是无用的。

我想，我的听众们已对如下安慰的话语有所耳闻，这些话语是由专业的乐观主义者，像查尔斯·施瓦布（Charles Schwab）先生及效仿他的人提出来的。他们说："可以肯定的是，我们处于一个糟糕的萧条期，但在我们的历史上，至少有九个与之类似的萧条期。而在之前，我们都走出了困境，并享受着比过去更美好的时光。"这是多么精彩的安慰和令人叹为观止的规律！我们从目前的洞窟中爬出来，并往上攀登，只是为了掉入第十个、第十一个、第十二个以至更多的洞窟，每一个洞窟都比前一个更深！这难道不是我们尝试深入到困境的源头，对四处修修补补吗？

因此，与尝试对亨利·乔治的道德和经济哲学进行技术上的解释相反，我想敦促听众们去研读亨利·乔治的这些著作，然后系统地理解他的原则并付诸实践。在当下，最明显的伤疤是什么呢？答案是清晰的：失业；国民收入分配的极度不平等；债务利息方面庞大的固定支出；给生产者、最终消费者带来负担的愚蠢、讨厌且不合理的税收制度，使寄生虫、剥削者和特权阶级可以不必工作——这些人应该从饱食过量中完全地解脱出来——的确，在很多情况下，例如他们通过关税，给诚信工业和生产资料增加负担而获取利润；一个可恶且不完善的银行体制——它那里有数十亿的钱和成千上万努力工作的人们的希望，当存款者无家可归、在街道上徒劳地游荡时，它却仍然紧闭大门；在地球上大多就本质而言的国家中，仍有较大部分的人口居住在贫民窟或贫困的家庭中，这种家庭并未得到朝向健康文明生活的必要改善。

如果你不了解每一种罪恶是如何与我们的土地制度密切相联的，就无法研究亨利·乔治。我们国民的劣根之一，就是投机买卖。大家都承认，在我们繁荣后期股票市场狂欢这一事实。只有少部分人意识到，土地投机的进一步扩展，是农民们许多难题的来源；有部分问题给银行和保险公司增加了负担并被冻结资产，有数千家银行被迫关闭。否则的话，高额的租金、无法偿还的抵押贷款、城市贫民窟也不会和土地价值的投机买卖相联系。所有公共事业的专家认为，对此卓有成效的方法，是清扫贫民窟并供给较好的住宅。然而只有少数人意识到，鉴于我们目前的状况，这一改善行动将会给地主们带来新的红利，并且土地投机者将会成为经济既得利益者——毕竟所有的楼房都建在土地上。

于是有了税收。各类的小修小补在进行之中，但修理匠和工人们都闭上了他们看待土地的年度社会生产价值这一事实的眼睛——不是改善土地这一事实，而是土地租金价值这一事实——大约有 5 亿美金，并由创造它的人来拨款，社会群体将会立即减轻税收负担，最终可能解决税务问题。近来，联邦政府关心着房屋所有权问题，但是从长远来看，再次使用小修小补的方法容易造成更多的伤害。社会群体通过自己生产的物品和地租来获取资产，在改良过程中将会削减土地价格，彻底地消除税收，如此使所有权变得更为容易。怎么会有人希望通过立法和对少数人的高回报来解决失业问题呢？而这阻止了大多数人获得同等的拥有土地和原材料的权利。没有这些劳动力，是不行的。我不明白——其他人也不明白。建议适当修补的人认为，如果政府仅仅帮助那些必然的失业者，那么失业问题一定仍然会继续。让我们尽一切办法帮助那些现在需要帮助的人，但是也要预防产生未来问题的原因，而不仅仅是减轻现存问题的影响。

所以，如果有时间，可以贯穿我们现存的每一个问题，并展示每一个问题与仅为解决土地问题的方案之间的密切联系。

我并不是宣称乔治的解决方案是解决一切问题的灵丹妙药。但是，我声明：没有乔治的解决方案，我们就无法克服我们的基本难题。我将作出的妥协和声明，与亨利·乔治作出的大致相同。我并不是说，对每一个人拥有平等和不可侵犯的自然资源的认可，就会有社会问题的解决方案，在这些自然权利中，需要生存和满足欲望。我完全承认，即使我们做了这些，还有许多事情要做。我们可能承认土地使用的平等权，但是暴虐和掠夺的行为仍然继续。无论我们做什么，只要我们对自然资源的平等权茫然不知，就不能补救在财富分配上非自然的不平等，而这充满了太多的邪恶和危险。我们可以实行改革，直到彻底地变革我们的物质进步，但将使我们的群众产生贫富两极分化。无论财富如何增长，大众仍将处于忍饥挨饿的状态，仍会有犯罪阶层、穷人和流浪汉，以及由于无法诚信地生活而走向堕落和绝望的人们。

激进政治行动的未来^①

美国上一届的选举还没有确定政党的未来,然而却显示出至少有 700 万选民对现行的路线表示不满。从政策上看,总体趋势明确地被政府机构将致力于对工业和财政的社会控制的政策所代表。现在还很难对民主党有能力实行这种控制怀有信心。虽然当今的作家相信,民主党完全无法完成所需的工作,诺曼·托马斯(Norman Thomas)的文章——《社会党的未来》(The Futre of the Socialist Party;发表于《国家》,12 月 4 日)提出了问题:什么媒介会成为激进政治变革的有效机构?托马斯先生坚持认为,只有社会党的哲学,才迎合政治所需。这样的立场无疑简化了局面,但也限定了局面。鉴于社会党人投票表决的规模和范围,一部分是托马斯先生个人信心的表达,另一部分则是来自非社会党的自由主义者的反对票,这也可能过分地限定了问题。

托马斯先生认为,社会党是唯一的出路,这是理所当然的。他已经两次成为总统大选的党内候选人。在党内也有分歧存在,如体现在《密尔沃基公约》(Miluwaukee Convention)上的分歧。他会借此机会,宣布他与社会党官方控制的部门团结,这并不令人惊奇;并且,即便要承担对支持他的非社会党人不和善

和陷入相互指责的风险,他也希望洗刷他倾向那些不接受社会主义官方学说的人的罪名。但是,对于数以百万政治上不满的社会党外人士而言,政党内部战略的紧急状态并不能长久地解决旨在社会控制下的统一政治行动的大问题。

在讨论这一问题时,我认为,从独立政治行动联盟的角度入手,更加容易处

---

① 首次发表于《国家》(*Nation*),第 136 期(1933 年 1 月 4 日),第 8—9 页。

理。我不这样做，是因为托马斯先生不幸地与这一组织有联系。这一组织并非政党，也没有成为政党的野心。它的功能是促进教育和组织朝向一个所需的新联盟的组织。该组织旨在起链接环节的作用，而且到目前为止，可能起一个信息交流所的作用；对于寻求相似目标的团体和个人来说，它至少可以作为解决问题的一种进路的象征。我们一致同意，哲学作为有效的政治运动的基础是十分必要的。我们从来不会仅仅根据在哲学的多大程度上赞成或反对托马斯先生所说的唯一可能的哲学，就先入为主地看问题。我现在并不准备传递这一问题，而准备对读者、社会党人或非社会党人明确而详尽地阐释我们的哲学，以判断我们的分歧和一致的程度。

我们政治哲学的第一点，在有关托马斯先生提出的指控中已被阐明——联盟坚持"一个淡化社会主义的智化版本"。该陈述显示出对我们立场的一个激进的误解。的确，我们的许多政策纲领都具有社会主义的性质，并与社会主义纲领直接的需求相一致。我们也承认，教育的工作确实已被政党和托马斯先生完成，我们由衷地感谢他们。但联盟的协议不是模仿，也不是首次被借鉴，之后淡化。我们相信，实际的社会条件和需要足够决定政治行动所应采取的方向；并且我们相信，构成美国民众的民主信念的正是哲学。信仰是一个实证哲学的标志，而非缺乏哲学的标志。如果对于独立政治行动联盟的指控，预示了我们的计划在终极意义上部分和暂时的、试验性且并不严格的，那么，我们不仅仅把这种指控作为一种恭维，而且将它们当作我们哲学的暗示。在我们面临的情况中，某些大跨度的经济力量有效地运行着，而这种情况为充分肯定的建设性政治纲领提供了一个基础。但是，我们知道，这种情况充满了不确定性；我们并不能假设所有的问题都能被预先解决。

这样说，我并不是控诉社会主义者武断或是教条主义。我注意到，托马斯先生在他的声明中提倡生产和分配的"主要"手段的政府所有权。由于社会党接受了"主要"和其他手段之间的差别，它倾向于将独立政治行动联盟作为"一个掺了水的社会主义"而不予考虑。在实际情况和趋向基础上，"主要"手段如何被确立和保留呢？并且，当提倡全部自然资源的集体所有制时，有证据表明，社会党认识到，在重要性和紧急性中的变化可能首先集中在电力和水力上。然而至今，由于社会党不是教条主义者，在不受讨论和会议制约的、关注于给这个国家带来新形式的政治方面，与其他团体没有什么区别——并且，它自身与独立政治行动联盟没有太大的不同。

因此，我们被导向独立政治行动联盟的第二要点，这是一种信念：政治活动竭尽全力争取所有权，并使用权力去解决产生自国家需求和困难的具体问题。关于这些问题目前是什么，在激进的团体之间几乎没有不同的观点，可是并没有达到不可逾越的统一；但在应该如何处理这些问题上，却有很多不同的观点。由于独立政治行动联盟相信，政治是为了权力的斗争以达到结果，联盟的哲学代表仅仅通过统一而获得的力量。它相信，为了达成协议而工作，而不是为了强调和夸大阻碍团结的区别。我并不是指控社会党代表宗派主义和分裂，而是说，我们渴望社会主义可以并且应该促成一个强有力的联盟。

因为我们渴望一个强有力的联盟来代替过去虚弱的自由和激进力量的孤立和分裂，我们强烈地反对所有对农民、工程师、教师、社会工作者、小商人、牧师、新闻工作者和白领的辱骂和讥笑，这些人构成了被歧视的中产阶级。由于他们同样构成了美国的一大部分，由于他们具有影响力且对当下经济秩序的不公正及不平等十分敏感，因此我们没有沉溺于这一幻想，即通过假设他们受到反社会阶级的动机鼓舞，从而可以增强有效的力量。总的来说，这一态度并不表示我们认为中产阶级目前的政治观点被充分地重视，并作为政治纲领的基础。但是，我们相信，他们在英明的领导下，能够轻而易举地获得教育。

声称为达到之前所说的努力与忽视体力劳动者的利益相关，对于那些进入动机领域寻找一文不值东西的人只字不提，例如类似那些共产党成员时常被归为社会党，这完全是基于无知的失当表达。寻找相信独立政治行动的工人群体，将他们集合起来，并在这些尚未被启蒙的工人群体中开展教育，这是独立政治行动联盟永远不变的目标。我们反对认为在这个国家里没有激进政治活动，除非大部分人成为"无产阶级"这一失败主义的政策。即使一些个人的社会主义者已经这样做了，我们仍然不相信社会党已采取后者的立场。

我们是一个保护行动团结一致的组织，而目前这一行动存在着分歧，所以必须探索这一领域。我们不能预先判断可达到的团结一致的效果。由于这个原因，我们建议在1933年召开一个所有改革论者和激进团体参与的会议，以考虑这一问题。如果社会主义的领导们预先拒绝所有合作的希望，我们当然会十分失望。

托马斯先生在他的《依我所见》（As I See It）中声明，根本问题是获得实物而不仅仅是名声。我们希望，他愿意建议他所领导的政党开始进行探讨；这一探讨对于单独的联合行动而言，是必要而基础性的。而对任何别有用心的承诺不带有成见，将会达到预期的效果。但是在任何情况下，独立政治行动联盟请求那些具有这一想法(关于在我们当下的经济和金融体系中，需要政治行动带来巨大的变革)的所有个人和团体，为了这一目的进行合作。

统一与进步[①]

倘若我尝试在自己的文章和一系列尼布尔的文章之间建立一些联系，那么，
我着手这篇文章是为了连续性。如果我的文章的主要目的是对尼布尔博士的观点进行批判，那么就会出现这样一个情况，即尼布尔的观点有相当一部分与我一致。我希望用他的文章的一些方面来引出自己分析的背景，这是美国政治所需要的。

在尼布尔博士的阐述中，最打动我的是它的言外之意（倘若我理解正确），即广义的历史哲学是政治分析的前提，它会指导政治行动。当然，历史上的欧洲哲学，从圣奥古斯丁（st. Augustine）的《上帝之城》（City of God）这一时期起，有基督教神学的性质。它们的目的是要证明，在人类历史上，上帝向人显示的方式；并明确地诠释在救赎或谴责中，历史的一般进程作为人类的原罪和末日审判这出伟大戏剧的一部分。

随着世俗利益群体的增长和神圣利益群体的衰弱，随着历史研究进入细节的发展，对综合的哲学解读的兴趣逐渐衰退。当代，人类的继承者，即使是 19 世纪早期德国的伟大思想家的继承者，也就是那些尝试将历史的神哲学转化为形而上学的表述方式的人，用事实上的普遍性避免将他们对宇宙的唯心论的解释运用到历史观上去的任何尝试。然而，这种极度有趣的方式发生了。综合的历史哲学观点的真正继承人，是一群非基督教徒和反宗教的思想家。他们从经济

[①] 首次发表于《明日世界》（World Tomorrow），第 16 期（1933 年 3 月 8 日），第 232—233 页。杜威这篇文章所回应的莱茵霍尔德·尼布尔（Reinhold Niebuhr）的那篇文章，见本卷附录 1。

生活的角度,努力地作出综合的历史哲学。当我读到尼布尔博士的文章,知道他也是那些相信以下这一观点的人之一。除非在经济类型包罗万象的历史哲学基础上,否则无法作出政治分析和经济趋势。在这一基本点上的协议或争论,将深刻地影响一个人的政治判断力与行动的方法和标准的整体观念。

尼布尔博士并没有涉及历史哲学。让我简单地解释我的意思,以免被大家误认为我以无端的或偏见的方式引入短语。他擅长于长远的观点和预言,在我看来,他似乎在未来实际可能是什么的观念上,预示现在的政治方针。在困惑、混乱的社会现象之间,他对于主导力量是什么,其明确的结果将是什么,毫无疑问。这就是我所说的立足于历史哲学。对我而言,它似乎颠倒了政治上的有效程序。如果可能的话,我应该以发现目前的急迫需求为开始,然后尝试调整政策以迎合这些需要。在这一基础上,政治下一步将会被用于帮助决定未来。我不会尝试在一个对长远未来高度可疑的预测的基础上,形成当下的一系列政策;相反,我将在当下现实的基础上,形成未来社会可能出现的情况的观点,然后努力地实现这一未来。由于这种未来如何运作是被关注的,我并不认为自己与尼布尔博士有太大的差别。我想去看看那些促进真正的合作制直接会形成的政策,(在这一合作制中)工人们通过社会自身的经济组织,尽可能地控制着工业和金融,而不是通过任何形式的有阶级的国家社会主义控制工业和金融;工人在其中不仅获得保障、闲暇和文化发展的机遇,而且这种支配权的共享,将直接对知识分子和人格的道德实现作出贡献。此外,我还相信,那些有效地解决目前需求的措施(且仅有这些措施),将起到带来这种社会目的的作用。

73　　　如果我所理解的尼布尔博士的文章主旨是正确的话,那么在我看来,他倒转了正当程序所说明的事物。这作为有关需要做什么和怎么做的模糊性,吸引了我。比起关心在资本主义当下的危机中发现需要做什么和怎么做,我认为,这一观点更关心判断"资本主义后"将要到来的是什么这一问题,不管"现实主义"的需要说明了什么,(这些观点)必定是含混不清的。依我看,这种模糊性是明显的,不仅与目前工作程序上所省略的内容有关,而且与产生变化的方法的波动有关。这一方面强调了阶级矛盾和斗争,并且基于没有主流群体放弃权力,除非这一事实与某种程度上的集体自我主义和人性天生堕落的神学观点相联系;另一方面,是对斗争带来的暴力和社会正义的一些未来和平胜利的模糊图景的强烈反对。我也可以理解彻底的和平主义,以及暴力斗争以无产阶级的胜利为结局这一共产主义的说法。但是,尼布尔博士的立场不为我所知。我提出这一点并不是控告他的前后矛盾,而是因为,这样的一些结论似乎从他的方法上的反向的方式自然得出的。

在我看来,对于那些对当今社会的经济基础彻底变革的必要性达成协议的人来说,最基本的问题在政治的程序方面和行动的途径方面。我希望先前的讨论已经解释清楚这一原因,我已使自己观念的陈述适应对尼布尔博士的文章批判性思考的形式。思考的方式,一方面需要妥善处理迫切的需求、问题以及措施;另一方面,我们渴望将形成这种社会的观点成为现实,这将给政治努力的方向以延续性。这与尼布尔博士在"自由主义"名义下的批判,是完全不同的。这与他所命名的"感情主义"这一名称,也没有共同之处。在美国公民中,仍然存在大量的政治不成熟和对经济无知的人;并且,我并不怀疑尼布尔博士所称的自由主义存在或是无效。我所关注的,只是指出尼布尔博士的描述和谴责与我提出的程序的不相关性。

我不相信,关于目前迫切需要的是什么这一问题,在那些激进的和接近激进的人面前(意指相信在现存社会秩序中基础变革具有必要性的那些人),有任何巨大的不同。然而,仍然需要大量明确且具有建构性的想法;这些想法涉及处理这些问题的最佳措施,最好从认识到问题的原因和促进更好的社会秩序这一立场出发。我们在任何情况下,应当无疑的、实践地寻找我们的道路。但是,不顾眼前的危机和悲惨的崩溃所引发的大量讨论,到目前为止,仍然没有取得足够的共识。即使在那些渴望激进措施的人当中,关于明确的政策界线也未被采用。在考虑这些政策时,众多领域的专家可以参与,他们在对一些最终的综合社会学说签署意见时将会退缩。为了采取明确的政策,为了代表他们统一地发动攻击,成立联盟是十分迫切的。

我们面临的可能是文明世界所经历过的最奇怪的政治形式。在崩溃之中,伴随着对目前秩序的普遍批评,以及一个非常普遍的接受。我应该说,社群里90%的知识群体需要剧烈的变化,这里并没有明显的有组织的激进形式的政治活动。要么是美国人民在政治上如此无能和软弱,致使我们陷入更大的混乱状态;要么是这些热衷于引导变革的团体的基本进路有错误。我相信,团结一致,思想和行动的结合,是解决这种异常情况的先决条件。我相信,尼布尔博士的文章里所表达的观点,阻碍了团结;并且在我所提到的两种状况之下,团结是可以达到的。在过去,尤其是在"繁荣"时期,很容易理解激进组织自身被迫远离行动的政策,进入一个在某种程度上深远的思考和理性解释(历史的经济哲学,与其明确分类的并最终必然会发生革命的教条,是马克思主义者从马克思那里获得的,是对当前无能为力状况的一种典型的理性化解释)。

75

因为我相信,最迫切的需求是对激进方面的思想和行动统一的可能性和条件的探索,所以写出了我所持有的信念。我并不是代表特殊的团体或任何我所喜欢的观念而写的。如果激进分子没有将制订和执行一个明确的政治纲领结合起来,我将害怕这一结果。

迫切的需要：一个新型的激进政党①

拥有权力的人来进行统治，这是一个必然，没有什么可抱怨的。民主产生于⁷⁶这一个理念：投票和官员任期的政治制度将会给予人民权力，而不是给一个阶级权力。在一段时间内，这个方案即使不完善，也在起作用。为什么权力和统治已经由人民转移到少数人手中？每个人都知道少数人指的是谁，并且少数人的阶级地位回答了这个问题。少数人指的并不是工程师、科学家，以及任何超越他们出身的贵族。少数人指的是财富寡头。他们统治着我们，因为这些少数人掌控着银行、信贷、土地、大生产的组织方式（美国钢铁公司和通用汽车公司就是明显的例子，但仅仅是例子）、铁路和其他的交通方式，以及有着异议的公共出版。

今天，权力存在于对生产、交换、宣传、交通和交流方式的控制之中。任何拥有这些权力的人，必然地统治着国家的生活；他们不需要一心打算，也不需要通过政府名义上的蓄意贪污。权力就是权力并且必须行动，权力必须根据其操纵组织（政府）的性质来行动。在这种情况下，组织（政府）通过私人控制银行、土地、工业而获得私人利润，通过直接指挥新闻出版、新闻发言人以及其他媒体和宣传手段而得到强化。

为了修复民主，有件事情且仅有这件事是必须的。当人民获得权力，并且拥有在某种程度上控制土地、银行和国家的生产分配机构的时候，他们将会进行统治。对布尔什维克主义、共产主义、社会主义的热烈讨论，与这一陈述不言自明的真相毫不相关。这些主义要么来自顺从的无知，要么来自那些通过对权力和⁷⁷

---

① 首次发表于《常识》（*Common Sense*），第 2 期（1933 年 9 月），第 6—7 页。

统治的占有来延续其特权的人预谋的欲望。

在一个短暂的时期，也就是"新经济时代"，国家的真正统治者几乎承认他们控制的事实。国家的真正统治者通过他们对国家的繁荣负责，并且使他们的统治影响到感到满足的劳工，以此来证明他们的统治是合法的；因为这些位于顶层的人的仁慈统治、不断提高的工资和不断增长的生活水准和安全的能力，是通过奉行神的旨意的教会赐予他们的。

有些事件已经证明，在他们处于私人控制工业和财富规则之中，他们不能且无法进行管理，因为管理意味着至少需要秩序和安全。而我们所有的，是悲剧式的不安全和本质上的混乱状态。我无需点出数以百万的失业者；无需点出数以百万的人在贫困和不安全之中，他们依靠私人慈善的救济金而生活，而这种救济金的数量正在逐渐减少；我无需点出如果团体是不实际的，它将会沦为不可信；我无需点出用匮乏和贫穷堆积出的食物和物资的真正丰富。我允许自己举一个小小的实例。当政府官员号召警察和民兵防止奶农清空牛奶时，联邦政府在为百万英亩的玉米和棉花耕种而对其他的农民支付额外的费用。如果这不是混乱状态，那么，没有人知道混乱状态是什么。

仅仅因为大量的人民拒绝面对事实，他们更喜欢画饼充饥，因此，这种情况仍将继续：那些掌握权力的人在生产和流通中获得丰富的物资，这和他们对生活必需品的扣留形成对比。当美国人民清醒地认识到这种现实情况的时候，对民主制度的修复将会开始，权力和统治将会转移到人民的手中。

我们身处这个国家发生的第三次大危机之中。第一次危机是独立战争及战后时期。第二次危机是在南北战争时期，"解放"黑奴并开始固守财富。由于这个国家更大的规模、更多的人群和社会事务的复杂性，以及对所有人民来说安全和富裕生活的可能性，当下的经济危机掩盖了其他事物的重要性。我们在混乱状态的延续（在一段时间里被所谓的法西斯主义伪装和外部压制，导致不可避免的大灾难）和政治革命（通过革命，人民将重新获得权力——也就是说，不是对立法和行政的修修补补，而是夺取权力的手段）之间作出选择。

我愿意承认富兰克林·罗斯福以及他的一些顾问的一番好意；也愿意承认，对生产、分配和交换诸般权力国有化或更好地普及化而言，他们所做的一些事情是必要的预备工作。但是，请予考虑这两种主要选择——避而不谈他们那些努力的完全崩溃，以及上个冬季的状况可能在下个冬季以更加恶化的规模重现。

让我们假定繁荣时期一些合理的回报、就业明显上升等等。这将会发生什么呢？一个庞大的有组织的行动，由公共宣传和大举造势的各个机构的所有力量支持，其目的是为了另一个"回归常态"。这一争论将是简单的，而且似乎是合理的。在突发情况中，罗斯福的措施是不错的；我们既高兴又爱国地支持这些措施。但是，突发情况已经过去。政府现在必须放松对商业的控制，并允许充满活力和智慧的商业领导者运用自身的才能和成功的方式（真正的"美国"的方式）来指导他们的事务。当然，具有官方暂时性特点的措施——例如，企业经营许可只有一年——将会强烈地增加的这一请求。

就罗斯福总统就职时的抗议和压力而言，他暂时无需任何明显的屈服也不会丢失颜面。如果他选择对紧急措施的特性负责，并且最先宣布这一点，那么，现在他们成功地达到了目的。今天要在他身上施加压力，是不可能的。压力将来自大集团利益的代表们，这些人在提供以下"证据"上毫不费力：良好的工作现已完成，商业将会受到压制。并且，继续实施应急措施会阻止繁荣的长久收益。现在罗斯福总统顾问中的大企业家，将是给美国政府带来压力的最积极的人。

压力并不仅仅局限于罗斯福总统和他的内阁。民主党和维护现存制度的政客们也会遭受压力。而且，压力会来自内部，因为当下民主党最有影响力的领导们已经不高兴且不满意地宣称，现任的领导"为了共产主义的眼前小利"，背叛了政党和人民。

保存且延续罗斯福总统的政策中有利的措施，唯一的方法是组织一个强有力的统一激进的新政党。

以上是建立在假设罗斯福及其当前的顾问和支持者都具有理智，并真实地了解目前的需要和补救方法的基础之上的。这里还有另一个选择。他们很可能（我认为，总体上更为可能）有些盲目和缺乏热情，并且其主要的意愿是支持和修复现有的制度——这意味着对确定的少数人而言，是一个完整的权力和统治的最终回归，如同昼夜交替一样确定不疑，这已使国家陷入现在的困境。

现有一些显而易见的突出标志，指出了这条道路。到目前为止，在处理银行和信贷的问题上，各种途径都彻底失败了。公共意见在彻底的行动上，以及对货币和信贷的真正社会控制上（这是特权阶级和力量的现行体系最大的单一来源）做好了准备。可是，这个机会并没有被抓住。可以说，民众控制的铁路系统也是一样。蓄意的通货膨胀和几乎必然是毁灭性的政策，无论是否着手实施，仍然是不确定的,如同我所写的一样具有不确定性。但是,有一件事情可以确定,即激烈的削减债务和所有固定的支出之间的选择尚未得到考虑。

那么,在政府没有提出新措施的情况下,目前措施的最终影响将使大企业以较小的代价获得更高的利润,这是极有可能的。并且,在关于工人的工资集体谈判这件事上,劳工的利益将会屈从。"公司工会"将会在涨工资上发挥作用,这是保持购买力和消费力基本增长的关键——这一观念太过荒谬,以至于不能对它抱有希望。另外一点是:政府急切地希望使用高压政治,以及胁迫、压制和有组织地大肆宣传的措施(这些曾被用于战争时期)。正如战后所发生的,当"政府对商业放手"的运动确定到来的时候,这些措施仍将继续,并且准备压制言论自由和错误地引导群众的舆论。目前,正在活动的社会势力的力量不能被过高地估计。

在这种选择上,仅能得出唯一的结论:立即组织一个强有力的统一激进的第三政党,这是势在必行的。

什么使资金远离买方？[①]

在一个繁荣时代的匮乏和短缺，是我们现在直面的矛盾。购买力的短缺，使整个农业和工业机器暂停。这一具有破坏性的购买力短缺的原因，是简单和明显的。成为财产的收入——也就是投资者通过股息、租金和利息——与农民的收入，工厂、商店和办公室里工人的收入，不成比例。因此，国家的群众购买力在整体上是萎缩的。

根据官方所得税的数据，仅有总人口的百分之一，约 34 万人，拥有应缴纳税收的收入——5000 元美金或更多。此外，在这组人群中（总人口的百分之一），即使除去免息债券的所有收入，仍有三分之二的人的收入来自股息和利息。

美国国家经济研究局报告，在 1932 年，来自每一渠道的总国民收入不到 50 亿美元，这一总数的三分之一收入来自财产，也就是股息、利息、租金和撤资的累积盈余。总额的五分之三，以股息支付给之前提到的百分之一人口。

这些实际情况证明了，大批的人——农民、劳工和白领阶层——并没有达到维持生活的收入的平均水平。因此，如何期望他们为长期的复苏提供绝对必要的群众购买力呢？

假设百分之一或甚至百分之十的人有着超额的收益，可以保持工厂和农业的机械运行，这是很荒谬的。此外，工程师和企业高管所作的最保守的估计是：

---

① 首次发表于《国会议事录》（*Congressional Record*），第 73 届国会，第二会期，1934 年，第 78 部，第 7 部分，第 7384—7385 页。杜威于 1934 年 4 月 21 日在华盛顿联合委员会所作的关于失业问题的演讲，通过 WRC 电台广播。

即使所有的工厂都达到最有效的企业水准,目前工厂也不能生产超过它所能产出的五分之三。如何为现由慈善机构所帮助的 8 百万或 1 千万人民(如果有的话)提供工作? 由于他们没有工作,除非群众购买力是由更高收入水平的阶层为大众所创建的,以便确保农民和手工业者销售他们能够生产的产品。

原有资本对股票的股息和债券及贷款的利息的需要,是缺乏充足的群众购买力的主要且唯一的原因。

除了整个体制彻底地改变之外,仅有一个增长群众购买力的方法。与现在相比,政府必须成为更大规模的劳工的雇主。一个比现在所考虑的更为广泛的住房计划,将给许多人提供直接就业的机会;并通过生产资料产业的刺激,间接地为更多人提供劳务和收入。政府在自然垄断和半垄断的所有权方面,将通过缓解目前消费者在股息和利息上的储蓄分流而增长群众购买力。我们的税收制度要求:如果政府成为一个大型的雇主,那么,将引导国民收入中的较大部分进入群众购买力的渠道。

这个国家保守的有产阶级最直接的兴趣在于国家收入的再分配,这将会增加群众购买力,以防止目前国家越来越多闲置的、与生产无关的工厂呈现出匍行性麻痹。

农民们知道他们在被剥削,因为他们被迫以被其他人修改过的价格出售农产品,这一价格总是低于生产成本。消费者们知道他们在被剥削,因为他们必须以一个被其他人修改过的价格来购买商品,这一价格经常过高。他们知道生活成本如此之高,以至于普通的家庭无法购买避免饥饿和保持健康所必需的食品。生产者在他的产品不能以他控制的价格来销售中被剥削,消费者在购买食品和其他生活必需品中以超过他不能控制的价格而被剥削。

一个持续进行工作的共同机构引导消费大众相信,农民们对高昂的生活成本负有责任,并且认为他们所支付的大部分高额价格都进入了农民们的腰包。

农业部的 3A(Agricultural Adjustment Administration)机构发行了一份叫做《消费者指南》(Consumer's Guide)的双周刊。在 4 月 9 日的这一期中,他们解释了购买食物的钱到哪里去了。在 1929 年,关于 14 个主要的食品,其中 52% 流入加工商和经销商手中,48% 流入农民手中。在 1933 年,69% 流入加工商和经销商手中,31% 流入农民手中。在 1934 年 3 月,根据这份公报,在你购买食物的钱中,62% 流入加工商和经销商手中,38% 流入农民手中。

他们在另一份期刊中声明,在1932年,农民在消费者所消费的一美元中,得到33美分;在1933年,农民得到35美分。照这样下去,在接下来的两年中,农民从所生产的产品中得到1美元,消费者就要支付3美元。

这一差价太大了。对于普通的消费者来说,在他所购买的食品中,承担每美元65—67美分的差价是不可能的。这就是通过利润制度剥削的结果。这一利润制度在很大程度上,应该对现在所谓的"萧条期"负责,它几乎摧毁了我们的整个经济结构。

在每夸脱的牛奶中,奶农收入2到4美分,而消费者要支付10到16美分。在消费者所支付的牛奶价格中,经销中的花费,加上经销商的利润,是主要一项。大量的牛奶被控股公司或者相当于牛奶信托的公司掌控。这种牛奶信托公司赚取了很大的利润,并支付他们的行政人员巨额的工资。而农民在他们收到的价格中被抢劫,消费者在他们支付的价格中被抢劫。

在一美元的肉制品中,生产者获得31美分,包装工人获得38美分,销售者获得31美分。

最近,我收到来自北达科他州的剪报,上面记载了当地小麦的价格为每蒲式耳66美分。也有当地面粉磨坊的"广告",面粉的价格是每桶6美元,饲料是每吨16美元。

小麦的价格以明尼阿波利斯的价格为基础,400英里的距离,运费较少;当地磨坊的面粉价格以明尼阿波利斯的价格,加上货运费为基础。在一桶面粉中的小麦价格,按报价是2.97美元;一桶面粉的价格中扣掉之后剩3.03美元,加上56美分饲料的价格,一共是3.59美元,这代表了磨坊主研磨一桶面粉的价钱。这样,比农民收到的生产小麦和将其运到磨坊的钱还多了62美分。

在那个时期,每一条面包的售价是8美分。一桶面粉大约可以制作292条重量为磅的面包,消费者需要为价值2.97美元的小麦制成的面包支付23.36美元。在每磅面包所需的小麦中,农民仅获得不到1美分;磨坊主由于研磨制作面包的面粉,得到的超过1美分;面包师由于烘焙而得到4美分;零售商由于将面包转移到柜台而获得2美分。农民是小麦的生产者,但即使农民在出售小麦中亏了本,加工商和经销商都获得了他们的利润。

在农民之间有句俗话——将投机商人放在面包的篮子之外。只要投机商操控并决定价格,那么给予农民一个诚信的市场就是不可能的。去年,芝加哥期货交易所买进卖出 100 亿蒲式耳小麦,是整个美国所有小麦产量的 20 倍。

在国家复兴管理局的项目之下,为控制价格实施了一些规则,即规定加工商和制造商、批发商和经销商要控制生产成本,并在大多数情况下提高了价格。除了农业以外,所有的工业在生产成本和公平利益方面都在国家复兴管理局的监管之下。

3A 机构通过农产品的加工税和配股缴款,试图将农产品价格提高到所知的"战前平准价格"。农产品加工税的一部分被转回给生产者,而另一部分被转嫁到消费者身上,这是确定无疑的。如果农产品的价格被提高到平准价格,它们仍然在生产成本之下,因此,即使采用平准价格——还没有采用,农业也不会成为繁荣的产业,这是必须承认的。

3A 机构关于平准价格的最新数据——4 月 4 日——大概意思是:小麦仅是平准价格的 65%;棉花是 77%;玉米是 57.1%;乳脂仅仅是 65.8%;牛肉只有63.2%;而猪肉,只有平准价格的 41%。

农业部似乎在执行《圣经》的指令:不要让右手知道你的左手在干什么。

3A 机构主张大幅度地削减某些谷物的种植面积,以减少所谓的"盈余"。农业部另外一个部门拟发布一个公告,提倡将面粉的合理饮食的人均适度消耗量定为 122 磅,每年面粉的人均消耗量缩减 48 磅。如果这个公告发布,将会大幅度地减少消耗量。同时,3A 机构坚持减少种植面积,以减少目前所需的生产。还有另外一个部门发表了一个公报,该公报指导农民在每英亩的玉米中如何增产。

一个营销法案(S. 3333)已经被引入众、参两院,规定农产品的购置和销售。这一法案设立农民和消费者金融公司有权控制产品从生产者到消费者的加工和经销过程。这一法案的目的是为出售农产品提供一个市场,并且尽可能地取消强加在农产品上的佣金和收费。这样,产品从离开生产者到消费者,价格是相同的,从而可以提高生产者所收到的价格,降低消费者支付的价格。

在生产者和消费者之间,应该有更多的合作。加工和处理农产品的成本必须降低;不必要的中间商,必须清除。

农民享有确定生产成本的权利,应当和其他任何行业中的任何人所享有的一样多。消费者同样应当享有以一个合理的价格购买这些农产品的权利。

如果规则继续,那么要给农民设立一个以生产成本为基础的规则,正如其他产业的规则一样；要清除食品行业和其他生活必需品行业中的投机商人；要有一个可以消除剥削者的市场控制；要消除贪污；要以合理的成本提供有效的分配，给消费者提供服务，而不是剥削。生产者和消费者之间的合作，将十分容易地带来这些结果。

美国的理想（I）:
自由的理论与组织化的事实[①]

　　这是一个既明显而又危险的事实：如今，那些激烈地高叫"自由"的人，他们所代表的阶层应该对广大人民失去的真正的自由负责任。这些人将会使堂皇的自由观念在商人和雇主们的经营过程中形成垄断。他们大声宣称坚持宪法的荣耀，并将其作为人类自由的保护者。但是，当演说中被确保的自由和公众集会被有组织的团伙以暴力的形式干预时，这些人便奇怪地——或者可以预料地（也并非如此奇怪地）沉默了。相反地，他们坚称公民自由联盟（Civil Liberties Union）及其他组织（他们的兴趣在于维护由宪法确定的公民权）是美国精神的危险分子，甚至受到来自莫斯科的财力支持。

　　如果我们想要在行动和意见上寻找组织化的真正案例，应该到资本主义制度下任何"整齐划一"的工厂里的普通工人中去寻找。组织化不仅仅应用于手工劳动者和机器操作者，而且影响着白领阶层，甚至影响管理大工业企业必不可少的、受过特殊训练的工程师。然而，在那些案例中，组织化被委婉地称为忠诚。在纽约州及其他州，私立学校和公立学校的老师如今也在被组织化。尽管每一个市民为了投票权必须表明自己会支持宪法，但唯有教师被单独地挑出来，需要进行一个特殊的宣誓。那些认为宣誓的宗旨是除了产生观念上的组织化以外可以是任何事物的人，的确很天真，况且这一宣誓是在一种恐吓的气氛中进行的。

　　最近，我看了一份由许多在华尔街地区工作的年轻人签署的文件，其中关于

---

① 首次发表于《常识》，第 3 期（1934 年 12 月），第 10—11 页。

自由的观点，以及组织化的危害的观点，不胜枚举。其中提及派发给田野劳作的工人们的调查问卷，这一份文件记录着："在我们的调查问卷中，我们问'你们对美国的政府形式有信心吗？'答案100％是有信心的。"这的确鼓舞人心。但是，给予这一问题消极回应的年轻人，他的工作会发生什么呢？这份文件也用斜体①说明："我们始终不渝地反对任何形式的个人自由的组织化，自由是我们的祖先为我们争取而来的。"这是一种高尚的情操。但是有人回想，这个地区的财政机构一致宣布，证券管理条例和股市上的交易管制是组织化的案例。这种遭到强烈反对的组织化，是对民营企业各种形式的社会控制。

这里，我详尽地引用一段："美国年轻人最珍视的，是在机遇和职业选择上的自由这一美国梦。机会均等，是美国流传已久的传统。我们的国家通过追随这些理念而变得强大。如果这一充满机遇的金色梦想破灭，那么，我们的国家将不再以机遇之地著称，而以组织化的政府著称。"对数百万找不到任何工作机会的人而言，根本谈不上拥有选择工作的自由。这并不是一个我们应该害怕的组织化社会；这样说，可能会使人们注意一个事实——机会均等的梦想、金色的梦、银色的梦，或轻薄如纸的梦，已经在成千上万的人中消失。不，我们唯一应该害怕的是政府的组织化。没有语言可以更清楚地传达这一信念：大企业和金融的社会控制，是唯一能被想到的一种组织化。

这一文件以希望结尾，我由衷地分享"民主政府将再次重申自己作为自由人的表达和鲜活的化身"。但是，由于在金融中心影响之下考虑希望的意义，它被表达为："民主政府建立在资本主义秩序的基础之上。"（在这一例子中，斜体是我加的）简而言之，国家是自由人鲜活的化身，等同于资本主义不受限制的泛滥，这不是我们的民主观念。

自由联盟领导人肖斯（Shouse）先生事实上是宣传员，他最近攻击了反对财产权和人权这一倾向。他说，财产没有权利。财产权就是人权；只有个人的权利，没有人相信这种诡辩可能起到的作用，除非他已经将权利或自由与财产权视为等同。进行辩护的，并不是"获得"财产的权利；而是确保广大人民将会参与我国经济体制内的基本变革。不，正是那些已经脱离社会控制的有产阶级的权利，被狂热地追逐。

89

---

① 英文版中的斜体在中文版中用楷体。全书同。——译者

那些想看到我们经济秩序发生巨大变革的人，不应该陷入为他准备的圈套中，这是十分重要的。我们想要的是自由、一个现存制度内不存在的自由。现今执行的经济和财政制度是自由的一大劲敌，使我们先人的"金色梦想"对无数人而言，成了令人惊骇的噩梦。

　　集中财富并为所欲为的自由，实际上减少了许多农奴制的状态。对信贷的控制，以及对生产工具的控制，可能给少数阶层以自由；但却将百万人排斥在明显的享有自由之外。"组织化"一词，来源于战争中的军事术语。如果自由联盟中的杜邦（Du Pout）先生和其他成员真的反对组织化，就应该把精力转移到反对战争，包括通过制造军火和军备以谋求私人利润的自由上去。因为战争是行动和观念组织化的同义词。

　　我们所想要的自由，远远地超出了现在所否定的工作自由和获得最低工资的自由，尽管它不仅仅包括这些因素。今天，国家拥有丰富的资源、多种工农业生产方式，以及将为人们带来丰富的物质和生活的技术知识及技能。但是，这个世界的科技和艺术文化，以及形式多样的文化，也是我们的宝贵遗产。对丰富遗产的自由共享，既是朝向全人类（并不仅仅是少数阶级）经济自由的目标，也是手段。我怀疑，在如今那些为私营企业的自由而呐喊（对企业家来说，是积极有效的）的人中，有多少人愿意保护公共学校，保护获得人类文化遗产最基本的形式的权利，反对削弱学校的力量？有多少人通过具有严重后果的公共教育来处心积虑地编排捏造，以减少他们应缴纳的税务？

　　让激进分子清楚地说明一个更为广泛的真正自由，这可能超越我们现存体制所能够提供的。让他们表明，"他们"将自由的范围扩展到我们先人通过战争而来的自由，直到包括社会所有的群体在内，并且直到每一个普通人均有机会在和平与安全的环境中全面发展。这种能力是人天生被赋予的权利。严格地管制事物，并解放人类。严格地管制机器和金钱及其他无生命的事物，并给人类以自由。

为什么我不是一个共产主义者？^①

在有机会看过伯兰特·罗素的著作之后，我怀疑自己还能就他未曾谈及的说些什么。但是，一开始我要强调这样一个事实，即我所写的内容涉及在西方世界，尤其是在此时此刻的美国，成为一名共产主义者，并且是成为苏联所树立的那种模式的一名共产主义者。

1. 在美国，几乎完全忽视了这样的共产主义所依赖的特定的历史背景和文化传统，而这些对思想和行为模式的形成有重要的作用。事实上，俄国有教会和国家专制的背景，俄国每一个进步的运动都有其国外的来源，自上而下地强加到俄国人民身上，这就解释了这个国家共产主义的形成。因此，将俄国共产主义意识形态移植到一个与其经济、政治和历史文化都大相径庭的国家，这无异于荒诞。如果共产主义者皆知晓这一事实，并在他们的日常生活和总纲中有所反映；如果人们承认俄国共产主义者的许多实践和理论特征（例如，全体的信仰和马克思的言辞鼓舞、共产党在每一个领域中或明或暗的统治、无情地消灭与其同阶级的少数意见、歌颂集体以及现行的对绝对领导权的崇拜）都归因于其本土的原因，那么，其他国家的共产主义性质将会遭受巨变。然而，发生这种情况几乎是不可能的。因为官方的共产主义具有以下实践特性——无产阶级的专政以及对无产阶级实行专政、压制所有非无产阶级的公民自由，以及镇压无产阶级中的少数群体——这些完整地构成了标准的共产主义者的信仰和教条。官方的共产主义已将辩证唯物主义理论（这一点在苏联内部，根据党内存在的派系之争，不得

---

① 首次发表于《当代月刊》（*Modern Monthly*），第 8 期（1934 年 4 月），第 135—137 页。

不一再重述)无可辩驳地强加给其信徒。它的文化哲学,尽管有许多值得称赞的特点,但由于被荒谬地应用于建立一个由"工人阶级"组成的单一和一致的整体而败坏。

2. 对我而言,官方共产主义的意识形态最难以接受的,是一元论历史观和历史发展的单向性。这有点儿类似上述的观点。所有的社会都必须表现出统一性——即使社会发展参差不齐,但大致都经历原始社会、奴隶社会、封建社会、资本主义社会和社会主义社会——这一论点仅被那些无视历史或者陷入教条的人所接受。如果他们不作出迎合特定目的的改变,就无法适应现实。以这种一元论历史观为根据,形成了政治实践的统一形式和革命战略的统一理论。但是,将历史背景、族群心理和宗教信仰实践考虑在内——每一种科学方法均会考虑这些因素——将会在政治方法上产生相应的差异,这种差异可能会延伸到政治总方针,以及战略的贯彻实施上。例如,就我们所关注的美国历史经验而言,官方共产主义者(他们的哲学是以欧洲的特殊情况为基础设计的)忽视了两件事情,即美国没有封建统治,以及封建色彩的历史背景。我们的问题产生于金钱至上权力的不公正情况,以及在工业和政府中引进新兴民主控制(与个人到公司经济转换相一致)的失败。然而,官方的共产主义者忽视了一种可能性,即朝向工业民主化的重大社会变革,有可能被与工人阶级一同工作的团体完成,严格地说,不是由工人阶级完成的。另一点被共产主义者忽视的,是我们拥有对个体重要性根深蒂固的信仰,这一信仰在东方世界几乎没有——这一点在俄国多有体现。我们习以为常的思考与行动方式如此根深蒂固,以至于需要一套与官方共产主义完全不同的政策和方法。如果看不到这一点,便会延伸为我所认为的政治狂热。

3. 我承认,阶级斗争的存在是当今社会生活的一个基本事实;但我深切地怀疑,通过阶级斗争这一手段,可以消除阶级矛盾,实现真正的社会进步。然而,这是共产主义理论的一个基本点,并且人们越来越将阶级斗争与辩证唯物主义视为等同,并将其应用于社会进步。就俄国历史来说,为厌战的士兵获得和平,为饥饿的农民获得土地,为初期的阶级斗争转为公开的内战,并以所谓的无产阶级专政为终结,阶级斗争是必须的。但是,德国和意大利的法西斯主义将无法被理解,除非他们解释说,这是从苏联所学来的。面对意大利和德国所发生的一切,我无法理解共产主义如何继续宣扬由内战、武装起义和铁血政策这些方式所驱动的经济变革。据一些可靠的观察者声称:共产党的武装斗争与专制结合的意识形态,以及共产党是一种外国势力的武装,这些信念成为助长德国法西斯主义的一个原因。我坚信,在任何西方国家,即将到来的内战,或者甚至是这一战争的公开威胁,由于对权力压抑的可怕动机,将会带来法西斯主义。接着,共产主义及其通过武装斗争推翻政府的必要性的学说、无产阶级专政的学说,以及剥削其他阶级公民权,铲除他们的政党,剥夺他们言论、出版、结社自由的权利的恐吓——共产主义现在声称,他们处于资本主义之下——尽管是不经意的,但仍然是导致法西斯主义的一个有利因素。作为在各种形式中不可改变的反法西斯主义者,我无法接受共产主义。

4. 我不是共产主义者的其中一个原因——目前那些与共产主义相伴的情 94
绪基调、讨论方式和辩论,使我感到厌恶。这一点并非是无关紧要的添加。公平竞争,在事实上,尤其是对别人观点表达上的基本诚信,已不是"资产阶级的美德"。这些特点只有经过人们长期的斗争才会获得。它们并不是由来已久的人类本性,甚至现在成了给希特勒主义带来权力的方法。在共产主义发言人的演说和出版物中,他们一贯和持续甚至故意无视以下内容:对弹劾对方的病态狂热;暗杀对手的企图;在防守运动中,向请求援助的人错误地表达"自由"的观念;在他们所谓的统一战线活动中,"要么统治、要么摧毁"的政策;只要采取的方式最终能够成功,便是一切价值判断的标准——依我判断,官方共产主义所声称的所有信念,到最后都是致命的。而且,在美国尤为如此,如果我能恰当地理解美国人民的脾气的话。

5. 在一个现代化社会,例如我国,一场革命完全或主要被暴力所影响,其结果只会陷入一片混乱。不仅文明会被摧毁,生活的必需品也会被摧毁。如果一个国家的共产主义不仅是无力的声明或知识分子的业余爱好,那么,我确信,目前有一些坚持宣扬共产主义的人会在第一时间站出来反驳我的观点。很少有共产主义者真正认识到其学说的深远含义——内战是"唯一"的途径,通过战争可以带来经济上和政治上的变化。一个相对简单的社会结构,例如俄国曾经的社会结构,可能会从暴力和内部骚乱的影响中复苏。而且我们必须记住:在所有的大国中,俄国的中产阶级群体是最弱的。假如在高度工业化的美国爆发了一场大规模的革命——美国的中产阶级力量强大,比世界上其他国家的中产阶级都富有战斗精神并具有充分的准备——这场革命要么失败,以血流成河告终;要么

　取得代价不菲的胜利。斗争的双方将会摧毁国家和彼此，正是出于这个原因，我不是一个共产主义者。

　　我一直以自己所理解的方式来考虑正统和官方的共产主义的立场，但对以不同大小写开头的共产主义之间所能够察觉到的不同，我不能视而不见。

知识分子的最高责任[①]

科学工作者面临一个进退两难的局面,他的职业特性需要他与当前的社会 96
活动和利益保持一定的距离。他的工作需要集中时间和精力,以对问题进行深
入的思考。就像有的人被教导进入祈祷室礼拜一样,科学家必须进入密闭的实
验室、博物馆进行研究。事实上,科学家必须排除足够的干扰。通常情况下,他
也是一名教师,有行政和监督的职责。另外,一个科学家不可能对所有的知识领
域展开探索。知识必定被分解为各种问题,一般来说,这些问题的细节和阶段必
须分成更小的单元。对科学的进步而言,一定程度的专业化是必要的。随着每
一次专业化的加强,与公共事物的隔阂也随之增加。劳动的分化与自然奥秘、人
类奥秘和工业奥秘的科学研究同样必要。

在这一点上,疏离是达不到目标的。公共交流所使用的语言,并不符合科学
研究和科学成果陈述的要求。语言是因为其他的目的被开发出来的,而不是为
了科学上精确和清晰的表达,并且完全不适用以精确的形式进行全面的归纳。
结果是:科学家所说的话对大部分人而言,是一种陌生的语言;掌握这种语言,比
起任何生动的或已消失的语言,需要通过更多的训练。科学家只能发起一个相
对小的圈子,直接地讨论自己的事情和问题。

这些考虑精确地解释了进退两难中的一个方面,另一个方面是由科学家与 97

---

① 首次发表于《科学教育》(*Science Education*),第 18 期(1934 年 2 月),第 1—4 页。杜威于 1933 年
12 月 27 日(周三)在波士顿大学俱乐部纪念詹姆斯·麦基恩·卡特尔(James Mckeen Cattel)的
晚宴上发表的演说。

其他人生活在同一世界这一事实所构成的，并且这一世界正在被科学家的劳动成果所改变。因为科学的发现，我们所有公共集体生活的细节均呈现出现在的状态，无论在人类和物流的交通、交流形式、家用电器和设施、医疗、农业方面，还是在产业经济形式多样化方面。科学家可能在他的工作语言中显得冷漠，但是他们工作的成果遍及、渗透和决定着社会生活的每一个方面。发明家、工程师和商人整天忙于将实验室里的发明移植到器具、设备、工具和机器的应用中，这在很大程度上，改变了家庭、农场、娱乐场以及工厂的经营行为。我可以轻松地花一些时间来罗列一些事物，这些事物在 50 年前无人知晓而如今是每天的必需品。

这些科学成果的影响，远远地超过了人类学所谓的物质文化。它们影响着利益和活动的模式。我们已经与过去的知识分子的传统断开了，并且大部分人不曾对变革的性质解释过，尽管科学是建立在人类互相联系的语境之上的。它们以各种方式改变着生活，制造了如此巨大和复杂的社会问题——人们的思想处于困惑的状态之中。现在，理智被自身知识上的胜利这一结果所抑制，已成为与化学结果相关的一个寻常事物；在它的应用上，则与战争相关。强烈的爆炸，来自物理学的同伴——钢铁和飞机，足以摧毁地球上的每一个城市。我们甚至还受到细菌战的威胁。如果战争与和平的问题假定了一个新的前所未有的形式——唉，国家的支出大部分用于军备支出的增加——这是因为科学知识的应用。

我已经选择了问题的一个方面。今天，给我们带来沉重负担的经济问题提出了另一个科学影响社会的新例证。在发达的工业国家中的人民，尤其是在美国，他们面对在富裕之中有贫穷的矛盾，这一点也是司空见惯的。尽管科学通过技术上的应用，产生了大量易用的和安全的可能性；然而，落后的法律和政治制度领域尚未受到科学进步的影响。对贫穷、不安全以及苦难的解释，是这一矛盾的另一方面。

我的题目是"知识分子的最高责任"。但是，每一项责任都是道德的，并在其最终结果上是社会的。例如，一些保守分子力促科学的倒退和限制生产经营活动，这样对社会状况的要求无法得到满足。这些要求不能通过给现状中残忍的事实披上一层"人文"的外衣而满足，只能通过在人类的方向上所进行的人类活动得以满足。科学的应用所导致的创伤，唯有通过知识和智力的进一步发展，才可以被治愈；如同所有当代治疗的目的，必须将防和治结合起来。这是当下知识分子活动（智力活动）的最重要的责任。科学的道德后果，在生活中承受着相应的责任。

和当代生活中几乎所有的事物一样，下诊断要比开处方更容易。但是，考虑这一问题的人也提出了一些建议。教育领域是广阔的，并且几乎尚未被科学的应用涉及。的确，如今在高中和大学中设有科学课程。许多场教育的战争已经打赢，对那些发动战争以反对传统障碍和习以为常的惰性的人，我们欠了他们一大份恩情。但是，对广大人民而言，科学的态度、使用科学方法的意愿以及将意愿付诸必要的知识，仍是不成熟和不发达的。除非科学的继承人不再满足于在开设不同学科的学校中学习多样化的课程，并且在课程上投入更多的精力，否则，科学所承担的责任就无法实现。学校所教授的科学，不仅是提供固定不变的信息，也不仅是让少数人为进一步在特殊科学领域中的专业化追求做准备，更多的是让他们自身塑造一种明确的精神状态。

我的意思当然不是每一个机会都不应该提供给经由挑选的少数群体——他们拥有品位和能力，在各自选定的领域中从事先进性的工作。我的意思是：科学的责任不能通过主要关注专业化科学的教育方法来实现，而将科学态度撇在一边，这些科学态度影响大众形成他们的思维。思想开放、知识完备、细心观察，以及乐于对自己的观点和信仰进行考验，这些都是科学态度的特征。

这个问题，当然要比修改科学课程的范围更广。每个学科里的每一门课程如同它的主要目标一样，应该将观点的养成作为其主要目标。只要对信息的获得是教学中最主要的事，无论它们是特殊的事实或是广义的概念，那么，在人格塑造上所使用的适当方法将呈现为较次要的地位。信息是重要的，如今的确已超出目前所获得的，但它不应该成为自身的目的。它应该是构成科学态度的学习过程中的重要一环；由于科学的探究者首先是持续的学习者，所以信息的确是这种科学态度的一部分。只要知识分子的顺从是主要目标，只要对年轻人而言，追求正确的信念被认为比提防信念形成的途径更加重要，那么，科学的影响将受限于过去已赢得胜利的那些知识范围。我不得不说，一个很大的障碍是：许多科学家仍然含蓄地（如果不够明确）坚持存在一个信念、社会、宗教和政治的领域，这一领域应该被完全地接受，并且不偏不倚地进行探究。

99

此外,还有一块领域几乎未被科学的影响所触及。初级教育仍是一个获取技能和被动地吸收知识的地方。目前普遍承认,最基本的观点形成于孩童时期,其中大多在早期。对当下文明的知识分子最大的控诉,是很少关注将潜移默化作为基本习惯的一部分,以及相信智力并抱有浓厚的兴趣。只要我意识到,天生的智力在保障知识分子能力全面运作中发挥的作用微乎其微,并限制重重,那么,我对天生的智力平均低水平就不感兴趣。广而言之,目前处处附属于特殊技能的获得,与探索和试验刨根问底的思维几乎不相关——更确切地说,是在不相关的大量事实和原则的获得之下。然而,孩童时代是最具积极的好奇心,并对连续试验最有兴趣的一个时间段。对一个教育制度的达成来说(在这一教育制度中,由与科学方法相关的事物来鼓励和指导一个习惯的基础和态度),最主要的责任在于那些已享受过特殊科学训练的福利的人。

我已谈及了学校的教育,但是教育的问题和责任更加深入。目前,有一些教育方面的兴趣重生的迹象,在对此有所考虑的希腊人那里表现显著。我们可以从记载中推测,这主要是就成年人而言的,成年人的教育主题是悬而未决的。在世界历史上,从未有过一段时间,关于社会生活指导和传统机构重塑的思考如同目前我们国家所需的一样重要。目前有大量可用的知识——经济学知识、历史学知识、心理学知识,还有物理学知识。主要的障碍并不在于缺少可以解决我们问题的信息,而一方面在于为了安全保护知识而将其安置在冷藏库中这一事实;另一方面,在于公众仍未形成渴望知识的习惯,甚至不相信寻求知识是必要的这一事实。缺乏渴望,供给渴望的资料不易得到。然而,胃口随着饮食而增长。大量所谓"知识普及"的难题,是它满足于信息(仅仅作为一种信息)以一种被稀释的方式扩散。信息需要被组织起来,并在行动上呈现。这是一个最显著的阶段——我们时代受过科学训练的人们,应该义不容辞地担负起责任。今天,我们将应用于物理发明和工厂、贸易的知识,应用于大量的人类问题;当下的许多问题将会迎刃而解。

如果我不涉及所谈到的主题的相关性,将无法结尾。尽管对于今晚的嘉宾来说,这一表达方式不是很完善的。詹姆斯·麦基恩·卡特尔是一个积极的科学工作者,他在心理学领域发起了许多运动,并取得了累累硕果。同时,他发现了时间、思想和精力投入科学生活之后的更大问题。他毫不保留地投身于科学工作者在各领域中更好的组织。他为学术工作者道德和财务状况的改善而英勇奋斗。在编纂和传播科学研究成果的任务中,他是一位领军人物。我无需阐明道德和知识分子的责任之间的关系,我已说明这一点。只要卡特尔与我们同在,那么,在这一点上的解释工作就是没有必要的。他是科学工作者执行知识分子最高责任的一个活榜样。在今天晚上,我们荣幸地向他致以亲切的问候和崇高的敬意。

一个伟大的美国先知[①]

　　在爱德华·贝拉米（Bellamy）的小说《平等》（*Equality*）中，他通过利特
（Leete）医生之口来讲述，这是一种将他的社会乌托邦图景从其他文学乌托邦中
区分出来的文学手法。在解释今天的人们不明白摆在他们眼前的事实意义的原
因时，贝拉米说："恰恰是因为这些摆在眼前的事实对于你和你的同代人都如此
的显而易见，而使你丧失了判断事实意义的能力。它们都近在眼前，以至于不能
被正确地看到。"这一表述，使人们了解到贝拉米在《回顾》（*Looking Backward*）
和《平等》两部小说中都使用的文学手法。他用他的新秩序图景，通过对比，让我
们了解我们现在生活的社会世界的现实。

　　认真地说，我并不是说贝拉米在他的主体轮廓中没有体现他的图景；而是
说，贝拉米对不公平、压迫和现有经济制度残缺的沉思，推进着他所构思的图景
不断地演化。并且，当他亲眼见到这些现状时，运用一个依据经济平等的社会秩
序的想象，使其他人能够看到他的所观所感。许多人都控诉现行的制度。使贝
拉米的著作得以在成千上万的读者中流传的原因，即他对现行制度的控诉，是通
过想象中的图景以阐明什么是可能的，其结果是在可能与现实之间产生一种可
怕的不可逾越感。

　　紧接着以上所引的内容，贝拉米从一个技术知识分子的角度出发，阐述了他
的原则，以此作为控诉现行经济制度的基础。这些现行的制度开始于合理的原
　则，即事物和物质特性不具有反人类的权利；从这一原则出发，在实践中引导出

[①] 首次发表于《常识》，第 3 期（1934 年 4 月），第 6—7 页。

一个结论:只要人们的能力允许,个人可以去寻求对事物无限的所有权。"但是,这一观点完全忽视了对人类所依赖和共享的世界上的物质材料进行不平等的分配所导致的社会结果。"在这一简单的句子中,贝拉米给那些道德主义者一个无可辩驳的答复。这些道德主义者通过在物质和伦理道德之间作一个清晰的区分,不知不觉地捍卫现存的秩序。贝拉米的共产主义依据于一个伦理基础,而非有时被称为"科学的基础",因为他的共产主义思想来源于对人类福利关心的抽象化。但是,他的伦理原则总是注意到人类生活的独立性,以及凌驾于对物质材料具有平等使用权和所有权之上的最高价值。那样做,他的伦理原则完全让位于"科学的"共产主义者所强调的所有因素;至于政治和社会权威,则在生产和分配之间的经济关系中得以实现。

贝拉米是超越了地理意义上的美国人和新英格兰人,他的民主观念充满了宗教信仰。然而,就是这一原因,他看穿了现存经济制度中存在的虚伪和欺骗。我可以大篇幅地引用他的话,他在话中流露出来的深切信念,也就是我们的民主政府是一个蒙上面纱的财阀。他并不是这一观点的创始人。但是,使贝拉米与这一观点区分开的原因,是他对以下的狂热:抓住民主的人类意义作为平等和自由的理念;描绘我们现行的经济体制与实现人类平等自由两者之间的截然不同之处。在通过完全的收入平等而获得平等这一观点上,没有人比贝拉米进行得更为彻底。此外,使贝拉米与众不同的是:他投身于美国的民主理念,并从中获得热情和洞察力。

这不可避免地使人们将贝拉米与马克思的观点进行比较。贝拉米受马克思影响最明显之处在于他采纳现存制度造成越来越庞大的资本集中这一观点(贝拉米写于托拉斯公开出现的时期),以及这一资本集中将导致劳工的组织化和社会化这一事实,而最后的结果可能是一种本质上的经济共产主义社会。在贝拉米的信条中,与马克思不同的地方最明显的是:革命在实质上是和平的。他想象,在19世纪末,通过托拉斯活动可能导致国家全部资本的实际巩固;结果下一步"合乎常理"的改革,将会为了人民的利益而施行资产的国家化和行政化。

这一问题的范围太大了,以至于不便在此讨论。但是,贝拉米受维多利亚时代进化论观点的影响极深,这是十分明显的。结果,他认为,一方面,广大人民可能会意识到,由统一的资本主义制度所提出的伟大的过渡服务;在另一方面,暗含那些控制这一制度的人们,在面对公共要求采取最后合理的行动时,将无能为

104

力。贝拉米并没有意识到,在资本主义制度被铲除之后,即使在劳工和农民的群体中,资本主义的心理状态将持续多久。并且,他没有意识到,被韦布伦(Veblen)如此出色地揭露的破坏活动的程度;这种破坏活动流行于资产阶级之中——见证了谙熟内幕的人以牺牲股东利益为代价的操控。以上对贝拉米的评论,都是温和而中肯的。

在贝拉米的理论与马克思的理论的相关性中,有另外一点仍然模棱两可。在贝拉米的理论中,管理性政府发挥巨大作用。从表面来看,他的理论中并没有"国家逐渐消亡"这一点。而从马克思对国家的定义上看,国家是阶级统治的工具。也许两者之间的差异并非体现在实际上,而更多地体现在言语上,因为贝拉米的行政管理理念的确是无阶级社会的一种表达。

我希望,那些持以下观点的人能以开明的态度来阅读贝拉米的社会化经济图景——对私有资本的废除和对耗费精力追求利润的废除,意味着对生活完全的管制,也废除了所有的个人自由和竞争。贝拉米不仅以非凡的气势极为清晰地揭露了现行体制强加在自由之上的限制,并且构想了社会化的工业和金融如何解放和推动所有的个人及私人类型的职业选择,以及当今大家尤为推崇的休闲方式。他所描述的手足之爱的统治,或许有些夸张;但是,他对个人生活的自由的陈述做不到这一点,这一个人生活的自由在为维护社会资本所必须进行大量工作的迫切需求之外。在关于目前以奴性为流行的附属一章中,他呈现出基本原理:"平等造就了终止模仿的氛围,并且它的产生具有独创性。由于每个人都表演自己,因此模仿他人将一无所获。"正是现行的制度,促进了一体化、标准化和组织化。

从马克思和列宁在欧洲的当前任务这一角度来看,他们对未来无产阶级社会的谨慎预测可能是正确的。对他们来说,讨厌"理想主义",部分地沉溺在想象的图像化之中。但是,根据未来可能的现象对现在进行价值判断,没有比贝拉米对私人生活,以及在社会化生产和分配制度下发生竞争趋势的描述,更为明确了。

然而,在谈到竞争趋势时,贝拉米提出了大量的预见。在专家治国论的图景中,几乎所有的未来都被贝拉米提前预见了——甚至个人收入的数量,也将是可用的。贝拉米十分明智,他没有对之详细地解释,但预见了生产力通过权力的大幅度增长,以及从劳动的繁重形式中得以解脱这一结果。然而,他在精神上的解放中的兴趣,比物质结构中的更多。通过他对后者工作结构诸多特征的描述,我们可以很清晰地看到这一点。有批评提出,贝拉米的构想仅仅是物质上自在和安逸的千禧年,没有什么比这一批评更加远离真理了。

在目前,经济阶层统治的破产,对贝拉米的兴趣将有着伟大的复兴,这并不令人吃惊。他所描绘的是一个美国共产主义者。他所呼吁的,在更大的程度上,来自他所看到的、在实现民主理想的必要手段中的事实。由于篇幅的限制,我只能对许多有趣之处缄默不语。但是,我希望我所说的,可以促使一些人去翻阅贝拉米的《平等》——这本书比畅销的《回顾》更为深刻。贝拉米对此有同样的预期。"利润制度的经济自杀"和"水箱的比喻"这两章是极为有趣的——并非在它们的俚语意义上。"革命开始的原因"一章及其后续,是对当代历史的非凡总结。令人鼓舞的是"贝拉米社团"在一个中枢性组织的帮助下,在全国几乎自发地纷纷涌现。这是一个好的前兆,并且我不相信,在战后时期兴旺繁荣的幻景会再次忽视贝拉米的学说。在我看来,在这个国家,工业社会化的问题尤其在心理问题方面,比其他任何欧洲国家更多。贝拉米的著作在把民主观念转化为经济术语这方面的价值,是无法估计的。正如《汤姆叔叔的小屋》(*Uncle Tom's Cabin*)之于反奴隶制的运动,贝拉米的著作与新秩序的公共意见的形成之间,大概也是这样的。此外,有一点不同,即贝拉米的著作的确是建设性的。虽然他的著作充满了对现代混乱状态的根本性批评(这一批评对语言的需求,使我有时将其认为是一个秩序或体制),但其中没有一丝辛酸。他的著作带来希望的气息,这一点与美国人的心理相符合。

智力和权力①

那些主张智力能在社会事务中发挥重要的作用，并且认为智力本应在指导社会事务中发挥更大影响力的人，现在业已显得荒谬。从人类历史的角度来看，这一观点不仅显得荒谬，而且是真的荒谬。这一观点不了解过去，也不了解决定社会机构、设施和变化的力量。寡头政治的专制权力、政治权力、教会权力和经济权力已经出现，有时公开地行使这种权力，更经常地通过各种间接的或微妙的手段来行使。习惯、习俗和传统在与智力的比较中占有重要的分量，而智力的作用却是微弱的。习俗和传统有着各种方式的来源，很多是偶然发生的。但是，一旦确立起来，习俗和传统过多地依赖于它们产生的条件，并且加强了特权阶级的权力。在关键的时刻，激烈的情绪所滋生的错误观念，在与智力的比较中占有重要的位置，而智力的影响是微不足道的。

评论家们所忽视的是：敦促智力的潜在要求是没有必要的，除非后者已经淹没在如之前所指明的那种方式中。对制度的力量、习俗和错误观念的方式所控制的最终结果，不会鼓励一个人以很大的希望，为了未来的进步，看待依赖于它们的新结合。这一情形是这样的：它打算使一个人环顾四周，即使这个人处在完全的绝望之中，但寻求其他的方法也是绝望。在这样的情形下，似乎促进诉诸智 力的方法的努力，如果不是唯一未曾尝试的，那么可能会将它自己至少呈现为一个绝望的求助对象。鉴于在过去集体的错误观念的影响下，有些例子可能是为了论证论点而提出来的，即使这一论点是错误的观念，智力的实验方法仍值得一

---

① 首次发表于《新共和》(*New Republic*)，第 78 期(1934 年 4 月 25 日)，第 306—307 页。

试。为了幻觉的幻觉，这特殊的一点可能比人类曾经依赖的一些东西更加美好。①

在达到对物理力量和条件的控制中，这种方法的成功已经被作为在社会事务中既不是完全的绝望，也不是幻觉的证据。这种关系也被评论家们所误解。由于这并不是认为物理科学的特殊技术将被逐字复制——当然，尽管它们在可适用的地方被应用——也不是认为实验室意义上的实验可以在社会事务中大规模地执行；而是认为在征服自然中，通过实验科学取得证明的观点及方法，可能且应当被用于社会事务。而且，竞争的力量依赖于已提及的考虑因素：教条主义被毫不质疑的习惯和传统的重量加固，阶级利益依靠强力和暴力乔装或公开上演。除此，还有什么选择的余地？

但是，据说，物理和社会智力两种例子中的根本性差异被忽视了。"据说，当物理科学战胜了建立在无知基础上的传统主义时，它们就获得了自由。但是，社会科学所面临的传统主义是建立在占主导地位的社会阶层的经济利益基础之上的，这些阶层的人们一直试图保持他们在社会上的特权。"（尼布尔）当然是这样。但是，统治阶级的兴趣不是维持传统，反对物理科学中的新方法和结论的主要力量。一个幼稚的历史观必须让位。这并不是暂时假设新的科学方法将会以自身的方式在几个世纪内成功——也不是假设在物理领域中甚至也完全征服——除非它在统治利益之外的其他社会利益中找到一个寄宿处，并且被其他利益持续增长的影响所支持。

在这里，我们谈到了问题的要点。智力在本质上没有力量。就过去的理性主义者假设智力具有力量来说，他们都是错误的。休谟较为接近真理，尽管他在夸大另一方面是有过失的。当他说"理性是且必定是激情的奴隶"——或者说利益，但统治者的利益从来不是单独存在的利益——除去斗争正在发生的时刻。真正的问题是：现在活跃着的利益群体，是否可以通过以实验为基础的智力方式吸入他们的斗争来取得最好的成功，或者统治者是否应该依赖于用其他途径将世界带到现在的房地产状况中？

---

① "宗教最真实的愿景，是通过坚决的信仰可能部分实现的幻觉。对于宗教信仰者来说，真的东西并不是完全的真实，而是应当真实；并且，如果它的真理不被质疑，就可能成为真的。"莱因霍尔德·尼布尔：《道德的人和不道德的社会》(*Moral Man and Immoral Society*)，第81页。

智力仅在被带入其他起作用的力量（而非自身力量）时，才成为一种力量。但是，力量是一个总称，并涵盖了大量不同的事物。人们所做的一切事情，都是通过一些力量的形式完成的——这是不言自明的真理。但是，暴力和战争一种是力量，资金是一种力量，报纸、广告代理和政治宣传都是力量，教堂以及通过它反复灌输的信仰也是力量，除此之外，还有许多其他的事物。信念和联盟也是力量，尽管在它们存在的经济和国际体系中，会轻易过高地估计这种力量的程度。简而言之，只要我们仅仅讨论了权力，就尚未讨论任何其他的事情。首先急需的，是辨别力和对权力分配的知识。

智力只有在它融入需求系统和有效需求系统时，才成为一种力量。过去流行的学说认为，智力的本质是其自身与行动分离的一个反射。它已经完全被视为是自身的东西，行动随智力之后，并在智力之上仅仅作为一个外在的表现。如果我持有智力的观点，那么，更应该同意那些怀疑智力在带来必要的社会变革中扮演任何特定角色的评论者们。因为这个观念不过是人类历史上已经获得的理论和实践分离的一个方面。物理科学方法的特殊意义在于：它们通过这一观点，唤醒了沉睡已久的人类，显示了行动是智力的一个必要部分——换句话说，行动改变先前存在的条件。

因此，接受这个观点（对社会力量控制的操作，可以从物理科学的实验方法中学习）的首要影响，即在社会知识的普遍观念中进行激进的变革。目前的假设首先是知识，然后可能是行动——或者可能不是——延续着智力。那些攻击智力有重要地位的评论者们，其攻击是建立在接受这一观点之上的；他们是在我想推翻的观点的基础上，对我进行批判。因此，在这篇文章的基础上，我否认任何大量的社会调查远离旨在社会进程控制的行动目标——换而言之，一个计划经济——能够建立起社会知识。尼布尔先生将我归罪于忽视在社会事务中阶级利益和冲突作用的中产阶级的偏见！他责难我在教育潜力方面的夸张，尽管事实是我在力促"不积极参与实际情况，真正的教育是不可能实现的"这一点上花费了很多精力。并且，我指出，经济利益是教育变革为什么缓慢和发生转向的主要原因。

争论的问题不是个人的问题，也不值得以个人的理由加以关注。这仅仅因为，占主导地位的经济利益群体是不以智力应用于控制社会变革的主要原因；当他们不鼓励智力这一方法的潜力时，反对这种方法的人会被这些利益群体所利用。据我判断,他们使当前的困惑持存,他们增强了在任何改变的结果中导致恶果的力量;但是,革命的产生可能是通过智力的方法介入的方式。"教育",即使在其广义上来说,不能做一切事情。但是,不通过教育而完成的事情(也是在其广义上)将是很糟糕的,而且其中大部分不得不进行返工。至关重要的问题是: 智力如何通过适应实际起作用的欲望和利益而增加力量? 真正的事实是,过去的智力为狭隘的目的并代表阶级利益而运行;这一事实是高估智力在社会控制中可能的角色的一个原因,而不是贬低它的原因。

教育中的危机[①]

　　主席先生、朋友们、各位教师们：对我来说，和一群教师们会面总是有着无法估量的乐趣。无论我一生中做过什么，或者尝试做些什么，最值得我珍视的事情是：多年来（可能比我所承认的时间更多），我曾一直是名教师；并且对我来说，在美国教师联合会地方工会的赞助下，和一群教师谈话特别快乐，因为在我的教师生涯中，没有什么比成为纽约教师工会的一员并有资格随身携带工会会员卡，更让我骄傲了。

　　这个国家中最大的两个城市——纽约和芝加哥，最近出现了这样的情况：法外机构在"公民委员会"的名头之下，冒称对控制公民政策负有责任，包括对直接影响到公立学校的事务负有责任。这些委员会大多由银行家、实业家和房地产商组成，在这个国家中，这些团体实际上比其他特殊的团体更多地造成了现代经济和金融的危机。

　　根据他们自己的说法，这些城市的一些团体（是整个国家正在发生的典型特征）在干预经济利益。但是，他们如何考虑经济问题？对他们来说，经济意味着什么？他们认为经济是什么？为了杜绝浪费、贪污，以及政府部门的无益重复、
徇私枉法、公众对私人利益的牺牲，这些是市政的基本改革吗？这些团体通过什么途径攻击这种经济问题呢？其原因之一是：在这些组织中，许多人在承担必要和基本的事情时，其自身与浪费的源头有密切的联系，并依赖由政客给予他们的眷顾。从经济层面讲，这意味着城市中所有人的工资和薪水的削减。全国各地

[①] 首次发表于《美国教师》（*American Teacher*），第 17 期（1933 年 4 月），第 5—9 页。

的经验表明,这种经济模式最经常地应用于反对公职人员,即国家的教师队伍。

它发生了。今天早上过来的时候,我带了一份《先驱论坛报》(*Herald-Tribune*)阅读。上面刊登了哥伦比亚大学公共管理学院麦戈德里克(McGoldrick)教授的演讲——他在银行家代表大会中所作的演讲,标题是"银行家说他们推卸城市责任"——这是一篇在公共管理领域拥有权威的演讲,使用了比我所使用的更明确和更严厉的词汇。麦戈德里克展示的所有经济措施,都在公职人员的薪水减少方面起作用,而这将意味着社会购买力的通货紧缩。实际上,这将损害城市的经济境况,必定会在商业上普遍地体现出来,甚至可能会在地租上有所体现。此外,"公民委员会"这一团体没有兼带一个平衡预算的要求。他们没有提出任何实现平衡预算的方式,而只是要求减少开支。演讲者的结尾说道:"在我们目前的安排之下,银行是最重要的控制机构。这不是一个机遇,而是一种责任。这是考虑投资和广大市民最佳利益而行使的责任。在过去的十年中,行使这些责任几乎没有骄傲的余地。我认为,我们可以自信地预言,如果银行家没有展现他们目前准备进行一个关系到未来十年内总体幸福感的行动,那么将会被一些其他的社会控制形式所取代。"以上是一个专家从他的专业立场所发表的言论,而不是一个激进的或哗众取宠的演说者的言论。

这里,我不会进入这一问题,即薪金和工资进一步的通货紧缩,以及所剩无 *114* 几的购买力相应减少是否有办法摆脱当前的危机。相反,我满足于记录我国经济学家几乎没有异议的结论。我认为,这是一种有组织的宣传活动(法外机构团体),旨在反对国家的公立学校体系;且以我国两大城市中财富集中的代表的行动为典型,在全国各地着手实施,反对公共福利。这种行动来自那些对公共教育极少关怀的人,他们的孩子大部分不进入公立学校。如果公立学校被完全关闭而不是目前的被削减,他们家庭里的文化生活一点儿也不会变差。他们的孩子从艺术、音乐、体育、手工等丰富的课程中获益——在他们的家里,他们认为,这些课程对孩子而言是理所应当的——而这些课程对穷人和群众教育来说,则是时髦的和无用的。他们对经济的诉求呼吁,是他们保护国家财富集中的税收法案而努力的一部分,这是最能够纳税的部分;加之这一部分通过在公立学校教育体系中传播知识和技能,直接或间接地获得最大的利益。

这就难怪美国教师联合会在芝加哥的一次公开会议上,向总统询问这个运动是否不止一个,"在萧条的掩盖下,为了纳税大户的利益,无情地削减指定的公共服务和公共消费,很少考虑百姓和他们孩子的需求"。难怪教师联合会抗议"屈服学校的控制,组织大量不依赖公立学校的纳税人子女的教育如同广大群众一样。"纽约教师工会(作为美国教师联合会的一部分)的合法代表在最近的公开演讲中,指出以下的内容并不意外:在纽约市所谓的公民预算委员会中,51%的主管中有21%隶属于这个城市的25家主要银行,其余很大一部分是这个城市投机性房地产机构的代表。他们的政策在最近的奥尔巴尼的立法机构特别会议中被提出,并与减少公职人员的薪水有关,由纽约和全国各地两个最大银行的领导支配和控制。纽约教师工会的合法代表继续展示:去年,这些银行宣布的平均股息率是20%,其中有一些银行达到60%。这些银行家向联邦政府索要5倍的利息率来支撑纽约。他继续提出问题:我们是否已经进入了银行业务和金融利益叠加在国家的政府名义之上的进程?

再次回到我之前提到的麦戈德里克的演讲。他说,由于许多地方对于公共教育的集中攻击,"全国范围内反对公立学校的合谋并不是对真相过于强烈的描述"。

在这个国家中,我们是宽容和善的人。当然,教育群体中大部分也是宽容和善的人。我想,很多人认为这一表述太过强烈,会犹豫是否支持它。顺便说一下,我想提醒大家注意一下《星期六晚报》(*Saturday Evening Post*)上发表的主要文章,是今天的日期——1月28日。我讨厌做广告,因为我担心一些人会离场去买报纸,并且我宁愿鼓励完全相反方向的事物。

这个作者的社会和经济地位及其观点的博爱,充分地见之于这一事实,即他宣称所得税是共产主义的,并且是这个国家共产主义的开端。然后,他继续表明,税收应该按人头征收,与收入差异无关;也不是按纳税人所有收入的比例征收。但他接着——这是我尤为感兴趣的话题——挑出我国公立学校和教师的工资,作为他要求削减税收的主要话题。这篇文章的主要论调是制造一种感觉,即公立学校的教师是过于娇惯的、被宠爱的造物,他们是在损害艰苦工作和处于窘困的纳税人利益的情况下生活的。这个观点是代表大型金融利益团体(你肯定听说过美国工商协会)诸多论点中的一个——该团体利用萧条时期组织的一场运动,不是为了保护政府(这个政府致力于过度地服务于特权阶级的措施)内部行政管理的合法和适宜的变革,也不是在整个税收的体系和方法中保护新的税制修改方法,而是使公职人员尤其是学校的教师成为替罪羊。他们与那些反对提到"阶级"并竭力在公民之间制造不和谐的人,是完全一样的。现在,他们为了贯彻执行所谓的节约,故意引来羡慕和嫉妒;而这所谓的节约,实际上只是为了纳税大户的利益而削减工资。

由于这一运动已经发动起来,而且每过一周会变得更加尖锐,教师们不应该使自己被迫地处于防守地位。他们应该知道真相,并积极地让这些真相为大众知晓。尽管数据不是那么有趣,也不是那么容易被人记住,但我不打算为呈现出一些真相甚至是以统计的形式呈现而道歉。这些真相有着最有效和最权威的来源。

首先,国家提出用于学校的总数从来没有超过国家年度收入总额的 4%。1930 年是可用数据的最后时间,这一年是国家收入总额的 3.33%。由于收入的减少,自那时以来,比率可能比现在要大一些。至于说到薪水,我国大部分地区,主要位于东南部,其中乡村和小学教师的平均工资一年低于 621 美元。分散在全国的小学和乡村教师,在总数上可能是最大的一组,其平均工资一年低于 787 美元。还有一部分教师群体,在很大程度上来说是最低的部分,他们主要在密西西比河穿过的几个州,他们的工资在 788—952 美元之间。另一个教师群体,主要在东部的纽约州和新英格兰地区和西部落基山脉附近的几个州,他们的平均工资在 953—1 167 美元之间;并且有一部分教师群体,包括康涅狄格州、新泽西州、东部纽约州的部分地区和西部加利福尼亚州、内华达州、亚利桑那州和怀俄明州及华盛顿州的部分地区,他们的平均工资超过 1 167 美元。

这些数据取自由国会首次授权并拨款的委员会的报告。然而,在经济萧条时期,拨款没有持续下去,由普通教育委员会为研究的持续提供了资金。一些专家、大学生,以及不仅有教育界的,也有公共财产和金融界的人,组织了调查。该调查涉及美国每个州的每个郡。该调查通过联系华盛顿的美国教育委员会或纽约市的教育服务局、师范学院获得数据,并通过他们所划分的五个教师群体的不同标记予以展示。教师们应该知晓这些调查的内容和数据。

无疑,《星期六晚报》那篇文章的作者选取了教师薪酬最高的州——新泽西州,将此作为学校教师如何被宠爱和娇惯并如何在损害纳税人的利益下发财的一个例子。那些人认为,以下的论证是充分的:在世界上最富有的国家中,乡村和小学学校的教师一天平均 3 到 4 美金,是足够的工资,是让受过教育的人们从事教师职业并留在这个岗位上的工资,是让教师们照管自己的子女并在社会团体中保持现状的工资。

　　整个国家、联邦、州和当地的税收所得的资金总额由于各种目的，进入公立学校的少于五分之一。我认为，进入公立学校的资金，是普通的纳税人最愿意支付的；然而，国家税收总额中仅有五分之一进入公立学校体系。这低于政府部门的债务偿还和债务利息的总额。这只是美国人民购买和保养汽车年度花费的五分之一。国家用于支付学校费用的整个税收的三分之一，用于购买人寿保险。年度费用中，低于一半用于机械建设，以及建筑物的建造。再次，我认为，美国人们肯定会同意这样的观点，即培养年轻人——未来的公民，与摩天大楼或高速公路等的建设同样重要。

　　有一点我不相信，即普通的美国公民、父母和纳税者愿意看到已经被淘汰的大量事物，这会使人们在误传的迷雾之中。对公立学校和教师集中攻击的常用理由之一，是教育总开支的提高。这种提高是毫无疑问的。自从 1914 年以来，有了略超过 3 倍的提高——仅仅在战前。然而，经济学专家所作的统计学上的研究（其数据并未受到挑战）显示，增长的 48％将近一半是由美元购买力的降低而引起的。在战时和战后的几年里，尽管如我们所知，生活成本大幅度地提高，但教师的工资实际上并没有变化。在 20 年代期间，至少在这个国家繁荣和开明的地方，努力工作有了工资的保障；但是在 1930 年，工资在购买力方面很难与1914 年持平。

　　其次，自从 1914 年以来，学校的出勤率有了很大的提高，学校授课对象总数也超过了三分之一。另外，考勤变得更加正规，加之 1930 年的学年延长，由于这两个原因，教学日实际上增加了 60％。在学生出勤率增加方面，较大部分发生在学校体系中最昂贵的阶段——中学。在这 16 年中，中学学生的数量从 120 万增加到 430 万，增长了 261％，这在整个教育体系中是前所未有的惊人的增长；与此同时，中学的教学日增长了 340％。上述各种增长，用掉了学校开支的27％；两项加起来，一共用掉了 75％。这就留下了增长总量的四分之一，以支付在 1914—1930 年之间公立学校所提供服务的数量和质量的扩展。让反动分子们，尤其是那些不利用公立学校制度服务的人，或不相信公立学校的老师为学生服务的人，叫嚣着去抹杀这些进步吧！再次重申，如果真相能够摆在美国公众的面前，我不相信他们会支持这场运动。

　　这是图景的一面——最具智慧的人将会认为，这是图景中令人高兴的一面——进入学校的学生数量和学校设施的增加。我认为,这是好的一面,尽管大的经济利益集团致力于雇用黑森人,使得美国人民为他们对美国公立学校所做的事情感到羞愧。也有坏的一方面,甚至在萧条期袭来的时候。我要再次引用以保罗·莫特(Paul Mort)教授为首的官方委员会的调查报告。根据这份报告,由于学校传统融资方式的结束,在 950 万名美国儿童中,约 40％的学生在学校缺乏基础教育。这并不奇怪,这个公正地研究过这一问题的委员会也许没有与银行家和实业家一起,在催促进一步削减对学校的支持方案中同声同气。这份报告论及了原因,而不是影响。它指出:"如果较为穷困的地方社区从目前的千钧重担中解脱出来,如果关爱和教育的最低纲领是为这些社区的儿童们所设立的,那么,几乎所有 48 个州的税制修改在调查结果中显示出来,是非常必要的。"我们不是在质疑税收方法和税收分配的修改需要,而是在探寻原因;用这些方法获得实际的节约,而不是仅仅将削减作为开始。目前急需的是税制本身方式的修改,而不仅仅是削减工资——如果坏的情况不再继续变得更加糟糕,那么,这一修改是必要的。

很难保证最新的数据与萧条期对学校确切的影响有关,但是在这一委员会的报告与胡佛总统所称的教育中的危机的公民会议[由秘书威尔伯(Wilbur)主持]的报告之间,有了事实的开端。莫特委员会报告说:"全国各地数以千计的社区发现,他们自身在目前税收方式的压力下,无法为儿童和青年们制定甚至是基本的关爱和教育条款。成千上万高中学龄的青年在国内游荡;甚至有更大的群体,包括乡村和城市地区许多年龄较小的儿童,他们正遭受着营养不良和缺乏照顾。这对美国儿童的危害如此之深,州立法机构应立即采取措施,以防止灾难进一步加深。"这些话并非来自激进主义者或鼓吹煽动者,而是来自研究专家组成的官方机构。而且,这一自行设立的法外机构(他们已经主动承担起调节民间金融的责任)的答案,仍然是更多地减少学校设施和学校开支!

胡佛总统所命名的会议标题是显著的。这是一个关于教育中的危机的会议。这个标题在它将某人从对公共教育恐吓的煽动性言论中解救出来的方面,十分引人注目。在会议上作为主持人的威尔伯秘书,既没有被指控为激进主义者,也没有被指控为煽动者。他通过以下的话语结束了会议:"如果你准备为学校老师发工资,你必须获得金钱,而且现在必须为这些钱寻找一个渠道。所以,如果我们打算帮助我们的儿童,那么必须对学校采取积极的态度。反对高速公路,反对政客,反对所有的团体——这是值得的。"这是来自威尔伯秘书对当前危机的看法。

胡佛总统所带来的殊荣,不仅体现在会议的命名上,还体现在他为会议拉开序幕时所说的话。他的陈述如下:"我们的国家面对为美国儿童提供一个正确的道路的紧迫责任。尽管经济、社会和政府有着各种困难,但我们未来的公民必须从现在开始培养。"国家的学校设施建设和缩减之间的对比,在这里无需仔细地琢磨。

121　　这次会议明确地提出了称现在情况为危机的原因。提前做好准备的议程呼吁关注这一事实,即情况可能放置在八个字上:"增加责任,减少来源。"萧条期实际上已经引起了入学人数的增加,且因为失业对家庭生活的影响,学校面临着许多问题。教师们自愿地为学生提供衣服和每天至少一顿免费的食物。根据官方记录,纽约公立学校的老师已经从他们的薪水中拿出超过 225 万美元,成立纽约救济基金。我们可以挑战社会中的每个团体,以显示在当代危机中所记录的志愿者服务与公立学校的教学团体的服务等同。

但是,学校通过削减资金来处理这一情况。在这个国家,学校去年的总收入至少减少了 6%。毫无疑问,如果将本年度的利润计算进去,削减会进一步增大。在一些大城市,去年的削减甚至达到 25% 和 30%。教师的工资略微减少。在城市教育体系中,它却达到了 10% 以上。在联盟中的一个州,乡村学校教师的工资在三年中降低了 40%;在其他三个州,降低了 25%。在这些城市中,有关操场、建筑物、设备资金支出的报告说明:前年是 28%,去年是 40%,这显然是以学校学生人数的增加为代价的。换句话说,建筑物并没有得到维护,甚至所提供的设备也跟不上学校的正规增长。面对资金缩减而班级的人数增长这一状况,教师组织一直在努力地减少班级人数,对每个教师而言,学生人数实在太多了;同时,许多教师被解雇;师范院校的毕业生经过培训进入教学领域,并被放置在教师的候补名单之中(单是纽约,就有 5000 个这样的人);在某些情况下,学年的长度被一个月或更长的时间所切断。一些学校已经完全关闭,一大批学校面临着关门的危险;在许多地方,长时间地拖欠需要支付的薪水;正如之前所提到的,建筑活动被迫停止,所需要的维修也被推迟。与此同时,许多学校报告说,非常缺少应有的设备来运行。

122　　课程多方面地被削减,各种服务方式的减少甚至比上述提到的几点更为严重。艺术和手工培训、家政和体育锻炼严重地不足；为残疾儿童设置的特殊班级被取消了；夜校的数量有所下降；许多市民放弃了幼儿园和初级班。在世界上最富有的城市——纽约，除了其他缩减以外，其补习班、操场设施和提供给成人的教育也有所缩减。毫不夸张地说，丰富的教育服务（这是过去40年来美国公共教育突出的进步）目前已经遭受到严重的威胁。关于危机的现实，毫无疑问，对兴趣集中于公立学校的教师们和公众掩盖目前状况的严重性，是十分愚蠢的。

再说一遍，全国最有权力的事情是面对危机唯一的办法（这一强大的来源由一个有影响力的新闻界支持，迎合那些将他们的力量和收入归因于与政府无形交易），仍然是进一步地削弱学校。每天蓄意将教师描述为社会中被宠爱和半寄生的一群人，不愿意在萧条期间与社会的不动产信托共同承担部分责任。我想，我已经阅读过美国教师联合会发表的所有重要的言论。他们均指出，我较早呼吁大家关注的事实——蓄意虚假的概念——节约概念已植入公众的心中。它们已经具体明确地表明，消除铺张浪费，会使税收体制变得更为有效和公正。它们都以表达教师意愿在善意之下的改革发生之后无论需要什么都承担责任作为结束。我完全同意他们所说的，如果教师队伍没有在呈现真实和错误的经济差别的战斗中屈服投降，如果没有尝试表现出筹资的动机，教师将不仅伤害自身以及教育事业，还将成为政客以旧的立场、旧的方式继续做生意的帮凶。 *123*

首先，它要求教师们为了社会的利益，以及他们所服务的教育事业的利益，而不仅仅为了作为他们工作酬劳的适当工资的个人利益——把自尊和荣誉作为动机——阐明对公共教育不是以盈利为目的的事业这一疑惑。因此，它不是一个由银行家、房地产商和大实业家寻求为个人收益而工作，以个人账户余额衡量成功和失败的标准来衡量的职位。教育上的资金投入是社会投资——国家未来幸福的、道德的、经济的、物质的和智力的投资。教师只是这一社会工作中的手段和代理。他们履行着任何一个社会群体应当履行的最重要的公共职责。他们理所应当提出的任何权利要求，并不是代表他们自身的个人利益，而是代表了社会和国家的利益。他们未来的状况，在很大程度上，由目前他们的行为状况和国内学校的这一代人所决定。

我为什么多此一举，引起人们对那些从事教育的人们正在承受并似乎承受更多的痛苦这一事实的注意呢？我这样做，只有一个原因，因为我看到，摆在教师面前的大问题是如何做的问题。教师通过什么样的方法，向由强大机构蓄意误导的糊涂大众澄清此刻危机中公立学校的正当要求？我仅知道一个基本的答案。这个答案从本杰明·富兰克林(Benjamin Franklin)的谚语中可以找到："我们必须团结一致，否则，我们将一个个地被处死。"组织、联盟、联合一致的思想和行动便是答案，而且是我所能看到的危机问题唯一适当的解决方式。现在已经有一个为了这一努力的机构和媒介的组织存在——这就是美国教师联合会，隶属于美国劳工联盟。几年前，我写了一篇关于我为什么是联盟中的一员的文章，是由联盟印制的。我打算简要地引用这篇文章中的一部分。这与许多教师心中的难题(这在我心里完全是无理由的)有关，即美国劳工联盟的附属。这篇声明发表于大萧条的前一年，它与我现在要作的声明相比，略显温和。"我们的整个教育体系承受着头和手之间、工作和书本之间、行动和理论之间的分离，这一分离象征了教师和组成社会大量群体的工人之间的分离。如果所有的教师都在教师联盟中，如果他们和国内的劳工及其问题积极联系，那么，我确信，我们的教育改革和提高，以及将进步的教育家所书写的和谈到的思想和理想付予实践，将会比其他任何原因更加卓有成效，如果不超过其他所有的原因的话。"

接着，我们有了当前的危机。我已经谈及了在华盛顿召开的会议。尽管我不能证明，但这一声明是第一次意欲使这个会议成为力量的进一步代理机构，这一力量希望通过减少教师薪水和缩减公立学校提供的服务的计划，这是完全有可能的。它并没有这样做。总体上来说，结果是另一面，华盛顿最终采取立场的主要原因是美国劳工联盟的努力，这种努力是由美国教师联合会主席林维尔(Linville)博士、汉森(Hanson)夫人和其他人的磋商而达成的。他们对现状的观点在会议中积极地呈现出来。他们准备了一个关于教育中危机的紧急计划。

我不可能完全阅读，但我将阅读劳工声明部分以强调有组织的劳工和有组织的资金之间的斗争，说明谁是我们的朋友、我们应该依赖谁，以及在当前的危机下，我们应该和谁团结。

"我们相信，公共福利要求并应当坚持教育标准、不减少活动或雇佣低水平的教师。目前，这些情况正在全国各地发生——减少学年的长度、不适当地增加班级规模"，还有教师标准的持续降低等等。

这些人至少受到足够的教育，了解工资削减和节约之间的差异。我倒想读一读："城市不得不面对急速上升的缓解失业压力的要求。由于缓解压力的拨款，国内每个城市都遭受压力并要求减少开支。取而代之，认为缓解压力的责任是政府和所有人、国家、州、家庭共同承担的责任。其实,主要的责任已经被转向地方个体。"

现在,如果教师通过美国教师联合会可以参加运动,使联邦政府尽到它的职责,那么,地方资金将会得到缓解,公务员薪水削减的大部分压力将会消除。让有组织的劳工的这一计划,与美国生产商协会在华盛顿会议的代表的计划进行对比吧!将美国生产商协会的 20 条建议与之对比,然后提出疑问:在当前危机下,谁是教师们和公立学校的朋友?公立学校的老师难道没有在国家内远离工会工人,并保持一种智力和社会的排他性、一种学术上的势利而付出了高昂的代价吗?

正是通过美国教师联合会的机构,一项法案被引进国会,授权复兴银行公司给各个单位提供贷款,为了学校的目的而管理学校。

一些教师有这样的想法,即教师工会和美国教师联合会的唯一目标是保护教师的工资。我对使用这一措辞没有任何歉意。我不明白,为什么工人们不应该有一个组织来确保一个体面的生活标准? 劳动者也是值得雇佣的。但是,美国教师联合会教师工会的基础是非常广泛的,我希望你们共同研究工会的历史,即使是代表少数教师(在芝加哥、纽约、明尼阿波利斯、亚特兰大及其他地区,教师经常是少数群体),认识到他们是所有改善公共教育运动的先驱,向学生众多的学校引入先进的教育原则和观念;认识到他们那里最积极的人,不仅在保护教师远离个人职权滥用方面,而且在阻止政客企图利用公立学校而达到个人私欲方面,起到了突出的作用。在这一点上,我想向任何怀疑一切的人保证:如果他们研究过工会的实际记录,将会找到好的理由,为在这些工会下面组织和联合起来的教师们而骄傲。

最后,我想要说,所有其他的教师组织都是有价值的。他们提高了学术领域的教学质量,并且改进了教学方法。但是,作为社会中一个教师团体的社会权利和社会责任为基础的职业,要持续、公开和积极地为职业的社会功能的实现而奋斗,为道德、知识和职业社会水平的提高而奋斗。除了美国教师联合会以外,对于其他的组织,我一无所知。

教育和我们当前的社会问题[①]

　　当下，许多教育者关注社会重建问题，并且期望学校在解决问题的过程中能够承担更大的责任。这让我想起世界大战最后一年那场类似的骚动。当时，整个社会笼罩在巨大的社会转型即将来临的气氛中，教育者们被鼓励在其中发挥应有的重要作用。结果，众所周知，匆忙而轻率的"回归常态"以及随后几年发生的事件展示，比历史上任何一个时期更加受制于保守派的影响。

　　我不希望得出结论说，上述两种情形完全一样，当下的情况可能会沿着20世纪早期的那种结局方向发展。我更不希望跟某些人一样，异口同声地把这些不完整的片段看作社会变革的自由主义倾向徒劳无功的证据。一些无可置疑的原因，解释了为什么最近的社会运动中涌现出来的各种议论不会像14年前那样转瞬即逝。但我认为，早期的运动实践向我们发出警告并提出了疑问。至少，我会以此为参考，陈述一个在任何情况下都非常重要的问题。我不会再像以前一样看待我们面临的社会问题，相反，将提出如下问题：教育者用何种方式来解决问题？他采取何种立场来看待这些问题？是否能够找到一些方法和途径，帮助我们避免陷入过去伴随理想化和人道主义运动而来的失败？

　　提出问题不能完全脱离实际，甚至悬在高空。对于我来说，已有一种征兆，即教育者采取的处理方法似乎不会产生持续的结果。近年来，我们已经习惯于
通过列举对象得出结论，就目前来看，这一过程本身是可以理解和值得肯定的。

---

① 首次发表于《学校与社会》（*School and Society*），第 37 期（1933 年 4 月 15 日）：第 473—478 页。杜威于 1993 年 3 月 1 日在明尼阿波利斯市的教学监事会和董事局发表的演讲。

我们想知道的是:接下来该如何? 该朝着什么目标努力? 但根本问题是,我们应该从何处入手达成目标? 我们是否能把这些目标从高不可攀的位置上拉下来? 那些我们喜欢称之为美国理想主义,以及我们为之自豪的东西,表达的是出于通常意义上的可能性的结果,而不能提供触手可及的具体手段。例如,国家利用外国所欠的债务要挟他们削减军备,以通过削减军备来减少外债。我听到一些善良之人怀疑这种方式是否符合道德。教育者们所设定的那些本质善良而高贵的社会目标,往往远离当前社会发展的状况和需求,从而造成他们期望达到的目标与唯一恰当的手段之间的分离。

我认为,以事实调查和现存条件为基础的理想主义意图的联合,是避免社会目标流于空洞、情感化以及注定失败的唯一途径。社会目标构建的基础在于,了解产生社会罪恶的力量和原因,以及在实际情况中为实现目标而提供方法的那些力量和条件。我不清楚仁慈是否总先产生于家庭,但可以确定的是:对可行性目的和理想的理解及建构,几乎全部始于家庭。如果这一原则能够应用到与社会问题有关的教育工作中,那么,可以防止教育者在一开始时就离题太远,从而集中思想来做我们想做之事,来探求我们能做之事。积极而持续地行动,总好过乘着一旦燃气用完就会撞上地面的气球升入天堂。

如果我们采用这一路线,首先始于教育者发现自己处于一种状况,这种状况与学校影响学生和老师的困境相似。我们竭尽所能,查明有关这一状况的全面真相,然后试图找出其中的原因,找出应该对学校正在遭受的罪恶甚至更大地威胁学校的罪恶负责的力量;然后扩大到整个社会领域中正在发挥作用的力量,探究我们用对抗和弥补的力量来促进合作,并以这些调查为基础,建构我们的目标。

我不敢自认为全面地考虑了教育中的迫切问题,与产生它们的社会和经济力量有关。这个问题至少有两种权威性的论述:一种是以莫特教授为首的官方委员会的论述;另一种是1月由胡佛总统发起成立的华盛顿公民大会的论述,大会的标题比任何一个同类会议都要官方化,表达了一个本质性问题,即教育危机。即使一般的公众不知道,这些集会者却对定义危机的多种要素十分清楚。他们知道,在教育拨款减少的同时,由于学生数量的增加,以及经济崩溃导致的其他因素,学校承担的实际责任却在增加;他们知道,关闭学校,学年缩短,班级扩大,教育设施和配备无法跟上学生数量的增加,设备过于陈旧;幼儿园不断地关闭；手工艺训练、音乐欣赏、体育锻炼、家庭工艺课程被撤销；为残疾学生设立的特殊班级被取消；成千上万正规学校和培训院校的毕业生加入了失业者行列；教师的工资被削减和拖欠；夜校和成人业余补习学校被关闭。这些威胁学校生存的状况绝非危言耸听！它瓦解着教师的安全感和对教学改进的积极性，而这恰恰是近四十年来最大的进步。当然了，我们现在正处于运动的早期阶段，而不是末尾。

其实，在一定程度上，无论判断起来有多么艰难，审慎地说，公立学校正在遭受攻击。攻击的源头是代表社会富有和特权阶层利益的纳税人和机构。他们的经济地位较高，对公立学校的使用和依赖性最少。他们私下里为自己的子女请**130** 家庭教师，但当学校稍为孩子们提供这种服务时，却公开指责这是奢侈行为，这是对学校最有效的攻击行为。在大萧条和对节约呼吁的掩盖之下（"节约"被解释为打算削减经费而不是杜绝资源浪费和无序），学校的效率和吸引力正遭受着威胁，经过多年努力而赢得的标准水平也正受到侵蚀。

显而易见，这种状况的原因根本不在于学校内部，而是来自社会的普遍层面。任何具备听说、阅读能力的孩子都知道，他们身处当下社会的经济体制和安排之中。一方面是教育的危机，另一方面是社会问题，二者之间存在着无可置疑的紧密联系——经济灾难的原因，也是教育危机的原因。怎样消除和缓解危机？造成工业崩溃、百万民众恐慌、政府瘫痪的力量都取决于税收的减少，而且对教育具有同样的影响。没有其他的出路。我们必须立刻竭尽所能，使学校远离这种力量造成的危害。为此，我们就不能仅仅为个人的利益而奋争。有关学校经费开支中的"节约"的各种建议，通过从国家总商会到地方商会作出说明的方法得以审核。只有两项直接影响到在职教师的收入状况；其余则包括缩短上课日和学年的时间、增加班级规模、废除幼儿园和业余补习学校、拖延资本支出（因而附带地持续失业情况）、课程简化——明显是委婉用语——在小学和高中生中各减去一年、向高中生收费，等等。①

131 我已经暗示并没有详细地描述。如果教育者们接受建议，开始研究他们与

---

① 商会已发出道歉声明，大意是：该建议并非来自他们的办公室，而是来自公民会议的议程，并以说明的方式附入调查问卷之中。商会忘了提及准备议程的人，以及这些被会议故意拒绝的项目的事实，甚至通过阐述会议采取相反建议的方式省略附入。据此，我并不吃惊他们的文件没有提及美国劳工联合会的激烈反对。

国内社会问题之间的联系，就会明白自己所处的状况。如同我已经提到过的，这种研究方法不仅可以揭露目前困扰国家社会问题的经济本质，而且如果它追求长远，可以消除一些教师存在的幻觉；他们认为自己的职业和职业兴趣如此独特，如此区别于其他的工薪阶层，以至于产生一种高傲的态度。事实充分证明，教育职业不会也不可能孤立起来闭门造车。作为人类、社会一员和教育工作者的教育者，不论教师还是行政管理者，即便在教育工作中表现得稳定而有效，自身都必须关心经济利益、条件、需求以及重建计划。

接下来，我们即将寻求研究社会问题的途径。社会问题尤其倾向于形成持久性后果，它们的直接行动无法消减经济循环曲线图中的小变化。投身这项研究的教育者会发现，社会问题不是外在于他及其工作的东西，而直接是他自身的关注点；也会发现，它们的研究不仅影响到教育者的终身职位和薪水，而且是教育本身的东西。正是由于这种原因，教育者将会看到，社会问题是影响普通大众的问题。社会问题不是像雷雨和飓风一样，可以从外部观察，它们根源于一般社会层面，具有普遍性的社会影响。因此，教育者和其他人一样，应当采用社会性的处理方法。尽管社会问题的影响是个体化和私人化的，但人性中的求知习惯，使我们把它们视为外在的东西。作为教育者，需要首先认识到，社会问题——是我们自身的事情，其结果也是我们自己的信息；我们是引起社会问题的原因之一。我们有义务去寻找解决问题的方法。此外，解决问题的方式也不仅仅在所谓"社会的"外部方式中，而是在作为社会必不可少的一部分——教育的利益中。

总而言之，社会问题是教育者和农民、工人、零售商人、白领工人共同拥有的问题。问题具有社会性，是因为它具有普遍性；换一种说法，即这些群体中的男女忍受痛苦的原因，就是导致教育中产生危机的原因。因此，假使我们从国内教育者们所说的观点出发来研究社会问题，就得明白：教师的利益也是其他人的利益。除非意识到隐藏在我们中间的利益身份，否则对社会问题的兴趣，恐怕只能维持在学术层面，最好的情况也不过是感性大于实践性。

这个利益共同体并不局限于如下事实，即像其他群体的成员一样，教师也需要个人安全感和工作应得的报酬。有效机能的保护和对社会必要的服务的保护，正处于危险之中。教育者意识到自己发挥着不可或缺的社会功能。当下的社会情况使他们认识到，实行这一功能亟须保护这个事实。所有其他群体的情况都是如此。社会离不开农民、工厂和商店中的工人，所有群体都是反社会力量的受害者。没有什么比导致那些积极从事必要的社会工作的人们伤残和瘫痪的状况和因素，更加从根本上反社会了。它阻止人们从事他们的工作，从而剥夺社会成为一个整体所需要的东西，同时使劳动者本身的意志消沉。如果世界变得疯狂而混乱，社会结构丧失秩序和公正，那么，这种状态就会无限期地持续下去。

教育与社会问题的关系不是外在的和学术性的，它首先处于教育者与生产社会必需品的劳动者和利益共同体内，这个利益共同体具有积极和消极两个极端。教育者和其他人一样，需要对抗个人不确定性、不安全感和正在逼近的灾难。双方都必须具备有效的能力，以提供整个共同体所需的服务。因此，我认为，教育者采取的第一步是认清利益共同体，若不从这一点开始，恐怕在基本的社会问题中激发出的教师利益将在一定距离之外起作用，失去相应的杠杆作用，以往成功的景象将会日渐衰微。

利益共同体实现以后的第二步，当然是建立一个在同情和行动基础上的联盟。教育的职责和功能当然不局限于孩子，不过，教师作为一个整体，参与履行这种局限儿童和青年人的功能，而将成人的判断和情操的陶冶，留给报纸和其他的机构。只要教育者认为其工作分离于其他人的工作，他们的利益是独立存在的，这种状态就会继续存在下去。就我所知，教育者与那些由于社会经济规则的混乱和不公正而处于不利地位者组成联盟，是改变这种情况的唯一途径。这样，教育者便可以正常地参与成人的教育工作。

目前还无法做到这点的一个原因，是他们还没有做好准备，甚至在理智上。如今，混乱的经济体系对大众的生活造成了举足轻重的影响。教师疏远人民大众，导致他们对一般的经济问题愚昧无知。只有我提到的利益共同体得到有效的发展，教育者自身才能获得可以帮助其他人的教育。同样，对同情和观念的认同能打破道德壁垒；目前，这些壁垒让教师从其他群体成员中分离出去，后者多少有些怀疑他们。

为了我们这个病态社会迫切需要的统一和协调，大部分人认为，社会规划是重要的。我所读到的社会发展委员会的报告中，最强调的是社会发展趋势，即指社会机制中不同部分独立而无关联的增长所导向的一种不平衡状态。根据那些人对社会发展趋势作出的科学、审慎的报告，作为整体的不相关发展，关联着其他的利益群体，其内在部分之间也相互联系，这是存在不平衡状态的主要原因。

今天,至少在理论上,强调社会需要规划和协调几乎成了一种陈词滥调,但无论其理论原则多么完美,都不可能通过纸上谈兵的方式实现。问题不仅仅是调整某种像生产和消费那样的客观功能,还有人性因素掺杂在其中。工作必须由人来承担,只有这样,才能相互理解,彼此产生共鸣。教师只有不再隔绝于农民、工人以及普通的白领阶层,对与他们共同的事情不再冷漠;并认识到自己的利益与社会群体之间的联系不是孤立或相互排斥的,才能参与到新社会规范的建设中。

简言之,在未来的教育事业中,教师要处理的经济事务以及教育年轻人的工作,不可能一帆风顺,直到他们与其他劳动者建立起实际的合作关系,形成促进双方思想交流的纽带。培养年轻人的公民意识的教育工作,通常被认为是口头上的事情。目前,沿着这个目标努力的大部分工作往往徒劳无功,因为影响培养优秀公民的经济因素的重要性没有受到重视。如果没有利益共同体,以及随之而来的(我曾一直呼吁)建立在同情和理解基础上的联盟没有实现,人们就很难重视这个问题。

综上所述,对于教师来说,在影响教育与现实社会责任的紧密联系中,第一步是要对教育事务和学校的日常管理工作提出自己的主张。在学校内部的管理中,教师应该承担更多的责任;在外部,应该与公众和社区团体保持密切的联系。最近,银行和其他外部金融组织出台的有关学校的政策,对教育课程非常不利。这是对教师职业缺乏社会权力资源的一个可怜而悲哀的注解。教师除了通过学术讨论这个间接途径以外,对普遍存在的社会问题的解决几乎没有什么影响力;更何况涉及帮助建立新的社会秩序,除非他们坚定地主张,要积极地解决当地社区中直接与教师有关的教育问题。教师首先要学会如何从身边熟悉的事情做起,这也是一项需要认真学习的课程。

杜威略述乌托邦的学校[①]

136 在乌托邦中，最为乌托邦的事情是根本没有学校。教育的运作没有任何学校的性质，或者更加极端地说，我们根本不能将它设想为教育；然后我们可能说，在目前我们所知道的事物中，根本没有学校那样的事情。但是，孩子们与指导他们活动的长辈和较为成熟的人聚集在一起。

聚集之地有大操场、花园、果园和温室。在老少聚集的建筑物中，没有一座能够容纳超过 200 人的，这个数字已被认为接近极限。人们由于联系在一起而展现出亲近的私人关系。

我们目前的露天学校的物理结构在性质上，所有建筑物的内部并没有什么事物与我们目前的学校相联系。当然，没有整齐排列的螺丝拧的课桌，而更像是今天精心布置的家。只有更多样的设备，以及五花八门的家具整齐地安放着，比我们今天的家有更开放的空间。

然后，这里有各种各样的工作间，有用各种材料——木头、铁、纺织品——做成的活动器械。这里有历史博物馆和科学实验室，到处都是图书，就像中央图书馆一样。

当然，那些积极地关注年轻人的成年人必须满足一定的要求。作为乌托邦的访客，给我印象最深的第一件事是：他们必须是已婚人士，而除非在特殊的情况下，否则必须有自己的孩子。未婚、较为年轻的人士以一种启蒙学徒的身份，

137

[①] 首次发表于《纽约时报》（*Nem York Times*），1933 年 4 月 23 日，教育版，第 7 页。杜威于 1933 年 4 月 21 日在哥伦比亚大学师范学院举行的 4—5 岁儿童教育现状会议上的演讲。

担任助手。另外,由于没有武断地划分成班级,年龄大一些的儿童参与指挥年龄小的儿童的活动。

年龄大一些的儿童的活动,可以通过我们称之为选举教师的方法来进行。这几乎是一个自我选择的方法。例如,13—18岁的孩子们被给予机会与他们结交。他们在监视下与幼儿工作。这样,他们中谁具有与儿童与青年人打交道的技能,就会看得很清楚。

由于他们对年轻人的发展感兴趣,所以更多地集中于对成长和发展过程的研究。因此,这有一个十分相似的自然选择过程,通过这一过程,父母和孩子在家中较为狭窄的接触,在广大孩童教育的天性中提出。

这些教育团体的工作,接受了与画画达到一定高度时期的意大利画家一样多的训练。成熟的领导们通过他们以往的经验和所选择的方式,把儿童的特殊知识与其在某些方面的特殊天分结合起来。

在一些行动方案中,他们把自己与年轻人联系起来。正如,在一些较老的工作室里,年轻人是学徒,起初跟随长者做些较为简单的事情,然后随着经验的积累,参与比较复杂的工作。因此,在这些中心的活动无论在绘画、音乐、科学探究、自然观察,或者某些产品的工业合作中,长者先做一些示范,让较小的孩子进行观察,并参与较为简单的活动——一个小角色,直到他们有所发展,在合作中承担越来越多的责任。

当然,我探究这些中心所进行的活动目的,或者像我们现在所说的目标。一 *138* 开始,没有什么比目标之后的调查不能被完全理解这一事实更让我困惑;因为当我询问这些中心的活动目标时,完全没有学校、教师、学生和课堂的整体概念。我的乌托邦朋友们认为,我一直在询问为什么孩子应该生存下去,因此没有认真地对待我的问题。

在使他们了解我的意思之后,我的问题被这种评论驳回:由于孩子们在不断地成长,"当然,我们作为乌托邦民,尝试使他们的生活对他们来说是值得的;当然,我们设法看到他们真正的成长、真正的发展"。至于有任何超越正在发展的人生的目标,这一观点对他们来说,似乎十分愚蠢。年轻人应该尝试去达到一些特别的结果,这对于他们来说,完全是陌生的。

但是,通过观察,我被引向了这一结论:我们所认为的根本目标在这些活动的运作中是根深蒂固的。我们可以发现每一个孩子的能力倾向、爱好、能力及其弱点，要设法把他们的这些东西发展成个人的风格。这不是为了掩盖缺点，而是为了弥补缺点。

由于在我心里有一个自己学校的轮廓，我询问：学校如何确保学生们可以学到任何东西，如何掌握学习内容，如地理、算术和历史，他们如何确定自己学到了阅读、书写和算术。这里同我开始遇到的一片空白一样。因为他们的疑问，回到我的问题，从我访问乌托邦这段时间起，对于生理正常的学生来说，是否可能不学习所需要的知识而成长——对于他们来说，显然是不可能的，除非天生的白痴，他生来无需学习，成长也无需学习。

然而，当他们发现我是认真的，便问道：在我们的时代，我们需要学校、教师和考试来确保幼儿们学习走路和说话，这是不是真的。

在这些对话中，我领会到，获得事物的整个概念已由在生活过程中有意义的
139 欲望形成和需要发展而逐渐创造的态度完全取代。

乌托邦民相信，我们时代的经济社会的模式，影响了大众的思维习惯；因为在所有领域中，个人的贪婪和私有财产是占主导地位的目标。即使未意识到，这些目标也控制了教育者的想法；在一定程度上，个人的贪婪和私有财产的想法控制了整个教育体系。

他们不仅指出，在我们的学校，要使用竞争的手段和奖惩制度、设立考试和晋级制度；而且指出，所有这些，只是社会获利体系的附带表达，这类成功的措施和试验不得不在一个可获利的社会类型中流行。

所以，我们已经承认，所有的研究只是探寻某件事的一个方法，即使是无用且遥远的事实，以及将研究和学识作为结果上获得的私人财产。根据他们的判断，社会发生的变化与获利性经济社会的废除，可以使强调的重心从学习（我们的意义上）到创作态度的转移成为可能。

他们说，当外部成就的概念被扔掉，当他们开始寻找每个个体从一开始就拥有的东西，然后致力于寻找环境条件和活动类型；在这些活动中，每个年轻人的能力将得到最有效的发挥，那么，伟大的教育就开始解放了。

当创造力、生产力与获取形成鲜明的对比时，他们宣称，没有享受就没有真正的生产。他们觉得，较早时期的道德教育曾是教育中的娱乐项目推迟；他们认为，学校的箴言至少是人类从来没有得到过的祝福，但始终将被祝福；而只有教育
140 育，能够真正发现和引发力量，并使这些力量立即得到使用和享受。

很自然地,我查究他们要创造的最重要的态度是什么,因为态度的形成随着年轻人获取信息而来。他们如此地忙于年轻人能力的全面培养,以至于将态度问题放在任何重要的位置,都有一定的难度。但是,通过观察,我可以说,他们把带来积极力量感的态度放到一种即便不是最高,但至少与其他方面一样重要的地位。

　　这种会产生积极力量的态度,当然牵涉消除恐惧、窘迫、约束、羞怯,消除产生挫败感和无能感的状况。它可能包括信心的提高、准备应付困难、寻找解决问题的方法,而不是害怕和逃避它们。它在人类能力中含有热烈的信念,支持有价值的活动,并以正确的方式适应和改造环境。

我们应该废除学校的"虚饰"吗？ 不[①]

  今天，存在着对公立学校过去三四十年间在丰富教学和生活材料方面所获成就的一种攻击。这种攻击着眼于经济利益。这种攻击提议从学校中消除类似卫生服务、木工课、金艺课、工具课、家务课、音乐课、绘画课和戏剧课，其理由是：这些设置都是"虚饰"，并且是昂贵的虚饰。我并不怀疑每一个合理的节约在学校管理中的可取性，但绝对否定以现在和将来年轻人的生活为代价而省钱是经济的。

  节约不只是减少资金支出。如果不是这样，那么，为了数以百万的失业者而节省现在花费在食、住、衣方面的钱，应该是节约。使年轻人的思想和品格"挨饿"，如同使他们父母的身体挨饿一样，是无情和愚蠢的。真正的问题并不是节约和浪费，而是在大脑和思维教育中被轻蔑地命名为虚饰的东西，是否属于不必要的东西；它们在当前的社会状况中，是不是昂贵或必要的。

  在早期历史上，美国承担了为大众建立义务指导的教育体系的公共开支。这并非是偶然的，而是我们国家基本信仰的展现。我们的教育体系总是有敌人，但它们是在我们的民主社会试验任何领域都没有信仰的人们。经济危机促使这

些人们回归到攻击。他们对"虚饰"小题大作。他们真正反对的，是对人类能力的信仰，对每一个人拥有发展机会的正义的信仰。父母希望他们的孩子将有比他们所享受到的更好的未来——这一信念建立了美国税收支持下的公立学校体

[①] 首次发表于《扶轮社》(*Rotarian*)，第 42 期（1933 年 5 月），第 18—19、49 页。这篇文章是杜威对亨利·路易斯·门肯（H. L. Mencken）文章的回应，见本卷附录 2。

系。那些攻击学校"虚饰"的人,我将向你们指出:要么他们是一个纳税大户,将他的孩子送到私立学校;要么他们是不相信整个民主社会的人。

在美国生活的每一个时期,学校都回应了当时的社会状况。在拓荒年代,生活是简单的,学校教育也是简单的。学校教育的主题是阅读、写作、拼写和算术,所使用的方法是熟记和演练。这种教育并不存在,因为教师和智者们宁愿它以这种方式存在,因为普遍的社会和经济条件存在。校外的生活,在家中,在农场里,在隔壁的商店,都给予学生除了3R技能(读、写、算)以外全方位的必不可少的适当的锻炼。生活将明确的责任压在年轻人身上;生存的斗争,迫使更多的人寻求更高的教育。即使直到1890年,只有20万名学生接受了高中教育。

今天,超过400万名学生去了高中。学生数量的增长,大部分归功于年轻人被学校和在那里举办的各种所谓的虚饰所吸引。我国的家长们愿意回到高中教育,只为显然是富有人家的孩子而开放的时代吗?如果是这样,家长们应拒斥学校里所有被称为虚饰的东西。

为什么现在读高中的年轻人是40年前的20倍?解释这一问题的答案,也可以用来解释研究、活动和学校设备的扩张。曾经在家庭中进行的工业,现在已经转移到了工厂。所以,手工训练、机械加工、烹饪、服装订制、女帽制作等等都被引进学校,以便让学生准备好面对他们将要生活和工作的世界。由于机器时代使许多人的生活水平超越仅仅维持生存成了可能,这些人要求在闲暇的时间培养乐趣。学校回应了这一要求,把音乐、绘画、戏剧、陶艺作为日常学习活动的一部分。

社会各界更多地了解了健康保健,防止疾病;也花费更多的时间,生活在拥挤的城市地区。学校为达到健康标准尽其所能——身体锻炼、操场、"安全"指令、医疗检查,并引进环境较好的场地和牙科诊所。工厂现在不需要孩子们,或者,通过社会的人文关怀,禁止未成年人进入工厂。在更多的情况下,更多的人去了学校;而且由于"虚饰",高中的人数增加了20倍。

停止先前由地方工厂所提供的各种训练,去掉曾经在传统的自立自足的家庭中获得的判断力和品格的训练,今天美国的孩子们在学校的教育中找到了之前来自校外生活的东西。

想象一下,如果今天被谴责为"虚饰"的每一项研究、每一个活动、每一项设备和设施从学校中消失,如果学校回到了批评者们所坚信的那种根本设置,那么，这样的学校如何吸引人们呢？

阅读、写作、拼写和算术仍然是为当今生活适当准备的吗？有教养的家庭中的父母认为，音乐、绘画、舞蹈等对自己的孩子是"虚饰"吗？不，只有当这些"虚饰"作为公共开支，给那些被贬低为大众、普通、一般人时，它们才变得琐碎和奢侈。

将较新的学科作为无用的"虚饰"来消除，是这场运动的重要组成部分。实际上，这场运动将所有的教育限制为最基本的基础教育。即使保证富人的孩子们肯定比穷人的孩子拥有更多的智力和品格，这也将是糟糕透顶的，更不要说没有这样的保证了。社会可以确保征召青年人才的唯一方法，是使所有学校有足够的吸引力留住大众，并且使学校的教学多样化。只有这样，严格意义上除文字陈旧以外的其他能力，才能有机会得到发展。

认为学校会在过去四十年巨大的社会扩张和重组中保持不变，与认为当地陈旧的谷物磨坊、制材厂和铁匠店能够继续服务于新环境，或者旧土路能够迎合汽车时代的需要，一样荒谬。不能通过世世代代固定不变的措施，就来决定教育中什么是"虚饰"的，什么是根本的。唯一真正的标准，是社会状况和需求。

从一家人生活在自己的房子里，有自己的庭院或花园的居家生活，到拥挤的城市公寓，没有玩乐的空间和交通拥挤的街道，这一转变需要学校生活进行重大的调整。为盲人、耳聋者、残疾人和生理缺陷者设立特殊的班级，为小孩子设立幼儿园，可能不被包括以"节约"之名而被排除在外的"虚饰"之中，但它们是与生产"虚饰"同样的社会和人道力量的产物。如果后者被清除了，那么，前者也将被清除。

最后，对"虚饰"唯一的辩护，也是最好的辩护，即它们不是"虚饰"，而是对社会状况和需要合理而注重实际的回应。

这些课程是虚饰的想法存在于不同的领域。有文学气质的人，他们以写作谋生。他认为，除了计算能力以外的其他一切，超越了自己的行业，就都是"虚饰"的。这种观点由几个世纪以来学校集中于语言和符号这一事实而加强，以至于这些人浪漫地依附与过去，并害怕变化给爱好文学的人们加强力量。

当时，有成功人士骄傲于自身讲求实际，他们在传统的 3R 的基础上飞黄腾达；并且总结说，对他们有益的事情，对于任何人也是有益的。并不是所有的这些加起来，就能有足够强大的力量，使众多父母放松对学校的依附，而给予他们孩子发展所需要的东西。但是在目前,这种观点被有钱人加强,这些人不想支付巨额的教育税,并将孩子送进私立学校。这一情况一个有趣的特点是:当公立学校的每个学生每天平均花费为 50 美分时,那些牢骚满腹的纳税人由于其专属的特权,要支付这一价钱的 4 或 5 倍。

是否属于虚饰的问题归结为这样一个简单的问题:供大众就读的学校把教育局限在一些简单的和机械的技能,而富裕家庭送子女去的学校恰恰是可以获得那些倘若以公费提供给大众子女则被污为诸般虚饰的东西的学校,借此,我们想要增强和巩固阶级分化吗?有关"虚饰"问题,可以仰赖那些深思这个问题的家长和不甘于把自己的子女送到被剥夺一切东西的学校的家长作出决定。

在教育或其他任何事情中,没有什么巨大的变化可以像我们的教育扩张得那样快,并不被错误和累赘陪伴。维护健康、音乐、戏剧表演、木材和金属工艺、烹饪、缝纫等方面的学习和活动,使学校从机械套路的地方改变为生活的中心,没有必要捍卫每件特殊的事情都在其名下完成。在各处挑出奢侈之处,并用这些奢侈之处来谴责整个运动很容易。然而,挑选出具体的事情,限制对它们的批评,是更好的。

所以,我想提出一点,而我的判断可能被攻击为一个无用的虚饰。在美国很多大城市,所谓的职业教育已经转向具体的外贸培训,有花费巨大的建筑以及多样复杂而昂贵的专营店。为了在《史密斯·利费法》(Smith-Lever Bill)下面从联邦委员会的资金拨付中获得金钱,那些不相信这一途径的教育者已经放弃并被机械的"职业分析"理念所驱动。

为每一个专业化的工厂提供商店,为这一工厂安装机器,正如在专业工厂里进行的分析那样,并坚持再生产的每一个步骤不仅昂贵,还浪费教育。在毕业生进入工厂之前,机器和工序流程均已改变。与专业化的详细资料相比,对基本原则的理解更为需要。但是,批评浪费并试图消除它,是一回事;而在原则和运动之下不加区别地攻击它,是另一回事。

教师和学校的确应尽其所能,将社会从过度征税所导致的破产危险中拯救出来。但即使以可砍掉的累赘为代价,也没有什么可以和保持职业的政治虚饰和税务机构的复杂性相比较。让那些抨击学校的绅士们转向政治上的奢侈和腐败吧,而不要拿无助的孩子们撒气。

学校对节约作出的贡献,不应该是转向旧式的家庭小学;在这些家庭小学中,学生们的文化只限于认识小报的新闻头条,但足以成为一个温顺的农民和工厂的工人。

　　学校代表了年轻人的利益。年轻人并不构成既得利益者;他们没有组织化,也没有力量。但是,他们代表美国生活中最珍贵的东西,以及代表了未来国家的形象。由于这些原因,我不认为对爱好文学的人们的嘲笑,以及对纳税大户的直接攻击,将取得成功。

为什么有进步学校？^①

对进步学校及提倡现代方法的学校教师最常见的控告之一，即他们所表达 的教育目标是虚幻和笼统的。他们所说的听起来甚好，但到底是什么意思呢？

让读者尝试回答教育的目的是什么这个问题。他将发展一个广义的公式，就像那些专家一样。不管怎样，他可能明白自己的意思，他所使用的词语对他的听众来说，将会有多种解释。旧式教育目标的陈述，与那些最为进步的学校的教育目标的陈述是一样的。一些最为简短或简单的回答是：为人生做准备；学会生活；给予孩子们所需要的或未来需要的知识；培养好公民；发展全面的、快乐的、高效的社会。读者们能够指出其中任何一个，并有信心地说："这是新的特点"，或者"这不具有新的特点"吗？不，不仅这些不能，而且在教育目的的其他任何定义中也不能。之所以不能这样做，是因为有关教育应该处于什么状态的意见不一致：不是在教育的目的上，而是在对人类和社会的个人观点上。

对每个人来说，教育的目的在本质上，一直以来是一样的——给予年轻人所需要的东西。使他们以整齐有序的方式发展成为社会公民。这是在白人时代到来之前，生活在澳大利亚灌木丛中在的小土著的教育目的。这是雅典黄金时期，年轻人的教育目的。这是今天的教育目的，无论在田纳西州的山间仅有一间教室的学校里，还是在一个激进的社会里最为先进的学校中所进行的教育。但是， 在澳大利亚的灌木丛中成长为社会一员，与在古希腊成为社会一员之间毫无共同之处，与今天的需求之间的共同点更少。任何教育在形式和方法上，都是它所

---

① 首次发表于《当代历史》（*Current History*），第 38 期（1933 年 7 月），第 441—448 页。

存在的社会需要的产物。

没有人惊讶于苏联的教育方式与这里的教育方式不同。在希特勒主义盛行的德国,将发展出其他的教育方式,也很容易理解。然而,即使在这两个被严格控制的国家中,目前也在教师群体中进行有关发展社会成员最佳途径的实验。这将会有满意的父母和不满意的父母。这将有喜欢学校并容易适应学校的快乐的孩子,也会有不适应学校并将自己的问题归于学校的孩子。

澳大利亚的土著、雅典人和苏联时代的公民和希特勒主义者不论过去还是现在,都能用明确的术语来定义社会;无论我们怎么考虑社会的目标,都可以被任一的定义来重组。接受这些目标,在关于应该给予其中任一社会的年轻人的教育类型方面,意见的差异可能会少一些。直到最近,我们美国的民主目标是根据个体来声明,而非根据个体受教育的社会来声明。

这个国家早期的所有教育,似乎对民主理想的实现十分必要。这一民主思想给每个孩子的人生一个平等的起点,让他们在学校里接受教育。

乡下的红色小校舍仅仅以一门课作为开端,且没有更多的课程。学术型高等学校并不被看成是普通的教育机构,而被看成是严格的专业学校;在高等学校中,部长、律师、医生和教师学习他们的职业追求所需要的技能。该教育系统的运行,并不因为它是保证民主理想运作的一个有创造力的计划,而是因为生活是简单的,国家为个人提供了几乎无限的机会。在家庭中,是以生活为中心的。在家里,或在附近父亲工作的商店里,孩子们看到了国家正在进行的产业——烘焙、罐头制造、农业、木匠业、锻造业、印刷业、轮胎制造业等等。在这些地方,通过参与每天的日常生活,他养成了坚忍和勤勉的习惯,并将此吸入其伦理和道德的标准之中。在早期相似的小型社区生活中,他能够通过耳濡目染,直接地学习如何成为公民。这里的空间、空气、田野和大树都是可及的,因此不需要专业化的设备和监督。在家庭和村舍所共享的生活机会中,唯一没有提供的是"书本的学习"——读、写、算("3R"技能)。孩子要到学校去学习阅读、写作和算术;他的课外生活则给予他所需要的其他训练。

接着,生活开始发生了变化。曾经在家里制作的事物,如今在工厂中制作。科学发现和发明带来了铁路、电报和电话、汽油和电力、农业机械——如果只是使用成品方面的练习而没有进一步的训练,人们便不会真正地了解以上任一事物。工业化带来了大城市、贫民窟和宫殿,它缺少游戏的空间,它造成了城乡之间明显的差别。最后带来了汽车、电影和无线电,这对家人走出家庭有着巨大的影响,并使孩子们在广阔的世界中比过去有了更多的梦想和追求。

而这些变化并没有立即发生。如果它们立即发生,也许会取消初级小学的简单课程,并立即重新开设所有新的和极为不同的课程,这将是十分必要的。相反的情况是:作为一个需要的新课题,渐渐地加入研究课程之中。以新课题作为媒介的阅读、写作和算术教学的简单方法,并没有被任何人想起。即使文学和阅读、书法和写作,成为四个独立的学科。闲暇时间和富有阶层的大幅度增加,也为教学课程数量的增加作出了贡献。父母开始要求学校教授一些可以丰富闲暇时间的知识,他们认为,让孩子们了解其中的一些知识,是有好处的;这些知识可以让孩子们在社会上生活得更好些。因此,艺术、音乐、舞蹈、法语等等,被引进学校。财富和闲暇时间的增长,也使高等学校的学生数量大幅度地增加。逐渐地,专科或预科学校和学院成为技术训练的场所,而对学生进行具体知识的教育却几乎被忽视了。并且,由于学生数量和学生要求的增加,这些学校在所开设的课程中增加了更多的科目。 *150*

由于一些科目一个接一个地加入 3R 技能中,对这三种技能的教授和学习就一直继续着,并维持不变。从宏观上来说,当孩子的教育生活在家里进行时,他需要反复地练习 3R 技能,以便使用它们。因此,新的科目也是通过反复训练的方法来教授的,无论这些新的科目能否为他们在家里的应用提供任何机会。如果这些方法不能与新科目一样成功,问题不在方法上,而在于这一事实:这些科目都是新兴的,它们是虚饰的课程,缺乏有传统基础的内在的学科价值。

课程在其方法上得以丰富以后,个体心理学开始发展起来;两者在平行线上发展,几乎没有互相接触。个体心理学关于人们的学习方法、个人差异、努力和兴趣之间相互关系的发现,学校的教师们是不知道的,或者认为是过于新奇的东西。这就好像没有人愿意将收音机放在市场上买卖,因为这明显是一个荒唐的主意;声音可以通过高山和厚厚的墙壁传递到遥远的距离,而无需通过电线这样的特殊手段。尽管在这些心理学发现中,有许多是今天确立的,就像收音机这一现实一样,它们在气质上仍与许多教师和家长们不合。大多数人在泛泛而谈时,愿意承认它们;但是,当通过将个体心理学应用到学习方法,给孩子们带来利益时,尤其能感觉到教师和家长们在情绪上极为强烈的反抗。简而言之,这三个发现可以陈述如下: *151*

1. 人类的思维并不是在真空状态中学习的；人们学习和掌握的事实，必须与先前的个人经验或当下的需要有一些联系；学习的进行是从具体到普遍，而不是从普遍到特殊。

2. 每一个个体与另外的个体都存在着差异，不仅仅在他的总体能力和特点上，这种差异将扩展能力和特点，而不是缩减它们；并且不管怎样的训练，都不可能消灭它们。最明显的结论是：在教育中统一的方法不可能产生一致的结果，我们越是希望让每个人都相似，就越需要多样化和个性化的方法。

3. 如果没有个人的兴趣，个人的努力是不可能的。不可能有这样的事物而成一个科目。因其自身或内部将为每个人的思想提供培训。如果工作本身不能使个人感到兴趣，与之关联的或其副产品也不能让人有兴趣，那么，个人就不可能尽自己最大的努力去工作。也许，他可能会努力工作，但这种努力并不会产生工作业绩，而是大部分消耗在道德和情感的斗争中，以保持对忽视之处的注意。

进步教育运动是教育家对高度复杂、迅速发展的文明需求和学校科目和实践的变化这一现实认识的自然结果；要使这些变化生效，并不是简单地增加一项又一项科目。新科目的引进，与其他科目之间应有一定的联系，并与校外世界中运行和整合的方式有一定的联系。这是将新的心理学中有关个人学习和个人差异的发现，在课堂上赋予实践要求的自然结果。

这些种类的学校连同他们所使用的这些方法——源于渴望使课程适应社会和使用新的心理方法以使学生增进学习——是数不胜数的，几乎与学校本身的数量一样多。当个人或团体尝试调整课程适应社会，系统地阐述社会的概念，就立刻变得十分必要。在学校里，应该强调社会的优点是什么？孩子们应该理解社会的缺点又是什么？

尝试保留今天所有事物的渴望和习惯来培养年轻人，是一件好事吗？或者他们必须面对变化，在新事物中权衡价值和寻找优点吗？在当下的世界中，我们文明的背景和发展现状在多大程度上需要孩子们理解，他们在多大程度上能够成为一个有教养的人，能够享受闲暇时间并传承有价值的传统呢？对这些问题及其他许多问题的回答，以及将它们付诸实践的技术，将决定学校的类型。回答这些问题的人的性格、信仰、背景和经验不同，这些因素也会不同。这对作者来说，似乎并不是对进步学校的控诉。

在一个如同我们的世界那样迅速变化的世界中，在一个民主国家，凭借这么短暂的历史选择成功的最佳途径，并通过不同种类的学校表达不同的观点，是一个发展健全的标志。在开发任何新的事物时，用不同的方法并肩工作，进行实验和比较，是一个很好的计划。这种差异与某一特定的学校是好或坏无关，与向孩子们教授什么知识，以及与他们在家里和学校都很开心无关。这也不意味着所有进步的学校仅由于通过被标记为"进步的"就是好学校，而只是意味着进步的教育没有一个准则。它不是一件固定和已经完成的事情；对它进行归纳总结，是必要的。说一切先进的学校都是好的，这是很荒谬的。正如因为一所学校很贫困，或者因为一个孩子在学校里没有取得成功，就说所有先进教育的原则都是坏的和无用的一样荒谬。

我们习惯了传统学校的错误，太习惯于它们，以至于一旦出现问题，我们就趋向于责备孩子或者孩子的父母。然而，在传统学校里，有优秀的教师和不称职的教师，并且所有的课程无论多么老旧、多么陈词滥调、多么一致，没有一个课程会有超过为其投入的师资素质那样较高质量的输出。如果我们像看待现代学校一样看待传统学校，或者如果我们期待两者在知识数量上相同，那么，如此流行的对先进学校的激烈批评，大概十有八九就会消融，像夏天的雪一样。一所先进的学校要远离诅咒，必须做到几乎完美：必须给予每个孩子的父母满意的结果，必须使每个孩子都获得成功，即使他是一个天才或者仅仅是普通人，即使他精神上不稳定，即使他每年更换学校，即使他在家里如何古怪或者不适应。经常对进步的学校进行指控的，是学习和阅读方面，以及纪律方面的问题；而传统学校，几乎从未被指控过。

一些孩子在学习和阅读方面落后。他们要么在学习上有巨大的困难，要么学习得慢，他们的父母开始认为他们学不会。当这种情况在一所旧式的学校里发生时，学生要么"留级"，重复学习一年级或二年级的课程；要么学校告诉学生的母亲，如果他要继续他的课程，他的母亲必须在家里教他阅读。而且，当每个人都认为这个孩子有问题的时候，并没有特别的慌乱。而当这些情况发生在一个先进的学校里，家长和朋友们就会立即认为，这是学校的错误，因为学校甚至没有认真地教授阅读，或者至少认为阅读在学生的学习中并不十分重要；如果不是学校宽松的方法，孩子早已会流畅地阅读了。今天，我们知道某些孩子有阅读的困难，有时因为是左撇子，有时是其他比较模糊的原因。要知道为什么一个孩子不学习阅读的唯一途径，往往是可能有一个相当复杂的考试。经验表明，如果

153

孩子的智力正常，无论如何，他在 10 岁左右的时候将会学习阅读；并且在以后的生活中，把 10 岁时学习阅读的孩子与 3 岁时就学习阅读的孩子区别开来的特征不大明显。

154在纪律问题上，进步学校甚至更容易受到攻击。如果一个孩子在一所传统学校里行为不端，他很顽皮，他的父母会温柔地让他停止给人添麻烦。而如果他在先进学校里行为不端，他的父母会认为是学校使他变坏，因为学校没有行为的标准，并不重视服从和秩序这些优秀品质。在那些认为学校是一排排沉默的学生安静地坐在课桌前，直到老师说要做一些事情才动作的地方的观察者看来，先进学校似乎是无序的，这可能是真实的。但是，现代教育并不以这种秩序为目标；它的目标在于，一个房间里的每个人都致力于一个共同的任务的秩序。在这样的团队中，无论参与其中的是成年人还是孩子，将会有交谈、商议和活动。一个团队的秩序和纪律的标准不是教室有多么安静，或者使用的工具和原材料种类有多么简单和整齐，而是个人和团队工作完成的质量和数量。在这样的教室中，要求教师掌握的教学方法，与在每个学生坐在拧着螺丝的课桌前、在同样的时间、从同样的课本中学习同样课程所需要的教学方法是不同的。现在，进步的教师尚未掌握这种教学方法。在进步学校中，也有优秀的教师和较差的教师，正如在传统学校中一样。但是，绝对没有科学客观的证据支持这种观点，即在进步学校中，学生的行为问题相对于传统学校来说更为普遍，或者说，先进的学校在纠正行为问题方面较传统学校来说不太成功。

另一个对进步教育常见的批评是：强调个人发展和特殊能力或天分的训练，以学习适应社会、培养好的习惯、如何和成人相处为代价——所有进步学校有一个高度个人主义的哲学。如果我们把自己局限在哲学中，那么，事实正好相反。正是现代学校，在明确的社会条件中制定了它们的目标，并尝试制定了一些在个人自由中的民主信仰和团体利益的个人责任之间实现和谐的方法。一群保守派已经开始攻击这些先进学校，因为它们表达了这一信念：学校有责任进行教育，否则，目前经济状况的改善将是不可能的。

155可能因为现代学校采用了依据个体心理学的新知识，以及有关身体成长的最新发现，个人主义到处肆虐的原因被指向这些学校。许多孩子们自由地到处走动，向他人寻求帮助，在团队中负责一部分工作。这些不争的事实被作为证据。这些方法的目的是发展个人主义，让孩子们各行其是。实际上，之所以引进这些方法,因为我们知道,身体自由对于身体成长来说,是必要的。并且心理学研究证明,当学生从整体上理解他自身的问题,并在自身动力的驱使下进行工作,而不是在老师仔细、零碎的听写测验下工作时,他会学得更好更快。

许多在"不打不成器"这句古老的格言下成长起来的人,显然不能忍受愉快或友善的学习方法可能对年轻人更好这样的看法。他们珍惜许多旧观念残留的痕迹,认为孩子是撒旦的手足,使他们屈服于文明的唯一方法就是强迫他们。他们要求孩子在长时间的训练中做事情,仅仅告诉他们应当做这些事,而不管这些事是否有直接用途或者他们是否感兴趣。他们声称,如果没有这种训练,人们在以后的人生中将永远无法克服困难或完成沉闷的工作。强烈的道德偏见渲染了这些观点,在赋予孩子所做事情的意义中,这些观点的持有者在他的日常生活中似乎不可能看到:这些事情的学科价值是有所增益而非亏损。有所增益,是因为这些事情对于孩子来说,是有价值并令人满意的。因此,他投入了最大的努力,从而其批判力和主动性得到了锻炼和提高。当工作者产生发自内心的兴趣和完成某事的欲望时,道德和智力会增加活力。在这一点上,孩子和成人一样。进步学校寻求释放的,正是这些力量。即使它们有时失败了,或者有时犯了错误,但必须记住:它们的教学方法仍在探索之中,它们是新出现的事物。我们也应该记住:传统学校历史悠久且陈旧的教学方法,在教育每一个学生熟练地提取平方根,或者解决困难和完成令人厌烦的工作时,并不总是成功的。在传统的学校中,有多少正在发生的偷懒行为和虚张声势呢? 156

还经常有这种说法:先进的教学方法可能对较小的孩子起作用;但是,到高中,这些学校都被迫放弃先进的教学方法,返回到传统的方法,以便他们的学生通过大学的入学考试。如果学生要掌握足以通过考试的答案,那么,大量的训练和填鸭式的教学就是必须的,入学考试需要大量明确事实的积累是真实的。但是,这并不意味着,随着孩子们渐渐长大,他们学习的唯一方法就是通过训练和填鸭式教学,或者说,应用于高中年级的先进的教学方法是失败的了。这只是意味着进入一所大学,年轻人不得不花费大量的时间记住琐碎的细节,以便能够回答大量细致的问题。

一些学校若干年来对一些进步学校毕业生的入学要求允许有例外。据报道,这些学生与传统高中的学生在进入大学后所做的相关记录显示,即使不超过后者,也与后者一样好。目前,大约 20 所先进的学校已经与几乎所有经过认可的学院和学校达成协议：在1936年，承认他们的毕业生的基础与常规的入学考试不同。学校将提供一个建议，其大意是毕业生有必要的智力从事大学工作，有浓厚的兴趣和目的，并有能够证明的能力，在学校给予指导的一个或更多领域内工作。学校也将提供一份有关学生学校生活的谨慎记录，包括学生在学校考试的记录，以及多种多样诊断性测试的分数。这将促使这些学校发展课程和教学方法，他们认为，这种课程和教学方法是最适合对学生进行教育的，而不是为孩子未来的一个特殊事件而强迫他们接受训练。那些在这种制度下接受高中教育的学生，以合理的数量从大学毕业之后，关于先进的教学方法是否可以被应用于高中和将要步入大学的学生，我们将会得到一个权威的答案。如果该计划生效，那么与

157 任何一件事情相比，它可能使更多的公众接受在教育中需要变化和试验的事实。

与此同时，无论如何，改变和实验将会持续，因为校外生活一直在变化着，因为成长的本质的科学知识一直在发展着，并且因为父母想要他们的孩子获得他们在学校没有获得的知识。先进学校成功的真正措施是由于实验创新，最终也会使传统学校得到改进。仅由标准来判断，先进运动做得很到位。

我已经强调，这是一场运动而不是学校。首先，由于这一事情的性质，多种多样的先进学校之间，彼此差别很大；比只遵守公认标准的传统学校，差别更大。而且，也是由于这一事情的性质，先进学校之间有一些共同点，即它们都旨在关注鲜明的个性化需求和特点。因此，它们在相当大的程度上，弥漫着行动和言论的自由。其次，它们与传统学校相比，更会利用学生的外出活动。在其他国家，尤其是在拉美国家，它们流行的名字是"行动的学校"。第三，它们旨在学生之间以及学生和教师之间大量的合作。教师的功能是：在活动中，与学生成为同事，而不是位居于学生之上的管理者。这一事实决定了进步学校中纪律的鲜明特征。这意味着尽可能地实现自律，自律通过在活动中共享以及参与伙伴们共同喜爱的游戏而得以增加。

在上述三个原则的限制之中，仍有变化的可能性。但是不顾差异，这一可能性就像在一种观念中集合起来的要素，这种观念即是：每一个有价值的教育对年轻人而言，是对生活的丰富，而不是对成年人生活准备或多或少的排斥。他们都相信：生活是成长，这种成长在本质上是一些现在用来享受的事物，同时包括克服障碍，因此会有艰难和令人难以忍受的时候。学习不一定是一个不愉快的过程，学习是现代先进教育的发现，或者重新发现。

面向不断变化的社会秩序的教育^①

面向不断变化的社会秩序的教育,基本上意味着将学生们引入当前有序或 158
无序的现实中,秩序是对现存混乱的一个礼节性称呼。正如阿摩司问安迪现状
(*status quo*)一词的含义时,安迪回答说:"这是我们所处的困境的一个名称。"没有
人知道我们的未来将会是什么样子的,唯一可以确定的是:未来将会发生变化,正
如目前正在发生变化一样;变化如此之快,以至于我们几乎可以说,这就是变化。

大约少数人在十年前就知道自己未来的样子。十年是一段很短的时间,但
最聪明的人并不知道随后的几年将会发生什么。当然,没有人知道公元1934年
将在政治上、经济上和国际上发生什么。如果我们不能提前看清十年后的事情,
那么,我们对一代人之后,甚或现在学校里的学生将来踏入社会会如何的前景预
测,肯定是惨淡的。

对现状不满意的人,根据他们各自的性格,很容易要么逃离过去,要么逃离
未来。回望过去和畅想未来,要比面对当下更容易和更快乐。但是,它以未来将
会产生的所有的相反状况来摆脱当下。我们能够且应该展现我们的希望和抱
负。但是,我们对待当下社会力量的方式,将会决定我们的希望在未来多久能够
实现。并且,我们不能管理这些力量,除非预先知道它们是什么以及它们如
何做。

---

① 首次发表于《皮博迪反光镜和校友新闻》(*Peabody Reflector and Alumni News*),第7期(1934年
4月),第123—124、142—143页。杜威于1934年2月23日在俄亥俄州克里夫兰市举行的美国
教师学院协会上所作的演讲。

换句话说,教育可以采取三种选择:它可以继续沉湎于过去;它可以对未来描绘理想的图景,并基于此为教育而努力奋斗;或者,可以通过我们的学校,力争使学生生动而深刻地认识到他们生存的这个世界。由于这些原因,我很高兴地指定的主题是"为了不断变化的社会秩序的教育",而不是一个新的社会秩序——不是我们不需要一个新的社会秩序,而是实现它的基本条件从我们所在之处与现状一起开始,并发现一些与之相关的事物,得知教育在哪些地方滥用权力;了解哪些现有的力量是被削弱和取代的,哪些是被支持和加强的。

首先,请允许我说:如果我们认识到我们生活在一个不断变化的社会秩序之中,接着在我们的学校中按照这一认识来行动,那么,这几乎将是一个教育的革命。从广义上来说,仅在时间的范围内,我们的教育制度已经成为一个静态的、较为固定的社会的教育。这一事实的一个证据是:重点放在得出由文本和教师制定的问题的正确答案之上,而不是放在发现问题之上,通过让孩子们自己积极地参与学习从而发现制定问题的条件。

正确的知识和意见的偶像化,当然不仅限于社会问题。它是一件不好的事情,我接下来将尝试在几分钟里展示它。但是,在几乎所有的科目中,有一个固定的思维定式。不论学习的外部影响是否转移,毫无疑问,形成了持续的态度,有所准备的等待被应用到所有的学科中。在不知不觉之中,学生们形成了一些习惯,认为事物是普遍的,除去一些细节,全部是固定不变的;认为一些人有正确的答案,并认为正确的答案是留给学生们学习的。

结果是:许多年轻人离开学校时,带着希望和期待被告知的态度,而不是带着意识到他们必须观察事物、探究和考查事物的态度。无疑,有抱怨说,从总体上而言,人们太过于顺从宣传的影响。但是,这是为什么呢?为什么那么多的人

如此愿意接受不断告知他们的东西,或者带着一种权威的样子告知他们的东西?为什么有那么多人轻信?我不相信主要原因是天生智力的缺乏。而是因为,他们已获得了聆听和接受的能力,而这些能力取代了探究的能力;并且如果你愿意的话,还可以取代智力上的怀疑。

这种心理活动也有其他的原因。男男女女每天在机械地工作,照看着机器,他们似乎不大灵敏。但是,我认为,学校必须对这一思维习惯的盛行承担某些责任。

然而算术、历史、地理,事实上,几乎所有学科中的教学方法都有助于被动接

受的思维习惯的养成；这种顺从是以探究意向为代价的，并被非常普遍地培养起来，在形成政治、社会和经济事务的看法中以不幸而告终。我举一个特别的例子，也许并不是它本身重要，而是作为一个典型。前几天，我看到一本专为高中教师和学生设计的小册子。这本小册子中的观点是极好的，它是专门讨论《国家复兴法案》(National Recovery Act)和在这项法案管理下进行的活动。这里肯定有一个关系到我们生活的世界的话题。就学生而言，熟知政府活动的这一现行路线，在其自身作为学生为公民职责所做的准备中是有价值的。更重要的是，这种学习很容易成为一个入口，通过这个入口，学生们被导向目前工业和商业生活几乎任何阶段的研究，其中包括消费者和雇佣劳动者的地位。

到目前为止，一直都还不错。但是，这本小册子的中心主题是：《国家复兴法案》是否应该无限期地继续下去；不仅如此，这本小册子还在这一问题上采取一个明确的立场，即旨在引导学生形成某一正确的观点。我不认为在作者的意图中，这种希望有任何错误；但我认为，它在教育上是错误的。我认为，事实是流行趋势已经安顿好一切，在出现的每一个话题上，使学生们达成一个正确的观念，以免他们的思维在不确定中悬置。

然而，由于事情本身悬而未决，由于世界自身根据即将发生的事情处于一种不确定的状态中，教育上最为重要的那一点就被忽略了。因此，培养思想闭塞的趋势被加强。假使那些事实的正反论证业已呈现，以致问题的本质更加凸现出来，那么，有谁能够相信教育的结果将会更好一些？就男生和女生的心智而言，现在就把问题解决掉，还是激发他们对问题的好奇心和浓厚的兴趣，更好一些？ *161*

我举这个特殊的例子，不是因为它特别糟糕；相反，与学校中通常发生的事情相比，它是一个更好的例子。这是一个将教学引入不断变化与社会场景相关的尝试。总的来说，当学校涉及政治和经济事务时，我认为，它在与实例所提及的事物的比较中仅保持一臂之距，几乎是赤膊而战。这样说，绝不过分。

学校联系的范围已经十分广泛。并且，学校在对过去所做的事情上有太多的赞美，就像在有关实际情况上给予学生们一个高度虚幻的观念。人们认识到，一个半世纪前，我们的先人处理了革命时期和直至宪法通过后几年存在的真正的问题。人们认识到，内战时期是真正有压力和张力的时期。但是，让学生们认识到我们生活在一堆新问题之中，我们在这方面做得较少；而这些问题是十分紧急的，在许多方面甚至更为复杂。

作为我们生活基础的宪法和体制并不完美，存在着许多严重的问题，而给学生们谈及或讲授这种问题，被认为是不爱国的。在马车和烛光时代所实行的体制已不适用铁路、电力和飞机时代，那些让人们注意这一现实的人，如果不是决心推翻现有体制的实际革命者，那么就一直被指责为是干扰者和蓄意煽动者。爱国主义已经被等同于自满。

大体上可以这么说，我们不仅比关注现在更关注过去；而且在固定或静态的社会秩序之基础上接受教育，而不是在动态的、比过去任何时间变化更为迅速的社会秩序之基础上接受教育。受过良好教育的人们，已经不再为田纳西州和阿肯色州在公立学校中禁止生物进化论教学的努力而感到遗憾。但是，事实上，当产生经济和政治问题时，我们大家生活在一种原教旨主义的气氛里；并且，这种气氛已经渗透到学校中。毕竟，相比于植物和动物的进化，制度的演变更多地涉及普通群众。但是，那些感觉茅塞顿开的人，愿意承认后者是一个变化的固定场景，并认为它对于坚持经济和政治制度、信仰和忠诚的固定性是必要的。或者，如果他们在社会事物中接受进化的观点，认为这是一个十分缓慢的渐进过程，那么，没有人类目的的行动干预就会自动地发生。

这样，我回归到主题。为了不断变化的社会秩序的教育，必须理解正在变化的事实，尤其是基于对产生这些变化的原因的洞察——正在起作用的力量。以如此多的欧洲国家民主政府黯然失色为例。许多国家在独裁的控制之下，已经废除了所有形式的代议政府；并且提到民主，只是作为一个蔑视的名词。在那些国家，很多有影响力的人一致轻蔑地谈论国会，并告诉我们：当国会不在开会时，商业世界如何松一口气。我不认为他们想要一个独裁政权，可能只有少数人这样想。但是，无论他们是否意识到，他们的态度包括了对代议政府和民主制度极度的不尊重。

在这里，没有必要叙述已经引起欧洲现状的原因。让我们与国内事务保持密切的关系。国家建立在民主信仰与自由和民主理想的基础上。在我们的学校里，只有少数学生意识到，宪法是在人们产生不信任时采取的这一事实；而且，在宪法中，许多措施旨在遏制群众的政治权力——当大众的情绪较少地受反动派的影响时，这是每次采用所有早期修正案的原因的事实。但是，尽管如此，托马斯·杰斐逊（Thomas Jefferson）和亚伯拉罕·林肯（Abraham Lincoln）是民主观点最坚强的捍卫者，他们一直是伟大的国家英雄。然而，为什么信仰会变得暗淡？为什么对政治如此不感兴趣，以至于不到一半的人享有投票权，在竞争激烈的选举中参与投票？因为在选举中，政党有着可供自行支配的巨额的竞选经费。

这个问题当然是一个复杂的问题。但是有一个事实如此显著和如此清楚，以至于它必须被考虑。现在，经济状况与政治和经济力量交织在一起，在各个方面决定着政治活动。然而，有决定性的经济状况以对群众不公开和不透明的方式运行着。在普通公民的意识中，在很大程度上，政治和经济实际上是分开的。尽管事实上，每个重大的政治问题产生于工业、商业和金融，我们还是不断地被引向认为政治和立法组织工作致力于独立的路线；这条路线在很久之前就已制定下来，并且是完全民主的路线。

这一简单的事实是：权力行使统治，而且真正的政府职能并非在华盛顿和我们的那些州府行使，而是在权力的归属之处。我们生活在一个资金不仅会说话而且会行动的时代。财富高度地集聚和集中。我们的工业和商业体系是通过资本的积累和组织来实施的。我并不是在抱怨这个现实，而是说，这是一个明显的事实，并且影响着政治。

在我们的国家尚处创建过程中的时候，人们用马匹和马车来运送商品。制造商品的人们使用工具，在周边地区亲手制造商品，就算他们没有使用工具所依赖的原材料，至少还有工具；并且，他们与一些有交情、在当地社区有共同利益的邻居们一起工作。这是坚定的个人主义具有意义的时刻，也是民主制度诞生的时刻。

你不能想象，运输大量原材料和工业制成品的铁路系统今天由私人所有和管理。修建和经营铁路，需要大量的资金。如果我们应用蒸汽和电力取代对马匹和马车的依赖，那么与债权和股票发行合作，就会导致大量资本的集聚。

将生产铁器的古老锻造室和铁匠铺与今天的美国钢铁公司或伯利恒公司的工厂进行比较，你至少会得出一个与生产行业变化相应的外部表证。或者，将老式的马车厂与底特律的大型汽车厂进行比较，你将会明白：为什么资本以庞大的规模，大量地积聚并组织在一起。相比来说，如果没有个人管理生产和运输依赖于个人方式的转变，我们将不可能拥有现在的文明。

由于这一原因，我说过，我不是在抱怨不争的事实。真正关注的问题应当是：集聚的资本是如何被控制以及被使用的——它的使用途径的社会影响是什么么。由于我并不是在作一个政治演说，即使此时我在抱怨它，也不是要论及它。

其重点是：它承载着在我国现存秩序中的公民教育。除非年轻人理解政治生活的工业、贸易和金融背景，否则他们不可能理解政治生活的问题和力量。

如果我们将实际情况和公民中的教学（就像在大多数学校里所学习的那样）进行对比，可以看到，后者贫乏得可怜，几乎被推到一个角落。但是，普通教学的性质更为严重。在最近几年发生了一些重大的改变，关于政府法律自治并不像以前那样进行正式研究，对这种情形的理解，不能由一个远离其他的单一课程所掌握。所需要的是一些基础，这一基础通过对五年级开始直到高中课程的一个非常完整的彻底检查。学习的整个课程应该以当下的世界为导向，而不是朝向过去的世界；并且，其伟大目标应该是让那些离开学校的人意识到每个人生活状况中不断变革的力量。

165　　当然，这样的重组是不容易的，必须有所准备。在这样的战略地位中，没有一个像教师的培训学校一样，是准备变革的。在这个团体中，师范学院和学校与本国的大学联系在一起，保持一个中心地位。到目前为止，我所谈到的是学校中需要的教育。他们所接受的这种教学，决定着在教师的培训中应该做什么。这样培训学校的持续吸引力，要么以固定的方法准备教学的材料，要么在科学和哲学观点的名义下发展，从而远离学校的生活和活动。

我所说的目前培训教师的机构有唯一的机会，我并不认为这是过度大胆的。我会对这一机会中一些较大的功能进行概述。如果教师被培训为用不断变化的社会秩序去教育年轻人，那么，培训机构就不能接受目前的课程是为教师的工作设置的标准。那些给予教师指导的人，必须齐心协力地探讨课程与社会秩序变化的关系。为了使学校广泛地成为社会观念（例如社会生活观点、不断变化的事物）的组织者，这一计划必须开始进行。

我不认为渐进的方法太过草率，或者太具挑战性。在实践上，执行计划将是一件较为缓慢的事情，并且会有大量的困难阻碍其执行。但是，渐进的方法是一件有智慧的事情，与此同时，保守主义将会影响实践。渐进不能够太过激进——想要知道问题根源的意义上的激进。在这个国家中，我们从来没有中央集权的政府教育部门，如同欧洲国家的内阁一样。我们的进步一直是通过自愿的努力，以及渗透和潜移默化的过程。从长远来看，我相信，这种方法优于来自教师的意见。但是，该方法为教师培训机构增加了一份特殊的责任。

在没有正式领导的时候,让他们自己成为领导。他们有着成为追随者的强烈倾向。这一陈述并不意味着他们的态度有意识地屈从,而是说许多力量使接受现存体制成为最方便和最简单的课程,并使学生们准备有效地参与进去;当然是对课程进行改进,但是在现存框架的限制下进行的改进。教师们必须找到适当的位置,因为备课能使他们融入进去。至于是否适合,则要根据教师们备课的情况来作判断。指挥这些机构的人,视线无意识地保留在现存实践之上,并且其理念是继续进行研究,并逐步地灌输这一理念:没有尝试变革总体的框架下,这些实践将会变得更好。

在正常的情况下,所能期待的就是这样一些政策,并且毫无疑问,在这些方面已经有了良好的进展。因为我们生活在这样一个时代,而能够应用于这一时代最温和的词语是"紧急状况";我们绝大多数人毫不犹豫地称其为危机时代,这个时代可能是历史上每一两个世纪才发生一次的一个转折点。每个人都知道,几年前一直被斥责的观点和建议,如今被广泛地接受了,并深远地影响着改革。我在几分钟前提及的教育改革的机遇,在很大程度上,是由当下的公共意见所决定的。没人知道这一特殊的状态将持续多久;教育改革本来可能在危机期间比较轻松地完成,但这一状态一旦消失,改革将不可能完成。

但是,现在,新政的想法不仅被每个人挂在嘴边,而且被牢牢地印在每个人的脑海中。当然也是有批评的,除非我错误地判断了公共意见的状态,大多数人期望新政走得更远;他们等待发生一个前进的运动。如果教育者们停滞不前,那么,公众就会对学校漠不关心,比之前更加漠不关心。如果公众看到教育者明白这一情况,并尝试尽一己之力面对新的情况,那么就会对改革给予热诚的支持。在几年前,这可能会引起不可能克服的反对。

这不是一代人难得的机遇,而是一个世纪难得的机遇。的确,19世纪30年代,在教育中有这么一个巨大的机遇,奠定了免费公共教育的基础,也开始了教师们特殊的教育运动。在一个世纪以前的30年代,霍勒斯·曼(Horace Mann)和亨利·巴纳德(Henry Barnard)开始出版教育期刊。有趣的是,一个世纪以前的30年代也有过极为萧条的时刻。我很想知道,这是否仅仅是一个巧合。无论如何,当时存在着机遇,并且为教育者们所利用。我们在多大程度上,能够掌握目前的机遇呢?

对我而言,尝试为教师们制定一个教育课程,这一课程将把教师们放在依次指导学生的位置上,使学生们在所进行的变革中各尽其力,以便建立一个更公正、更人性化和更稳固的社会秩序,这是很荒谬的。但是,指出某些事实是很恰当的。首先,发展这一课程的手头资料比先前任何时候都要丰富。在社会趋势委员会(Commission on Social Trends)的报告中,谨慎地呈现了许多资料。全国教育协会(N. E. A)有着美国社会经济委员会。美国经济委员会作为票据交易所和信息集散地,已经形成。当目标更直接地指向成人教育时,对任何教育的重组而言,资料将具有重要的意义。为中等教育重组的委员会也已经形成和运转起来。社会研究委员会(The Commission on Social Studies)将很快作出报告,据悉,这一报告将包括对现存社会状况和力量的分析,可用的资料会有许多精彩之处。

第二,害怕一成不变的灌输——根据字典,最初仅指冲压——是没有原因的。我们有着大量的灌输,以努力保持过去秩序的利益。这一过去的秩序,现在已经完全崩溃了。我们需要以对实际状况明智的理解来替代过去一成不变的灌输,明智的理解将激励个人的探究,使学生和教师以坦率和恰当的方式得出他们自己的结论。

168　　第三,全部课程的组织应该围绕一个社会中心,以及面向社会的目的。我并不针对社会的中心,并导向社会的目的。目前,学校的课程如此分散、如此不切合实际和负担过重,有智慧的团体和统一目标如此缺乏,以至于在每一片土地上的联合是必要的。为了教育一致性的利益,以及为了教育一代人可以明智地处理我们的社会问题,一个一致的中心是迫切需要的。我们已经在研究有关课程方面花费了太多的时间。我们所需要的是围绕中心彻底地重组,无论是否与当下的需求相关,这一重组将涵盖它的所有范围。培训教师的机构将会占据主要的地位吗?

活动运动[①]

很明显,"活动"这一术语涉及的范围极其广泛。在与教育方案的连接上,它不会失去这一广度。它涉及整个范围。它自身并不说明各种形式(kinds)的活动,也不说明活动的来源,或者有关活动的轨迹和居所。例如,它不决定身体、情感和智力因素的比例。它不讨论谁或者是什么促使活动进行,也不讨论它是群居还是单独存在。显然,独唱和合唱都是活动。当然,在教育问题上,通过语境及这一词语用以表示的实际事物,许多歧义即使没有消除,也有所缓解。但是,一份文献的调查包括本卷公布的各种定义,显示了这一术语足以灵活地覆盖教育中不同的事务。因此,关于一项"活动"计划价值的不同判断,或多或少与这一术语的不同观点相关。

我随之想到,也许能够做的最有用的事情是:以它们极端的形式阐述一些彼此相对的概念,并指出由这些对立产生的问题。问题的陈述,可能通过以下两种方式来阐明现状:展示不同的观点是如何产生的,以及在所寻求的解决方案中指明大方向。

1. 一些人认为,术语"活动"是做公开的、总体或宏观上容易被其他人察觉的事情。这样的人可能不会否认,一个孩子全神贯注地读书,或者安静地听音乐,是处于活动中的;但是,他们可能不会从这样的"内部"活动中寻找教育活动计划的线索。由于它是身体的活动,显而易见,思考则是内在的活动。丝毫没有

---

① 首次发表于全国教育研究会,1933 年刊(*Thirty-Third Yearbook*),第 2 部分(1934 年),第 81—86 页。

夸张，在教育上，这样的观念的等同是明显的。

教育运动强调公开这样做的重要性，其原因是很明显的。它主要是针对传统学校外部强迫的被动性的不良后果，以及对安静、沉默、死板、袖手旁观、设定立场的强制性需求的反应。当这一反应由带入学校而得到积极的支持，学生学习的结果显示了幼儿具有突出的原动力，在强调可见的身体活动、行为和气质、娱乐和工作意义上，大门向活动计划敞开。教育问题在不同个体之间和同一个体不同的成长阶段中出现，是在整个成长过程中由行动因素起作用的部分。

关于按时间顺序的成长，有一个规模或范围。总体来讲，孩子越小，活动的作用越明显，与隐含的作用区别开来。大体上说，在婴儿醒着的时候，他是以有意识的器官和肌肉来做某事的。随着日趋成熟，内在活动的比例增加。但是，也有巨大的个人差异。在成人生活中，我们都承认决策者与调查者及艺术家之间的区别。第一种人的思考是为了执行；第二种人的行动（在行为和气质的意义上）主要是为了指导和丰富感情和智力上的体验。在他们的早期生活中，就显示了这种不同。有些孩子对于大量促进他人的行为感到困惑；同时，后者对于适于前者的状况麻木不仁。

简而言之，在未加修饰的活动概念中，并没有什么东西给教育计划提供有益的指导。必须有一定种类和数量的行为带来健康和活力，产生观察和思考，阐明和检测思路，并调和行为所表达的情绪。没有固定的计划可以从这些泛泛而谈中推断出来。他们通过持续的观察和试验，对所遇到的问题进行解释。不同的个人或不同的群体的解决方案，是不可能相似的。解决的一点是：活动作为行动，是一种手段而非一个目的。

2. 活动根据具体的、有形的结果，或者根据它为相对无形的个人发展所作的贡献，进行判断和评价。理论上，它可以由彼此没有冲突的双方进行衡量。实践上，两者其一如此趋向于主导，可能会产生几乎是对立的教育过程。测试在其定量、统计、形式中，着眼于活动周边和相当直接的结果。个人发展是一件时间跨度更大的事，适合定性而非定量的判断。它愿意考虑对它是"主观的"异议。另外，教师越是成熟和有经验，就越少依赖具体的、直接适用的、外部的测试；即使使用它们，也不是作为结果，而是作为其自身发展在方向上的判断。长期的成长过程被研究得越全面，对特定的个人正在做的事情的估计就越客观。然而，过多地依赖特殊具体的测试，趋向于妨碍对普遍成长的状况和规律的关注。

这些内容直接应用于教育的"结果"和"目标"。在周边的、具体的结果基础上的活动估值倾向于一种结果和目标之间悬而未决地形成，也就是说，那些是具体的，是外部可定义和衡量的。结果，接受这种观点将会决定一个计划，尽管是一个活动计划，与隶属于一个持久、大跨度的具体有形的结果中的活动计划，在根本上是不同的。而我自己的哲学，明确地倾向于后者。与解决问题相比，我在这里会更关注指出区别，这将在所谓的活动计划中解释差异，并有助于某一问题的思考和决策。从活动自身是一个持续增长的整体这一角度来看（不划分为内部和外部，或者将行动、思考和情感划分为单独的东西），其结果和目的与其是学生肯定要完成的事，倒不如将它们牢记在心，以确保它们是相当平衡的。

172

然而，空间不允许这些观点的发展。应当注意，指向获得技能的明确主体的活动和获得正规知识的明确主体的活动之间的冲突；并且，活动从刚刚讨论的种类中的存在经验中生长出来，并在这种状态中得以表达。此外，在理论上并没有对抗。除非获取并保留技能和信息，否则不可能有全面的成长。但实际上，教育体系与重点放置的位置不同。是技术和知识的特定模式形成了活动的特定目标吗？或者技术和知识的特点模式被视为继续进行和不断丰富的经验的手段吗？如果这一问题的含义被牢记在心，在检查活动计划的真实或规定的形式时，我认为会发现它，歧义也会消解。特殊的观点将有条不紊地成为一个无所不包的计划中的一员。在这种情况下，选择至少会更加自觉和理智。

3. 关于经常出现在孩子的愿望、喜好和经验与社会价值和要求这两方面之间的对立这一点，可能存在最为巨大的争议性差异。根据这些，一个活动计划必须直接产生于现有的态度和在教导下态度的联系。对于其他人来说，这一课程似乎是对抗性的，不仅从任何有组织的方式中获得题材，而且要准备满足日后生活不可避免的要求。

就理论而言，这一问题的出现，是由于存在错误的对立面。在年轻人中，对各种活动有大量的喜好和刚刚萌生的兴趣。在个体内部有很大的弹性；个性是运动的方向（*direction of movement*），而不是明确形成的任何事情。无论如何选择和安排，它必须发生，除非根据这场运动的反复无常和压力，一切事物的进行都是偶然的。因此问题是：在现存经验内发现那些类似社会所嘉奖的价值，并培养那些领引社会需求方向的倾向。如果强调社会的这些观点，而不是个人愿望与社会要求的所有冲突的避免，主体将会朝着和谐的方向生长。

年轻人在其自身形成对社会要求的回应中，树立了依赖。学龄前儿童生活中一个很好的例子，就是学习语言。理解他人的语言和连贯说话的能力，是必要的社会要求。但是，幼儿没有出现对立的危机，因为在他的活动倾向中，有说话的欲望，希望与别人进行交流。通过利用行动偏好的优势，将目前的经验和社会价值观的调和的问题由未来社会需求的准备来满足，几乎没有意识到这里存在什么问题。

许多实际困难和冲突的存在，归因于童年时代的愿望和兴趣是明确和固定的这一错误的观点。当以一个公开的方式询问孩子们想要什么或者想做什么时，他们通常被迫进入一个纯粹的不自然的状态，结果带来的是一个精心创造的不良习惯。教育者的事情应当是：研究年轻人的偏好，比他们更清楚地意识到自己的需求和希望。其他的课程将教师的责任转到教学内容上。有主观性的"听写"，不是单词和形式的问题，而是在于被强加的行动中与偏好并不相应，这些偏好可以在正在成长的年轻人的经验中发现。学生在回答他喜欢什么的问题时，会将主观性强加在自己身上，因为他对潜在的和持久的偏好和兴趣无知，只是抓住了一些偶然的事件。在另一方面，那些强烈坚持社会要求和价值优先于现有经验的人，通常忽略他们在现有经验中，发现用以开启一条达成目标的、非强迫性进路的那个杠杆作用，而且夸大了社会要求的稳定性。社会本身所需要的，无非是自立的性格，以及主动、再适应和天生果决的习惯。

从上述三点简要的综述中，得出的结论如下：活动通常概念不再有任何明确
的教育价值。当它与静止和被动吸收持续对立时，的确有明确的教育价值。但是，我们现在到了这一个阶段：从各种观点、各种形式的活动这些有区别的方法中研究问题，当使用它们时，观察它们各自的结果。否则，活动计划将仅仅用来判断有巨大价值差异的事物，成为一句口号而已。

这里必须有一些公开行为的类型和数量。但是，在理论上，这一活动可能是喧闹的、粗暴的、轻率的、盲目的、激昂的、机械的和肤浅的，在行为中全盘接受别人所做的事情；或者相反。由于简短或中断的表现，活动可以包括一系列或多或少的间歇，或者包括一个连续、长期发展的职业。它可能是由外部的、几乎偶然的机会提出的，或者它可能依据对成长条件，以及在思想和性格形成中原因和影

响的规律,进行充分的研究。让我们承认,所有现存的偏好都是多重的,是经常斗争的;承认现存的经验是复杂的,包括多种多样可能的价值;承认只有通过长时间思考现在所做的,在结果上远远地超出直接具体和可见的事物,才可以理解一个连续活动的事物;然后,活动的原则将在整个教育计划公正的视角内占有一席之地。

教育和社会秩序[①]

　　在 19 世纪 30 年代的经济大萧条期间,税收支持的公共教育的伟大运动有其强劲的动力,这是十分显著的。这一事实并不完全是一个巧合。劳工领袖是这场运动的主要支持者之一。这里不是回顾这场运动积极成就的地方,这些成就是众所周知的,并且经常受到颂扬。这并不是没有正当原因的。在美国的许多州,从幼儿园直至大学,赫胥黎的阶梯(Huxleys Ladder)是一个既定的事实。但是,一个世纪后的今天,在一个更大的经济危机中,又有了一个对新的教育的需求和不稳定的时期。如今,到了该审视并考虑现存教育体系为什么和怎样不适应当前和即将来临的未来的时候了。

　　部分原因可以从教育传统本身中寻找。过去的小学教育无处不在致力于推进扫盲的工作,也就是要获得读、写、算的能力。如果我们的祖先曾经考虑到普通学校的目的有别于传统意义上的学校,那么,他们拥有了不可思议的洞察力和想象力。高等教育几乎同样被关于符号的东西,也就是高等数学和外语所控制。

开拓时期

　　再说,除了学校的传统之外,国家将重心放在基础的读、写能力上,是有其特殊原因的。"3R"技能一直是高等研究的入门工具;如果要进一步学习,必须掌握"3R"技能。在开拓时期的美国,强调它们有着一定的工业和政治上的原因。

[①] 首次由工业民主联盟(The League for Industrial Democracy)作为一个小册子发表,纽约,1934 年,共 16 页。

成年公民选举权变得越来越普遍。众多不识字的选民群众是一个明显的威胁。工业化正在开始,商店工人比旧世界的农民有更大的识字需求。首先是寻找机会的想法,这是当时的社会氛围。孩子们应该比他们的父母拥有更多的机会,这种雄心几乎是普遍的。对于文化的掌握,是敲门砖。人口稀少的开拓时期,文化设施很少,读物是缺乏的,然而是进入世界文化的唯一手段。亚伯拉罕·林肯在烛光下全神贯注地阅读的故事,是普遍尊重文化的真实象征。

社会上和学术界不可避免地加强了学校教育的传统形式。至少直到内战之后,校外生活为"实践"教学提供了丰富的机会。许多工厂仍然是家庭制的,农村有用手工兼用低级的机械加工的小工厂。此外,不像现代的大工厂,生产过程既简单又容易理解地展现在人们面前。年轻人随着年龄的增长,"通过做事来学习"。实际上,他们参与了正在进行的工作,还通过观察和想象。现在被称为职业教育的事物,当时在很大程度上,是由于家庭、农场和商店的环境的力量自己进行的;这一事实,起到了加强学校重视文化传统的作用。

教育学科

教育的方法和目标是与环境相适应的。从字面的意思来看,这个方法主要是灌输和记忆。学习的材料是外来的,并在一定意义上是人为的。尽管道格贝里(Dogborry)①的主张相反,但是阅读和写作的能力并非来自天生。符号是遥远而陌生的,即使它们所传达的材料如同"垫子上的猫"那样熟悉。强迫接受,加上伴随着对违规的惩罚和对服从的奖励,大体上是公认的方法。校外拓荒者的生活对自由活动和个人主动性有着足够的刺激,足以证明青年不喜欢学习的传统观念。因此,校外养成的习惯在校内造成一种情况,使得依靠外部强加或强迫的接受似乎是必要的。传统的"纪律"观念,就是在这种情况下发展起来的。我们先人所建造的红色校舍,是学生和教师智慧的奋斗,这种奋斗往往是师生之间的主要力量。

个人成功

然而,能力较强的学生的动机,明显地要求在世界上获得物质的成功。在这

---

① 道格贝里是莎士比亚的戏剧《无事生非》中一个愚蠢的警官的名字,他认为人生来就会读、写。——译者

方面,学校的办学条件和校外的环境是一致的,尽管它们在其他方面有许多不同。稀少的人口和看似无限的自然资源,对个人抱负的吸引力几乎是无限的。总有新的土地等待着有进取心的人,机械发明在不断地开拓着新的机遇。由工业化发展过程产生的社会环境,与我们现在工业化的饱和状态根本不同。

在康茨(Count)博士的著作《美国通往文化之路》(*The American Road toCulture*)中,他总结道,这种环境产生了特殊的美国学校体系。书中的一章有值得注意的标题——"个人成功"。它以这些句子开头:"没有比美国理论和生活模式更具特色的原则,这在塑造美国教育体系的发展中比个人成功的原则更重要。"在刚刚提到的条件下,每一个学生都有成为总统的可能性,实际上,在大多数情况下,被视为经济进步的"成功"所吸引。在大多情况下,政治抱负通过成为当地政党的领袖,或更重要的,通过金钱的力量控制政党领袖来得以满足。

这样刺激起来的能量,也不完全是自私的。个人主义中的坚强并不总是一个神话,进取心、创造力、坚韧性和个人的节俭也不总是使社会上的其他成员沮丧。国家为其自然资源的开发需要资金。个人主义的能量为社会提供真正的服务,与懒惰和空虚、节约和不成器的人对比起来,有着真正的道德意义。

但是,教育上重要的一点是在学校里盛行这种观念:进取的精神和个人的上进心是"服务社会"的最佳途径。它提供了共同的理想,并作为主要的动机起作用。在流行的灌输方法之下,这成了反复灌输的道德和经济信念中的主要题材。重复过去 20 年前后的情况,并假设这种灌输是资产阶级为了确保自身最高权力的蓄意行动,这将是一个巨大的错误。

共同信念是对个人成功的膜拜,这一成功必须靠自己的努力。当灌输既是无意识地给予又是无意识地接受时,总是最成功的。当灌输在所有学科中是普遍使用的方法时,在入世的或出世的个人得救的福音的推动中,如果不是诉诸灌输,这将是引起惊奇的唯一原因。并且,在这一道德领域里,它与校外日常生活的影响保持一致,而不像它在其他大多数学科里做的那样相反。学生们早已被他们呼吸的空气所熏陶。学校使各种幼苗茁壮地成长,并且使理想成为自觉。

教育的变革

毫无疑问,我一直在讲学校在开拓时期的状况——工业扩张之前的时期,被内战及其余波所刺激,在 19 世纪 90 年代中获得的一个势力,清扫了在它之前的一切障碍。近40年来，是一个持续的教育变革时代。当大多数老师在他们的领域里被指控为保守主义或反动倾向时，老实说，他们被弄得不知所措。他们在反驳时可以指出，学校里的变化和一代人以前的课程和方法相比，似乎没有缺少革命性。

师生关系在很大程度上已经人性化。传统的"训练"方法已经被废除或淘汰。在校内提供更多的活动，作为校外的强迫削减的补偿。学校科目中的灌输变得更具技巧，并包有糖衣。总之，新的科目和新的学习课程以几乎惊人的速度被引进。我们国家中学和大学的学生，从来没有像过去40年里如此增长，这是世界罕见的。学校在科目、课程的扩充和学生人数的增加方面，已经跟上了工业发展。

尽管如此，在精神和动力方面并没有根本改变。的确，随着工业和贸易的扩大，权力提供的财富和娱乐机遇滋生了个人主义的成功哲学，并且物质文明也有所增长。人们目前的心理的资本主义性质，远远超出了资本主义的范围。它不仅渗透到农民中，而且渗透到工人阶级中。的确，与此同时，一些较为理想主义的移民因为期待自由的赐福来到这里；大量的移民来到这里，因为他们将自由视为他们自身及其子子孙孙获得物质增长的机会。

早期的心理和道德动机的持久性，为我曾提及的许多影响广泛的教育变革提供了一个相当表面的特征。除了基本态度的变化，没有彻底的改组是可能的。的确，正是新科目的大量增加，并像现在一样持续地进行，它本身会产生教育上的问题。

通常抱怨成倍增加的科目达到混乱和拥塞的程度，结果是这些科目永远有流于肤浅和庞杂分散的危险，以致学生们对众多的学科一知半解，不能完全掌握。这种情况，是社会盲目性和分散性的折射。在很大程度上，社会是由众多个体的目标结合在一起的，以个人的方式进行并不是真正地结合在一起。变革以迅雷不及掩耳的速度发生着，它们几乎没有组织，也没有中心和联合的趋势。学校的课程反映了这一情形。

一个社会目的的需求

历史本身的论据点明了现存的困境、当下必须作出的选择和机会。只有一个办法可以脱离现存的教育困惑和漂移，这就是明确地以社会目的替代传统的个人目标,对教学和学科方法及材料进行监督。并且总体上,在学校里就像在社会中一样,那样的变革对于广大个人来说,将意味着个性真正的发展。首先,它意味着,研究和共同探讨的方法替换了强制和灌输的方式。我不希望暗示这种方法仍然在所有古老的势力中存在着。实际上,教师们已经制定出代替这一方法的技能。

但是,新的方法并没有广泛地被应用,即使在使用这种方法时,因为两个原因仍明确地限制了其应用范围。其中之一是强调所有的事情通过讨论来解决,或者用教师的词汇来说,确保学生能得出"正确的答案"。我认为,在学校的教学中夸大这种态度,是不可能的。只有问题被提出来了,它们才可能得到解决和安置。目前的情况是:代替这一课程的唯一办法,是将学生的思维处于一个混乱的状态。在某种程度上看,就是这种结果,这主要因为他们通过课文和教师早已被灌输了这种观念,认为每一个问题都有现成的"正确答案"。

对好奇心的需求

真正可供选择的解决问题的方法并不是思维混乱,而是发展一种好奇的精神,使学生保持一种探索和寻求新视角的态度。如果结果仅仅是给学生留下一个问题有两个方面,在两个方面都有诸多意见要说,那么,其影响可能是对正确答案有新的看法;现在有两个方面,而不是仅有一个答案。但是,如果仅仅是被动地开放,允许任何事物以自己的方式进入开放后的空洞的心灵,那么,开放性思维就是一件麻烦的事。只有当一个人积极地开动脑筋,警觉地寻求更深一层的知识,开放性思维才是有意义的。很多教学方式在某些方面是优秀的,但其基本问题并没有在头脑中制造出需求,这里指的是自己主动、持续地起作用的一种需求。

这一事实使我想到了另外一个原因:为什么外界强加的方法只是被制止,而非完全消除?我们生活在一个一直变化着而不是稳定和不变的世界里。即使是建立自然科学物理学的最高标准,也充满了无法解决的问题并迅速地变化着。但明显的事实是社会处在一个不断变化的状态中,而我们进行的教学却如宪法和我们的前人早已最终决定了所有重要的社会和政治问题——这种方法使学生在今后的生活中成为政治宣传和宣传机构的受害者。方法是与教材相关的,而很多有关实际的经济和社会现实却不能进入教材,即使是在普通高中里。

简而言之,我们讲授过去的东西,传递过去的技能,毫不理会现在的力量,而这些力量正在创造未来。我们学校的毕业生将在某天在那里生活。我们为了一个并不存在的静态社会而进行教育。我们为了现状(*status quo*)而进行教育,但当学生们走出校园时,却找不到任何如此固定以至于可被称为静态类型的事物。我刚刚所说的学习过去,并不是单独或主要应用于历史。总体上,学生们被局限在学习过去的成就,无论这一成就是历史、地理、算术、科学或公民学方面的。他们既不学习这些成就是如何产生的,也不学习这些成就与现在的关系。

我们应该灌输吗?

有一小部分但数量在不断增长的教育者认为,对随波逐流和漫无目的的补救,无疑会导致在新的社会秩序上寻求一个蓄意灌输的政策。他们可能由正在欧洲国家进行的运动所驱动,在这些欧洲国家,学校是促进新的社会和经济秩序的确定手段。在唤起教师更多地考虑现存状况方面,并在暴露目前学校中进行的保守的社会秩序的灌输种类和数量方面,他们正在做一个勇敢的工作。我并不希冀自己的任何话语会鼓励处于一种自满和倦怠的状态的教师们;并且,我担心对所论群体的反对恰恰源于这些问题。但是,我认为,它忽视了这样一个事实,即在欧洲国家,新秩序起着作用,因为一个巨大的变化在欧洲国家的政治结构中已经发生;正如我说过的,当灌输与社会中被广泛认为理所应当的事物保持一致时,灌输工作是不可避免和相当顺利的。在有关一个新的社会秩序(*with respect to a new social order*)的教育与灌输有关这一既定秩序的信念之间,有着重要的差异。

182

新的社会秩序和教育家

根据我的判断,第一个行动是必要的。即使关系到学校自身内部的状况,它也是走出目前负担过重和漫无目的的最可靠方式。但是,为了参与指导,无论如何,要朝向一个理想结果变革;从这一角度来看,第一个行动更加重要。第一大步,就主要问题和方法而言,要确保一个教育体系,以使学生理解起作用的条件和力量的方式来告诉他们目前的社会状况。如果这一结果可以达成,那么,学生们会积极主动地参与一个新的社会秩序的建立。

组织教师们

上述声明在性质上是普遍的。更具体地来说,我将促进教师组织与劳工联盟的联系。公立学校的教师是公务员。那些聘任和解聘他们的人具有很大的权力,这一权力往往被不负责任地行使;并且在许多地方,有着隐蔽或明显的压力,甚至是恐吓。为了具备进行教学改革的勇气,教师们需要积极的支持,不仅要获得教师自身组织中的积极支持,而且要获得与教师们有共同目的且已组织起来的团体的积极支持。大萧条非常严重地打击了这个国家的教师和孩子。与自身赋税重压减少相关的经济利益,一直在所谓的节约措施中削弱公立学校。教师们已经明白:他们是工薪阶层。他们比过去更积极地准备,为了改变现状而行动,以保护雇佣劳动者。这不仅仅保护他们的个人利益,而且保护这个国家的年轻人和社会的未来。这个机会一定要加以利用,有着社会洞察力的教师们应该成为带头人。

经济文盲

其次,教师和管理人员应该着手成立对经济和社会问题进行研究的组织。经济文盲在全国各地盛行,并在教育家群体中存在着。在专业技术讨论会上宣布一个暂时的禁令,这是没有害处的。在过去的 20 年里,教师的注意力几乎完全被导向心理技术问题,结果将他们的思考和研究从公共教育的社会关系转移开了,重点毫无疑问地改变了。对先进的教师而言,实现这种变革最为直接的方法,是从他们自身和他人的经济学教育课程开始。这可以通过志愿团体的组建和定期的教师会议来完成。

学校作为一个合作的社区

第三,教育家应该稳步地推进学校自身作为一个合作的社区的组织。教育的个性化趋势——在狭义上的个人主义来讲——已经在学校中促进了有竞争力方法的应用和诉求。对于一个垂死和破产的社会政体而言,在对学生的调整中,这些方法无意识的效果比有意识的结果更好。一个没有在真正的社会基础上直接参与学校事务的单纯教学,是不会走得多远的。尤其在高中和大学的学生中,这种参与应该尽可能地延伸出学校,包括在更大的社区生活中,在某些阶段发挥积极的作用。此外,在合作基础上的改组,不应该被局限于学生们,而应当延伸到管理人员,以便来自上层的寡头管理有可能被废除。

成人教育

第四,这些考虑导致了继续教育的重要性。社会和工业状况如此复杂,以至于荒谬地期望孩子们在十四五岁时离开学校,准备成为有智慧和积极的公民。成人教育的主题现在是一个生动的话题。几十万成年人已经通过联邦政府的救助,完成了成人教育。联邦政府的目标,主要是为了给在失业群体中的数千名教师提供就业机会。但是,有一个不允许失势的开始。应该广泛地理解成人教育,这一教育应当包括所有离开普通学校的年轻人的教育。

此外,它不应该是过于技术和狭隘的职业。我并不是说,这不应该为再教育远离死胡同的工作方针提供机会。我的意思是:继续教育应该为新型公民提供充分的教学,在这种教学中,从新型公民的经济背景和方向上可以看出政治问题。

第五,所有这些考虑都在基于直接社会基础和带着社会目标的学习素材和方法的重组中达到它们的顶点。新方案仍有待于制定。它只能通过合作的讨论和许多教师的努力而产生。而且在这个国家中,已有一些学校是真正的社区中 *185*心;在这些社区中心,学校将分别引入社区在例如营养、健康、娱乐等方面的兴趣。在少数情况下,这一影响已经渗入社区中。在其他数量更多的学校中,教学以及行政与纪律中的合作方法已经高度发展。然而,在大多数情况下,这些学校仍然与更大的社区隔绝,并且其影响因此而受到限制。为了确保教育的持续改善,在社区生活的父母也必须接受教育,以便与学校范围内的改革行动保持一致。

教育 VS.独裁

我已经谈及学校中教育的分散和漫无目的。只有当所有科目的组织与它们的社会生活方向相关时,必要的统一才可能实现。除非教育在全社会范围内进行规划,否则,社会规划只有通过近乎专政的方式获得,在科学、历史、地理等方面的教学,通过将教学与实际的社会运动、力量和需要联系起来,从而更有活力和更连贯,这仍是一个有待制定的观念。除非这一观念被带入学校具体的材料和方法中,否则,学校的工作将仍是分散的和累赘的。由于这一原因,学校教育如果不进行改组,将延续当前的无序和混乱。

我不认为,一个社会目标的改组可以马上完成。由于这一原因,我已经详细地叙述了对教师和行政官员进行再教育的重要性。但是,从来没有像目前一样如此之大的机遇,也没有如此紧迫的紧急情况。如果可以启动一个有组织的运动,那么,它将以十分惊人的速度增加力量。根本的问题是教育家应该积极地认识到需要和机遇。

年轻人的性格培养[①]

目前,对年轻人性格的堕落敲响了警钟。未成年人犯罪在不断地增长。社 186
会上,人与人之间的信任遭到破坏,以及不正当的手段大行其是,导致人们质疑
他们年轻时所接受的教育的价值。敲诈勒索的流行,增加了这一问题的力量。
因此,很多人指责学校疏忽了道德教育的重要性。许多人要求将系统的道德教
育和宗教教育引入学校。

对学校控告的正当性有多少?

在年轻人的道德教育中,学校处于什么位置?

对这些问题感兴趣的人,至少应该弄清楚两件事。首先,性格的根基很深,
并且其分支延伸得很远。性格意味着所有影响行为的欲望、目的和习惯。一个
人的思维、想法和信仰都是性格的一部分,因为思考参与了欲望和目标的形成。
思维包括想象,当一个人在空闲或工作时,没有什么比充满想象的自然状态更重
要。如果我们能够观察一个人的思维,并明白日常使之快乐的记忆图像,那么就
掌握这个人性格中无与伦比的关键因素。习惯是构成性格的组成部分,但既有
欲望和想象的习惯,也有外部行动的习惯。

第二点是从第一点中得出的。因为性格是一个如此包罗广泛的东西,塑造
性格的影响力同样广泛。当我们问及学校在性格的形成中在做什么和能做什么 187
的时候,如果牢记这一事实,将不会从中期望得太多。我们将会知道,学校充其
量不过是积极参与性格形成的众多机构之一。与塑造欲望和目标的其他影响力

---

① 首次发表于《扶轮社》,第 45 期(1934 年 9 月),第 6—8、58—59 页。

相比,学校的影响既不持续,也不强烈。我们孩子的道德教育事实上一直在进行着,一年365天,每一个醒着的时刻都在进行着。每一个改变孩子的禀性和习惯、欲望和想法的影响力,是他的性格发展的一部分。

与这些影响力相反,学生每天只有5个小时处于学校的影响之下,一年不超过200天(平均而言更少)。学校的主要任务是讲授教材,促进读、写、算技能的获得。这从孩子们的角度来看,与他们的主要兴趣联系不大。知识大多是从书中获得的,远离日常的生活,并且主要是为了记忆再现,而不是为了在校外活动中直接的应用。学校教育的确坚持了勤劳、敏捷和整洁的养成,但这些好的习惯转移到校外时,大部分成为意外的事。因为教材对性格的影响十分遥远。

简而言之,性格的形成时时刻刻进行着;它并不是被局限在特殊的场合中。一个孩子拥有的每一个经历,特别是他的情绪如果参与其中,那么就在他的性格上打下了烙印。男孩、女孩的朋友和同伴,他们在操场上和街道上进行的活动,他们阅读报纸、杂志和书籍,他们参加聚会和去电影院,父母双方的态度,家庭的气氛——所有的这些,都持续地对性格的形成起着作用,并且影响很大。即使年轻人根本没有意识到道德的时候,它们都在无意识地起着作用。即使是最好的有意识的教育,也要与所有无意识的力量积累的结果结合起来,才能是有效的。

188　总之,性格是成形的(*formed*)某物,而不是像地理和算术那样,是可以被教授的。有关性格的特殊事物可以教育,并且这样的教育是重要的。当孩子做了不合规矩或不被赞成的事时,家庭和学校要经常给予这种教育。如果孩子说谎不听话,好争吵,或逃避做一些分配给他的任务等等,就要把他的注意力引到一些具体的道德问题上。即使如此,仍然要依赖道德教育的方式,以反复灌输的方式给予斥责。或者一个孩子在逃避和掩盖他所知道的不被赞成的事情中发展技能。

消极、害怕常常会导致过分的自我意识。因此,即使道德教育的实际结果不能被预言,并且其影响依赖它适应不自觉地在年轻人那里产生作用的大量条件。

一些间接的力量可以通过例证的方式指出。近期在科学指导下的调查显示,许多男孩和女孩通过电影,模仿一些不健康的方式。良好家庭中的父母,可能低估了电影对孩子们的影响。电影对孩子们的影响,取决于他们所处的周边环境的氛围。

电影的影响对来自拥挤环境的男孩或女孩,与来自富裕或有教养家庭的孩子是非常不同的,并且因为电影中的环境与那些平常包围他的那些事物往往是不同的。屏幕上描绘的奢华场景、冒险的表演和容易发生的性关系,往往给一个生活在狭小环境中的男孩或女孩灌输了形形色色的思想和欲望。他们的抱负被直接引向与实际的生活状况形成鲜明对比的频道。而一个来自富裕或有教养家庭的男孩或女孩,对这种情况的反应会打些折扣,或者简单地认为是其他孩子理想实现的表演——并不会特别地考虑其实现的方式。在电影结尾中涉及的一点点道德,根本没有力量与被它激发出来的欲望相比。

在拥挤的房屋中,四到六七个孩子住在两个房间,他们的房屋位于一条拥挤的街道上。父亲白天大多不在家,回家之后因枯燥单调的工作而疲乏不堪。更不用说母亲没有帮手,整天劳累。孩子们在学校时,需要节俭。他们"顽皮",并在一定程度上骂人,于是妨碍了他人,或者给他人增添麻烦。街道是他们自然而然施展抱负的地方。母亲因为孩子们不在家,可以透透气。这样的条件在形成一种生活方式中的影响并不夸张,而在这一生活方式中,团体的纪律和榜样比家庭的教育重要得多。

许多富裕家庭的情况相反。由于家庭一般由佣人照管,因此奢侈过度而责任不足。

对我们大家来说,"推卸责任"和寻找"托辞"是自然的事情。当公众面对这些状况的全部坏结果时——其中只有一个或两个被选为实例——一个声音响起:学校没有尽到自己的责任。我并不是为学校找借口,也不是要声称学校所做的和正在做的一切可以塑造孩子的性格。但是,坐在教室里想象一下:一个班级有 40 个学生,大萧条以来也许 50 个学生;孩子们一天在这里 5—5.5 个小时;教师照看着教室的"秩序",上六七门课,批改考卷,还要做许多清洁工作。即使今天,在普通的教室中,当不背诵的时候,学生们的时间大多花费在精读课本、做"加减法"和其他的书面功课上。他们是活跃的孩子,但对他们来说,却很少有释放精力的机会。在这样的情况下,有多少父母做一些性格方面的训练,解救这个消极和被压抑的群体呢?

经常给予的答案是增加一个研究,即给予道德上或宗教与道德结合的直接教育。现在我不能详细讲述这类直接教育的功德和过失。但是,在正规教育的其他课题上,它是一个普通的经验,没有留下强烈的印象。用心学习词语和句子是一回事;将这些词语和句子记在心里并影响行为,是另外一回事。这种方法在与校内外一直起作用的间接影响的比较中，并没有巨大的力量。有一句传统且正确的谚语说："身教胜于言教。"身教是对年轻人不断地起作用的力量之一。

那些倾向于认为直接的道德教育对目前的恶来说几乎是灵丹妙药的人，经常回忆起较早的时期，在家庭和学校直接的道德教育是合乎习俗的。然而，他们忘记了：这种教育之所以有效，因为它是整体状况和氛围的一部分。它是由许多现在缺乏的事物加固的。有一种看法认为，社会趋势和环境可以从根本上加以改变，特殊的方法与它们在其他条件下一样有效，是十分荒谬的。

忽视经济状况对年轻人性格的塑成或形成的影响，将是荒谬的。直到最近，年轻人在自觉或不自觉地强调物质成功是伟大的这一社会氛围中长大。许多人参与稳定和诚实的行业这一事实，并不具有轰动性。除了年轻人在他们自己的家中和邻里面对那样的事实之外，它并没有影响大型金融事业扩张的显著案例。许多孩子们面临这样的现实，即在他们的家里，勤劳和诚实并没有带来很多物质的回报。他们开始觉得，拥有金钱是得到他们最想要的东西的关键。

在这一点上，缺少大量有形的证据可以被引用。但事实上，许多人都会认为，最重要的事情是"得到"；并且如果一个人获得了物质成功，社会并不会关注他如何"获得成功"的方式。需要有足够的证据。如果物质成功被当前的公共舆论所颂扬，那么，这种颂扬在年轻人身上产生的影响，不能被来自讲坛、出版物或教师和父母偶尔的道德说教所抵消。

在注意到社会关系和行动的具体状态是塑造性格最有力的因素中，我不希望它暗示学校没有责任和机遇。得出的结论是：学校在众多因素中，只是其中一个；并且当活动与校外起作用的社会力量陷入相同的困境时，活动对塑造性格的影响将是最有帮助的。

我认为，大萧条的影响导致对物质财富的追求更加疯狂。已发生的事情揭示了一个结果，即事业上的成功是人生的主要目标。但是，我认为，在物质成就之前必须产生更大的经济重建，并且贪婪的动机将被减少。在主要强调竞争的经济体系中，最成功的竞争者成为有最丰厚的报酬和社会的典范人物。要在这种经济体系中产生出合作的性格类型，是困难的。因此，我认为，应该把普遍的经济变革视为性格的塑造提供一种较好教育中的首要因素。

只要社会不确保有效工作的安全、老年人的安全和一个美好家庭的安全，以及所有孩子通过其他方式而非金钱获得教育机会的安全，那么，父母对子女的爱越多，就越希望孩子拥有一个比他们更好的机会。这将促使父母强调物质的重要性，他们的做法也会在教育孩子的过程中成为主导的因素。

正如我已谈及的，父母所受的较好的教育是对孩子进行较好的道德教育的一大因素。心理学仍然处于摇篮时代。但是人性知识的增长，以及人性如何发展和改变的知识的增加，在上一代人中有极大的发展。它的增长与人际关系——在父母之间，与他们的子孙有关——如何影响性格有关。父母教育的重要性，由这种知识的增长发展而来。但是，仍有许多父母与新知识没有最基本的接触，并且对孩子道德品性的重要影响完全无知。

在性格教育的改善方面所需要的因素中，我把父母的教育排在第二位。

近年来，为年轻人提供的娱乐有了巨大的发展，然而在与进一步要做之事的比较中，仍然尚不及起点。在纽约市，有些地区的"地下俱乐部"很活跃，学校的男孩和女孩参与其中。尽管很多地区的社会服务所、公共操场和学校场地对年192轻人开放，但不断增长的年轻人群体，白天把街道作为释放精力的场所，晚上则依靠舞厅、电影院等等。

年轻人两个主要的冲动是在行动上，以及朝向一些集体形式的聚会。在乡村和城市生活发生变化的情况下，我们不能为这两种冲动提供条件。在性格发展中，为什么我们得不到满意的结果，这至少是部分原因。

我把学校排到第四位也是最后一位，并非因为我认为学校在道德教育中是最不重要的因素，而是因为学校的成功与其他三者所起的作用如此紧密地联系。我将只谈及两个有用的变革。很少有学校是基于社会而进行组织的。如果道德教育是从年轻人经验中呈现的具体情况发展而来，而不是抽象地以善与恶的普遍讨论为中心，那么，通过参加会议和讨论道德教育将会更加有效。越来越多的学校组织成为学生共享的共同体。将有越多的机会进行这种讨论，并且将更为肯定地导向校外较大的社会团体的问题。此外，这样的组织将在社会生活的相互让步和合作方式中制定规则，就年轻人而言，需要明确地承担责任——当然是适应他们年龄的责任。

另一个变革是为积极的行动提供更大的机会，同时相应地减少积极行动的数量，以及直到目前仍然是单纯的吸收。学校组织和教学的形式，包括一定程度的抑制，从而控制校外不能控制和难以控制的活动。这样，它不会产生校外并未以建设性的方式引起随之而来的欲望。它使男孩和女孩们，尤其是那些天生较为活跃的人，处于一个容易激动的状态。

简而言之，就学校而言，对目前有效的性格教育的兴趣，可能有两个不同的结果。如果仅仅为养成好习惯的教学添加一个特殊的课程就满足了，我不认为它可以大有作为。如果它引导公众注意在学校中需要的变革，以便让年轻人更好地发展智力和健全性格，那么可能是一个最重要的运动的开端。

对我来说，尤为重要的是商业和职业人士的组织应该沿着提及的路线施加影响。他们已经进行了大量促进操场增加的运动。他们可以在很大程度上，决定少年犯防治和处理的方法。就贫民窟和糟糕的住房在助长青少年犯罪方面起什么作用而言，与其他阶级的人相比，商业和职业人士处于一个更好的位置。他们可以在社区上映的电影种类方面行使强大的影响力。代之为所谓经济措施——取消学校里与有用工作相符的活动、只保留那些最为枯燥和最流于形式的科目——而发挥有力影响，他们可以与校方有效合作，以促进学校那些让青年人强烈的活动冲动得以健康释放的科目。通过活跃的家长协会，他们可以将外部世界更多地带到学校中来，打破学校与社会生活之间的隔离；在学生性格的形成中，这种隔离是学校不能开展更有效的工作的重要原因之一。

教育哲学的必要性[①]

"进步教育"这一术语至少与那种由僵化素材、专断方法主宰的,且年青人一方主要被动接受的教育形成对照。但是,教育哲学作为探索教育是什么及其如何发生的一种尝试,必须超越任何一种由对照、反应和抗议形成的教育方法。尽管把实际教育定义为学校教育看似简单,但这样的定义却是判定和指引学校工作的唯一标准。

有些人认为,教育哲学应该(should)阐明教育的本质,并为其建立理念和规则。在某种意义上,这个提议是正确的,但在通常隐含的意义上却不是这样。因为决定教育应该是什么的唯一方法,是在教育真的发生时实际所产生的事物,并且这一方法没有让我们远离实际情况。作为正在进行的活动中的任何理念,是一个真正的救济方法的理念,必须取决于具体实际情况的先验知识。一个冶金学家最好的钢铁理念,一定取决于他对事实上的矿石和其自然过程的知识。否则,他的理念就不是一个指导思想,而只是一个幻想。

作为影响教育哲学的教育观念,也是这样。我们必须知道,在实际中,人类的本性是如何形成的。正如钢铁工人必须了解他手中的原材料,了解当前各个生产环节的运行,以及使原材料改变为价值更大的事物的操作要求。教育哲学 对于认识教育到底是什么而言,是基本和重要的需要。我们必须把这些情况视

---

① 首次发表于《家庭和学校中的新时代》(*New Era in Home and School*),第 15 期(1934 年 11 月),第 211—214 页。杜威于 1934 年 7 月在开普敦和约翰内斯堡举行的南非教育研讨会上所作的演讲。

作学校指示方向的指导。在这些情况中，我们发现，满足社会的需要是发展教育的真正力量，然后根据需要制定规划。这种发现和规划的需要，是教育哲学的需要。

那么，什么是教育？首先，它是一个发展——成长的过程，并且其过程（process）是非常重要的，而并不仅仅是最后的结果重要。一个真正健康的人并不是固定不变的，他要通过科学和合理的饮食和体育锻炼来继续保持健康。他不能说"我是健康的"，就似乎健康注定是自动的持续。否则，他将很快发现自己生病了。同样地，一个受过教育人要继续获得更多的教育成长，就必须不断地拓宽自身的发展。因此，有些时候，有学问、博学多才的人如果放弃成长的能力，那么他们就会停滞不前，不再进步。

什么是成长？什么是发展？早期的哲学家，像卢梭（Rousseau）和他的追随者，他们作了大量有关从种子到充分成长的植物发展过程的比喻，从而推出这样一个结论，即人类有着巨大的潜在能力，且把这一能力留给了自己，最后都会开花结果。因此，他们构想出了自然发展的概念，也就是说，尽可能地不打扰它们。与定向的生长相反，在这一概念中，方向是造成自然力量畸变和腐败的一种干扰。

这一观点有两个谬误。首先，与人类成长相比，种子的生长是受到限制的；它的未来更多地是由其先在的本性所规定的；它的生长路线是相对固定的，它没有像儿童那样以不同的方向朝向不同结果的生长能力。如果你愿意，儿童也可以是一颗有萌芽力量的种子，但是可以发展成为众多形式中的任何一个。

这个事实提示着第二个谬误。甚至植物的种子不能只依靠自身生长，它需要水、阳光和空气。它的生长是由外部条件和力量控制的。如果要有生命和发展，那么，本身固有的力量必须与外部环境相互作用。简而言之，植物的发展必须依靠自身与其环境之间的这种（kind）相互作用。一棵发育不良的橡树，或一株结谷穗无几且籽粒稀疏的玉米，它们所表现出来的自然发展，与最高贵的树木或令人赞叹的玉米穗一样真实。结果上的不同，不仅归因于原生的种群，也归因于环境。换言之，如果一个人的成长不能与良好的环境相互作用，那么，就会产生令人痛苦的结果。

任何相互作用包含两个因素（并因此在每一种成长之中），教育的观念也必须考虑到这两个因素，即成长和遗传特性的天赋能力。如果缺乏这两个因素，即使有非常好的条件，也无法相互作用。传统学校在考虑这些因素时，课程和教材上的失败表现在三个方面。首先，他们忽视了能力的多样性（diversity）和构成个性（individuality）的不同个体的需要。他们几乎认为，所有的学生都非常类似豆荚中的豆子，因此给他们提供一套统一的课程，为所有的学生分配同样的课程，以及要求同样的背诵行为。

其次，他们不能识别成长中的首创性（initiative）来自学生自身的需要和力量。成长的相互作用中的第一步，来自个体内在的迫切需求，来自他们自己"要这样努力"。当然，起初是盲目的。如果他们的需求和采取的行动得到了满足，便实现了其潜能所需要的物质。对身体而言，获得和吸收食物的欲望和能力是首要的。没有内在的需求和动力，即使提供最有营养的东西，也是徒劳的，其结果是排斥和消化不良。没有适宜的教育体系能够容忍一般的假设，即个体的思维天然地不喜欢学习，学习必然受到行动上的威胁或诱导。每一种思维，即使是儿童的思维，也在其能力范围之内，天然地寻找那些积极有效的模式。问题在于我们选择什么样的课程和教材，才能有助于激发和引导个体在真正意义上的发展。

这种看不到首创性的根源，实际上对应于由教师施加和学生接受的方法。197钻孔的现象特别暗示了这一点：只有通过反复单调的打击，才能在坚硬顽固的岩石上钻出孔来。各种外部的教学设备，保障了学生吸收和获得被强加的教材中的知识。这种教学方式可以与在留声机的光盘上刻录进行比较，当按下按钮时，确保能回放音乐。或者，学生的思维被视作一个空水池，被动地等待着被填满，而教师和教材则成为管道所通向的水库。

第三个失败是之前所提到的两个失败的结果。每个老师应该观察学生中存在的真实差异。但是，由于他们并不了解个性在需求、欲望、兴趣等方面的具体差异，就经常在两个主要的标题下一概而论。一些学生很聪明，其他的很蠢钝！一些学生很听话和顺从，其他的则不守规矩并难以管教！如果学生不能够适应千篇一律的课程，或不能迎合铸铁般的纪律的要求，要么被视为天生就是没有能力，要么被视为故意的捣蛋。于是，不管主动性、独创性和独立的价值，适应性就成为判断的标准。

当在天赋的能力中发现了成长的素材和出发点时，由教育家设置的环境和氛围便是学生发展不可缺少的条件。学生没有自己作决定的权利。一个园丁、一个制金属匠人，必须观察和关注他们手中的原材料的属性；根据在原始形式中的这些属性来决定具体的处理方法。否则，他将不会有任何进展。如果原材料的属性决定了他的结果，那么，他会将原材料固定在原初状态。这样，发展将会被阻止，而不是被促进。他必须将他的观念和理念，以及没有意识到的可能性，带入思考。这必须与他的植物或矿石的构成相一致。这一理念不能给它们施予暴力，而必须成为它们的可能性。但是，这一理念不能从目前它们存在形式的任何研究中提取，而只能从另一个源头发挥想象力，反思地领会它们。

198　　与教育家相似，除去对他的要求，富有想象力地洞察的可能性会更多。园丁和制金属匠人可能把已经在植物和矿石上所取得的成果，作为他们的手段。但是，当真正的教育家在应用已经实现的结果时，不可能将这些结果作为最终的和完整的标准。就像艺术家，他有创造一些并非先前作品的复制品的难题。

　　在任何情况下，发展和成长包含着明确方向的变化。一个教师，在培养个性观念的约束力之下，会在他现有的水平上或多或少地注意学生，以迎合他们现有的状态来尊重他们的个性特点。伴随这种同情的理解，接下来的实际工作需要改变、变革、重构的持续，没有终止。变革至少朝着更有效的技术、更强的自立、更加深思熟虑，以及探究的秉性在遇到障碍时更持续地努力。

　　一些未来的先进学校和教师在对外部强加方式的反应中，不再不重视对自身能力和兴趣自由发挥的重要性的认知。他们没有在足够长的时间里检查这些实际可能成为的事物；他们对意外的情况，作了太多表面的和短暂反应的判断。另外，他们倾向于将明显的个人特质作为终结，而不是视作为朝向更有意义的事物的适当转化的可能性。在不违反自由和个性的所谓约束力下，他们忽视了提供发展条件的责任。坚持进化和发展的观念，是自动地从内部开展的。

　　这是来自外部强加的明显的恶的自然反应。但是，在考虑年轻人像陶土一样被塑造为传统模式，并考虑到现有的能力和目前的兴趣及愿望作为制定整体发展规律二者之间，有着根本不同的选择。对于任何健康的发展来讲，现有的喜好和力量都被视为必要的可能性。但是，发展既包含一个定向点，也包括一个起点。在那个方向上持续的运动，定向点如同短暂的目标，只有当进一步重建起点时才能达到。教育家的任务是理智地理解并深深地思考，把控制年轻人的力量作为标志和承诺，并按照他们可能的将来进行诠释。严格的任务也没有在那里结束：它与条件、材料、工具——物理的、道德的和社会的——的判断和计划相联

199

系,这将再次通过与现存的权力和偏好相互作用,带来想要得到的变化。

传统教育强调提供明确的教材和开展活动的必要性,这对于正确的教育来说是必要的;但弱点是它的想象没有超过教材严格条件的规定,这些教材是从远离任何所教授的具体经验的资料中得到的。它的技术概念来自过去的惯例。新教育需要更多而非更少地重视教材,以及为了取得更满意的结果,在技术上有更多的进步。然而,更多并不意味着在传统形式中更多的数量,而是要求有一个充满想象力的视角。这可以理解为每一个人在教育上的成长。没有规定或现成的事物可以决定确切的教材,因为每设置一个新的问题,要求在教材或表现角度方面至少有所不同的侧重。只有盲目迟钝的习俗认为,教科书的实际内容将会促进所有学生或任一学生的教育发展,如它们被认为像医生开处方一样。正如路易斯·史蒂文森(Louis Stevenson)所说,"这个世界充满了一些东西"。在世界上的许多事物中,各种选择和适应会迎合各种个体有利于自己成长的需要。没有教师可以知道很多或者拥有很多独创的想象。

简而言之,从传统课程的严格性出发,只是消极的一面。如果我们不继续提供积极的方向,通过持续的智力研究和试验,使教材更为丰富、多样和灵活,并使被教育的经验方面更为明确,那么,我们将趋于离开教育的真空状态。在其中,任何情况都可能发生。古语说"自然厌恶任何空白",这体现了一个明确的真理。在自然界中,完全的孤立是不可能的。年轻人居住在与年轻人所带来的事物不断相互作用的一些环境中,结果是对他们的兴趣、思维和性格——教育上或错误的教育上——的塑造。那些自称为教育家的人,如果放弃选择在他看来有利于学生成长的环境的责任,让年轻人在无组织和任意的力量面前毫无办法,那么,他们肯定会在自己的一生中后悔不已。在教育的环境中,教师的知识、判断或经验是一个较强而非较弱的因素。他不是以作为处于高位并拥有专制权威的裁判官起作用,而是作为在企业里友好的合伙人和向导起作用。

教育对于人的发展的重要意义,是不言而喻的。发展是一个连续的(continuous)过程,意味着连续不断的行动——这是传统教育在其最佳状态的支撑点。在较新的教育中,相对来说,容易进行即兴创作,容易今天做一些,明天做另外一些。在一些直接刺激的基础上要求获得更充分的技术及更新的技能,而不能足够地考虑教育目标所提出的新问题。这就容易导致孤立、简单的行动或计划的多样性,而不是成长的连续性。的确,新的教育过程需要教师更多地提前制定规划，因为对教师来说，旧的计划通过固定的课程等方面已经全部实现了。

但是，健全的教育哲学需要被指定为占主导地位的人类与其社会价值的一般术语环境。通过其影响，每个人在其文化族群中形成自己的习惯、信仰、目的和技能。甚至周围环境通过他的眼睛和鼻子进入他的脑海。他的经验包含他那独特的社会记忆和传统习惯的特征。在早期阶段，在人类的背景和环境中呈现的素材尤为重要。学校在从具体事物到抽象事物时经常失败，它忘记了：对于孩子来说，只有具有人类价值和功能的东西，才是具体的。在自然和地理方面，物体是从成年人专家的角度呈现给他的，仿佛它们本身是独立完整的。但是对于孩子来说，只有当这些事物进入人类生活的时候，它们才有意义。即使那些独特的人类产物——阅读和写作，其目的是人类交流和合作的深化，与被视为它们自身或自身中的主题一样，不是友好的日常用语，所以对孩子来说，它们变得抽象。神秘属于学校，而不属于日常生活。

学校的学习与社会或人类环境之间的相互分离，强化了传统的背诵方法。这一传统的背诵方法，不像家庭和日常生活中的对话那样，成为一个友好交往的场景。因为学校的学习有明确的教学目标和要求，单一地重复某一教材中相同的材料和仅仅为测试做充分的准备，便成为一个学生的作业。因此，这种学习方法是学校与校外生活和体验隔绝的原因之一。

随着社会物质的发展，人类的通讯和联系有了很大的发展。因此，教育工作的标准和直接指导的结果和价值就是社会的需求和发展。完美地获得技术，并非以本身为目的，而是作为对共同生活有所贡献的事物来使用。的确，它们的目的是培养学生个体具有更多的自立、自强和自我尊重的独立能力。但是，除非这一目的放置在给他人提供服务的语境下，否则，他们需要履行同样的服务。对于个人来讲，获得技能作为一个训练有素的手段，面临着被应用到利己和自私方面，并以其他人对好生活的诉求和机会为代价。的确，学校通常还运用竞争的方法来鞭策学生，给予在竞争或竞赛中胜出的学生一定的荣耀和奖励；而这样做只是巩固和强化了一种倾向，即在毕业后的生活中运用特殊的才能和优异的技能来战胜他人，罔顾他人福祉地取得个人"进步"。

并且，如同在学校中获得技能一样，学生在学校中学习各种知识。教育的终点和所学价值的终极考试，是它们在继承和改善共同生活中的使用和运用。传统教育体系的背景是阶级社会。特定科目的教学机会，尤其是文学，以及在数学中超出简单算术的入门，都是为出身高贵和富裕家庭的孩子准备的。因此，这些科目的知识成为文化优势和社会地位的徽章，从而使那些人与粗俗的民众区分开来；而且对许多人来讲，成为自我彰显的一种方式。在另一方面，实用知识只对那些被他们的阶级地位迫使为生计工作的人有用。除了纯粹的个人修养是实用知识较高素质的证据以外，阶级耻辱附属于实用知识，以及知识是无用的。

即使在许多国家的教育普及之后，这些价值标准仍在持续着。当学习被简单地认为是为了自身的利益被珍视的标志时，没有比这更大的利己主义了。然而，要消除排他性这一点，学校的所有条件就必须有利于学生在各方面的发展，实现知识是推动所有人得到幸福的力量。

也许，今天极大地需要教育哲学，并且对今天的教育哲学而言，迫切需要在观念和有效实践中目的的社会特征，并急切需要学校实践的价值标准。

教育的目的是使个体朝着他们最大的潜能发展。但是，像这样的说法留下了未予答复的发展方式的问题。在个体自由的社会中，所有人做自己的工作，促进他人生命的解放和丰富，这样的社会对于正常成长到健全状态的个体来说，是唯一的环境。在这一环境中，有些事物总是在创造全面发展条件的反应中被限制，即使是那些想象自己享受不受阻碍地成长和完全自由的人。

在现存世界中，为什么教育哲学必须使教育的社会目标成为其信条的中心文章，这里有两个明确的答案。这个世界正在极速地工业化。个人团体、部落和种族的生活，曾经完全不受现代资本主义工业经济体制的影响；而现在，在其生活中，几乎每个阶段都可以发现资本主义扩张的影响。日内瓦委员会（Geneva Commission）的报告是对南非本地矿工生活状况进行的研究，但对全世界人民而言，同样有效。"西方资本在非洲工业的投资，已使当地人依赖世界市场对当地的劳动产品及其大陆的资源的需求。"如今，通过冷酷的竞争方式角逐物质的增加，往往是十分残酷的。作为学校，必须明智地发展每个个体高于一切的合作意愿和精神，将每个个体带入一个共享人类发明、工业、技能和知识的文化和物质的成果中。这一目的在思维和性格中的至高地位是必要的，不仅作为由经济竞争和剥削导致的不人道精神的补偿，而且为下一代崭新的、更公正和更人性化的社会做准备。除非个体的心灵和思维由教育做准备，否则，这个社会似乎可能参与通过暴力的社会变革的所有罪恶。

另一个尤为紧迫的需要，与目前一波前所未有的民族主义情绪、极端的民族偏见、诉诸武力的备战状态相联系。由于这种状况已经比较普遍,学校一定在某种程度上受到严重的影响。它们最好的借口,可能是学校和教育家都料想不到的。但是,这一借口不再有效。我们现在知道了敌人,它处在明处。全世界的学校要联合起来,在所有人类和种族中努力地重建共同理解、彼此同情和友好的精神,消灭偏见、孤立和仇恨的魔鬼。如果不受教育单独唤起和加强的力量所控制,那么,目前趋势的必然结果即被他们自身由野蛮状态的回归所淹没。

正是任何配得上教育之名的理念,才能唤起国家所有的教育力量。这是一项伟大的工作。

教育可以参与社会重建吗？^①

明眼人几乎可能怀疑这样一点，就是整体看来，那些学校一直在为了所谓现

状而从事教育。这种尝试中的谬误应该同样明显。没有现状——除了安迪（Andy）向阿摩司（Amos）解释这一短语的字面意思是"我们所处的困境"的一个名称。然而，定义所谓的"现状"，并不困难；困难在于当前事件的运动与称呼它的名称，几乎没有什么联系。

所谓的现状，是"严格的个人主义"短语形式的概括。假设——或曾经——我们生活在一个自由的经济社会，其中每一个个体有平等的机会来发挥他的主动性和其他的能力，并且假设构思和谋划立法和政治秩序，促进就所有个体而言的平等自由，然而，没有显而易见的神话曾接受通用的概念。经济自由对大量的人口而言，一直要么不存在，要么不稳定。对大多数人来说，经济自由是缺乏的和无关紧要的，政治和文化自由已经元气大伤；依法建立的秩序支持的是，富人（beati possidentes）的理念。

这里没有必要回顾，历史从一个简单的农业秩序到复杂的工业秩序的变迁。在农业秩序中，平等机遇的观念包含了大量的真实性，工业秩序则有着高度集中的经济和政治控制。关键问题在于持续存在的较早观念和理论后来失去了与实际情况的所有相关性，并且被用于证明和加强了这一特别情况在实践中削弱的观念和理论。那么，什么是真正的现状呢？它是由执政理论哲学所假设的自由个性的状况吗？或者，它是少数特权者的权力不断地被侵犯吗？这些人的权力

---

① 首次发表于《社会前沿》（*Social Frontier*），第 1 期（1934 年 10 月），第 11—12 页。

行使在大众的自由之上，而并不承担相应的义务吗？

这就不难作出一个有利于后者的积极而全面的答案。让我就学校而言，从罗杰·鲍德温(Roger Baldwin)那里引用一段话。"整体上，可以毫无疑问地说，公立学校已被移交给现状的军事捍卫者——美国革命的女儿们：美国退伍军人协会(American Legion)、原教旨主义、三K党(Ku Klux Klan)和美国陆军部的女儿——来保管。看看十二年的记录！在大多数州中，强制性的爱国意识和由法律规定的国旗敬礼；与政教分离的规定相反，新教《圣经》在18个州中必读；通过规定惯例的宪法的义务教学；在3个州的进化论教学中构成犯罪；在10个州的其他公务员中，并不要求特殊的忠诚宣誓；在许多城市中，要求把效忠宣誓作为学生们毕业的一个条件；历史教科书在偏见的压力下修订；限制或禁止隶属于劳工运动的教师工会；法律保护被削减的使用期；在高中和大学中强制进行军事训练，并通过军事思想给学生和教师施加压力。"对于这些可能增加外在的和公开的压力来说——正如事实上，鲍德温先生增加的——因为更微妙和未系统阐述的更有力的压力，在教师和学生身上不断地起着作用。

从目前的情况判断，似乎教师们在推进一个新的社会秩序——在这一社会秩序中，个体的自由和平等观念将成为现实而非虚构——的努力上的限制(limitation)，大大超过了他们这样做的可能性(possibility)因素。然而，情况并不是像当下这样反对实现可能性的努力。其理由是：当前的现状是在一个不断变化的状态之中；如果这一术语意味着稳定和持续的某事物，那么并没有现状。过去的40年，见证了在全世界每一个工业化社会中，在经济力量的社会控制方向上一个稳定的运动。控制资本的压力——或者你满意它的"组织化"——既通过政治机构，又通过志愿组织发挥作用。自由放任已经被扼杀。胡佛先生在任职总统期间，给货币以"严格的自由主义"这一说法，他为政府干预和经济力量的调控反复地采取行动，并经常是一个相当大的规模。真正的教育自由的清单已经指明，它自身是一个努力的标志；并常常是有意识的，以相反的方向顶航运行——也就是说，朝向对不受限制的行动观念充满敌意的集体主义。由于那些控制着资本，他们是具有经济和政治力量的个体。

我希望在为建立一个新的社会秩序的教育努力的局限性和可能性这一主题上的评论，是恰当的。教师和管理人员们经常说他们必须"符合条件"，而不是做他们自己更喜欢做的事情。如果社会条件是固定的，或者甚至相当稳定，那么，这一命题就是健全的;但它们不是这样,而是非常不稳定,正以不同的方式,朝着相反的方向变化。因为这一事实,教育家根据教育工作与当下和未来社会的关系,不断被迫地作出选择。在什么样的社会力量的叙述和方向上,他会投入自己的精力? 主要的罪恶是:在实现利己的野心中,通过适应直接的压力和对成功可能性估计的迫切需求,无意识地作出选择。

据此,我不认为学校可以在任何字面的意义上成为新社会秩序的建设者。但是,学校作为一个事实的事物而非理想的事物,肯定会分担未来社会秩序的构建,并依据自身与现有社会力量这样或那样的运动结成联盟。这一事实是不可避免的。美国的学校通过强调本质上是金钱和利己的成功的经济形式,加剧目前的社会混乱。它们不是作为一个理论的事物积极地参与决定未来的社会秩序——而是根据教师和管理人员与较为古老的所谓"个人主义"观念——对大多数人的个性来说,实际上是致命的——或与有利于经济力量的社会控制的新力量结成联盟。教师必须使自身适应现存条件的请求,只是一种作出支持古老和混乱的选择的方式——一种懦弱的方式。

如果教师的选择是让自己投身于有利于资本主义——政治的或经济的——社会控制方向的变革的力量和条件,这将很难在某一天有机会使自己选择善。如果这一选择是明智的,那么,他将发现,这一选择影响到学校的管理和纪律、教学方法和教材的选择。即使现在,我重申一下,教育家经常盲目和不明智地作出选择。如果每个人真正地致力于与当前的力量结盟,趋向于建立一个社会秩序,那么,这一社会秩序将通过集体控制和所有权,使共同体中所有成员真正急需的"严格的个人主义"(在个人的意义上)成为可能。另外,教师们不会满足于对未来的社会秩序的泛泛而谈。重要的任务是将渴望的理想转化为学校在管理、教学和教材的细节上的指导。这里对我来说,似乎是那些认为学校应该在社会变革中自觉地成为合作伙伴的人的责任。教师们的挑战必须引起关注,但挑战仅仅是一个开始。在学校和操场上,那些特定的工作意味着什么? 这一问题的答案是迫切需要的,而不是社会理论和口号泛泛的承诺。

尽管太多的教师无精打采和胆怯,但我相信,有相当多的教师会回应在创造新的社会秩序中,使学校成为斗志昂扬的参与者这一伟大的任务。他们所展示的,不仅是总体目标实现的结局,而且是总体目标实现的方式。坎德尔(Kandel)博士在其文章的结尾涉及社会重建中的学校,他谈一般意义上的社会时说:"社会将欢迎来自任何方向修正现有弊端的帮助,并使它成为真正的自己;除此之外,它不会允许学校这样做。如果其责任是为即将到来的一代规定和诠释社会文化,以及理想的教师队伍,那么,尽管已经着手做了那么多,但它仍然将面临一项艰巨的任务,即它可能为一个新的社会秩序打下基础,但是社会,而不是由教师队伍决定它的细节。"

在这个声明中,我禁不住要强调许多单词和短语:矫正弊端(abuse);教师的职责(duty);一个新的社会秩序的基础(basis);将特殊情况(particulars)留给社会处理。但我满足于询问许多教育家还想要什么,无论多么"激进"。弊端不能仅仅通过消极的手段予以纠正,而只能通过正义和人道状况的代替来消除。为新的社会秩序奠定智识和道德的基础,在教育行业中是足够新颖和鼓舞人心的想法,并且在根本上为变革指明了方向。那些怀有这般理想的人,当他们站到反动派一边,通过嘲笑那些本会使此番职业成为现实的人的时候,他们没有忠于自己曾宣称的东西。此等作为不妨留给教育方面的法西斯主义者。

书　　评

"一个上帝"还是"那个上帝"？[①]

《存在一个上帝吗？一场对话》

对谈人是威曼、麦金托什和奥托

芝加哥和纽约：克拉克·惠勒特出版公司，1932 年

我发现，这本书中的大量讨论，其内容的专业程度是我难以企及的。从专业角度来说，对于这类主题的讨论，我是难以插足的。不过，这种情况在无意之中发生了变化，而且产生的效果甚至让我感到困惑——事实上，最后可以发现，我对于这本书的反馈，相当一部分是努力尝试解释那个困难，即建立一个可以在他们考虑的主题下持续使用的定义。我不知道自己怎么样才可以做得更好。但是现在看来，没有比让读者亲自检阅我的最终解释有更好的办法了。

如果我说问题正是围绕对标题"存在一个上帝吗"中不定冠词的使用上，那么，或许结论至少已经被暗示了。因为如果这一提问所使用的是一个定冠词——"存在那个上帝？"(Is there *the* God?)那么，我就不会遇到这样的困难了。所以，在这种情况下，我早该知道，问题就在于字词形式中产生的晦涩；也该知道，必须有一部分说明文字用于定义和阐明在那个标题中提及的对象：上帝。这个上帝所指称的，有许许多多可能：可能是亚伯拉罕(Abraham)、以撒(Isaac)、雅各(Jacob)的上帝；亚里士多德的形而上学的上帝；荷马史诗的奥林匹斯山上的上帝；"亚他那修信经"的上帝；伊斯兰教的真主；圣托马斯·阿奎那(St. Thomas

---

① 首次发表于《基督教世纪》(*Christian Century*)，第 50 期(1933 年 2 月 8 日)，第 193—196 页。威曼与麦金托什对此评论的回应，见本卷附录 3；杜威的回答，见本卷第 223—228 页。

Aquinas)的上帝;斯宾诺莎学派的伦理学的上帝;卢梭的萨瓦主教上帝,也可能是康德的实践理性的上帝。即便在这每一个上帝之中,也难以找出一个令人满意的答案,甚至难以找出一个用以判定如何才是"满意"的标准。不同的人,不同的学校,对这个问题会有不同的答案,因为他们遵循着不同的逻辑——不同的证据准则和检验标准。因此,如果出现那样的讨论,我们并不会感到意外。但至少,这个提问的意义是值得肯定的。具体地描述到细枝末节是不可能的,但是至少要对那个作为所有提问的源头的那个对象之本质作一个充分的说明。只有如此,方能使这一论述的主旨对我们来说,不会那么模棱两可。

"存在一个上帝"的问题对于我来说,乃是位于另外一个极点。事实上,是它的语法构成引起了我的困惑。我无法思考它,因此,我的机遇就在于对这个提问的讨论从某一个问题转移到另外一个问题。其中一个问题是:"上帝的本质是什么";"假设上帝存在,它必须是什么样的?"如果基于对整个主题的考虑,方才第一个问题已经有了合适的答案,那么另一个问题就是:是否有一种存在或一个对象,符合对那个作为存在物的上帝的描述? 对我来说,就其本质而言,"存在一个上帝"的提问所引出的,不外乎就是这两个问题。

我刚才的表述似乎包含了对麦金托什先生的立场和争辩的不公正看法。其实,我们对他在确证"一个上帝的存在"之时所作的确证,丝毫不会怀疑。它是一个超人类的灵性存在,一个实质上人性化了的宇宙力量,一个具有智性的、充满了爱的道德意识和道德意志,并且绝对站在有益于人类利益角度的人神关系之中。他所指明的"存在"虽不似以色列人的上帝那么明确,但却极为符合历史上的宗教传统,足以为讨论提供一个没有歧义的主题。在为这样的"存在"是否存在找到确定的答案的路上,的确困难重重,但至少对于我们所思考的、所讨论的有点儿理论基础。同样,我们知道,奥托先生在这样一个人性化的宇宙性存在"不存在"的前提下,提出"一个可信任的宗教信仰"之时想表达的是什么。

如果从表达上来考虑,那么,如果将我的指控指向威曼先生,则会更加公平合理。正是他坚持要找出一个完整的"上帝"概念,因为只有这样,有关"上帝存在"的问题才有望得到解决。正是他认为,证明的唯一方法就是通过定义;也正是他,坚持"关于上帝存在的提问"是根本不值得一争的。威曼先生坚持,唯一的、真正的问题就是术语"上帝"被赋予了什么意义,以及有可能找到一种意义;在这种意义之下,上帝的存在在任何情况下都不可能被否定。他的这一坚持,决定了整个讨论的走向。

之后，我将对威曼先生的独特看法提出点儿什么。但是现在，当讨论焦点从作为某个国家、种族、信仰、教会或者思想家的上帝转为一个笼统的上帝的时候，这种转移的意义比任何其他的问题叠加在一起还要重要。正如这种转移影响了麦金托什先生的立场，也影响了威曼先生的独特看法一样，我也得先谈一谈这一要点。我想，在所有提及过的上帝之中，亚伯拉罕、以撒、雅各的上帝是最具独一性的，当然，那位与它相对的那个伊斯兰的上帝除外。其他的上帝，都共有一些"一个有嫉妒心的上帝"的特征，它的嫉妒就在于不允许其他上帝获得敬畏和服从，而且从地上的国家中拣选出一部分人支持它。在欧洲宗教传统下，没有人可以逃过这样一个独特而又排外的存在所带来的历史影响；当"上帝"这个词被提起的时候，没有人会不联想到这样一位神。关于它的独特性征，是毫无疑问的，其他的上帝都是假的，甚至比没有那样的存在更糟，因为它们欺骗人类，引起毁灭。被拣选的人、教会或者信仰者的肉身的独一无二性，就是那位上帝无处不在的嫉妒心的可见的象征。

我不会讨论在那些对人类的道德影响中，是什么成了对这一个上帝的信仰——而且一代又一代没有选择地继承了下去。尽管我个人同意奥托先生的说法，这样的影响被夸张化了。但是有一点是很清楚的：关于这样一个上帝的"存在"或者"不存在"的问题，实在让人振奋。存在问题让生命的每一方面、每一阶段都有所不同。比如东正教强调，当纯粹的永恒福佑状态相对于被诅咒的永恒受苦状态时，这种差异尤为明显。

现在看起来，我好像找到了一个矛盾之处：一些声称已经和传统的宗教组织和领地决裂的人，仍然坚持对一个上帝信仰的重要性，对其崇拜和依赖所需的特定态度的重要性，以及重视那些只有他们才认可的"宗教体验"；因为只有那些"宗教体验"，才能真正唤起宗教性的态度。这个矛盾在于，当传统意义上的神的独一性观念被放弃之时，当人们转而投向另一个极端、肯定上帝的包容性和整体性之时，他们仍然设想并要求规定人类的能力和态度，使之与那个排他的和妒忌的以色列人的上帝相符。他们仍然坚持一种特定的存在或者对象，即一个上帝，以及用于接近它的特殊方法和特定的途径。

在宗教中，自由主义者和现代主义者一直被迫改变他们那独一性的上帝观念，转而相信一个包容性的上帝，其间的理由无需赘言。正如莫里森（Morrison）

先生在他的介绍中所说的,他们是意识到要与现代世俗知识,即科学知识达成协议的人。后者被迫改变对这个以此世界为中心和顶端紧凑而又有界限的宇宙的信仰,转而相信多层次的、无界限的存在不仅属于太阳系,而且属于整个宇宙。在这个星球上,独一无二的、以自我为中心的,并伴随着原罪与救赎之剧占据着重要地位的人类史被改变了。现在,它只是一种没有尽头的进化史;在其中,人类在这个星球上的故事只是一个无足轻重的意外,而不是令所有意义得以实现的终点。自然,还有成千上万甘于奉献的信仰者,在他们心里,两种观念并行不悖。但是,任何一个了解整个智性领域和观念领域的改变有多么深的人,都没有其他的选择,只能屈服于旧的上帝观念或者干脆拓展这个概念,转而直面在宇宙观中的改变,相信历史只是与上帝有关系而已。历史学和人类学进一步清楚地阐释了这其中的种族起源和那个独一的上帝的身份。

在自由主义者的宗教观念中,有一个令人好奇的变化恰好与上文提及的改变相符。确实有一段时间,而且不是很久之前,其他的宗教只有在作为真正的宗教的反例的时候才会被提起。以那种具有强烈嫉妒心和独一性的上帝观念来看,这些其他的宗教都是纯粹的异教,是人类罪恶意念的产物,是他们背叛真正的上帝的标志。当代自由主义护教学的一大特点,就是这种逆转。宗教信仰的统一性、人类中圣灵的存在,甚至最被谴责的"异教",这些议题在某些宗教崇拜之中已经引起深思。只要这种意义上的拓展带来更大的宽容和人性,那么,它自然是值得肯定的。但是,从智性上来说,它遇到了从"那个上帝"到"一个上帝"的问题;它与那个在英语中最不具任何色彩、最缺乏限定的词语相互应和,而且所指称的对象所具有的意义在当下变得日益寡淡、单一。

麦金托什先生的例子在这里尤其关键,因为他的观点在两种有神论与西方基督教世界的传统距离中是最近的。他始终背负着在宇宙范围内找出一个具有包容性基础的使命,就像任何一个思想家,既想保持他们的宗教信仰,又想牢牢地抓住现代哲学和科学领域所发生的主要智性改革。这并不是怀疑他的见解之独创性(更重要的,不该怀疑他的认真程度),但可以说,他的见解建立在被康德认为是非常全面的事实基础之上,几乎不具有排外性,以至于作为一种理性的、对上帝信仰的基础,即道德生活中的必要之事;出于所生成的"理性之必要性",它最终也得到了广泛的保障。他沿着与康德相似的路线向前(虽然远不及后者那超负荷的哲学方法)。他争论说,最好的科学知识让我们产生了有关一个宇宙性的、人性化了的力量的观念,它关心人类的道德发展进程以及最终道德观念的胜利。并且,他因此争论说,如果"道德乐观主义被证实,那么,我们需要的上帝便存在"。从这种"基于道德权利的对上帝的信仰"出发,麦金托什先生继续争辩道,宗教经验——就像科学家在他们的研究领域里可以获得经验一样——可以证实这一忠诚而符合道德的信仰。

在此处,我并不关心批评麦金托什先生争论中的那些小细节,我在上文中也只是粗略地指出一些而已。我再次想指出的,仍旧是那个重大的转折,也即传统宗教信仰转折的标志。它对我来说,不仅是内容方面的,而且是基础和目标方面的。这也意味着,有必要进一步探索一种完全不同的观点。首先,我要特别指出 218 以人类存在为前提下对上帝的信仰事实中发生的逆转,不论这种信仰多么普遍——那种普遍的信仰在对道德生活的需要和对信仰的需要中获得了最终的胜利。我并不是要质疑这种信仰所应有的普遍性,而是想说,终极诉求的阵地已经发生改变,它不再为宗教传统所独占,要想踏上此路,就得做好准备舍弃古老的基石和旧时的目标。如果你指望把道德理想作为你的支撑和方向,那么必须心满意得地从道德生活的所有指示中汲取有关宗教和上帝的概念。是否存在实在的或者形而上的外部力量为道德需求和道德观念的实现服务,这样的问题实际上是没有意义的。因为将道德观念至上作为宗教观念的根基,包括什么是上帝观念,然后依托一个上帝为道德观念提供外部支持,这种想法本身是自相矛盾的。

第二点相类似。在诉诸人类生命中的普遍事实、道德义务之后,麦金托什先生诉诸一种绝对受限的经验通道和器官,名之曰"宗教性的"。我不便详述其细节,但是我想,任何一位读了他的"第六圈层"的人,都可以问:除了西方基督教传统中有限的经验以外,任何"正确的宗教适应"是否都是可能的? 当然,不要忘了远比它们更为局限的福音派。而那些虔诚的拜火教、佛教徒、吠檀多信徒等,他们的"正确的宗教适应"将会招致其他的"经验根据"。在这里,我引用这样的说法,是为了说明在那些宗教现代主义者中很常见的矛盾,即一方面断言上帝的"普遍性";而另一方面,固守一种更早的排他性的传统和膜拜而主张"绝对的生存"。而正是这一矛盾的存在,使得那些宗教开明者具有无法避免的左右摇摆的立场。

在威曼先生那里,这种矛盾甚至更为明显。因为他在对那一个"上帝"的追 219

求上走得更远,好像我们已经成功地建立了一个毫无疑问的上帝概念,并且可以确定无疑地作为一种存在。威曼先生反对麦金托什先生,指出后者只是用"上帝"作为一个假想前提来支持和证实人类的道德理想。我猜,麦金托什先生也许会这么回应。对于道德理想的引用,只是作为一个"高级术语"(ratio cognoscendi),而不是作为一个"解释存在的理由"(ratio essendi)。那就意味着,它只是通向"上帝之存在"问题的理性桥梁,而不是通过它来定义"上帝"的内在本质。可不管怎样,在我看来,令威曼先生愤愤不平的地方,恰好反过来击中了他自己的言论。他的理由是什么? 是他所谓人类需要爱和崇敬的对象:"人类心中潜藏的付出爱的渴望,没有什么能够与之相比,具有永恒不变的价值,以致人类若能以任何牺牲和奉献来服务于此,都将是至上的光荣。"这是他所认为的"普遍事实",而他的一切对于上帝存在的肯定就自然而然地建立于其上了。麦金托什先生想要给我们的道德理想和道德乐观主义一种宇宙性保障。威曼先生想要一个与人类之爱和奉献相匹配的对象。就这两位相比较,后者的理念更为主观。

如果我到这里就停下来,那么对威曼先生的评论将被视为是极不公正的。因为威曼先生坚持,必定有一个对象能够催生、支撑和构成善;这是从我们的行为出发不可否认的事实,也是一个上帝真正的意义。然而,就是在威曼先生自身的言论中,无意产生了置换,他所说的内容太过普遍和包容,以至于难以符合历史上的宗教精神和上帝观念,从而与某些基督教一神论的狭隘看法取得了共识。也就是从人类探索到一定的条件和能量维持他们生命的善,转变为肯定这样的力量构成了一个统一的、单独的对象,"合理地要求人类最高的奉献"。出于智性的自我维护意识,威曼先生补充说,他口中的"上帝"不仅仅意味着至善,"我的确有那样的意思,但我想表达得更多。我想表达的是那样的上帝对人类生命绝对起着重要的作用,也就是说,要求这种至上的奉献是激情的、激烈的和悲剧性的"。所以,"上帝存在的最大意义是让人付出至高的崇拜,服务于此亦失败于此,也在此走向死亡的终结"等等。

现在,我在这里想说的是一种转变——从一种可以促成我们的行动和拓展我们的善的经验的力量,到我们尚未发现的那种要求至高的奉献和专一的崇拜的力量;从个人独有的爱、关心和服务,到全人类共同承担的奉献和爱护。如果不是这种转变,我不会发现威曼先生的观点中那一丝一神论的倾向。再次重申我的要点,即这样一种转变是从包含在人类经验中某种过于普遍和包容,以至于无法等同任何历史性的宗教传统——无论何种传统，遑论基督教有神论了——的东西，向某种充分"妒忌的"和排他性的，足以成为一种传统宗教信仰的情绪载体的东西转变。

威曼先生指明，"'上帝'一词意味着爱、崇敬和奉献精神，它不是一个描述性词项"。当我说这一段包含了最关键的转变和矛盾的时候，我希望不是在一个单独的段落上有过多的关注。我们发现的，当然是对象、人物、原因会激发奉献和牺牲的事实。但是，如果没有"上帝"作为一个描述性的、定义性的词项，那些事实就不可能转变为存在（无论是人格的，或非人格的）。这个"上帝"从根本上值得拥有强烈的、独一的、嫉妒的、充满了爱和崇拜的一切，我只能把威曼先生的上帝想成一种对不可否认的事实、经验、人物、原因的人格化，它是善的，且值得被珍视为一个单独的对象、一个上帝。

为了简明起见，我的评论无疑是抽象且形式化的，但它能够嵌入一些实实在在的论点。我们只要承认，在人类的欲望和意愿之外，已经存在一些条件或力量，能够带来令人满足和喜悦的善；而且，这些善的持有和扩展取决于人们在多大程度上注意到它们，并奉献于它们。这个公认的事实是否为那些促成善的因素提供了线索？如果不能，那么，威曼先生的观点在我看来，不过是一种借口和托词，即在一个过渡的和动荡的年代，许多人发现下述做法是有益的和宽慰的：继续使用"上帝"这个词来指代事实上的一种力量集合，而它们只是在功能效果方面——促进人类生活中的诸种善——统一起来。这是一个有关智性的问题。充满着智慧的形形色色的人，在如何对待"上帝"这个名词上面，产生了不同的结果。很多因素会导致不同的取向，比如性格、教育背景、所处的环境，等等。但有一点很明白，这个词语就是对那些仅仅为了促成进一步的人类之善的因素、力量的集合表达。

如果这些都毫无异义，那么，一定会有人因为有这样一个富于情感的本源而狂喜，即通过这样的特殊方式，如此紧密地集中情感因素。但要知道，如果是这样一种富于人性的本质、一种非常私人的喜悦，这就像人们在音乐或诗歌中有能力体会到的艺术享乐一般，不具备什么权威性。为了获得这种喜悦和满足的方式、途径可以属于你，也可以属于别人，而在传统宗教中包含的限制则使情况恰恰相反。如果从另一个角度乐观地看待这一事实，那些选择将精力分配给奉献、服务、热爱的对象的人，与那些将时代、季节、对象等概念集中实体化的，更充分地行使他们拥有的智性和道德权利一样。我提出一点，就是想说，对于大多数人来说，这才是一个更为明智的选择。狂喜体验是有它的地位的，但它总是容易越出它的界限。越出界限的后果之一，就是人类由于对自己所能拥有的自命不凡而导致不忠；另外，会导致道德态度的崩溃、奖罚体制的不公，以及引起人类生活中各种关系的混乱。

就我所预见的和判断的，人性世俗化的发展，真正的意义就在于此。它正是被由科学问题所引发的新的信仰所影响。但更重要的是随着经验的扩大，有着更加稳固的基础的意义和善，将扩展和深入。不可能为了那些宗教主义者所认为的价值权威为由，限制宗教的对象、途径。对我来说，威曼先生承认了这样的事实，因为来自传统的那个早先有关独一的、嫉妒的上帝观念的情绪基调最终压倒了他。

一直跟着完成了对于神的那些早先观念所作概括的人们得以人类生活和关系的正常过程之中的、不计其数的方式尽享所有的善；而对于这些善，无论多么开明的有神论者仍然都会把它们局限在特殊的经验类型、特定的对象和特定的对象体系之中。至于那些仍然执着于享有更大平安的人们，我们则只能邀请他们到散布在各种各样经验的善中去寻找。

杜威博士的回应^①

《基督教世纪》的编辑：

先生：威曼博士和麦金托什先生对于我对他们在《有一个上帝吗？》一书所作 223
的评论进行了回应。在讨论他们的回应之前，我想指出在他们各自的回应中令
我大吃一惊的那两处。在麦金托什先生的回应中，称我之所以对基督教有那样
的态度，完全是因为受到我个人早期所经历的一些不幸的影响。我之所以会那
么惊讶，因为我本以为我们的讨论完全是哲学对话。鉴于麦金托什先生毕竟引
发了这个话题，我想澄清的是：不存在什么不幸的事情，而我现有的理论对于不
同的教派、不同的哲学学派的态度，都是以与我的哲学思考发展相同的速率
（*pari passu*）慢慢地生成的。

而威曼先生的文章中令我惊奇之处在于，他说，我坚称他将"一切信仰上帝
存在的基础是人类需要爱和崇拜的对象"作为其理论起点，可当他发现（且就在
几乎紧邻的一个段落中）另有陈述将他的理论起点归为其他东西的时候，他觉得
我是三心二意的。事实上，我只是提及他的确把原因归为人类的爱的渴望，但是
我在接下来的段落中，已经解释为什么我如此引用威曼先生自己说的"人类需
要"云云之语，因为我担心评论会显出对他的不公平看法。我的文章的大部分都
是在陈述他的另一种观点（我会在下面进一步说明，其实，第二种理论基础与第
一种更为贴近；这一点，威曼先生自己也不会意识到，也比我提出的最初见解更

---

① 首次发表于《基督教世纪》，第 50 期（1933 年 3 月 22 日），第 394—395 页。本文反驳的威曼先生
  与麦金托什的文章，见本卷附录 3；杜威的评论，见本卷第 213—222 页。

为贴切)。

　　我打算从一个远离这场论战的地方开始谈起,否则,大家必然只关心如何澄清这个情况,而不是从各个论点中找出有意义之处。把有关宗教经验之事与上帝存在问题分开(举个例子,让这两件事情变得像佛教徒与孔德实证主义那么毫无关系),我便发现——很多人也想证实我这样的经验——所有传统的宗教徒引以为傲的,拿来与自身对上帝观念的理解相联系的东西,都可以与我们人类经验中一般的关系相类比,比如我们与外在自然界的关系,我们与其他人的关系,以及家庭、友情、工业、艺术、科学或公民的关系。这种情况表明,要么有关上帝的观念真的完全可以与宗教经验分离;要么,它只是一个从最直接的人类经验中与自然关系形成的观念。我正是从这一点出发说出了我的看法,而分歧之处就在于:从威曼先生的段落大意来看,他基本上同意上述提及的第二种可能(尤其从他反对奥托先生观点时所表明的立场上可以看出来),但他同时却坚持从另一个外在因素中找出什么来命名上帝。

　　借助第二个观点,我将继续阐述我的论点;鉴于篇幅的原因,我在之前的评论中没有来得及说出。威曼先生经常从一般意义上谈及人道主义,而奥托先生总会特意地解释,好像人与那些和其皮肤、感觉相对之物是完全分离的。威曼先生还援引奥托先生"人类的社会和自然环境"之说;承认人是不能自给自足的。我当然不能为奥托先生代言,但威曼先生真的以为,人道主义者无法意识到人作为人是处于自然与社会的关系之中,而不是因为与这两者完全隔离吗?"健康"就是一个很好的例子,人不可能脱离自然、父母、朋友而直接形成自己的健康状况。友情也是这样的例子。语言、科学、艺术这些为我们所珍视的,都可以用来反驳。

　　人类如果自恃孤傲,有意识地将自己与外界分离开来,就不会有家庭、国家的产生,不论他怎么努力提高自己的价值,都是没有用的。从这种意义上说,威曼先生称"对象性的力量造就了我们的价值"并不是没有道理的。正如莎士比亚所说,"除了自然本身,没有什么能推动其发展"。现在,威曼先生认为,承认这个事实——还有那些在此处阐述得过于直白的话——就是承认我们对于上帝的信仰,至少就是那个他向我们诠释的上帝。那么,我们说——至少我想说——关键的是事实、现实,也就是绝对的客观力量;有各种各样的客观力量,人类对这些力量的关注越甚,它们的效力就越大。所以,如果威曼先生或其他人那么愿意认为,这些力量给我们人类带来了福利,故而称之为上帝的话,那么就让他那么做吧——至少,这种方法没有把上帝之名何以来的原因掩盖掉。想想,如果这就是威曼先生真正的目的,那么,我倒很乐意地接受;我不会吝啬去祝贺他——既找到了一个确切的名称,又没有付出被同化的代价。

不过,有两个原因导致我迟迟不愿意把这样的立场全部归结到威曼先生的身上。一个原因是:他不断重复地引用"上帝是一种……的力量"这样的话(当然,我想,如果他把他的说法颠倒过来,便会更明白易懂:成就最伟大的善的力量就是上帝)。并且,这种陈述模式并非看似纯粹语词方面的。他同意一般的看法,即将这种力量看作单数,这正是我在引述历史中那位"妒忌的上帝"的时候谈及的。可一旦我出了什么错,那么,威曼先生只要那么说就可以了。

另一个更重要的原因是:我看到了威曼先生观点的转向,他从认为上帝是那个促成至善的力量,转而认为上帝是那个至善的力量。现在,请允许我先忽略这个词语中的最高级,比如"至善"之至,让我先指出,不论促成善的力量是单一的还是集合的,它都需要人类的关注、关照和谨慎的态度。这样,它(或它们)才能把它的(或它们的)工作做到最好。但是依照威曼先生的说法,它(或它们)之中并没有什么因素得以提出这样的要求。我可以因为一个人的健康而越发爱这个人,或者因为那个人给我带来更好的健康而对他充满感激。但是,我不知道是不是一些化学的或物理的反应产生了爱意(或崇拜之情),从而影响了健康。当然,我知道我们需要配合那些领域的工作。

现在,既然我理解了威曼先生——而且,我在探索更多的证据——从促成善的因果性因素到善的自身的转变,是由带来一系列整合结果的一些行为构成的。这些整合包括在因果条件中一个固有的、极其重要的统一体。这个关键的统一体,才是接下来最有价值的。不过在我看来,这也是人类思考和行动的介入之处。它已经成为"应该"存在的;或者说,它作为一种存在,已经影响了过去几代人如何使用他们的能力。我再次申明,如果任何人要将这介入性的观念和事实冠名为"上帝",那么,我觉得,只要澄清了这个名字的意义,就没有谁会拒绝。

威曼先生观点中最大的问题是:他的整个逻辑会引向刚才的结论。可在那样的情况下,在如此定义的"上帝"与人类欲望和投入之间有一种绝对的必不可少的关联,这恰好是威曼否认的,而且他认为,我错认为是他的观点。因为从一种促成善的客观力量到善本身,与人类的欲望、忠诚度和投入程度是没有什么关联的。

请允许我在这里全文引用书中的观点(第 15 页)"我那般形容上帝的道理是什么？首先，因为它早就维持、传播、构成了有史以来最高的善。其次，因为它与人类的良知共同携手，带来了远胜于仅凭人类自己的力量和良知所不能达到的价值高度。第三，它是人类所能爱和敬畏的所有事物之最……第四，它给祈祷回应，并给了他们答案……第五，因为在上帝那里，所设想的受难之爱找到了归宿……"等等。请注意，这些从句中的第一句仍与因果因素相关；其他四个都包含着人类合作和介入行为。且在威曼先生最后的一篇文章中，似乎更加肯定这一点。"这个让我们的行为和兴趣互相产生作用的整体，这个只要我们身为人就一定会为我们有所帮助的组织，不论它的名字是什么，它就是我们要投身的现实。"这是一个完美的伦理阐述，并且，如果宗教是"充满情感的道德体系"的话，这也是一个完美的宗教性阐述。我应该赞同——假设这样的组织在我们人类的机构、序列、关系中的方法和形式里的确存在。如果威曼先生实际上要说的是这个，那么，我就不知道人道主义者要怎么同他争辩了；反之，他也无法同人道主义者争辩——在他改变人道主义者就是完全同自然和他本身以及社会相分离的想法之后。

我把绝大部分的篇幅都用来说威曼先生的不是了。因为我觉得，与奥托先生或我自己的观点相比，讨论威曼先生的观点可能不会那么突兀，也可以不必那么长篇大论。至于麦金托什先生，我和他的分歧实在有点过大。至于上帝与伦理理念之间的关系问题，我并不觉得我误解了麦金托什先生的观点，尽管有时候我的语言表述不是很精确。我不是要指责麦金托什先生把上帝作为伦理理念的创造者。我明白，麦金托什先生只是把上帝当作它的主体。我要表明的一点是：把这个伦理理念作为绝对理念，然后坚持有确然的存在物来保证它的最终胜利，这是自相矛盾的。如果这个观念是绝对的，那么，它自己会对自己负责。就我自己的观点来说，他所说的第二点很容易被我的观点推翻，即我发现越来越多的人找到了一种能令他们完全满意的、可以自证的宗教经验；在那里，那些对象或者他们感兴趣之处，与麦金托什先生所建立的规则和事实毫不相关。我还要补充一点，也许也值得我个人深深信仰的一点，即越来越多的人正"享受"着他们的宗教经验，却没有任何专业的宗教人士教过他们什么；而正因为缺乏明确的宗教信仰，他们自然就与宗教无关了。

227

至于第三点，我当然不会否认人类意志存在的逻辑上的可能性，它充满了因果规律，引导着宇宙的发展，促成了道德的终极。要完成对这一事实可能性的证明，肯定其中那个时刻发挥着作用的信仰，在这一篇简短的文章里是不可能做到的。不幸的是，我又必须作出一个确切的结论，而这不是对麦金托什先生的错误鼓励，就是对他的错误引导：如果宗教的未来取决于必须找出这样一个实在的证据，那么，我对宗教的未来忧心忡忡。但是，我不认为宗教的未来就是这样的。从这个角度来说，我至少和威曼先生取得了一点共识。

约翰·杜威

社会的压力和张力[①]

《近期美国社会思潮：总统调查委员会对社会思潮的调查报告》(*Recent Social Trends in the United States：Report of the President's Research Committee on Social Trends*)

纽约和伦敦：麦格劳-希尔出版公司，1933 年

229　　对于那些研究道德的人来说，各社会条件与在对或错、善或恶等涉及每一个体的问题上，一直未有统一的意见。而对我们来说，道德家将道德问题的起源和本质中的个人因素极大地夸张了。毫无疑问，这些人会在那些记载了美国社会思潮的不朽书册中找到珍贵的信息宝藏和大量的意见财富。幸运的是，没什么必要去限制这些书册对伦理人士所能产生的价值。因为没有人会否认在一定时期里，占据主导的道德问题的确与当时的社会思潮有关联，那一时期的道德混乱必须以旧体制的腐朽和旧风俗的瓦解来解释。

　　当然，准备对这两卷中各种观点进行研究的人，其主要目的并不是为了服务于那些道德人士，也不是出于道德考量。这种研究在本质上是社会学的、经济的，构成其内容的二十九个不同的提问和报道来自相关领域专家的不同观点。自然地，带着伦理方面的兴趣而接触这些书册的人会发现：不同的章节有不同的焦点，这会打消他本想就书册内容写些综合评论的想法。作出什么样的选择，在一定程度上取决于主题是什么性质。在处理"自然万物"问题的部分，在研究"生230物遗产"的部分，或者在论述"社会遗产"的部分（包含更多的研究内容），都不会为道德家找到什么参考材料的。并且，在后面的章节里，存在由于不同作者采用

[①] 首次发表于《国际伦理学杂志》(*International of Journal Ethics*)，第 43 期（1933 年 4 月），第 339—345 页。

不同研究方法而产生的差异。一些人会实事求是,注重事实;他们会给出具体的信息材料,让道德家们自己作出归纳。其他一些作者更倾向于诠释,向那些研究道德的人提供会直接影响其思考方向的归纳。举例来说,在"转变中的职业形式"、"教育"、"犯罪和惩处"、"法律"等章节中,就采用了前一种方法。而"发明"、"家庭"、"消费"、"政府"这些章节,则明显地采用了第二种方法。当然,这里所指出的差异不是那么明显的,所有的作者都提供了事实根据,也都作了一定的归纳。但是,似乎存在一种与主题的性质没什么关系的不同意趣。

不管怎样,那些相对来说,主要用诠释和归纳法的章节必须给评论者明确的线索,就算只是一个大概。由此,首先要注意重点章节之前的委员会的综述部分。通过书册编辑们所报道的趋向,我的最大印象就是我们正经历社会平衡的巨大动荡,而且现今影响各种社会活动的问题归根结底是合作和整合的问题。我想,我这么说,并没有显示出什么不公正吧。再说,这样的结论也没什么好惊讶的。我想,每一个严肃的社会现象研究者都得出了相似的结论,但仍然没有人会从我们多面的社会生活的每一个小平面去搜集证据,从细节处支持所作的归纳,也没有人对最后的困惑给出全面的理解。不过,对问题作出明确的描述,已经很有帮助了。尽管所作的陈述十分保守,但至少态度明确;尽管所提出建议涉及的范围十分有限,但由那些作者出于个人的角度提出,比人们所设想的温和得多。在我看来,这些帮助的价值也就没有减损。本书的内容不偏不倚,使作者们显得更加公正和客观。

通过增加社会计划和控制力量,让对排他的、充满竞争力的各种活动和兴趣的注意转移到对整合问题的注意上,这的确是一件带讽刺意味的事情,应该让那些顽固的个人主义者来对我们任命这样的使命。如果书册中所包含的共识是正确的,那么,我们现在面对的问题就真的是一个各种发展之间没什么关系的时代的产物;在这个时代,能量和速度都获得了显著的成绩,但同时让整个社会及其各个机构处于极度的不平衡之中。

请允许我引用一些委员会的陈述:

> 委员会并没有夸大这些问题引起的困惑;它只是揭露出问题的所在……在令人称奇的流动性和复杂性之下,我们庞大的社会系统同时出现了各个部分的互相分离……必须指出这个突出的问题,才能唤起对我们复

231

杂的社会结构中各个因素互相依赖性的认识……在混乱的现代生活之下，经济、政治和社会领域都可能出现了大量的混乱……这就是评论的首要目的……对于变动中各个因素之间保持平衡的重要性，引起了重视。一个国家的前进，不仅仅依靠动力，也要使前进的各种力量保持一定程度的平衡。

而下文更可以看作是对整个主旨的概括：

如果报道如实地展现了近年来美国生活中的困惑和纷杂，变化方面令人瞩目的不平等，发明、境遇、态度和理想方面的不平衡进展，以及社会安排方面的**张力和扭曲**，那么我们就可以坚持这样一种做法的重要性，即借由我们生活相互联系和相互依赖而把社会境况视为一个整体（斜体是我加的）。

232　　请注意，刚才引用的文字不仅强调了失衡问题和对内在联系的关注，而且暗示了我们失衡的原因，即不同活动之间的发展速度的不平等。最为普遍接受的结论就是：社会各种变化的速度中缺乏同步性，这是社会失调的根源。技术领域的变化是最快的；灵性价值在面对不断变动的环境时，其变化是最缓慢的。在这两者之间，是庞大的历史遗留体制、家庭、政府、公司、学校和教会，它们变化的速度居中。但正如技术领域之内，各个部分的变化速度并不能保持一致，各种体制的变化同样做不到速率一致。经济体制的调整速度是最快的，与技术和科学的关系也最为紧密。其次是政府，而教会和学校在社会重要性方面确实大大地衰落了，尽管它们的人类价值并未减损。由于最后两项与编辑们所谓的"灵性价值"的联系最为密切，所以是相对的，其重要性倒是加强了。当有人想要更正编辑们有关政治体制方面的陈述的时候，他们必须面临道德研究者们的挑战。对我来说，这是毫无异议的事实，包含着与几乎没有变动的旧价值体系相关的根本法律观念及其实行状况。

尽管无人尝试全面地诠释问题，但有了那二十九篇特稿的材料，"简介"一章中的结论已然被证实。我可能会从其后的章节中随机地引用一些结论。比如在"发明"一章中，我们读到"高度统合的社会，其不同部分正以不同的速度发生着变化，这意味着和谐的缺失，也是严重的不协调，以至于无法从发展中获得最好的效果"。谈论经济组织的部分指出，自世界大战以来，经济发展突飞猛进，但也导致了极为严重的失衡。比如,工厂和设备的增加超出了消费者的购买力,而当制造业飞速发展的时候,农业正在衰落——巨大的悬殊最终反映在产出上面,导致主要商品的价格悬殊地持续增长。不可能撇开这些失衡看待现有的危机。很明显,主流群体的服务和商品的巨大差异,随之而来的购买力的悬殊,这些都导致必然的、大范围的社会失衡。

"家庭"一章指出,家庭的两大功能是体制的功能(比如经济和教育方面)和人格的功能——家长和孩子之间互相的人格适应和塑造——而前者正在衰落,导致任务都落在后者的身上,后者的重要性就随之增加。鉴于这种情况缺乏明确的阐释,我认为可以比较合理地推断:正因为体制功能发挥作用的范围和重要性在减少,所以家庭成员之间的关系就变得压力重重。因为体制功能是客观的、公正的中介,当它们消失时,个体就被置入更直接的人际关系,产生摩擦的几率便随之增加。另外,当这种情况来临的时候,由于没有针对人际关系适应工作的预先训练,问题会被同时抛向心理学领域和道德领域。从这样的压力推测,离婚几率的提高是在所难免的。在这里,就像其他例子一样,我们再一次发现自己身处恶性的循环之中。

紧随着"家庭"一章的是"儿童"的一章。在总述中指出,"极大的进展是越来越多的人相信,通过儿童保育和养育来引领和控制社会生活"。这句话的正确性不容否认。也正是在这个时候,科学研究(本章作了很好的描述)一方面推动着这样的教导,另一方面促成了家庭在这方面所能发挥的潜在可能、稳定性以及效率。通过家庭,可以将此效用提高到相当大的程度,可它本身却面临着失去完整性的威胁。即使乐观地看,那些独立的、不协调的行为也会造成一定的离心作用。"在把儿童保育知识、技法和实践纳入一种整合性的照看或养育计划方面存在着漠然和犹疑";在代理儿童保育事宜的那些机构的组织和运行方面也有这样的倾向——它们都有自己的一套方法,不会使用其余代理人的经验所得,或者从任何互动行为、互动关系中得到的知识。

也许在不同的报道中,政府面对它在终极文化价值——就像我极希望能解释在"简介"一章中的"灵性价值"一词——与习惯之间的矛盾和冲突中所处角色的时候,是最坦率的。在政治上,

对于其他非我系统,反对假设和不宽容的态度是最为普遍的。并且,在

政府的结构问题上,也不容许试验,尤其是在涉及宪法变迁的情况下。在公司和传统机械产业内,一般的态度是比较自由的,并且随时欢迎任何尝试。可在政府方面就完全相反,尽管在这一领域,传统的重要性更受重视,提倡变革会被视为对政府的背叛。

在这里,疲于变革、反对变革理念的情况单独地存在于经济领域之中,据称,

它不仅是广泛的兴趣所具有的偏见或者特殊的美国式心理的结果,而且是宪法维持和保护的工业现状的结果,尤其是担心变革会损害现有的资产效益。同时,这也解释了为什么除了有别的特殊利益,或者有着"最坏的政府就是最好的"理论背景的地方,其他政府的商业腐败会如此严重。

235 在处理政府变革问题的过程中,我似乎找到了被不同的社会分支领域所影响而出现的矛盾的根本原因。商业机构凭借领域内部的改革和技术,是变革速度最快的。但是在其他体制内,反对变革的声音是那么顽固,尤其是在法律、政治领域(我还应该提及教会和学校),生怕一旦变革就会影响它们在经济领域中的地位,而这个领域本来是最欢迎技术变革的。这不仅仅是一个悖论,而且有着最基本的矛盾和冲突。胡佛总统在他写的前言中强调,"自从委员会被任命调查社会变革趋势以来,我们看到的结果就是被反复强调的社会结构之不稳定因素,而不是那些稳定因素"。但研究显示了一个结果、一个经过再三考虑之后被说清楚了的结果,即我们的现状之所以困难重重,是由于不稳定因素侵占、损害了旧的稳定因素。由于提倡稳定的旧政策对任何体制及结构上的调整敌意重重,就导致了这些不稳定因素更有效地影响了我们。考虑到这样的矛盾,即经济集团既能加速自身领域内的变革,也能阻滞法律和政府的变动,我们就很难再有除了以下两种选择之外的第三种了,第一种是屈服于一直以来对政治变革的抵制,包括体制变革;第二种是慢慢地在我们现有的政治体系中走向灭亡。

如果只讨论一个主题,只评论一个文本,我一定会对书里的材料作出错误的评判。但我并没有这么做,为了那些出于伦理关怀而进行当代社会研究的学子,我斗胆地作以下思考。我见过以不敢尝试大的变动和变革为由而对本书的批评,包括转向主张维持社会现状的社会哲学。我不同意这些批评,我相信,通过

这两方面的介入，这些报道能够带来持续的影响。从长远的角度看，只要措施被采纳，那些作出批评的人打心眼里感兴趣的东西所在便会得到最好的回应。毕竟我已经厌倦了那些所谓的社会政治科学，总是用"寻找事实"的方法来面对问题。但在这些书册里面，我们看到的不只是"寻找事实"，或含蓄或直接地，这些事实被明确地指出，从而揭示了问题的症结。且在我看来，只有这样，这些"事实"才真正地发挥了作用。因此，这些书册简直就是军火库。而我宁可有这样一个装满了权威知识的军火库，也不要只会打出过期思想之火的枪支，那只会制造噪音、排除大量废气而已。

当我向研究道德者强调这些书册的重要性之时，当我说揭露紧张、扭曲的社会现状是对思考伦理议题的人的一大挑战之时，我还想说，在我看来，它对当代美国哲学也发起了挑战。当处于一个那么多发人深省的、深层次的问题亟须解决的时代，美国哲学家们问世的作品却仍然大量充斥着单纯的技术、技巧问题，以至于我们被一种新的经院哲学所威胁，它甚至不及古典经院哲学那么有生机。不久之前，那些搞文学的家伙意识到，就文学的纯粹性而言，文学形式和"纯"文学正面临危机——当然，这只是就文学而言，道德问题是不一样的。但是，他们很多人也遭受了因近期社会事件而引起的动荡和震惊。他们极有可能冒着让文学成为完全的社会宣传工具的危险。我只是希望：我们的哲学研究者们、教师们能够像那些戏剧家、小说家，甚至诗人一样，勇敢地正视潮流，向前迈进。万一他们的呼声在这个过程里被不幸淹没，我并不觉得这是不得了的危险。

236

评《贾斯蒂斯·布兰代斯》[①]

《贾斯蒂斯·布兰代斯》(*Mr. Justice Brandeis*)

费利克斯·法兰克福特(Felix Frankfurter)编

奥利弗·温德尔·霍姆斯(Oliver Wendell Holmes)简介

纽黑文:耶鲁大学出版社,1932 年

237　　　除了上任法官霍姆斯先生简单的介绍以外,本书还包括写于贾斯蒂斯·布兰代斯先生 75 岁生日之际的六篇杂文,它们首先发表于三本法律期刊之中。休斯(Hughes)的那一篇非常简明——实际上,几乎可以是另一篇介绍了——但在某种程度上点出了本书的主旨,它说,这是"贾斯蒂斯·布兰代斯先生真正为学生写作,无论是刚刚起步的,还是已学有所成的"。总的来说,它表达了对布兰代斯先生作为一个专业法律人士的职业水准的敬佩;也认可了一点,即布兰代斯先生对法律知识和法理技能的运用,充分考虑了社会价值观念——在某种意义上,也成了一种社会哲学。只是它不属于严格的社会哲学,正如布兰代斯先生自己否认的那样,"绝对不是严格的社会哲学:我只是太专注于法律实践中确实存在的问题了"。

　　所有的论文作者都描述了布兰代斯先生的伟大贡献。这也印证了他自己经常引用的格言——"法律源于事实"(*ex facto jus oritur*),以及他对此的理解:在这样的基础上,才能保持法律的"生命力"。他的法律技巧早在他成为法官之前,在穆勒诉俄勒冈州案(*Muller v. Oregon*)之时就显露了出来。马克斯·勒纳(Max Lerner)先生在他的《贾斯蒂斯·布兰代斯的社会观》(The Social Thought

---

[①] 首次发表于《哥伦比亚法律评论》(*Columbia Law Review*),第 33 期(1933 年 1 月),第 175—176 页。

of Mr. Justice Brandeis)一文中指出，他在早期的法官生涯中，让法律所能发挥的服务更加现实地与现代经济和工业情况相联系。布兰代斯先生将法律实践与贸易联盟、电力照明、街道承载力、铁路、保险、自然资源的保护等公共事业紧密地联系起来。他处理每一案件的方法，不仅仅依据事实性细节，而且会提供建设性的方案、富于成效的想法，也总是尝试新的路径。这种特性，以及他对马克斯·勒纳先生称为"综合背景的情况"的重视，成了他否认任何社会哲学观念的基础。但所有这些严格遵循事实背景的例证，都是对上一代法律观念的伟大贡献。我很难想象，任何正确的社会和伦理哲学理念会不具备这样的观念。我必须引用原著中的一些段落，以充分地印证布兰代迪先生就任于最高法院之后如何恪守原则。如果他没能赢得胜利，那必然是由于一些特权阶层惧怕依据事实材料所判决的正当结果。

贾斯蒂斯·布兰代斯先生的伦理观念，离不开他所主张的美国民主观念和个人自由主义。他的信仰在他那很多重要的意见中都有所暗示，在一些司法之外的意见中也很清晰地表达了出来。"个体的发展既是必要的手段，也是最终的目的。因为我们的目标是让男男女女都成为自由、自尊的民主体制的一员——也让他们成为值得尊敬的人。"这一理念与个体的发展和塑造息息相关；它不赞成现有的被塑造的存在。因此，它也为经济体制的批评提供了标准。一些基于"坚定的个人主义"的内容，被视为是对自由个人发展的反对。布兰代斯先生对他称为"对伟大的诅咒"所有的坚定的反对意见，就可以说明这一点。工人要想自由发展，就必须承担起对商业行为的责任。他的社会哲学的悲观与乐观两个方面，都体现在他对"加强有效的军事力量意味着它最终会反过来控制人类"的排斥之中。

我只是大略地看了各篇文章中集结的要点。不论布兰代斯先生一贯坚持的那种形式的个人主义是否会继续，不论他对大量不同议题和问题的解决方法是否能保持有效性和统一性，他的作品都将作为必不可少的向导，对学生们的价值永存。

桑塔亚那的正统性[①]

《现代哲学中的一些思想转向：五篇论文》(*Some Turns of Thought in Modern Philosophy*：*Five Essays*)

乔治·桑塔亚那著

纽约：查尔斯·斯克里布纳之子出版公司，1934 年

在这五篇文章的开头，桑塔亚那先生指出，尽管因为"时刻反应的、自发的、不稳定的"人类意识之故，所有哲学家都有点儿意志薄弱，但总是存在一些相对稳定的原则。"这些原则构成了一种正统的原因，极有可能成为人类语言和知识的普遍原理。"在他看来，两种最具代表性的正统观念分别来自亚里士多德和斯宾诺莎。另外，他认为，人们没有必要将自己局限于现有的工作，只为了证明自己是极为少数的神智清晰、老实遵循正统现代哲学家的一员。对他自己来说，也没有必要。在近期的形而上学之旅中，桑塔亚那先生似乎转变了他在印度哲学方面的倾向，因为希腊哲学中也包含着一种相似的观点，即提出一种自然之外的至高的真实存在，超越科学，也超越经验所及。

幸而又不幸的是，桑塔亚那先生自己遵循的正统似乎有点异教倾向。幸运的是，他那相背的观点赋予了他那独创性，这正是自我要求极为严格的正统派所缺乏的。不幸的是，因为——且不论他对一般道德的离经叛道之举是多么漂亮而痛快——他经常会在一个段落中对自己在另一段落说的话马上反悔。所以，人们想知道，他自己究竟怎么更正那些看起来那么自然的前后矛盾。

我引用过的他的第一篇文章，处理了"洛克和常识的新领域"问题。洛克被认为是体现了两个相对方向的典范。一方面，他认为基本的常识问题是：尽管我

---

① 首次发表于《新共和》，第 78 期(1934 年 2 月 28 日)，第 79—80 页。

们只能通过观念为中介与现实相联系,然而对我们存在的要求,实际上扎根于我们的动物本能和物质本性之中,给了我们一种对实在的物质世界不可动摇的信念,成了我们自身存在和知识对象的基础。桑塔亚那对于洛克哲学这一说法的第一项反对是:洛克把科学观念看得太严肃了,没有意识到诸如空间、原子这样的概念,其实就像人类对声音和色彩的形象理解一般,而且同后者一样,它们也需要一些来自有生命之物的对于存在的信念。他的第二项反对是:洛克对于没有以同样的严肃态度对待直觉——从它们本身的数量和内容来看——由于他清教徒式的保守倾向,阻碍了他看到它们在艺术、戏剧和音乐方面的价值。"一个好的上帝,他小声咕哝道,绝不会给让我们成为一个跟我们的意志作对的诗人。"

但在洛克哲学的另一方面,桑塔亚那先生又认为,这是被他称为"蓄谋心理学"的理论基础——为了解决观念问题,探入了意识领域,一直到得出这样的结论,即思想状态形成了已知的和值得探索的宇宙的全部。为了支持自己的反对意见,桑塔亚那提供了这样的概念:两个规范的心理学概念中的任何一个——一个属于科学的,一个属于文学的——都与"非具化的精神状态"无关。科学的心理学是生物学的,也与物理科学所能提供的证明相挂钩;而文学的心理学由人类本性中的那些兴趣所驱动——桑塔亚那称这些兴趣为"道德的兴趣"——用具有想象的词汇描述经验,总是给人这样的印象,即好像这个物质世界就是人类产生体验的舞台——欢愉和痛苦、情感和想象。

我花了过多的篇幅,这可能会导致这些文字被看成是第一篇文章的简介。我这么做,是因为我认为桑塔亚那先生对洛克先生的批评,显示出他自己对正统的背离。他认为心物二元论就是洛克对于常识的根本观点,这就像笛卡尔哲学一样,已经极大地偏离了亚里士多德哲学——不管斯宾诺莎在这里会不会被算在内。这种二元论贯穿了每一篇文章。一方面,桑塔亚那先生是一个坚守因果效应的唯物主义者,认为物体是唯一具有因果效应的存在。尽管他怀疑,比起当代物理学的相对论和量子学说,德谟克利特的原子论和牛顿的绝对时空观更有资格担当该领域的向导。另一方面,他认为,没什么价值能够拯救诗性和道德领域、观念和感觉领域,因为正是从科学角度看,有着根本性错误的唯心主义哲学;作为一切价值的源头,成全了在这些领域进行探索的价值,它总会被真正求实的、科学的眼光所自然地忽略。而科学,恰恰相反,是对这个尚不自知的世界的象征性表达、一种有价值的记录,因为这对我们的感官和追求实际的本性来说,都是必需的。一些评论者似乎抓到了桑塔亚那的缺陷。他的更正，只是在更正从理论角度已经更正过的内容，即被我们的想象和感觉所隐覆的"实用主义"。我不知道他的观点是一种更为彻底的认知怀疑，还是一种有意思的个人异端学说。不过，桑塔亚那先生实际上比洛克派更洛克。

有关《科学领域的改革》的文章，看起来有着更引人注目的反复无常性。一方面，他认为，科学领域的最新声明做到了真正的坦诚——尽管领域内的先驱还未承认它们——声称科学"没有完完全全地揭露事物的内在本质"。它提供了"象征性术语的实际保证，但没有提供更深入的见解"。不过，这种结果倒是解放了科学。如此，科学就可以专心致力于它原来的领域，即获知数学规律的精髓。因此，桑塔亚那先生称"智慧只有在正确的形式中才不会轻率，才能毫无怀疑"。但之后，他又称这一革命把科学带离经验更远，而结合了一种私人的见解，产生了智性的混乱现象，与由潜在的原子和绝对的时空构成的经典物理学的古老信仰背道而驰。如果桑塔亚那先生将其怀疑仅限于此，就像埃丁顿（Eddington）和琼斯（Jeans），把科学发现变成神秘的形而上学，我也是能够理解的。但是，他似乎对他之前的祝愿和期望有所变化，变成了对现代科学本身的不信任，如果不是诅咒的话。

对于其余两篇文章，我没有办法作出评论，一篇是关于弗洛伊德对惯性或者积习之根源的发现，紧随着他早期对于快乐与痛苦的机制的颂扬；另一篇是本达（Benda）的宗教狂热——就字面意义上说——探究的是直觉和无法定义、难以确证的可能性，其实是处于桑塔亚那对于"正统性"的异端视角。前一篇文章其实包含着桑塔亚那对其个人观点的绝妙陈述，我打算在此处全部引出：

> 我们通过自己的美学理念来阐释各种机制的本质，是何等的笨拙。这远离了它们本身的纯粹性与和谐性。我们只听到了它们对外奏出的优美音符，其实，它们在那些遥远的事件、时间的每一刻，甚至内在性格的塑造方面，都有认知上的回音。

两句话就概述了他的根本怀疑，他对于知识观念的更正，以及他对于诗性和道德的永恒关注。那么，我们为什么一定要把具备如此深度的个人观点仅仅视为对亚里士多德和斯宾诺莎的当代诠释呢？

共产主义制度的顺应和行动[①]

《共产主义的哲学进路》(*A Philosophic Approach to Communism*)
西奥多·B·H·布拉梅尔德(Theodore B. H. Brameld)著
芝加哥:芝加哥大学出版社,1933 年

布拉梅尔德博士提出,要从一种特定概念来检验列宁和马克思的教条的基 　　*244*
础,那就是顺应。这本书的问题就在于决定共产主义所隐含的哲学究竟是一种
必然发生的历史进化哲学,还是一种允许和要求个人的有效行为来推动进程,尤
其是历史进程。布拉梅尔德博士的意见,总的来说,是辩证的——从黑格尔派的
角度看。他把人对社会关系的依从作为论点,而人的反叛则是其对立面,无阶级
差别的状态则是最终结论。在其中,个人拥有依据自身内在的能力而行动的自
由,而不是处处需要与其他人斗争——指代阶级斗争——当社会性完整到"可以
团结在互为对象的整体中的每个人"。

这本书的价值不在于是否接受布拉梅尔德博士的辩证论点。它包含了来自
马克思、恩格斯和列宁的实实在在的一手资料。参考了共产主义信仰的特殊利
益,这些材料被有序地组织起来,同时为非共产主义者提供了非常有价值的材
料,从而可以更好地理解共产主义的理论和实践。

在我看来,对马克思、列宁诠释中的一些矛盾之处,其根源在于:不论共产主
义者,还是非共产主义者,都认为阐释和批评的对象必然有其基本哲学观念的根
源。但哲学家与其他人一样,首先是作为人的;并且,他们作为人所具有的一般 　　*245*
特性,甚于他们的哲学倾向。为了处理问题,一个思想家会从每一个不确定的角
度来假设不同的情况,以保证能够给予问题最大程度的考虑。

[①] 首次发表于《新人文主义者》(*New Humanist*),第 7 期(1934 年 5—6 月),第 22 页。

基本来说,这种情况很正常。我是说,在诠释马克思和列宁时,在顺应和行动方面,都会考虑到其黑格尔学派的背景。如果可以大范围地彻底考察,人们会发现,这里存在的是一个历史行动。如果一个人过于强调行动的意向,人们一定会认为,他是这个行动的支持者。但当他注意到整个过程的每个阶段时,他必然会注意到个体在整个过程中发挥的积极作用。那些认为革命是不可避免的人,一定会强调个体行动在革命中的作用。总的来说,黑格尔学派的辩证法,让欧洲共产主义思想家能够综合一个必然的社会进程,一方面包含了"消极的"反抗,另一方面是个体的努力。不论布拉梅尔德博士对顺从和行动的看法是哲学的还是历史的,在我看来,这都是对共产主义领导者的头脑战略的心理学探索。

人民游说团公告

失业与低收入消费者不应
向投机者提供高额补贴^①

所谓的农场分配制度之所以反响良好，是因为它对农场主的关注；而一旦农 *249*
场主需要与失业者共同分享联邦政府和州政府救济金的时候，农场分配制度绝
对不能限制住缓解农业现状的建设性措施。

以下措施对于维持农业正常运转至为重要：

按三分之一到二分之一的比例记录农场主的债务，要适当降低他们的利息。

转移征税对象，从作为生产者的农场主或其他人员，转向作为土地垄断者或
利益获得者。

形成一个由政府主导的市场合作机制，不仅有对购买农产品的许可，而且要
有对生产的许可；同时，向消费者合理分配，就像一个世纪之前国会通过的《诺里
斯-辛克莱法案》(Norris-Sincla bill)中所规定的那样。

把农场主从无法摆脱的税收标准中解放出来。

为生产者提供统一的运输系统，这样的农业生产组织同样会满足美国消费
者的需求，弥补我们目前在世界市场的销售份额，保证我们不会被迫实行海外倾
销以保持暂时性的顺差。

这一农场分配制度的请求背后，是超过两千万美国城镇家庭的消费力。其
中，大多数家庭的年收入不会超过 1 200 美元，有逾千万人的年收入低于 1 000
美元。很明显，这项建议是欠考虑的。

---

① 首次发表于《人民游说团公告》(*People's Lobby Bulletin*)，第 2 号(1933 年 1 月)，第 1—2 页。

农场分配制度的倡议者公开声明,其目的是为了帮助努力工作的农场主。现在,这些议题被搬到了国会面前,至少需要接受现实情况的分析考量。

对农产品的税收定额现在已经和很多封港令中的一样高,然而却以千万人的收入为代价来提供奖励金额。这对所谓的受益于政策的农场主来说,无异于另一种困境。这样的政策不论是长期的或短期的,都不能真正地使农场主获益。

美国农产品生产令人难以置信的高额代价,主要是由那些土地投机商人引起的,加上以过高的利润率为目的上涨抵押资金、由于农民自己未及时向土地投机商征税带来的高额税费,以及其他一些非劳动所得。农民购买农产品需要支付过高的价格,因为官方发言人改变了对于农产品税收制度的支持而转向制造业。同时,他们还获得了反垄断法在农产品税收方面的免税担保。他们由于没有反对调整税收政策的联合垄断,因此反而在制造业领域取得了信任。

对于农产品的高额收费,主要是由于农民与华尔街——经济活动的主角——共同承担的铁路建设项目,以及无序而浪费极大的旧市场运作体系。它早在一个多世纪之前就遭到支持农业的议会的反对,但那时候就遭到相关组织的发言人的无视。

那些属于有偿雇佣的农民,是"国家农场"成员、农民联合会成员,以及美国联邦农业总局成员。他们的人数,是非农业的美国联邦工会雇佣人数的四倍。

所有的城市劳动者,尤其是在贫困时期,由于食品价格的上涨而受到影响的那些人,他们必然会拒绝国会要求他们为农业领域政策的失误买单,也会反感国会将其错误归咎于他们。

土地分配制度终究是一种对农场问题的回避,而不是解决。

一般来说,农民及其家庭成员,当然还有失业者,在我们致力于解决经济困境的时候,最有权利获得联邦救济金的帮助。但是,这些救济金理应由有能力者偿付。

抢劫破了产的消费者彼得(Peter)先生而去救济同样破了产的生产者保罗(Paul)先生,这真是我们政治智慧的一大失败。

紧急救济金①

《商业周刊》(*Business Week*)近期发布:1932 年 11 月,有 1 525.2 万人失业,相当于 1930 年 4 月劳动者的 31.2%,也就是大约三分之一。

"按照公认的情况,即每个工人有 1.5 个家属来计算,那就意味着这一冬季,有 3 750 万成人以及儿童直接受到失业情况的影响。"

比较保守的麦格劳-希尔(McGraw-Hill)出版集团发表声明:在建筑业,约有 205.7 万人员失业,或者说,在 1930 年 4 月,受雇人员占 80.3%;在钢铁工业,约有 107.8 万人失业,或者说,在 1930 年 4 月,受雇人员占 45.2%;而在制造与铸造业,受雇人员达 661.8 万人,相当于 1930 年 4 月受雇人员的 46.2%。

威廉·格林(William Green)是美国联邦工会主席,据他估计:与 1929 年相比,在 1930 年和 1931 年间,工资和薪金损失高达 366.67 亿美元。

而 1932 年,工资和薪金至少有 140 亿美元,可能比 1929 年减少 150 亿美元。

尽管 1929 年被视作一个经济繁荣的顶峰期,但《商业周刊》仍然报道说,4 533.7 万人的年收入少于 3 000 美元,却要承担高于他们总收入 704.01 亿美元的 2.29 亿美元的消费额。据说,他们的存款是 37.46 亿美元,从这里面却要有一半多的支出。

但是,有关失业人员的这些数据并不能概述所有的情况。据共享工作委员会主席沃尔特·C·蒂格尔(Walter C. Teagle)先生所说,如果不是工业领域大

---

① 首次发表于《人民游说团公告》,第 2 号(1933 年 1 月),第 1—2 页。

量地雇佣短期工,还会有 500 万人员面临失业。

很多时候,分摊工作机会意味着工资和薪金的减少,而不是分享。

像这样的"共享一份工作——减少一点儿工钱"的政策,只会对家庭预算和生活质量有所损害。

赈济工作不可能有什么替换的方案或者捷径,美国政府在面对失业情况之际所表现出来的迟滞,是我们的历史书卷中最黑暗的一页。

而土地,作为最根本的生计来源,却被税收体系所阻,甚至有相当一部分失业人员被训练去种植蔬菜和其他的粮食作物。

大规模的住房供给措施,也没来得及在情况失控之前正式启动。

公路修建等一些公共设施的建设工程,包括建立学校,也被纳税人耽搁了。

大多数城市、乡县、州都在减少在公共事业和道路上面的专项预算。

大多数的城市、乡县、州的赈济款项也都将告罄。

如果指望用科斯蒂根-福利特法案(Costigan-La Follette Relief Bill)所提供的 5 亿美元赈济款来解决近期的困境,那是远远不够的。

人民游说团与失业联合委员会已经申请了 10 亿美元的助款。

失业者在科斯蒂根-福利特法案所提供的 5 亿美元中,顶多只能分得人均 35 美元。

复兴银行公司所提供的赈济将会平衡一些窘境,使人均赈济款项提高到 50 美元。

而如果用瓦格纳(Wagner)法案代替科斯蒂根-福利特法案,那么,复兴银行公司能够多出 3 亿美元,为各州各市提供用于赈济的贷款,但人均拿到的直接赈济金额将减少到 34 美元。

这是绝对不够用的。

这些救济金将在三到四个月之内发出。

银行业危机^①

不负责任地筹集他人的钱财,必然会招致某些后果。这当然不一定会全盘崩溃,但大范围内的调整工作是必需的。

对于这种调整,包括公路、工业、银行和其他金融机构不可能自觉地提出来,而国家政府、联邦和州政府也不大可能成功地为其安排。

国家城市银行董事长查尔斯·E·米切尔(Charles E. Mitchell)先生近期在上一届国会金融业务报告中,为给银行界搞一次突袭而找了一个好借口。他提出了银行延期偿付业务,但这一举措带来的后果,甚至比投机商所带来的更为严重。

这最终招致了全国范围银行业内的大变动,归根结底,还是国家政府以及联邦、州乃至市政府在为失业者提供工作与赈济上的失误;在政府和非政府的债务问题上,没有一个规整而有效的机制,还有随之而来受到牵连的利息率、相当于上亿美元的虚构资本化问题,以及林林总总一些机构上的、运输系统的,或者金融机构的问题。

人们可能倾向于政府通过对国内收入的税收改革来促进重新分配,因为政府对这一领域的不作为,可能是导致失业危机和人民受苦的根源。人们把节省下来的存款,放到银行储蓄或者各种信托机构来保护全家的利益。

看起来,我们并没有遭受到银行家所警惕的"通货膨胀";但是,那种"扩张"会减少他们的负担。

① 首次发表于《人民游说团公告》,第 2 号(1933 年 1 月),第 1—2 页。

获得额外流通的两到三亿美元,就可以使情况有所好转。但是,在 1929 年繁荣时期通过提高物价来实现这一目标,似乎是不太实际的,也是不可想象的;可它确实对银行和信用度较高的公司的贷款,是很有帮助的。

尽管自从 1929 年以来,农场抵押债务有所降低——主要是通过取消抵押赎回权——但如果要抬高农产品价格到通货膨胀后的水平,使土地价值回升到他们能够接受的程度,以此来承担其债务,这样的想法是不够明智的。

但是在城市抵押领域,确实有近 35 亿美元正尝试着这样的举措。这主要是提高租金来维持城市土地值,以便适应如今极为突出的抵押问题;可这将给生产领域增加同等的负担,最后会导致商业发展的长期迟滞。

人民游说团连续几个月来一直坚称,要让具有应急能力的联邦政府背下这些债务,解决利率问题。

虽然行政机构的公开文件中从来没有这一类计划,但这样的举措在不远的将来是不可避免的。

在导致这种情况的根源中,最主要的因素是:非官方作主的一大部分用以估价的贷款款项,是无法回收的。

为了抵押资产中的公平,由于对损失额过分乐观的估值,以及一些诈骗行为带来的损失,应该与投资额成正比。

可是,在另有大约 6 800 万美元用于生活保险的金额和超过 5 000 万美元储蓄与信托基金的情况下,这种调整谈何容易。

另一尝试许久的措施——取消黄金、货币的囤积,已经被证实只能引起灾难性后果。

甚至连华盛顿官方也承认,如果真的要求银行开出信用证明,那么,联邦可能会变成一个无盈利的垄断机构。

让总统在危机中成为银行业的独裁者,自然不能解决任何问题——这样迟早会让银行业再度成为一个谋取暴利的体系。

国会面临税收制度之考验[①]

鉴于 1929 年的经济泡沫，一系列的保守措施和权宜之计已经提上日程。　256

在另外一页上，是通过税收改革对国家收入重新分配之需的声明。众多人员签署此项声明，包括主导的经济学家、政论家、社工、教会以及工会领袖，他们强调了什么才是国会和民主政体所面临的真正考验。

这份声明提到了联邦税制。

尽管 48 个州与上百个市县的做法各不相同，但维持州与当地的总收入还是一样重要。

除非各州政府和各当地政府停止他们目光短浅的税收措施，否则，绝不会有对失业情况的永久改善，也不可能获得真正的繁荣。他们必须通过对土地价值的征税来填补部分收入，这能让他们免于继续向房屋、其他劳动产品、机械装置、存活以及个人资产征税。

那些我们为了使自己摆托困境所想的万全之策，需要作短期的调整。不过，这对于那些乐观主义者来说，他们仍然宁可忽视问题，就像他们忽视我们土地政策的根本性一样。

不过，不论是在农业领域，还是在工业领域，情况都没有什么两样。

直至 1929 年，农场的负债已高达 95 亿美元；丧失赎回权之后，这笔债务减少了约 1 亿美元。所以，那些农场主为了他们难得的好运而大肆狂欢，暗暗地为这一次疯狂的投机活动庆幸。

---

① 首次发表于《人民游说团公告》，第 2 号(1933 年 4 月)，第 1—2 页。

而在上一代,像这样对农场大规模的、甚至逐年提高的抵押政策,却被视为对经营管理不善的必要预防措施。

在本世纪,农场价格相比于第一代人,已经是当时的两倍之高;相比于第二代人,也是如此。可在今天,农场的售价却只相当于城市土地售价的40%。

对农产品任何形式的价格调整,或者降低农场债务及其他商业债务的利息,都可能引起新一轮的农场投机活动,这只会违背以缓解现状为宗旨的立法。除非所有的劳动产品从税收中解放出来,可迄今为止的总收入的来源就是这些,如此一来,一定会更依附于土地价值为基础的税收。所以,这大概是唯一可行的办法了——确立农业债务项目的基本原则,保障农业生产者的利益,而不是投机商的利益。

然而,不幸的是:大多数专业而态度强硬的呼吁者都恰恰忽视了这一根本性事实。

1932年的农业总收入约为50亿美元。如果没有那15亿美元的税收和债务,那么,对于农场主所需支付的和生活成本来说,已经足够了;而且比起那些要面对的高成本城市生活的工人来说,他们的生活质量还是比较高的。

农场主的债务问题完全是他们自己的责任。在这样一个算是比较明智的税收方案下,农产品的售价和价值高低,还有基于其上的税费,几乎可以忽略不计;而他们在其他方面的消费,也不会为税收所缚。换句话说,即农场主完全不必为其本金偿付,更不用提那么多税费。

纽约的房地产税收总额有8亿美元,相当于他们的售值。这根本不是什么巧合。

他们所面临的债务相当于农场抵押债务。纽约市可征税土地的售价,取决于城市并无有效地针对其可征税土地实施合适的税收制度,也包括城市投机商的刺激因素。现其售价只能相当于美国农场售值的一半,这还不包括在政策改善之后的今天所有可能的升值范围。

现今,多数的农场土地和城市土地已经大幅升值了。

所有缓解措施和信用建设仍然旨在提高农场和城市土地的售价,使其具有竞争力。不过,要避免重蹈今日的覆辙,只能通过把税收制度的重点转移到提高土地的价值上面。

新政的真正考验①

"罗斯福新政"所面对的真正考验,就是如何改革税收法案。

为救济法案所拨的基金——大约有 5 亿美元——将由发行证券筹集。

以每股证券 4% 的利率,实行 25 年计算,债权人——即握有财富者——将获得 5 亿美元的收益——还极有可能是免税的。

正如哥伦比亚大学国际公法教授约瑟夫·麦戈德里克(Joseph McGoldrick)为缓解失业情况筹集资金而提出建设性方案一事所作的声明:

> 发放债券,并不是解决之法。如果人们有能力购买债券,那么,他们为什么没有能力偿付税费呢? 我们的当务之急,是要确保有充足的国家资金储备,以提供就业以及提高购买力。

的确,我们同样需要提高购买力。可以通过减免 4 到 5 亿美元的消费税,这些税额现在多是由那些收入低于 1 500 美元的人支付的。

国会另要筹集 25.5 亿美元款项,具体如下:

个人所得税 10 亿美元;

大公司盈余以及未分配所得利润税 10 亿美元;

提高地产税 3 亿美元;

政府有价证券收入 2.5 亿美元。

---

① 首次发表于《人民游说团公告》,第 3 号(1933 年 5 月),第 1 页。

这一方案将大大地减轻联邦政府原本仅通过债券筹集资金的负担——同时又能够保证其信用。

也能够使联邦政府在现今税收制度下，尚有能力偿付为维持失业者及其家属所需要的花费。

我们要向总统和华盛顿的国会筹款委员会名誉主席罗伯特·L·道顿(Robert L. Doughton)写信，要求他们立即修订税收法案。

《民主纲领》(Democratic Platform)声明：

> 如果国家的税收制度以有能力偿付者为征税对象，并在这一制度所维持的总收入的精准预算的前提下，得以保持年度收支平衡，那么，这样的国家信用才会获得我们的支持。

表面功夫注定失败[①]

如果仅用表面功夫来对待那些引起遍及美国乃至世界范围内的危机的根源，那么，危机是不会消除的。这对于受损者来说，可能有点帮助，但不过是暂时的。

"紧急措施"意味着，他们只能用以处理紧急的情况。除了德国，如果每个国家不实施经济体系的根本性变革，而只凭一些大额度资产的保值，那么不可能彻底地解决当今世界面临的混乱。

美国的问题不可能靠一些狭隘的民族主义来解决。每个国家的每一个主要的经济议题，实质上都是国际化了的，且不可能通过严格的立法方案或者公认的国际道德规则来解决。

国际竞争必须被有效的国际合作取代，这就意味着：从资本输出到资本输入，从财产所有权到国家资源，从外籍人士的特许经营权到针对性的税收法案，都必须对国际债务和贷款作出适当的调整。

很明显，美国现在的问题是要保障对国家收入的重新分配，这不仅仅在数额上保障，还包括保证实在的购买力。我们不可能仅仅通过对收入、房产和经营盈余的征税来实施保障，虽然这些方面的确都至关重要。债务和利息率都必须纳入改革的范围，公共事业费也要降低。

只要城市与各州仍然向建筑与其他劳动产品征收税费，而不是靠衡量土地价值征税获取收入，那么，农场主就会成为政府救济政策的最后获益者。此外，还有用于公共事业方面的改善和其他一般性的市、州政府开支，这些都成为提高

---

① 首次发表于《人民游说团公告》，第 3 号（1933 年 6 月），第 1—3 页。

土地售价的因素。

这样一来,加剧失业情况的主要因素又会归结于政府。不过,政府的确有部分的责任。

然而,州、郡政府所面临的拷问依然严峻,尽管某些农场主咄咄逼人,但和其他国家的农民无异。在美国,农民多半仍然靠土地的价值生存,而不是靠土地本身。

大部分小业主依然靠着收买其房屋获取额外收入,指望通过提高的地价有所收获——而不会想努力降低因为货币贬值造成的房价下跌所引起的损失。

住房改革倡导者由于某种原因而忽视了房屋问题中的根本。在这里,有必要引用美国建筑学会成员、柯利少校委员会主席威廉·斯坦利·帕克(William Stanley Parker)先生针对波士顿建筑领域调查所发表的声明:

> 金融合作重构基金带来了贫民区拆迁问题的新机遇。所亟须的立法项目可能会引起反对,但这是所有亟须解决的问题中最容易的一个。
>
> 如何获得许可,以在贫民区拆迁过程中合法地拆除现存的建筑并以低价再造新建筑的问题,才更为严峻。新楼的价位,原则上不得超过周边环境的一般地价。
>
> 其阻碍在于,除非潜在的土地价值问题得到解决,否则要想有一个考虑到所有细节的新价格标准,就只能是空谈。我认为,对贫民区拆迁和推广低价新房项目的集中考虑,应该是所有问题的核心。

263　　已故的赫伯特·奎克(Herbert Quick),是农场主最有力的支持者之一,也是有多年资历的华盛顿联邦不动产银行委员成员。他分析道,美国的农场问题远非理论说服力和逻辑分析能够解决的,他说道:

> 能够治愈农业问题中存在的痼疾,只能是一系列的措施,得让土地再次回到低价。只有这样,贫穷的人才有能力负担,那些农民才不会一直承受高价土地和不断提高的租金的重压。
>
> 生活的首要必需品就是土地,它甚至比食物和住所更加重要,我们不可能远离土地而生存下去。人类历史中最严重的错误就是发展出这样的观念:土地价值越高,对人来说就越有价值。可我们为这一极大的错误所束

缚,现在人所希冀的所有幸福都指望在持续上涨的地价上面。土地的高价,其根源在于人们要从其价格中获得收益,而不是从土地本身获得好处。这是一个根本的误区。

如果我们无法让土地的价格回落,那么只会在这条错误的道路上越走越远。曾经一度低价的土地,已经一去不复返了。在城市和县郡,这样的问题再度发生。如果社会制度消亡,那么,我们倒也不再有这些问题了;可是,这对任何人都没有好处。美索不达米亚人一定也曾面临过如此高价的土地,但是,当中亚各部落占领他们之时,他们所建立的社会制度同时摧毁了土地所拥有的价值。

而社会的一大优势在于通过提高征税,以及将一切土地租金纳入公共资金来使情况好转。可以参考的要点如下:

降低50%至60%的小土地拥有者所承担的税费,改善他们的境况;将贫民区拆迁工作落到实处,避免使投机商趁虚而入。

减少市、州政府的开支,关照人民的生活。否则,他们会把责任归咎于住房条件之差,如此,也能减少因此而导致的犯罪。

尽量免除联邦、州政府在土地上面的开支,而转向公共利益。

减少铁路等公共设施的总净产,以降低因此所征收的合法收费。

将原本流入土地所有者口袋的约50至60亿美元用以提高大众的购买力,以切实地改善就业。

要提高政府对自然资源的利用率,这样有助于减少所有者在法庭许可的条件下以此收费。

在每个大城市,有5%到10%的人员在为土地租金掏钱;但在农场用地上面,却远远不及这个比率。

精确的统计显示,由不到10%的美国家庭所维持和承担的5—6亿美元的土地净资产,现在都流入了美国农场主的手中。

美国公民现在面临需要共同为现有经济危机承担责任的局面。联邦失业补助金、联邦救济金,以及联邦政府对个人收入的征用,这些都不足以真正地缓解失业,打开就业的新局面。州政府、市政府的立法机关必须紧密地协作,帮助政府共同面对危机,因为失业情况只是危机的表现之一,而远非其根源。

通货膨胀措施损害公众[1]

265　　**（五月初给罗斯福总统的信）**

　　通货膨胀在股票市场的影响自然会大打折扣，第一受益人总能趁此大捞一笔。

　　经常被称为"土地投机商的天堂"的纽约的地产经销商，他们称颂通货膨胀的措施，称其绝对会带来迅即而大幅度的土地价格增值。

　　当地租上涨的时候，土地拥有者将会成为下一个获益者。

　　经纪人和零售商也将在日用商品价格的提高中获利。

　　然而，工资和薪金却大幅度地缩减，而且如果不愿意在生活成本上降低一点要求的话，是不会自己增加的。

　　甚至在有最高工资水准和最高国家收入的 1929 年，也有 4 533.7 万人的年收入少于 3 000 美元，却将超过他们收入的 82％，即 13 亿美元用于消费。

　　除非在现有收入的水平之下，大众的购买力有显著的提升，否则，在通货膨胀情况下的繁荣只是暂时的。

　　通货膨胀不可能对提高公众的购买力有所帮助。

　　您所颁布的多数政策，主要让那些资产拥有者获益，而且是以那些以一般生产劳动为生的工薪阶层的收入为代价的。因为百分之八十的国家财富集中在百分之四的人手中；另有占三分之一之比重的大批国民，没有任何固定资产，或者

---

① 首次发表于《人民游说团公告》，第 3 号（1933 年 7 月），第 1—2 页。

只有不到 1 000 美元的财富。很明显,您倡导的政策可能会导致比现在更为严重的国家财富分配不均。

已经提出的工业限制法案,无法给美国大众的经济状况带来可观的改善;除非,它相应地还能通过一些立法改革,以防止土地售价过度提高而最终带来租金、生活成本的增加。

工厂生产具有永恒价值和固定需求的产品,限制这些产品的生产是不明智的。这就相当于要降低生活水平,可在目前的国家收入水平之下,尚没有任何理由一定要这样做。对这些商品在合理价格范围内的有效需求,可以适当提升;很有可能会翻倍。在 3—6 个月之内,通过对国家税收的重新分配,在 9 月 1 日之前可以有所成就。收效最快的途径,就是立马改革我们的税收制度。

如果仍然维持现在通货膨胀的趋势,那么,保持目前所有的消费水平没有什么用处,工业生产原材料的价格也会大幅上涨。

应急的权利可以勒令那些生产奢侈品的工厂关闭。

迄今为止,您的政策所产生的效果就是强制美国人民承担了土地升值带来的负担,以及随之而来的负债;也偿付了更多的税费,却要大大地缩减购买力,这必然使得绝望的情绪四处弥漫。

宪法明令禁止联邦直接征收土地税,但作为应急措施,这一举措可能会得到最高法院的许可。

我们真诚地请求:您可以建议国会在仔细考量可征税土地的价值之后,至少强制年度税收百分之一,土地之下的不算在内,土地在不同情况下的升值或贬值也可忽略不计。

这样一种税收法案,可以防止对农场和城市土地的投机活动,减少土地的租金,缓和在任何可能的通货膨胀情况下生活成本的迅速提高;也可以使联邦政府获得 8.5 至 9 亿美元的收入,这将有望帮助免除令人难以承受的消费税。

通货膨胀失控可能致使国家瘫痪[①]

在所有的应急措施中,通货膨胀是最难以控制的,就像煤气泄露一样。很难相信,大约有五分之一的美国家庭正面临贫困的窘境,另有五分之一仅比他们好一点点;他们不指望能够提高一点收入,因为提高的那部分收入很快又会被四分之一到三分之一的生活成本上涨所吞没。只要稍有一点通货膨胀的迹象,这样的情况就不可避免。

国会自 4 月以来通过的立法,都没有认识到我们的困境之根源是国家收入在各个阶层分配不均,尤其是财产和生产商之间的不平等分配。

国内税收事务局报道,1931 年,约有 1% 到 1.5% 的家庭获得占国家总收入五分之一的收入。当国家经济状况调查局于 1928 年公布,大约九分之四的国家收入成为固定资产,只有九分之五的收入偿付给工作的 4 700 万人作为薪酬的时候,我们有同样的理由相信,与 1931 年相比,1932 年的情况不会有什么两样。

1% 到 1.5% 家庭的大约三分之二的收入,即约占国家收入五分之一的财富,多是从所有权中来的。股息和红利相比于工资和薪金,仍然具有绝对的优势。

美国民众目前的购买力与 4 月份相比,是否有所提高,这实在令人怀疑。尽管在那之后,超过 200 万人受雇;由于生活成本的上升,工资也的确有所提高,但还有由联邦和州政府征收的销售税所带来的上万美元和其他一些消费税。

生活成本绝对会随着通货膨胀而上升,这不是提高一点点的工资就可以弥

---

① 首次发表于《人民游说团公告》,第 3 号(1933 年 9 月),第 1—2 页。

补的。

受通货膨胀所累的阶层，都是有着固定收入的阶层。他们通过个人资产或者工资维生，包括教师和政府职员，还有领取抚恤金的人。在目前的情况下，这些钱必定会遭贬值。

货物运价自然要上涨，管理机构又要被无数申请准许提价的呼声所淹没了。

预计通货膨胀将会引起的三分之一到二分之一的物价上涨，这使联邦政府有必要挪出 5 亿美元，以使总体物价水平维持在与 4 月份相当的水平。当然，这会使联邦、州以及当地政府每年的负债增加 3 到 4 亿美元。

而通货膨胀的受益者不仅是农场的生产者，还有工厂、矿业和运输业的资产所有者。

在大约 4％的人口占有 80％的国家财富的情况下，最终通货膨胀的受益者只可能是土地投机商、自然资源垄断者和股票持有者，而不是农场主或者其他的生产者。

诚然，美国民众不该也不可能为将近 250 亿美元政府以及非政府的负债买单。国家在这一原则上应该明确立法，建立这方面健全的制度，而不是通过制造通货膨胀来推卸责任。

中产阶级成了这一资本家——工业、商业、农业领域的——和工人之间角斗的牺牲品，由通货膨胀带来的债务变动中的大部分都是由他们来承担的。

这一情况也刺激这些中产阶级进行最后一搏，他们必须付诸有效的经济、政治行动，以便把自己从愚蠢的国家经济政策中拯救出来。

人民游说团要求就债务问题举行专项会议^①

　　（杜威主席写给总统的信）

对现今波及我们每个人的通货膨胀的大规模抵制，不足以抵消如下事实，即仅让国家债务人偿付债额是不可能解决问题的，就算把全部的 2 500 亿美元的政府及非政府的利息和本金全部算上，也不是长久之计。

相反，抑制通货膨胀，也不能提高债务人的资产。

不过，实行两到三年的延期偿付政策，可能会给情况带来实质性的改观。因为到那个时候，国家的收入分配也许让届时的债务偿付方式更加有效和公正。

政府提供的贷款，使农场主得以维持农作物的价格不至于过高，让利益受损的银行得以承受资产冻结，让雇主得以偿付薪金。这些都是这个糟糕的债务循环的一部分，而在国际贷款的协助下，这个循环理应可以终止。

在 1920 年到 1930 年的十年间，土地的估价从 548. 295 63 亿美元跌至 349. 299 94 亿美元——将近 198. 995 69 亿美元的损失，即 36.3% 的降幅。大多数损失都产生于这十年之中的前五年。

要是相似的价格下跌发生在城市的房价中，那倒是一件好事。

然而，极其不公正的是：抵押债务的负担既不应该由农场承担，也不应该由
城市土地承担。在如此大幅的价格下跌之后，土地售价的降低理应有助于降低生产成本，提高人民的购买力。

---

① 首次发表于《人民游说团公告》，第 3 号（1933 年 10 月），第 1 页。

现在看来，与农业土地贬值相当的抵押债务与利息率的减少是极为必须的。这当然必须与防止城市、农业土地售价上涨的措施并行。

在1920年到1925年间的这场农地估价的贬值中，我们国家的农民所承担的负债，折合为资本征税将近171亿美元。

经常有抱怨声称，对城市的房产征税过高，但真正的困难应该是所有者被迫要承担高达275亿美元的城市抵押债务。

随着生活成本的迅速提高和持续扩散的失业状况，负债情况只会变得更加严峻，令人难以承受。

国会两派中的大部分成员都越来越倾向这样的观点，即认为债务问题应该得到缓和。

如果指望把一些实用的行动放在国会于1月份举行的会议上，那么在那之前，势必会出现一些奇奇怪怪的政策。

所以，您是否会召集国会在11月初就举行专项会议，使一个权威的法案得到落实，以减少已高达360亿美元的连同本金和利息的债务，并建立起一个债务重估董事会来对债务偿付问题进行长期的、能够营利的调整？

失业委员会要求充足的救济[①]

　　失业联合委员会,通过主席约翰·杜威、执行委员会主席西德尼·E·戈德斯坦(Sidney E. Goldstein)博士,以及秘书玛丽·福克斯(Mary Fox),联名上书救济行政局长霍普金斯(Hopkins),要求下放充足的救济,同时代表了失业群体的利益。他们有绝对的理由作出如此要求。

　　我们所收到的来自各个州和当地社区的报告都表明,在很多地区,救济金额的标准都令人难以置信得低。

　　纽约失业法庭近期进行的庭审所收集的证据,足以让所有公正的人相信:在这个城市的保护之下,人们获得的补助实际上少得可怜。食品补助领域已经显示出其水平完全不足以保证成人及儿童的基本健康;而租赁政策也使人们一直担心某天会无处可居,况且,每个月都不断有房客被逐出住处。据我们所知,也没有其他落到实处的改善措施,比如医疗和看护保障。纽约的这场庭审中所暴露的问题,不过是我们一遍又一遍在别的地方听到过的内容。

　　作为联邦政府救济方面的行政人员,您也许没有权利坚决要求维持一个能令人满意的救济水平,但您的职位和权利足够让您向上级要求一个适合于联邦一般救济水平的救济标准。可如今,却默许着州和社区把失业人员活生生地推

入我们所闻所见的彻底的绝望之中,这不得不让人怀疑联邦政府也成了帮凶,纵容他们这样做。

----

① 首次发表于《人民游说团公告》,第 3 号(1933 年 10 月),第 5—6 页。

为了使那些失业人员不至于继续在这比灾难本身好不了多少的所谓的救济中受苦，我们向您要求：统计出在今年所剩下的日子和 1934 年上半年亟须帮助的家庭数目。在对目前的就业形势和各方面的救济报道的分析下，我们相信，这是可以做到的。接下来，就可以粗略地统计出 1934 年上半年需要国会救济的数额了。我们自己的估算是：1934 年上半年，至少需要 5 亿美元。那么，国会至少要提前做好准备，以提供这笔数额的救济。

另外一件事情，我们同样急切地想要告知于您，即各个不同州的救济董事会的成员构成问题。我们得知，这些董事会其实主要是由雇主组成的，而几乎不包括失业群体的代表。我们有必要强调：每个董事会都应该囊括失业群体的代表。出于公平，只有这样，才能保证董事会反映失业群体的真正诉求，因为只有失业者本身，才知道他们真正需要什么以及救济工作应当如何开展。

农产品加工税及其他消费税必须废除[①]

　　（给罗斯福总统的信）

　　对农产品征税几个月来，农产品的消费直接受损，并且大众对于加工产品的消费力也受到影响。这些事实都表明，这一政策没有解决农民的问题，也没有起到缓解的作用。

　　对于一般销售税，即使是最没有远见的建议，在食品和农产品方面也会有所顾虑，比如棉花。

　　三大主要农业组织——美国农业联合会、国家农庄以及国家农民教育与合作工会的领导者，都一致反对大规模的销售税，美国联邦工会以及其他的社会公民服务机构同样持反对的态度。

　　可能因为相信国会尚有能力中止相关的经济法律，为了我们不堪一击的农业，一些农场主还公开支持由行政机关发起的农产品税收政策。

　　将对消费者征收的农业税，可能至少每年在60亿美元到65亿美元。

　　从消费者方面考虑，恢复他们的购买力，是恢复美国经济繁荣的先决条件之一。我们真诚地向您呼吁：请要求国会在最后的时间到来的两周之内召开会议，必定要取消所有农产品的征税，还要减少至少一亿美元的其他消费税。

　　这样一来，美国民众、农民、工薪阶层、低收入者的消费水平将会至少有每年16亿美元的增长。

---

① 首次发表于《人民游说团公告》，第3号（1933年11月），第1页。

这是最重要的废除措施了。

它是对整个国民收入政策的完善。通过一个基于实际偿付能力的税收系统，切实地提高联邦的总收入。

对高收入者征收的附加税，也可以增加约 16 亿美元。

1931 年，净收入为 25 000 美元的 34 677 人，其收入合计有 2 088 624 962 美元；而在偿付附加税和其他税种之后，只剩下 1 897 689 233 美元——相当于每个人 54 468 美元。

1931 年，净收入为 5 000 美元的 521 443 人，其收入合计有 4 591 727 080 美元；而在偿付附加税和其他税种之后，只剩下 4 548 729 934 美元——相当于每个人 8 723 美元。

上层收入者在联邦收入中只偿付了 190 935 729 美元，而他们可以很容易地再承担至少 8 亿美元的附加税和其他税种。

中等收入者在联邦收入中只偿付了 42 997 146 美元，而他们同样可以再轻易地偿付 8 亿美元——这两者合计，可以多偿付 16 亿美元。

而现在，这从农产品消费税中所征得的 16 亿美元，正是我们所要求废除的。这些钱现在都由美国人民承担——他们的收入低于 3 000 美元。

如果有必要，农产品生产税最好由联邦财政部以外的部门来负责。

下一次会议和人民游说团[①]

　　下一次国会会议将成为历史上最重要以及讨论最剧烈的一次会议。因为某些特殊利益集团将会就其利益作出立法要求,而其中一些会要求实行通货膨胀。这会导致薪资减少,由此使教师、员工等具有固定工资的人群的利益受损;存款不多的人最终会成为他们的牺牲品,其利益将受到重创。而商会、银行以及"华尔街"认为,唯一的方法就是把权力重新集中到他们的手中以筹集资金,借助重新建立起不受限制的汇率来刺激投机活动。而人民游说团的提案,才真正地代表了公民的利益。

　　只有在废除特权、通过立法保障公众利益的前提下,工薪阶层和中产阶级才有可能真正获益。我们完全可以在不伤害生产者、农场主及其最终利益的情况下,做到这一点。如果城市居民的消费力被削弱,那么,从事生产活动的农民们在长时期内也不会有所获利。只有那些想要售卖土地而不是种植土地的人,才能通过炒卖土地、拉动土地投机活动来谋取利益。在目前的情况下,农民所面临的大多数问题,都是由过去相似的投机活动引起的。不可能指望用换汤不换药的方式来改善情况,重获繁荣。因此,必须制订建设性的措施。

　　对纸币的通货膨胀的呼声盛行,但除非长期的债务利息能慢慢地注销,否则是行不通的。那些缺乏安全感的失业者以及工人会陷入困境,除非有一个真正有所作为的项目,能够让他们手中有足够的钱来购买食品、衣物,以及支付租金。

　　即便有一个良好的应对措施,绝望和动荡仍然时刻会再次袭来,除非国家收

---

① 首次发表于《人民游说团公告》,第 3 号(1933 年 12 月),第 1 页。

入得到了真正公平的分配。如果听任未使用的利润持续囤积，这必定将压垮我们的经济系统。

由于政治派别、控制力的变动，以及国会中某些人员的变动，经常伴随着经济利益上的不满，国会的成员会更容易地注意到选民的需求。各种利益集团就是这样在他们各个投票厅里面集结起来的。

而人民游说团则代表着公众的利益，它在下一阶段的计划如下，请允许每位成员写出他们的意见并表达各自的支持吧！

通过税收实现收入公有化；

长时期考虑债务问题，并逐渐解决利息问题；

建立一个政府能控制的市场合作体制；

为公共事业提供联邦高额贷款；

联邦承担责任以提供充足的救济。

总统的政策主要帮助产权者[①]

（杜威主席给总统的公开信）

想必您应该已经意识到我们的前一任总统的政策是多么无用,他相信只要金融业和工业能够被刺激发展至极,那些手中渐渐有了资金的人自然会仁慈慷慨地让救济渗透到下层大众去。您现在应该意识到了:不通过提高大众的购买力,是没有办法维持经济持续繁荣的,而经济的持续繁荣也只能在这一条件下实现。

同时,尊敬的总统先生,您在继续胡佛总统的政策,在继续用他那时候的行政人员,几乎没有做任何事情来拯救美国人民于水火之中。成千上万的美元流入了银行、铁路业和保险机构,这些增加了国家的负债额度,由此增加的利息则全都要靠税收来填补。高层人士能够获得的贷款和捐赠,违背了您政策的本意,完全超出了您提供给底层人民的救济,其比例高达7:1。

您也曾尝试通过通货紧缩来力挽狂澜,这倒是您的前任没有做过的。您宣称您的目标是让物价能够恢复到1926年的水平。但是,您所采取的措施最后却主要帮助了那些根本不需要帮助的人;在我们不够完善的体系之下,他们向来都是受益者。

所有的政策原是要使土地价值更有竞争力,支撑以利息率为基础的抵押债额,使铁路、公共设施、矿业和制造业的资本得以有效地投入运营。然而,不论您

[①] 首次发表于《人民游说团公告》,第 3 号(1934 年 1 月),第 1—2 页。

的设想有多么好,您所推行的政策的结果都表明:继您的前任之后,它们只是助长了那些通过集资和投机所获得的财富。

总统先生,我与您的公民一样坚信:您不希望看到我们的工人将会落魄到农民的境地,而工薪阶层的境况只是比曾经的农奴好那么一点儿。但如果这样下去,随着公共事业的巨额开支,债务将不断地累积,消费者所承担的税收会越来越高,生活成本的涨幅是否会远远超过薪资的涨幅?

当5%的人掌握着80%的国家财富之时,情况只能是如此:国家政策依然让那些最承担不起生活成本上涨的人继续处于绝境之中,而不是利用国家权力,向高收入者和高资本产业征税,从而来保证收入分配公平。只有收入分配公平,才能保障人民的消费水平和消费行为。

当我们有了一个公正的国家收入分配制度,当我们有了合理的物价之后,就可以一年又一年地消费下去,棉花的消费量将增值1到1.5倍;房屋的购买将增加200万套,牛奶的消费将增至2亿加仑,家具、家庭用品和服装上的消费也会大大地增加。这样的增长必然会带来需求的增长,也会促进国家资本的积累。

要获得上述的改善,只有一种方法,而且那不是一时半会儿的改善。这种方法至今没有实现。可是,它简单直接,那就是:一方面,通过合理的税收,将消费力调整至一个充足、合理的水平;另一方面,运用政府的职权,缓解由失业带来的影响,并通过完善与个人息息相关的住房、社会福利制度以及健康和教育政策来提高生活质量,满足经济需求。

针对后一建议,已经有了一个良好的开端,我们也有意为此向您提供充分的保障。但是,总统先生,我们首先想向您要求:在考量这一政策效果的时候,您可以联系自己在这些方面的开销,意识到它们其实是帮助了那些靠别人的投资而非自己的工作生活的人。也请您认真地看一看我们目前的政策是多么片面,它们对于解决现状基本无益。

"新政"需受评估[①]

（给国会议员的公开信）

仍作为政府之分支的国会，有必要对"新政"的一系列立法和措施进行评估，以便知道什么样的法案才是目前的困境所真正需要的。

与和平时期相比，如今的国会授予总统更多的权力，它本身的作为也不能搁置。它同样拥有评估总统所倡导的诸般政策的权力，这是选民在近十个月的民意调查中所表达的意思。

选民将会对国会两派的作为作出评判，不仅考量新政本身，而且会全面地考量国会在后续十个月中的实质性成果。他们会密切地关注相关成员在其施行新政过程中表现得积极与否。

国会尤其要考察在总负责人约翰逊（Johnson）的领导下，全国复兴总署的成就和方法究竟如何，而约翰逊本人只对总统负责。

这些政策有没有提高非农业工人的消费力？这一点很难肯定，因为在1933年过去九个月的工资单显示，其总额比1932年同一时期低了3.2%。而在同一年的下一个季度，也没有多少增幅。

在目前国会的结构之下，怎么才可能在就业和薪资方面取得进展呢？阻止或者维持当前的生活成本，进而朝着1926年的水平再接再厉呢？

拥有自由决定权的工会究竟受到了约翰逊的鼓励还是打压？

---

① 首次发表于《人民游说团公告》，第3号（1934年1月），第5页。

为什么作为我们的经济来源之支柱的消费者,反而被行政机构的复兴计划忽视了?

约翰逊是不是真的因为不愿意插手生产活动,也不愿意承认,大规模的罢工现象实际上是由不公平的就业形势和薪资过低引起的,从而实施禁止罢工?

由于大众的消费力最终是由他们的实际薪资决定的,所以在拟定实际的利率、收益和租金之后,全国复兴总署是否能成功地为生产者带来收入盈余?

为了维护消费者和小生产者的利益以回应对大生产者的不当保护,谢尔曼反对托拉斯法究竟取得了什么成效?

行政机构到底有什么理由认为,他们的做法能够有效地遏制经费支出,并承担起目前情况所背负的 40 亿美元的债务? 为什么税收不能在当下就补给国家,而要在已经难以承受的现在,寄希望于将来?

以上就是国会应该在彻底的调查中好好地质问全国复兴总署的问题。

行政机关的考验[①]

282　　无可避免,对于行政机构来说,税收法案意味着对他们此番立法之诚意的真正考验。

　　它将考察出这一系列的措施是真正保证了更加公正的国家收入分配,还是在它们致力于"创造"新体系的形象背后,其实质仍然是为政府牟利,仅仅保障了政府在获得经济利益上面的特权。自 4 月之后陆续实施的方案——大约一年之前——还是问题;它们不仅让焦点集中于控制力上,还引起人们对收益的关注,却也让美国普通民众——农民、工薪阶层和小资产者——承担了远远超出他们能力的债务重担。

　　基于政府的偿付能力和服务能力而制定的税收制度,不需要任何宪法改革;在特殊情况下所发生的调整,也不需要最高法院的同意。但是,这里有一个不容忽视的问题,它所包含的相关内阁成员及政府高层人员的责任问题也不容回避,前一届行政机构的人员存在利用公共机构谋求不正当利益的情况——包括为他们个人牟利。

　　任何政府官方的行政人员、任何国会的成员,只要他们通过提高消费税额,维持所得税税率的下跌,取得在商业运作中产生的流动性税收过剩;并通过提高大众的消费税额来防止他们自己的所得税出现增长,这样的行为即使是合法的,也是极其不道德的。这和那些利用他们的公共职务之便谋求自己私利的政府工283作人员,没有什么两样。

---

① 首次发表于《人民游说团公告》,第 3 号(1934 年 2 月),第 1—2 页。

如果联邦政府的职能只包含如下方面:成为一个各州之间产生冲突时唯一能够求助的审判者,经营邮政机构,向农民提供建议,教导他们如何让一颗种子长出两个果子来,编辑工人以及工业中妇女、儿童的档案,维持陆军与海军以随时抵御外侵,防止野心勃勃的海外公民侵犯他国人民的利益,那么,政府总收入的来源也就不成问题了。就算曾经一度出现一亿美元的联邦收入白白浪费了的情况,筹资的体系也不会因此引人注目,因为那时候,一亿美元仅相当于国家收入的 4% 到 5%。

截至 6 月 30 日,联邦预算大约有 100 亿美元,相当于这一年国家总收入的 25%。

联邦政府不得不停止它作为当来自海外的假想敌出现时,担任州际警察、审计员、美国公民的保护者的角色。

联邦政府现在终于承担了它的责任:为每一个找不到工作的美国公民提供工作机会。尽管有乐观的预计,认为将有近 1 000 万失业者在商业领域获得短期的工作机会,我们还是永远拖着一支得不到工作机会的失业大军,其中包括 400—600 万的成年男女。联邦政府对这一群体的责任,可不是那么容易摆脱的。一旦推卸这一责任,就意味着绝望、骚乱,还有极为可能的暴动。为了面对这一责任,联邦政府必须一年又一年地花上亿美元。在今年还剩下不到 5 个月的时间里,政府的负债已有 100 亿美元,这些钱可以通过以下途径获得:税收、借贷或两者并行。

25 年的债券相当于每一亿美元 4% 的利息率,即仅利息就要偿付一亿美元,还要另外算上分期偿还的费用。很明显,只要美国税收和其他商业收入与其他国家等量,我们就不到宣称已经不能再在税收上想办法的地步。在财政年度即将结束的 1932 年 3 月,英国有相当于美国三分之一的人数,从个人所得和其他商业收入中获得总计 17.815 0 亿美元,而美国在财政年总共只筹得 10.567 57 亿美元。考虑到我们国家的财力和人口,我们当然还能从这两个税种中增加 4.5—5 亿美元的收益。而行政机构却没有采取一个与由众议院筹款委员会所报道的税收法案不同的新法案的意思。当前的这一税收法案,不论从个人所得税还是其他商业税种中,都不能帮助我们提高收益。

而在目前的方案之下,美国人民仅在利息上就要支付高达至少 4.5 亿美元。这些钱都流入了那些投资者的口袋,为了这些人,美国政府这一年有大约 66.31

亿美元的赤字。

现在获得一个相对公平的税收法案的希望，只能落到两院的头上。每一个人民游说团公告的读者，还有其他的美国公民，都应该给美国的两院写信，要求这一年美国政府的大部分开支通过完善税收法案来获得。有这一要求的一封给美国两院的私人信件，就是任何一个美国公民所能做的最好的投资。

美国公有制计划[①]

（在华盛顿人民游说团会议上的讲话）

目前在生产和分配领域的混乱现象,需要对持续的危机承担大部分责任。它的影响遍及消费者和工薪阶层,而后者则在两个领域都有所承担。他们受到缺乏安全感的折磨,还要承担所有的消费者共同面对的重负。而农民则受没有一个完备的市场所累,还有来自运输的高成本、不合理的分配制度、作为消费者所要承担的所有商品的税额等各方面的负担。他们在消费方面的无能为力,最后反映在生产领域,反过来,也影响到工薪阶层。

如果没有一系列的措施,这一恶性循环是不可能被打破的。它需要可以帮助我们走出混乱的有序措施。

政府作为全体人民的代表,是唯一有能力采取必要措施的代理人。所有的作为应当从政府接管一些工商业的基本部分开始。现代生产和商业活动的基础是有信贷可用的。

可银行却不光彩地落败,因为他们更关心自己的得失,而不是如何更好地发挥其不可替代的社会功能。

运输手段的私人化,犹如一堵横在生产者和消费者之间的推不倒的围墙,而目前为止,这还是这两者之间互相联系的唯一渠道。铁路系统和公共事业在上一年度的总收入,大约为 10 亿美元——全部来自从生产和消费中所征得的税

---

① 首次发表于《人民游说团公告》,第 3 号(1934 年 3 月),第 1 页。

额。然而,政府却把其中尚未偿清的至少1.5亿美元移交给了复兴银行公司和公共工程局。

我们生活在一个能源时代。电力不再仅仅为家庭便利之用,更是工业和生产的必要条件。官员平肖(Pinchot)提出,每年,照明和电力公司对民众超额收费高达5亿美元。这些最终流入个人口袋里的钱,原本不仅可以救济消费者,从而把就业者从高额税收中解放出来,而且可以刺激所有生产领域的就业。而现在,它们却贡献给了那些缺乏公共责任感的个人。

如果有这样一个合适的制度体系,那么,矿业和油业领域的收益就绝不会流入个人的手中,使他们得以谋求私利。为他们带来财富的社会,将接管这些由社会财富所创造的收益。他们把将近2亿美元的大部分收益交还给人民,这样一来,也就能兼顾国家资源的保护和防止资源浪费。

摆在美国公众面前的一大难题是:是不是应该信任这一系列变戏法般的措施,相信它们在最后不会让情况又回到糟糕的现状;或者,是不是应该信任它们足够合理,可以胜任目前公共福利机构的工作,代替它们为人民谋利?

面对真实的时代[①]

"紧急应急措施已经面临其限度，而现在，面对和处理真正的现实的时间已经到来……将近有整整一年的时间，总统先生和他的参谋们都在尽力地拖延这一最后的期限。"

《纽约时报》（*New York Times*）华盛顿办事处主管亚瑟·克罗克（Arthur Krock）先生就此发表的言论，总结了近来大概的情况，其对行政机构的态度是极为友好的。

不过，这些观点仅在华盛顿盛行——且是非官方的。

汽车工人的命运，铁路工作者在工资削减之战中的反抗，烟煤领域的危机，土木工程署成百上千的雇员的被遣散，他们中很多人拿到的补助只有每周7.2—10美元。公共事业项目的失败，迫使我们重新考量过去一年内所采取措施的有效性；它们旨在提高大众购买力，被认为可以对总体经济情况起长远的改善作用。

由农业部门一些谨慎的经济学家基于目前的生产情况所提出的报告中提到，比目前耕地多出几百万公顷的农田正在被投入，以支持合适的国内农产品消费需求，以及适量的出口需求。不过，这却威胁到了"适度耕种"项目，打乱了想要削减必要的食品与服装原材料的计划。

国家经济调查局近期发布的、就1929年到1932年国家税收的报告显示：依靠给劳动者提供的那点可怜的津贴来维持总体消费能力的计划，已经彻底失

---

① 首次发表于《人民游说团公告》，第3号（1934年4月），第1—2页。

败了。

在 1929 年,资产收入相当于劳动者收入的三分之一;在 1932 年,仍然维持

在近三分之一的数量。在 1932 年,大约 34 万人的收益是财产收入的八分之三;

而在 1930 年,约 81 万人的收益少于财产收入的三分之二。

财产所得的收入越发集中于少数人手中,自 1929 年股票市场崩溃以来,这
一情况越来越严重,尽管国家尚有 100—110 万的股票持有者。问题的关键是:
既然现在已经尝试了通过限制生产和消费来维持收入增长,并且我们已经发现
这一措施的不足之处,那么,究竟什么样的转变才会被当局政府所接受呢?

总统对于向老兵提供补偿以及提高联邦政府工作人员报酬的法案的否决,
获得了高票支持;而两院对此的投票情况,则反映了上上下下对之前所实行的政
策的全部不满。在接下去的 6 到 8 个月之中,政府当局会直接出现或左或右的
倾向,至于最终会选择哪一面,要取决于民主派和激进派对于他们各自的规划提
出怎样的要求。政治不会有遗漏的空间,这就像大自然一样。

在两院来自佛罗里达州的弗莱彻(Fletcher)主席的领导和科斯蒂根
(Costigan)及卡曾斯(Couzens)议员的合作下,两院的银行和货币委员会在为证
券交易所谋利之争中打了漂亮的一仗。这一成就虽然遭到国家众多金融家的极
力反对,但得到了广泛的支持。即使这一法案在国会两派中最终落败,这样一个
能在全国范围内致力于立法以防止插手资产估值的预先声明,必定会在未来大
力推广并坚决实行。银行和债券的国家化,是以立法控制证券交易的必然结果。

通过税收法案来重新分配国家税收,是本届国会的首要任务。到目前为止,
代理机构的失败导致一般生产方式背后的分配出现了问题,使得这一任务更为
紧迫。

美国还有很长的路要走[①]

我们知道,总统为了救助那些被遗忘的人民是多么的努力,但那些政策最终289却不可避免地失败了。

对于社会公义的崇敬之情,是不可能挽回一个根本错误的。

一面充斥着对公司领导者的声讨;另一面,应该看到,一年半以来,所有的立法和行政努力最终都变成了维护政府本身利益的举措。最终,1929 年之后,危机再次到来的时候,政府应该对此负责。

美国还有很长的路要走。

继续致力于通过提高收益来改善就业的情况,就像是对先前无效的政策的一种忏悔;因为对利益的渴望——租金、利息或者投资资本所得——是产生失业和贫困的根源。

除了承认劳工是生产中最首要的因素以外,美国政府别无选择。要摆脱当前的贫困境况,劳工是关键,甚至在他们也用自己的劳动收入投资资产的时候,事实还是这样。

要回到所谓 1929 年的经济繁荣,那时候,也不过是十三分之一的人有不错的收入,八分之一的人有还过得去的收入,而三分之一的人只能勉强糊口,更有五分之二的人几乎赤贫,这样的情况简直令人难以想象。

但是,那确实主要就是工业、金融业城市和农村的土地利息所要为之奋斗的目标了。

[①] 首次发表于《人民游说团公告》,第 3 号(1934 年 11 月),第 1 页。

除了借鉴英国劳工联合会和欧洲社会民主党所采用的措施之外,我们别无可能让相当一部分美国人民得到比较优质的生活了——使所有的自然资源都国家化,让国家来统筹土地租金和基本工业。

民主党和共和党这样的区分,在今日的美国已经毫无用处——唯一关键的不同,只在于这样的社会化。

在美国,公有产权的施行困难重重,因为我们几个世纪以来都处于疯狂的经济飞速发展之中,资本无限制地扩张,土地价格飙升。有相当一部分美国人民认为,他们有资格分享国家收益。但如果真要采取英国税制,那么,这些问题就必须在短短几年之内加以克服;而土地的社会化,更意味着消除无效的虚拟资本。

然而,只有通过社会化来抵制私人的赢利,才能防止未来出现进一步的骚乱。

杂　记

宗教与"宗教性的"[①]

阁下:诺伯特·古特曼(Norbert Guterman)先生在对我的《共同信仰》(《新共和》,2月20日)的评论中讲到,我认为,"宗教对我们生活的影响逐渐减弱的原因,是宗教在智识上的不足";在有关宗教的社会功能方面,我忽视了它们的不足。结果,我把宗教定位在"纯粹是一种心态"。

我不知道古特曼先生是否阅读了我的书,或者他是否把目光落到过那些书页上,因为他一直遭受没有学习阅读能力的折磨。在我的书中,比起宗教在智识上的不足,更多的内容奉献于宗教在其社会担当上的不足;而且,社会担当上的不足,可以说更为严重和更加有害。在我的这本小书中,三分之一的篇幅用来明确地定位宗教的社会内容。古特曼先生对我的评论,是以"一种心态"代替客观事实的例子。

约翰·杜威

[①] 首次发表于《新共和》,第82期(1935年3月13日),第132页。这是杜威对古特曼评论的一个回应,古特曼的评论见本卷附录4。

对《约翰·杜威是一个
有神论者吗？》的回应[①]

294　　《基督教世纪》的编辑：

　　阁下：有幸阅读奥布里（Aubrey）先生的书信与威曼先生的评论，我想要说，威曼先生的评论没有以任何方式来改变我对奥布里先生陈述我的立场的完全认可。实际上，威曼先生的回应仅仅让我明白：他已经将自己的立场加进对我的解释之中。

　　我所说的可能被谨慎地冠以"上帝"之名的某物，与威曼先生归之于我的"将现实与理想结合一起"的某物，这两者之间有着根本的区别。我所说的是理想与一些产生和维持理想的自然力量的结合，这种结合在人类的想象中完成，并通过人类的选择和行动实现。正是这种结合，可能被冠以"上帝"之名。当然，伴随着对它的理解，我们知道了：它只是词语所表示的意思。我认为可以使用词语，因为对我来说，似乎正是这一结合，实际上已经在人类经验的宗教层面发生作用了。

　　一个善辩的多神论者运用威曼先生的逻辑，可能有助于我在多神教方面的信仰，因为我说过，有许多不同的自然力量和条件产生并维持我们理想上的终极。这些理想上的终极，便是人类想象和意志的工作。

　　威曼先生在对奥布里先生的信的评论中所引用的段落，可以在标题为"宗教

[①] 首次发表于《基督教世纪》，第51期（1934年12月5日），第1551—1552页。这篇文章是对奥布里和威曼所写的信的回应，两位的信见本卷附录6和附录7；威曼的评论，见本卷附件5。

功能的属人栖所"一章中找到。在这一文本中，并没有提及上帝。这一段落的语调和目的可能由与之相邻的段落指明。例如，作为"理想化的想象、思想和感情到自然的人类关系的转移"；"现在生存着的我们，是从远古至今，与自然相互作用的人类的一部分"。该段落中所提到的"原因和结果"，指的是在发现它们的过程中的智力工作；并指在历史的宗教中，在超自然事物之上的一些狂热和奉献已经消耗殆尽，转向智力的需求。而且，当我声明人类共同体是最好的"被称之为宇宙的、成为想象的神秘整体的象征"时，我从未想到，有人会认为我将宇宙等同于上帝。即使是那样，在这里，我重复之前明确声明过的内容："宇宙"是一个想象的术语，是一个诗意的术语，而不是一个认知性的术语。如果说人类共同体在其整体的范围中，是"我们理想的愿望出生和成长的母体"，那么并不是我认为这一共同体作为被崇拜的事物。我忙不迭地补充这一点。

的确，在我的整个哲学中，我把人看作自然的一部分。但是，当威曼先生说"这一母体"（指涉被引用的段落）是"把理想和现实'结合一起'的事物"时，这一母体便从人类共同体滑落到万物，当然也包括人类。当我们把生物作为这一更大的、具有包容性的母体时，我认为，我已经阐明了，在这一意义上的生物也是从不良的人类冲动和习惯"出生和成长"的母体。我认为，我已经明确地说明了，我所指的"现实"是一些由人类思想和行动从整体中选择出来的事物。因此，从我的观点来看，威曼先生在理解我的思想时陷入了双重的困惑。

威曼先生的评论在目的上如此具有同情心，以至于我本该保持沉默。然而，正是这一最具同情心的特点，更有理由让我澄清自身的立场。有关威曼先生对我的书——《共同信念》的诠释，一个相反的语调可能使读者更加警惕。

约翰·杜威

《新政的挑战》序言①

296 当未来的历史学家回顾罗斯福政府的第一阶段时，他们很可能发现，这一阶段是共和国成立之后的"关键时期"，也是历史上最为重要的时期。对于越来越多的人来说，这一阶段意味着一个制度的破产，以及通过和平改革解决该系统矛盾的最后尝试。现在，当整个新政处处被质疑的时候，对过去一年半的审视是十分及时的。这本书便是对过去一年半的审视，并尽可能地收集一系列智者的评论于书中。

这本书中所涵盖的短暂时期充满了戏剧性事件。随着罗斯福的当选，最底层的人们开始不参与这些事情：恐慌、歇斯底里和质疑是每一天的状况。就像一个新宗教，专家政治论已经席卷这个国家。由于一场空前的萧条期的第四个冬天，促使美国人第一次寻找极端的方式，以走出他们的困境。伴随罗斯福的"行动"新政及其新的希望，戏剧性事件以不断加快的速度继续进行。接着，一个联合时期来临。在 1934 年的冬天和春天，人们仍然等待新政能够带来繁荣。但是，人们如今越来越认识到，新政不能带来繁荣。现在正值新政实施的第二个夏天，罗斯福的尝试被普遍认为是一个失败。"革命"的倡议又一次流行开来。因此，观点和视野比以往任何时候都重要。

每个月的罢工、农场起义、沉默的痛苦，以及工业和金融改革绝望的措施，这

---

① 首次发表于阿尔弗雷德·米切尔·宾厄姆（Alfred Mitchell Bingham）和塞尔登·罗德曼（Selden Rodman）编辑的《新政的挑战》(*Challenge to the New Deal*)，纽约：福尔肯出版社，1934 年，第 5—7 页。

些戏剧性事件在联邦资金数十亿美金用以保证机器的运作中达到了顶峰。这些情况暂时还无法用历史的单卷书充分地讲述。除了通过理性的期刊——尤其是这一期刊登的社会和政治领域中最优秀的人的文章——除这一方法之外,没有更好的方法能够调查当时的情况并吸取教训。

既没有书籍,也没有杂志,针对我们面临的巨大问题的所有方面,试图呈现出一个和谐的"自由观"。在今天,这样的一本书是不可想象的。两年前,存在众多"知识分子左倾"这一事实的讨论。但是,如今再也没有这样的讨论了:知识分子是左派的。在我们某些主要思想家的著作中,他们是明显的"左派",这是毫无疑义的。唯一的问题是:他们向左派走了多远。由于这一原因,这本书的大量发行,缓解了在美国的激进主义问题。

特别是在美国,因为这里很少强调正在困扰着世界的问题的国际性特点。美国人逐渐意识到,在他们国家丰富的自然资源和工业发展中,有着天然的解决方案。与此同时,美国的激进主义正在放弃欧洲的模式和哲学,以越来越多的理性试图通过他们自身的途径来解决问题。专家政治运动是这一趋势的表现。农民劳动力的增长,或者美国中西部"第三党"运动的增长,则是这一趋势的另一种表现。国家复兴管理局(NRA)和整个罗斯福新政是美国的现象,被不祥地类比为国外法西斯主义,这是事实。但是,在它们的初期,以及在它们引起的批评中,仍然要求一种美国式的分析。

因此,这一卷描述的是美国的激进主义如何发现自身的问题。正如激进主义在美国变得越来越明显,现存制度濒临崩溃,在社会工程中产生了重大的问题。我们如何将世界从崩溃带到一个良好的秩序?

这一主题顺理成章地可分为三个部分。第一部分主要是制度崩溃的描述,正如胡佛政府后期所出现的那样:随着新政的"结果"而来的恐慌、困惑和穷困。"救济、改革和复苏"这一罗斯福庞大的实验展现了一个明确的新偏好,受约束的、人性化的资本主义与自由放任(laissez faire)的野蛮行为形成了对比。但是,必然的结论与一个正在衰退的制度达成这样的妥协,似乎是不可能的。

第二部分回到对资本主义经济中存在的根本缺陷的分析,以及对一个理智的经济的承诺,无论从机器价值的角度还是人类价值的角度来看。

在最后一部分中,一些明确的结论开始出现。为了经济转型的政治行动以及政治力量,一大批政党激进地对抗两个特权阶级的老党派——这些都是必不可少的。现在，激进的运动明显地失败，而激进的思想却明显地增长。一场真正的美国起义——中西部的农民劳动力运动，在美国青年中非常规地发展。在总结这本书的作者们的观点中，有些类似第二次美国独立战争的事物正在步步逼近。虽然它可能并不是马克思追随者意义上的"革命"，它依然不允许屈服于资本主义。

在这类争论中，来自不同观点的一群作者看起来似乎鲜有一致性。有些作者可能私下承认法西斯主义，其他人则承认共产主义。也许几乎没有人接受这里呈现出来的全部论点的含义。这些作者，包括农村自由主义者和城市激进分子、知识分子和积极组织者。然而总的来说，他们代表着能够聚集起来解决主要问题的、有才干的智者。并且大体上，他们的确地提出了一个论点，这一论点是从逻辑上一步步发展而来的。

由于他们的文章都在出版物中，应该保持一致的编辑方案。这里的文章（和图片）涵盖了所有在《常识》的页面中出现过的东西。在1932年12月开始创办这一杂志的两个年轻人，希望美国的激进主义哲学——一个将会起作用的哲学——合乎逻辑地发展。事实上，他们回归到托马斯·潘恩（Thomas Paine）于1776年所写的革命小册子的标题，这仅仅是他们的希望——即美国在人类进程中可能再次成为领袖——的标志，如同美国在第一次独立战争时那样。

《亨利·乔治的哲学》前言^①

亨利·乔治(Henry George)的传记是典型的美国人传记,即使在这个国家 299
中鲜有与他的传记类似的。在商业和政治领域中,有许多从贫困和默默无闻到
拥有财富或名声的例子,或者二者兼而有之;而且,在各个领域中,一直有许多白
手起家的思想者。但是,亨利·乔治作为一个没有学术背景,通过由人道主义所
决定的观察力和思考力而成功的例子,以及作为一个不仅为他自己的后代和国
家,而且为世界和未来留下不可磨灭的印记的例子,他是非常杰出的。然而,他
在学术圈里是失败的,他的思考、写作与工作都是在学术圈之外的。他被人们谈
论的优点,在谈话中比在行为中更为明显:实践的唯心主义。亨利·乔治是一个
可以通过始终不渝的忠诚和自我牺牲来实现主流意识形态的一个例子。我们可
以说,他是一个有着单一想法的人,除非我们表明他拓宽了这一想法,直到这一
想法包含大量的社会现象,并成为一个全方位的社会哲学。否则,这一陈述将有
误导之嫌。

亨利·乔治是一个典型的美国人,这不仅体现在他的事业方面,而且体现在
他的思维中注重实际的偏好,为他所研究的现象作一些贡献的渴望和不满足于
理论的研究上。当然,在这方面,他并不是唯一的。许多英国的经济学家有着同
样的渴望。约翰·斯图尔特·穆勒的理论著作在根本上,是由社会改革方面的
兴趣所激发的。但是,他与乔治的理论有一些区别。他的观点在本质上,总是对 300

---

① 首次发表于乔治·雷蒙德·盖革(George Raymond Geiger)所著的《亨利·乔治的哲学》(*The
Philosophy of Henry George*),纽约:麦克米兰出版公司,1933 年,第 9—13 页。

行动的一个挑战和高谈阔论的呼吁。政治经济的"科学"对他而言，是一系列原则；这些原则为政策的执行、措施的实施提供了基础，而不仅仅是理论上的观点。加上他们有时会影响行动，他的观点在本质上是"行动计划"。

不幸的是，在一些方面，美国公众的务实想法与亨利·乔治相比，含义更为狭窄，范围更小。在他关于税收改革的建议中，有着他的社会哲学的成就和实际的意义。的确，在乔治关于税收改革计划与其目标和原则的有机联系问题上，许多人在不知晓和不关心的背景下，接受了他的税收改革计划。但是，尽管如此，在乔治自身的思想中，理论部分和实践部分之间的联系是至关重要的。当这种联系断开时，在对他的思想的认识中，至关重要的事物就丢失了。人们可能通过税收改革计划的本身来理解它，但在理解激发亨利·乔治灵感的例子上还差得很远。

乔治的著作有极大的发行量，尤其是《进步与贫困》（*Progress and Poverty*）一书。我猜测，这本书的发行量几乎超过其他所有政治经济学著作的总和。然而，美国公众并没有完全理解乔治的观点，即使有着所谓高等教育经历的群体，也不能充分地理解，除非他们对这位伟大的美国思想家之理论贡献的一手材料有所熟悉。亨利·乔治是世界上一小部分绝对原则的社会哲学家之一。因此，他的思想缺乏更广阔和更深层面的知识，这标志着一个巨大的知识损失。我这样说，并不是意味着接受他的观点，而是在认识他的观点。这与是否采用他的政策无关。这种认识，有望成为有修养的人与其他伟大的社会思想家的必然结果。

我这样写，应该有所顾忌。若不是有两个原因的话，别人会认为我轻视他的社会行动计划的现实意义。其中一个原因，是我已经声明过的事实。他的理论观念和社会行动计划如此紧密地相连，以至于不可避免地导向对他的社会行动计划更好地理解。另一个原因是对他的理论观念的了解，这更直接适用。实际的社会状况（正如目前的例子），与改革问题及税收和公共财政方法的修订相联系。乔治的计划在实用性方面，引起越来越多的关注。不可能信任任何永久税制改革的计划，这些计划并不包括乔治为了土地租赁价格的社会目的，通过社会拨款的一些部分。例如，我们刚刚开始了解，一部分不受管制的投机行为，在引起目前的危机中所起的重要作用。并且，我不能想象，任何对社会经济见多识广的学者否认土地投机买卖在普遍的狂热中是基本的，或者他们否认这种投机买卖将通过地租税收的方式，由社会拨款而加以避免。然后，在很大的程度上，乔治思想的实用性方面的一些知识，从长远来看，必然源于社会力量的运动。在社会发展中，乔治关于土地的重要性——他在广义上使用这个词——的相应知识，以及他的道德进步和堕落原因的相关知识，在没有理解他的基本哲学的情况下并不能确信。

尽管目前的作家不相信自然和自然权利的观念，而这些观念在亨利·乔治的社会哲学中，乍一看似乎是基础。因为正如我看到的，这些观念都是符号。但是，这种基本的哲学知识是迫切需要的，在人类历史的特定阶段的词汇中被表达为一个可以用其他语言表明的真理；而且，这一真理对暗含的泛哲学没有任何危害。现已反复指出，在"自然权利"的概念中，最真实的问题是道德目标及标准与法律和政治现象之间的关系。就我而言，我在翻译乔治对经济现象本质的论述时毫不费力。他认为，经济现象如同立法和政治现象一样，人离开对人类价值、人类的善的结果的考量，也就是离开对道德的考量，便不能被理解，也不能被控制。无论是工业和金融的"科学"、财富的"科学"，还是法律和国家的"科学"，都可以抽象地存在于伦理目标和原则之中，它比"自然"的特定历史概念的适当性更为根本。乔治把"自然"的特定历史概念，作为表达伦理观念至高地位的一种方式。在这一基本问题上，我认为，乔治是正确的。 *302*

这一声明，使我看到了存在于上述介绍性论述和盖革博士的著作之间的联系。在与他讨论的每一个话题的联系中，盖革博士清楚地表明了目的、人类价值和经济手段之间的重要联系，这种联系是在乔治分别处理的基础之上的。仅仅这一事实，就使这本书与众不同，并赋予适时的色彩。此外，盖革博士这样处理的意义并不止于这一点。亨利·乔治的著作和影响力是毋庸置疑。对他的人生和发展的描述，形成了个人的思路（将所有部分结合在一起）。盖革博士为我们提供了一本迎合当前需求的书；这一需求，要求我们把亨利·乔治的思想和活动作为一个重要的整体而非孤立部分的集合来进行充分的解释。这本书将使读者清晰和全面地了解世界上伟大的社会哲学家之一的观点。当然，也是这个国家最伟大的社会哲学家之一的观点。

意义、断言和建议[①]

303　　阁下:阅读卡纳普(Carnap)博士的文章《哲学问题的性质》,给我留下了两个问题。除了我以外,其他人对逻辑的实证主义的系统看法,很可能是通过对这些问题的进一步讨论而澄清的。

　　1. 对我来说,关于形式和内涵(inhaltlich)之间关系的思考,在一定程度上尚不清楚。这本书的主要论点坚持,"从一个人不解决意义这一观点出发,最终达到所有被阐述为内涵问题的答案,这是可能的"(第9页)。但是,接下来(在第12页)陈述道:"所有事实的陈述都是综合的";同时,在第17页中陈述:"数学概念通过已知的经验科学的应用规则这一事实,达到了它们的意义";并在第19页上,更概括性地说:"使我们偏爱语言特定形式的原因,是我们对科学研究所提供的实证材料的依赖。"

　　我的问题是关注鲜明对比中的内容或内涵的意义,或者将问题倒置过来,在后两个引用中所提到的内容和"实证材料",如果两者有关系,那是什么关系。我有一种感觉,可能是十分错误的感觉,即在概括性的论点中,例如"形式"指代"不涉及意义或内容";从后来的部分中,我得出的反而是"形式"代表对内容准确象304征性的陈述["这两种进路从根本上来说,的确没有差别"(第13页)。当然,在某些实例中提供两种语言模式,即使从意义的一方面来看,作为内涵的模式是一个模糊或不明确的陈述,而形式模式是意义的一个精确演绎]。

　　2. 卡纳普博士明确和公正地将命题区分为断言和建议。这种看起来似乎

[①] 首次发表于《社会哲学》(*Philosophy of Social*),第1期(1934年4月),第237—238页。

是基本的区分,在多大程度上可以被视为适当的命题,并且在多大程度上与额外命题的"断言"和"建议"有关呢？我并不是想说明(即使以一种间接的方式)这里涉及任何心理学上的事物,但更多地想说明断言和建议与命题的确切关系。当然,我们可以提出一个这样的命题,这是一个建议,而不是一个断言。但是,问题就出现了:这样的命题是一个断言,或者是一个建议吗？等等。

约翰·杜威

挽救兰德学校①

305 致《国家》(*Nation*)的编辑：

兰德社会科学学校正处在募集 17 000 美元的活动当中，这是为了在它存在 27 年以后继续它的工作。如果兰德学校被迫关门，将会是一件不幸的事情。它对于数千名白天劳动、依靠学校提供的服务来"提神醒脑"的男女老少而言，是一件不幸的事。它对共同体的公民生活来说，也是一件不幸的事。这是因为，学校的总部容纳了大量有组织的劳工和其他机构的办公室，它们的活动延伸到城市生活的各个角落，甚至通过函授课程、拓展活动和夏令营深入本州和全国的生活之中。

它对于有主见、不受约束的思想和随处可见的演讲，将会是一个灾难。兰德学校一直是国家促进经济认知和政治理解的最重要机构之一。令人喜悦的是，保守势力将会采取实用性和长期有效的措施。兰德学校的朋友们、启蒙教育和健全的成人教育的朋友们，必须关注学校，呵护学校。这样，它的伟大工作就不会因为资金不足而关闭。

挽救兰德学校和总部人民宫(People's House)需要 17 000 美元；如果募集到这笔资金，可以挽救兰德书店、兰德学校出版社、劳动研究部门、德布斯礼堂、工人剧场、迈耶伦敦纪念图书馆、兰德学校的拓展和函授课程，以及工人子306弟学校之家、《新领袖》(*New Leader*)杂志、纽约社会党，以及工会组织的主办方。

---

① 首次发表于《国家》，第 137 期(1933 年 7 月 12 日)，第 47 页。

强烈要求《国家》的读者们为纽约市东 15 大街特别委员会主席伯莎·H·迈利(Bertha H. Mailly)先生捐款。

约翰·杜威

对抗饥饿的动力①

307　　阁下：

应该是美国人还是拾荒者？在我们国家中，超过 3 千万的儿童、妇女、男子、失业家庭，他们自身并没有什么过错，却被放置在最有辱人格、残酷的失业救济金制度之上。我们的大城市平均每周给每人 1 美金作为救济金。绝大多数城市的出租房不提供光源和暖气。

自尊的美国人正在占领老鼠的地盘，因为他们翻捡垃圾桶来生活。只有痛苦是由"共同分担工作"运动所共享的。工资到处被削减，对工人来说，在大萧条时期，整体损失超过 40 亿美元。

数以万计的农民正在失去他们的农场，因此，美国确立了农民阶级。城市和国家将会破产。任何一个老党派，都没有提出任何足以适应这种绝望情况的建议。

独立政治行动联盟建议为此做点什么。在五月，这一联盟将在华盛顿聚集召开国会，组织一个联合的新政党。您知道这一步骤的巨大意义。

我真诚地邀请您加入我们。国家目前的形势，要求勇敢和思路清晰的公民们采取行动。我们春季的大会将迫切需要资金和会员的扩充。除非我们有办法，否则难以渡过这一难关。我们急切地恳求您为我们送来捐助，无论其大小。

308　　创造和分配财富，以便使财富成为对全体人类来说是一件稳定而持续的好事，这是我们的项目的基石。作为其中一员，您将会极大地帮助我们的行动，并

---

① 首次发表于《新共和》，第 74 期（1933 年 3 月 29 日），第 190 页。

分担这一时代最伟大的任务。今天您还不向我们提交会员申请表吗？总部位于纽约市东 19 街 112 号。

约翰·杜威主席

无线电广播对思想的影响[①]

　　无线电广播是世界上有史以来最有力的社会教育工具。在有关物理和科技问题的理解上,眼睛优于耳朵。但是,在所有的社会问题上,大多数人更多地是由听觉而非视觉来接受指导的。民主的进程已极大地被物质交换的现代手段这一事实所阻碍;这一手段的增长,已远远地超出了知识和思想交流的手段。无线电广播给我们带来了公平处理问题的可能性。

　　然而,它仅仅是一个可能性,而不是一个既定的事实。无线电广播代表特殊的利益屈从于政治宣传。它可以被用来歪曲事实并误导人心。在我看来,关于它是否被这一目的或社会公共利益所利用的问题,是目前极为重要的问题之一。比起我们意识到开明、公正的公共意见和情绪的形成,这对民主的成功而言是必要的,在更大程度上依赖于它实际上回答的方式。即使无线电广播掌握在私人的手中,也会严重地影响社会的公共利益。由于这一原因,对数以百万每天聆听广播的人进行教育的每一个尝试,才是最令人关注的。这也是我欢迎 WEVD 电台在指导广播电视大学方面的各种努力的一个显著原因。也许它成功了,也许它的影响广为传播,直到每一个广播电视的组织都以它为榜样。

---

① 首次发表于《学校与社会》(*School and Society*),第 60 期,(1934 年 12 月 15 日),第 805 页。杜威于 1934 年 12 月 8 日通过 WEVD 广播电视大学所作的演讲。

《古巴的恐怖活动》英文版前言①

恐怖统治笼罩在沿美国海岸的一个美丽的岛屿。美国,作为一个负责任的国家,欲帮助其解放。"恐怖统治"的表达,不是一个空洞的文学短语;它准确地描述了暗杀者马查多(Machado)执掌政权的方式。在美国,我们对德国和遥远的印度发生的事件感到愤慨。但是,我们意识到,在我们家门口、与我们直接相关的国家之中,正在发生的暴行让那些更为遥远的国家所发生的事件苍白无力了吗?

为什么我们对古巴正在发生的事情漠不关心? 为什么我们的人民没有被愤慨的精神所推动,从而采取一些行动阻止海岸线不远处的反人类罪行的进行? 当然,我们并不缺乏信息。我们所拥有的在古巴这一暴君血腥政权的信息的权威性方面,并没有疑问。《纽约时报》(York Times)派最好的记者到现场观察报道。以下的内容摘自他的报道:

> 但是,在马查多政权下,暗杀事件已经上升到政治艺术的尊严。官方谋杀开始于1925年……反政府的政客、工人领袖和编辑被秘密地谋杀——凶手逍遥法外……自从1931年革命以来出现的胜利,马查多总统在清除所有其政府的反对者的努力中,开始了完全无情的政策……秘密警察和警棍

---

① 首次发表于古巴革命青年委员会,《古巴的恐怖活动》(*Terror in Cuba*),巴黎:库尔贝伏瓦,共同印刷所,1933年,第9—10页。英文版首次发表于《学校和社会》(*School and Society*),第96期(1968年11月23日),第444—445页,由乔·安·博伊兹顿翻译。

（porra），或暴力暗杀小组奉命瓦解会议和逮捕密谋者。家庭和办公室都遭到入侵；犯罪嫌疑人被送往军事法庭或送进监狱，或在军事堡垒中未经审讯被单独关押；最终，在街道上发现政治犯的尸体，他们是在殴打和折磨后被枪杀的。①

在以下几页中令人同情和有说服力的呼吁，可能来自古巴的学生组织，这是适当的。在古巴反对残忍和无道德原则的独裁中，这些学生曾一直是英雄人物。大学生一直奋斗在所有捍卫公民自由的前线，这一尝试在三年前导致大学的关闭。接着，年轻的男孩和女孩起来参与斗争时，公立高中（lycées）和师范学校也关闭了。许多教授成为逃犯，不得不隐藏起来，并最终流亡在外。超过 60 人被谋杀——大多数被发现死于街道，并带有明显的被殴打或折磨的痕迹。最近（我写于 4 月份），纽约的报纸报道：在耶稣受难日，哈瓦那的街道上发现了学生的尸体；其他四个人死于复活节前夕。从表象上看，并没有任何受审讯的痕迹，甚至没有军事法庭的痕迹。

我认为，被邀请为我的同胞们作一个简短的呼吁，是一种伟大的荣誉。即使那些学生逃离了降临在他们同伴和朋友们身上的死亡，但现在还承受着流亡的痛苦，以及他们国家悲剧的创伤。他们除了一个普世的原因以外，别无所求——为了独立和国家尊严，为了人民自由，为了支持教育和文化。我不相信，我们的心如此冷酷，以至于对他们的请求毫无回应。

---

① 译者注释：引用自拉塞尔·波特（Russell Porter）:《总统马查多领导下的古巴》（Cuba Under President Machado），《当代历史》（*Current History*），第 38 期（1933 年 4 月），第 29—30 页。波特的 6 篇文章为《纽约时报》撰写，发表于 1933 年 2 月 4—9 日。

专家政治论报告书[①]

回应是《常识》提出的三个问题：资本主义制度可以满足专家政治论的科学 312
批判吗？他们有关资本主义即刻崩溃的预言有所夸大吗？专家政治论有作为政
治运动的可能性吗？

我毫不怀疑，资本主义制度迟早将会消失，正如其他的社会经济制度一样。
在它完全被一个明显不同的制度取代的意义上，我没有看到它即刻完全崩溃的
迹象。资本主义制度有着许多的根基和支柱，我希望看到这些东西逐个消失，而
不是以一种耸人听闻的大规模方式消失或被取代。这不是我的愿望的表达，而
是我所看到的情况。除非专家政治论十分激进地改变资本主义制度现在的目
的，否则，我无法看到它在政治上的未来。这无疑将有一些间接的政治影响，但
我不知道是否会朝向法西斯主义或社会主义方向。

---

① 首次发表于《常识》，第 1 期（1933 年 1 月 2 日），第 9 页。

报道和访谈

申诉委员会的报告[①]

请允许我首先这么说，这是多年前的说法，即美国所面临的错误来自现实，而不是某个理论。正是这种现实，不是理论，也不是针对它的指责，而是申诉委员会所提出来的事实——一遍又一遍地重申——多数是由它的支持者和见证者所提出的，甚至更多的是由反对这些人的人们提出来的，他们的言论反映了工会所面临问题的严重性。这也是申诉委员会提出那些在他们看来会起到帮助作用的建议的原因。

出于召开代表大会的需要，委员会成员的数目正在持续地增加。它的规模会大幅度地扩大，所以产生一个有代表性的组织很有必要。不过，顶多是在这一点受到重视的时候，申诉委员会提出有关建立一个代表大会的建议，才有可能被一个到时无法避免的短期行动所推动。谁都知道，有这样一个由学校和各区所推选出来的代表大会，比任何其他的措施都有助于保证组织内部每个成员的参与度。大会将有所作为，也有能力维持组织的运转。

从其他的建议来看，它们绝对是针对现状而产生的。我再次申明：这种现状，仅从委员会方面来看，就是由那两个少数派组织的领导所倡导的措施引起的。很遗憾，那些辩护者和见证者在这里却没有表现出多么英勇的运动员精神。他们绝对忘记了那些对几乎关系到所有人的事实，关系到荣誉、诚信、健全，以及最终惹恼的不只是"当局"的领导力量，还把整个国家带入一个亟须解决的困境

[①] 首次发表于《教师工会》(*Union Teacher*)，第 10 期(1933 年 5 月)，第 2—4 页。来自 1933 年 4 月 29 日在纽约市商业中学对教师联合会的声明所作的速记报告。

的事实。接着,在那些少数派成员真的忽略了自己的职责,忘记了先前他们提出指责之时的种种行为之后,他们诉诸一些甚至可以称之为"孩子气的行为"的做法——他们哀诉、抱怨。他们说,那种"红色迫害"又开始了。政治迫害的始作俑者必然是这一方面的高手,但这一次似乎出现了例外。这些人声称,他们自己也是受害者,装得好像这些对他们的指控都是空穴来风,或者根本没来由地从天而降,而不是他们的所作所为,以及他们所坚持的策略的必然结果。

我愿意花较多的时间来解释这一误解。在这场"左倾"文献中的真正误会,今天已经遍布全国了。我举个例子。据说,在这些文献中,委员会承认,领导人声称他们并不指望控制整个国家,除了他们所采用的手段能够获得肯定之外,别无他想。这一声明简直是胡扯!他们在委员会面前所作的声明,以及委员会自己作出的声明,是少数派不想染指的,除非那里面有他们一贯的意识形态作为基础。这就是他们那种不会直接说明的、遮遮掩掩的意识形态和他们兴师动众地在委员会中所做的事情的区别。

我唯一所知的、能够用来解释少数派策略的就是——我得参考他们的领导者的话——它们暗中包含一些不会公开谈论的目的;并且,那些目的就他们而言显然更加重要,足以应对任何形式的误解和指责,这反而有助于他们达到其终极目标。

而又一次地,这些文献中提到了少数派的方法中的五个要点。它想论述这些要点是不是致使它们流于无用的根本原因,当然不是的。它们顶多只是建议而已,不过,如果诚心诚意地采纳,没有任何误解和滥用的话,双方还是有可能进行比较友好的谈话的;并有可能在协调之后,使其得以实行。现在,情况的关键之处在于:这些建议的周围是一些指桑骂槐的批评,觉得每一行为背后无一没有恶意的动机。这样一来,就没有机会让人思考它们能够带来什么合理的意义,因为它们事先被放了这样的位置。

被国家内部弥漫着的感情至上主义左右的还有很多例子,这种情况已经有点不可控制了。所以,除非我那一封"公开信"真的被付印并传播出去,否则的话,我甚至不适合在这里引用它。它要求道:

> 您,一位杰出的工会成员,曾建议教师工会成员应该好好地领导美国工人运动。您会赞成基于您的报道,在国家结构中所发生的调整吗?您会赞

成旨在完全是遏制主要成员主动权的修正案吗？如此一来，就完全排除了任何可能的反对的声音和行动，不仅控制了主要成员实施任何实质性的行动，而且排除了所有协商、讨论的可能。尊敬的杜威先生，您是不是想说，有不同意见是好的，但是应当阻止它们被公开地表达？您是不是打算带领教师们逃离"教育中的民主，教育或者民主"？作为我们所知道的专业人员中的一位杰出人士，面对当局的专政和所有反对意见的压制，您真的准备承担做一个教育领域的权威和整个工人运动中的领军人物的责任吗？

现在看来，这难道不糟糕吗？——任何人只要稍微想一想，传播这样的声明的目的何在？难道不是仅仅让那些没有仔细读过报道的人，没有好好分析现实情况的人，产生一种对事实和行动真实意图的误解吗？当每年各有所求的成员不仅代表执行委员会，还代表议会来参与选举的时候，竟然说"取消成员资格"！318当政府当局只是因为一度成功地管理大组织的经验，而想在行动中最大限度地扩大自己的参与度的时候，他们竟然说，"限制参与"！

我当然相信民主政治！正是因为我相信民主政治，才坚信一定有公正的意见表达，尤其是当有比例代表制保证少数人的发言权的时候。

我的朋友，像这样的表达失误，完全是为了激起那些并不了解情况的人的偏见，这本是我们申诉委员会时常在反对者及其证人那里听到的。也是出于这个原因，我声明自己一定会秉公处理此事；不仅愿意在报告书中签上自己的名字，而且出于我的个人责任感，对起草这一报告的相当一部分负责。

现在，让我就某一点再来说一件事——最根本的一点。我们不想再被压制了。我们要求坦诚、公开的讨论。而现实情况中的困难是：我们真正的目的总是无法公开，总会被压在那些外在诉求的背后。

我们不排斥反对意见。如果持反对意见者能够老老实实地说出自己的要求，并且努力地让委员会公正而开放地采纳，允许公开的讨论和指正，而不是充斥着错误的表达、暗中的讽刺和对不值得一试的方法投入了不当的精力，那么，我也会是个反对派。

我们不希望墨守成规。的确，时代在改变。所以，政府行动的目的和手段也要适时地改变。但是，我的朋友和同事们，我要再次声明：根据美国教师联合会所发布的当地第五号文件所作出的声明，那些少数派试图在教师委员会中作出调整或划分部门的做法，势必会阻碍教师委员会的发展。这对他们来说，确实是不小的打击。

私底下说——我现在是为自己说话——我不想假装为了委员会的其他成员说话——我相信教师委员会未来的成员，因为经济的发展，因为我们正在面临的危机，他不能止步于不断地为自己制造一些专业的问题，而是要实际地投身到大规模的工人运动中去。他需要学会令人同情地传达自己和那些受压迫的工人的声音。我很期待他能够这样做。而且我要再一次告诉你：我的朋友，委员会最大的困难和阻碍，是领导者在处理那些少数派意见的时候方法不够得当。

如果有人同意我的看法，也认为教师委员会和其他一些工会一样，可以在政治上再激进一点，在经济事务上再投入一点，那么，我想说，只要那些少数派仍然坚持他们自己的主张，这一点是很难做到的。也正是由于这一点，我动用了自己全部的理性和诚实来分析现实，而后起草并签署这一报告。现在，请允许我搁笔等待它被接受的那一刻。

319

教师工会特别申诉委员会的报告^①

I. 介绍

申诉委员会的组织构成

申诉委员会是由 1932 年 10 月 27 日举行的教师委员会会议选举产生的,它由埃斯特·S·格罗斯(Esther S. Gross)女士、马克斯·克莱恩(Max Kline)先生、约翰·杜威先生、拉斐尔·菲利普森(Raphael Philipson)先生和查尔斯·J·亨德利(Charles J. Hendley)先生[代理者,接替退休的露丝·G·哈蒂(Ruth C. Hardy)小姐]组成,还有那些受到指责的被告们:克莱拉·里伯(Clara Rieber)小姐、亚伯拉罕·齐琼(Abraham Zitron)先生、伊西多尔·贝根(Isidore Begun)先生、约瑟夫·勒布尔特(Joseph Leboit)先生、伯特伦·D·沃尔夫(Bertram D. Wolfe)先生和艾丽丝·西特仑(Alice Citron)小姐。其中,最后一位被告的案件并未受审,因为她的医生告知:至少有六个月,除了最轻的学校工作以外,她不能参加任何活动。

在选举约翰·杜威为主席、拉斐尔·菲利普森先生为秘书长后,委员会得以正式成立。委员会组织过 24 次会议,每次长达 2 到 3 个小时。其中有 5 次是常务会议,主要是为了处理辩护者们提出的问题,也是为这次总的报告做准备。所有证据的副本被打印成大约 781 页的文件,其中 181 页的内容在审议之前,由联合委员会呈交给申诉委员会。直至今日,所有邮资、速记、打印和办公的费用总

---

① 首次由美国教师工会作为第 5 号文件(一份 8 页纸的报告)发表,纽约:梅多勃洛克出版社,1933 年。

计 700 美元。63 名证人代表联合委员会，作为反方，接受听审。46 名证人将代表有 109 名成员的辩护方出庭。

诉讼的方法

在那次组建委员会的会议之后，委员会决定强调联合委员会报告（写于 1932 年 10 月 27 日）的结尾部分，说道：

> 委员会一直认为，用以保障与左翼团体合作的基础至今还没有找到。现在，我们要把这一争论不休的问题的解决方案交给各位成员。

由于决定要调查总体情况，而不是把那些疑问具体地放到某个被控告的个体，委员会决定，不任命任何人为控方律师。

在 1932 年 11 月 15 日举行的有多方被告的预备会议上，主席向各被告解释道：委员会的主要目的就是试图理解国家不同阶段的各种情况，以及听取那些对于个人的指控。除了里伯小姐之外，其他的被告都同意以委员会的这种观点来处理诸事。而里伯小姐反对道：

> 我想让委员会听一听那些反对我的控告。在某种程度上，可以进一步探讨更广泛的方面，但就我来说，还是适可而止吧！

主席回应道：

> 在里伯小姐一案中，我们完全有能力让一切按照法律条文办事。

每个被告都有权利请律师为其代言，罗伊斯（Royer）女士为里伯小姐辩护，戴维森（Davidson）先生为沃尔夫先生辩护，柯克纳（Kirshner）先生为贝根先生辩护。

由于委员会更倾向于把自己看成是一个审查者和法官而非检察官，所以，它给予双方非常大的空间。而听证会不是相当正规的，因为委员会没有权利迫使证人出席或者在他们拒绝作出回应时要求他们回答。双方都提供了大量的证词，但严格地说，都是不大相关的证词。可这毕竟帮助委员会了解了目前国家的情况和氛围，也了解了在审议过程中双方意见的分歧有多么大。

不过，由于休假、节假日以及主席抱恙等缘故，听证会被拖延了。

由于贝根先生的律师在最后的总结中指责委员会不公正，因此，委员会认为有必要陈述事实。在对柯克纳的指控中，委员会允许被告方在保护证人的前提下，"最大限度地"为自己辩护。委员会声称，"当被告方要证人来证明，确实由于当局的领导人在一些会议上传达挑衅性信息而造成国家会议上互相不满的气氛，那么，他们得到这样的建议，即如果他们真的想要有所补偿，就应该继续坚持这些指控"。

事实上，我们手中的记录上满是来自被告及其证人反对当局的控词，并且涵盖了上述几点。此外，这些记录表明：有四个证人的证词已经得到证实，其中一些有相当的篇幅，都是关于 1932 年 10 月 27 日会议过程中"充满偏见的"氛围的。然而，在某一次听审中，贝根先生和他的律师希望引入一些其他的证人，以为那次会议作证。这些做法导致主席不得不规定：任何在这一方面的行动，必须通过全体成员的同意方可进行。如果委员会直接跨过选举出它的成员，那是十分荒谬的。进一步的声明中又宣称，被告们坚持"特殊指控"的做法是错误的。被告们所做的准备丝毫不亚于原告，比如对贝根先生的指控进行了 4 次会议，将近 8 个小时，相当于控方的两倍。

II. 对现实情况的分析

国家集团中的派系结盟

委员会发现，国家内部出现的问题，其直接根源是两个组织性团体所采取的一些行动。这两个团体认为，当局政府和执行委员会是跟他们一样的另两种集团，除了一点不一样，这一点会在下文中提及，即当局政府作为一个集团，只是关心如何采取各种手段才可以保持权力的"小集团"。对于委员会来说，尽管没有哪个行政机构能够在联邦一致的支持下获得和维持自己的权利，但再没有什么比反对派领导的态度更加可信的东西了。

一开始，只有一个组织起来的反对派；后来，一些成员从中脱离，组成了新的团体，称自己为"普通百姓"，而原先的那个组织被称为"改革者"。在证词中，并没有对造成这一分裂的原因有明确的解释；不过，它声称，那些集结了新团体的领导成员一致认为，原先"改革派"的领导者并不符合他们政治观念里的激进，也不符合他们在策略上所主张的军事化。两方所提出来的互相之间的指控，在这一点上倒是一致的。"普通百姓"指控"改革派"是"伪反政府"，事实上却与当局政府站在同一阵营。而"改革派"指控"普通百姓"，其最终目的是想造成整个美国的分崩离析。

根据每个集团领导者各自的证词，其实，它们都是很松散的组织，召开开放性的会议；还有一个负责管理的部分，既是执行委员会，又是由那些有资格进入管理层的人员构成的。每一部门都有一个秘书处，还有其他一些工作人员，负责召开开放的或内部的会议，故而在租用会场、打印、油印、邮资方面有不小的花销。现在的情况是：国家面临两个互相敌对的团体，他们不仅互相攻讦，还都对当局不满；他们都认为，正式选举出来的执行委员会的成员是另一个小团体，不具备高度的原则性和目的性。

集团冲突的危险性

委员会不明白为什么反对派总会时不时地出现，也不明白这些反对意见为什么对于当局没有任何帮助。但是，要知道，少数反对派总是听命于他们自己的领导者，所以永远保持着反对的立场。也就是说，至少，一种持续存在且可能不断增长的敌意所构成的危险性，会严重地削弱国家的行政效率。委员会的确发现，就目前国家所处的境况来看，这一危险的界点已经降临，而且被超越了。当面临这样一个亟须国家集权力量的紧要关头，这样的情况不仅会影响国家的效率，而且会危及国家的团结。

更严重的情况是：不论所谓的"普通百姓"，还是所谓的"改革者"，其大部分成员没有被归于任何一派。在证词中，充分地显示了这些成员的困惑和混乱。由于国家的运作效率实在一般，他们对此充满怀疑；更有甚者，在那些他们极不情愿去参加的国家会议中，他们觉察到一种四处弥漫的怒气，他们同样一知半解。有关证据显示，现有的分裂状况和持续的敌意阻止了教师参与到国家事务之中。

大批不属于任何组织的教师发现，一旦有争议发生，他们总扮演着被动的受害者角色，而且他们对政治的影响微乎其微。如果形势照目前这样的趋势发展下去，那么，他们也可能组织起一个集团，以便能够参与到国家事务中去。因此，分化还会进一步加剧。

委员会顺藤摸瓜，找到了一个可以充分表达对"普通百姓"意见的方便之地。

后者要求，"在任何相关的问题之下，像这样的小规模组织必然会存在"这一点，应该在事先安排的工作中纳入考量范畴。而且，应该在教师联合会中给予相应的位置。而委员会则认为，任何在争论中设定规则的安排都应当引起重视，如果当局认同这样的做法，这对那些没有加入任何组织的大部分成员无疑是极大的不公。这样的做法，不仅会剥夺无组织成员充分听证的机会，而且会致使他们堕入组织新团体的不归路。

情况的严重性

委员会因此认为，它有责任把目前境况中最严重的情况上报给国家。它想让成员清楚地知道，一旦个人的不满被激起，一旦执行委员被迫为一些错误的、不公正的指控作出比较激进的回应，那么，这种情况的严重性会远远地超越一切个人的困难和不满。它远远地超出了政策的差异，而这些差异被少数派的领导者说成是根本性的。另外，他们信心满满地认为，自己的政策才是"正确道路"。他们认为，那些选举出来的国家官员所坚持的，要么是完全错误的政策，要么根本就没有什么所谓的政策，而只有机会主义。

对政府当局的指控

少数派中，尤其是"普通百姓"的领导者，他们指责当局不民主、专制、专政和对人民施压；想要通过限制各种合作机制来维持自己的权力，逐渐变得官僚、机械和冷淡。他们认为，当局既不能引导众人，甚至也做不到指导，而只会奉承59号大街来取得支持。同样的，对于行政机构的反对，也像反对59号大街一样。行政机构被指责为：它在国家取得的任何一种胜利中，通过向其中的高层示好来分享其成果，而不是通过一步一步追随其政策；它付出高额的代价以维持高层在"对工人的专制"中的特殊利益，而不是维护广大教师的利益；它进行全民公决，只为吸引成员支持自己的反动政策，用贝根先生的话来说，这致使这个国家变成一个"邮件法令国度"。行政机构还被指控为无故地采用反动的策略，以在国家内部煽起敌意，这也被认为是他们想要维护自己权力的手法之一。在这些不同的声明中涉及的人物，都是在证词中所涵盖的被告及其证人。这些声明又不断地再现于另一份指责当局一些官员"叛国"的材料中，特别是林维尔博士和莱夫科维茨（Lefkowitz）博士。

显然，就算这些指控从本质来说是个人的，但是一旦出现扰乱国家的势头，甚至削弱国家行政效率的话，就很严重了。但是，那些尤其出自被告自己的证

325

326

词,证明这些指控不仅是个人的,而且已经成为旨在蓄意毁坏行政机构信用的手段,那么就迫使他们要在国家的基本政策、目的和方法上作彻底的改变。当双方的个人情绪被煽起,批评和互相批评在委员会面前愈演愈烈时,委员会希望作出明确的表态,即此一危机的真正原因远远不是个体诉求的差异所能解释的。

被告对指控的辩解

对委员会最为有益的当属被告对指控的回应了,他们被卷入对行政机构及其政策不断的误传之中。被告所提供的辩词,为他们反对行政机构所受的指控辩解。他们在证词中,清楚地表明了反对当局政策的本质是什么,也清楚地表明了什么才是他们想要的政策。举例如下:

1. 在少数派被议会相关规定为由排除而出局的情况下,他们的领导人才宣告了那样的动机,这也成了指责执行委员会反对他们的原因。行政机关因为同样的原因被指责。更甚之处可见这些案例,比如穆尼(the Mooney Case)一案、斯科茨伯勒男孩(the Scottsboro boys)一案、失业者保险;还有一些大事件,比如裁军和承认苏维埃共和国。事实上,还存在着一些被当局认可的特殊的代理机构,比如国际工人保护协会、共产党的合法分支,这些都成了指控行政机构的基础。

2. 如果不运用议会规定,那么,任何直接关系到的部门都无法开展工作。这些规定可以包括拟定法定人数、提供可替换的方案等等。对行政机构的指控,大部分都来源于此。它们声称,行政机构意欲限制少数派,实质上是施压其上。援引"普通百姓"领导者的话:行政机构的真正目的是"大规模地降低成员的参与率"。如此令人难以置信的误传,就像一种语言暴力。对于这种情况,只能解释为:那些小集团的领导者们,尤其是"普通百姓"认为,任何反对他们的政策的说法都是不怀好意的。

当局同意少数派的策略和用意的失误在于,据委员会分析,那些指控的唯一基础是:被选举的国家官员已经背叛了当局和工人运动。因此,少数派提出的政策和目的就在于检验他们的忠诚度。而根据证词中所暴露的,显然可以看到,当前情况的实质是:比起要找出证据来证实反对被告所提出的指控是误解和蓄意的诽谤,委员会更关心被告自己提出的证词是不是暗含着他们对自己先前作出的见不得人的选择的悔意。

对当局指控的有关细节 328

委员会相信,那一部分还没有隶属任何团体的美国人,以及那部分或多或少地拥簇某一少数派的人,会得到那些对行政机构有所指责的人的青睐。在这里,引用一些反面指控的细节:

1. 当局之所以被言论攻击,是因为它动用了立法和一般公众渠道,而不是群众活动;

2. 当局被指控的原因是由于工资的削减,以及那些会在未来发生的其他变动,这完全是他们政策不当所致的。可以这样说,如果少数派领导提出的意见能够被当局采纳,那么,有些事情就能避免发生。

3. 当局之所以被指控,其原因之一,是在选择最好的解决方案一事上持有异议。因为如果接受该方案,可能意味着对某种原则的违背。当局处理学校救济基金志愿活动一事,就是一个很好的例子。"普通百姓"的领导者声称,所有努力一旦违背以"合作"原则为前提,没有采取"减少工资"的方案,当局会马上发现,反对减少工资是无效的。随后,他们仍会不得不继续帮助推行其他的削减措施。

4. 由于不满于在当地的收费,"普通百姓"的领导者将他们的攻击扩展至芝加哥联盟,声称该联盟的政策是引起芝加哥教师薪资问题的原因。他们在纽约当地 5 号所发表的言论,同针对芝加哥一事所言如出一辙。当被问起"普通百姓"对芝加哥联盟的指控一事可作的证词时,贝根先生表示:应 329 该忽视这一问题,因为他们根本没有能力提供任何事实来予以反驳。他用以辩护的手段实在是令人称奇,即他竟然转而指责执行委员会——尽管如此,报道这件事情的文章不断见于《美国教师》(*American Teacher*)这一美国教师联合会的主刊上面。

5. 对于当局和国家的指责逐渐扩展到对其政策的误读上,更扩展到他们在 1932 年 6 月第十六届美国教师联盟会议上的官方声明。

6. 当局被指控的原因,还涉及对代课教师和失业教师的不同利益,因为它在处理这一问题上提出了与少数派完全不同的方案。

7. 当局被指控,还由于存在一种意欲对少数派领导者加以限制的说法,尽管它只是出自某一官员之口。不过,这恰好证明了当局的官员中确实存在官僚主义现象,确实有一些人对少数派有非理性的敌意。尽管在一个组织中,警惕某一势力过度膨胀是正常的,但这一点却被作为证明当局的压迫和专制的证据。

在这一点上,委员会要作出表态,它现在已经不再那么关注于指控及其辩护的真假了,因为这些指控反反复复,层出不穷,尖酸刻薄。它想要证明,这个国家所面临的不是个人的公开论战,而是从根本上影响国家利益的政策方面的种种分歧。被告为他们对当局的攻击辩解道,这些指责都是出于想要找到更好的政策。但是,除非这些政策的真正目的被大家了解,否则,多数人仍会感到困惑和彷徨,甚至动摇他们对国家的忠诚,因为他们终究不明白问题到底是怎么来的。

分歧至为关键

对于任何一个大规模的组织来说,不同的意见和开诚布公的讨论都是有益处的;但现在涌现出这样一次试图打压一度由他们亲自选举的组织成员信心的运动,这除了会招致不断的讽刺,还会引起对政府已采纳、遵守了多年的措施及其初衷的误读。因此,有必要再次全面、坦率地考虑原有的目标、策略及可能引起的后果。不能因为那些发起运动的人哭喊着以"政治迫害"为由想保护他们的行动免于审查,就回避这一考虑的必要性。我们重申,那些提出带着特殊目的和反对意见的指控的人自己都难以理解的言论,只有放到发起者们一贯强调的前提面前,才能被充分理解。出于这个原因,委员会决定,它将提供给国家最主要的帮助是:在明确这些冲突的根源之后,把其最终决定直接呈现给成员。

III. 冲突的根源

较小的起因

让我们从那些外在的冲突中脱身,好好地分析一下冲突的起因吧。呈给委员会的证词中包含一些较小的原因和一些重要的原因。一些比较小的原因陈列如下:

1. 存在着新老成员之间的分歧,即老成员认为自己非常了解国家的传统,新成员则倾向于新的规则,且认为现今需要新的方案,老成员们过于保守了。

2. 在新老教师之间存在着分歧,老教师认为,他们更加成熟和理性;新教师觉得老教师过于保守,而他们的活力会带来新的血液。这种分歧处处彰显,在各种摩擦、争议、口角等小事中都可以见到,甚至导致一些成员被赶出会议,可这些事件却被一小部分人理解为是活力的体现。

3. 还有一点,是每一个规模大的组织都难以避免的,即不同成员的脾性不同。这种脾性的差异,在成员到达一定规模时会成为问题。一些时而发生的对被告的不当态度,就有这方面的原因。

4. 一些工资较低的成员和身居高位的成员之间,也会存在矛盾和分歧。

5. 不同的文化背景、早期经历和学术传统也会导致差异。很容易理解,这些与教育有关的因素引起的差异在教师之间会更加明显,进而影响到工会中的合作情况。

对于上述差异,委员会并不会偏向哪一方是对的、哪一方是错的。相反,委员会认为,如果大家能够目标一致,秉承合作的精神,那么,这些差异的存在可能有助于增加国家的活力。

重要的原因

332

无论怎样,上述差异都不是现状的真正原因。如果大多数人不把它们和那些主要原因绑在一起,那么,它们所引起的只是暂时的小摩擦。其实,最重要的原因是:对国家的合理功能和政策惠及的对象方面在理解上存在差异,因为事实表明,在这方面,当前的情况已经与制订政策时的情况相差甚远。少数派的领导者们坚信,国家的合理功能应该包括介入阶级斗争,鼓励工人阶级与他们的雇佣者斗争到底。在他们看来,教师的雇佣方和工人的雇主都用他们的权力来压迫劳动者。以教师为例,教育委员会和其他学校的高级管理集团代表着雇佣即实施压迫的一方。因此,国家必须集中精力于这一方面,"为劳动阶级争取他们的经济和政治诉求",其对象上至教育委员会,下至高层人员拟定的基本政策。在这一过程中,任何包容的举动都意味着"背叛"了工人的利益,更不要说与之合作了。

一旦薪金、工作条件等方面需要作出具体的要求,一旦教师在他们的权利受到威胁时需要保护,这些情况都不会通过采取行动有所改善,反而会成为引起争端的导火线。只要大多数成员与当局的大多数人员没有认识到,政府的唯一职责应该是"在阶级斗争中保护工人的政治和经济利益",这些冲突就是不可避免和难以压制的。更甚者,这种冲突会越来越激烈,因为一些少数派的领导者认为,在提出自己的方案时不应该暴露真正的目的,否则就不会成功。委员会认为,真正的目的被隐藏得太深,以至于没有任何人意识到它,甚至连少数派自己的成员也一无所知,他们倾向于认为冲突的起因就是意见不合。

大规模工人运动之危机

333　　由于委员会相信,国家所遇到的问题的根源在于其合理功能和政策上理解的偏差,因此有必要对现状进行一个简单的讨论,以便更好地了解如今风起云涌的工人运动。美国目前失业人员有 1 200 万到 1 500 万,无固定工作者有近千万,工人的薪资大幅削减,这些情况必然会对工人的情绪和观念产生巨大的影响;同时,各种争议也将四起。可以肯定,如果现行的资本经济垮台了,他们一定会兴奋不已。

　　像这样工会中的意见和感情上的分歧,一般都会引起内部激烈的争端。伴随着成员数量的缩减和一些组织的分裂,有一些组织自此消声匿迹,而有一些组织则因此产生。这些结果必然会削弱工人运动的作用,使那些掌权的阶级从中获利。因此,工会被分裂,其团结受到打压,这在如此严重的国家危机面前显得尤其无能为力。

　　工会的分裂自然有很多原因。历史悠久的行会统一主义这一古老的传统的崩溃,源自新近的技术发展;新崛起的工业性的统一主义与之发生了剧烈的冲突。每个组织都面临着传统受胁的危机,最终面对新的情况所亟须的政策转变问题。政治与经济哲学理念的差异到处存在——从无政府主义到职能政府论,再到最具革命性的资本政策的变动。各种协会将被划分为激进派、改革派和革新派。最终,这种分类只能反映那些喜好划分类别的人的个人意见而已。比如,

334　教师协会被认为是激进者、革命者的聚集地,当然,这不过是某些人的看法而已。

　　委员会并不认为这些差异是坏的,甚至不相信不同政治、经济观念的人在这个国家中完全无事可做,更不相信他们对国家的发展没有帮助。这一声明,并不会用于推动想要的政策重组。

　　委员会十分赞赏少数派的领导们所无畏惧地表达的意见,尤其是"普通百

姓"的意见，因为他们坦白地承认，任何一个真诚的公民都希望国家能够全力地运作。

已建立的工会的衰败

在工会政策方面，委员会应当考虑取消旧工会而代之以新的工会，以更好地适应当前的时代。有人反对说，保守派的做法阻碍了工人阶级的利益；也有人说，所有没有认真对待内部争端的工会都属于保守派，由此而得出的结论是：众工会要么被外部冲垮，要么被来自内部的斗争冲垮和改变，成为拥有新的目标和政策的新组织。不准备接受这些新政策的少数者，为了在残存的架构内继续运作，只能伪装他们的目的。因此，美国工会将实施的一个方案可能是：利用那些尚未走上"正确道路"的工会来制造困惑和分裂的局面。这一糟糕的做法，可见于皮货商协会那些可引起严重后果的政策。

就这一方面，有趣的是：有一位被告，曾是激进派的领导之一。他指出，在一份极端左派的行动倡议者发出的小册子中，怂恿工人加入另一个美国工人协会。这不是为了重建旧组织，而是为了破坏旧组织，进而指望成功地引起进一步的分裂〔沃尔夫——《何为共产主义对立面?》(*What Is the Communist Opposition*)，第25页〕。

双重工会制度问题

关于双重工会制度问题，即工人运动中存在这样的倾向，想迫使工会正视问题、采取措施。被告们为此争辩道，那些想让他们作出改变的举措，本身就是双重工会制了。事实上，他们是在指控当局成了教师工会真正的掌舵者。委员会发现，这一名词不仅用以指称那些名不副实的工会，而且暗指在工会内部一种有组织的集结现象。实际上，教师工会内部的小集团尚未变成正式的组织。但是委员会坚持认为，这些集团的领导者支持这样的双重组织制度。

激进派指控"普通百姓"试图分裂工会的意图。由此，激进派的伍尔夫先生拿出了证据，证明共和党的反对意见不是为了分裂，而是为了重组。这些政策上的分歧，都是共和党反对者与官方共和派之间一贯的议题。委员会接受了这些证据。激进派的领导们却并不买账。"普通百姓"的领导们表示，除非工会接受他们所支持的原则，否则，他们对国家的信心将大打折扣。他们一面宣扬着"统一前线"的口号，一面声称"统一前线"只有在遵循"正确道路"的前提下，才有可能实现。

应对持续攻击的方案

要切实地判断多年来一直存在的政策的反对意见是不是破坏性的,实在是不容易的。

但毫无疑问,"普通百姓"的这种说法非常荒谬。他们的领导人声称,只要有人不同意他们的政策,他们就应该获得在实施不断攻击的同时免于惩罚的权利。他们应该懂得,这样的攻击一定会招致同样的反击。然而,这些反击随之会被他们利用,好像它们是当局无端地提出来的。通过忽略这些反驳之语的背景而把它们直接散布出去,他们成功地误导了一些悲观的成员,使他们相信,仅仅因为在某些政策上的异议,他们才会受到如此蛮不讲理的攻击。这样的做法比比皆是,令很多成员反感和厌倦。证词中指出,有太多的讨论因此直接演变成了无止境的争吵,引起了敌意和互相之间的蔑视。

我们无法从这些有意为之的反对声音中,看出什么有所助益的地方。后者一味地强调争辩的重要性,而几乎或者根本不考虑这些争辩的性质。尽管它极力主张这些反对意见是出于生活本身的目的,但很清楚,无尽的争吵带来的是政治目的的失败,也是国家境况衰落下去的原因之一。工会成员人数近期的增长被反对派所强调,他们把它作为他们走对了道路的证据。从表面上看,尽管内部冲突不断,但是经济危机促进了成员的增长。委员会认为,如果反对派对工会内部集团化的趋势像对双重工会制度那样重视,那么,后者成为现实的可能性将大大减小。他们所表现出来的对集团化之不良后果的忽视,不禁令人怀疑他们对国家团结统一的信念。

两个阵营都指出,不断的争议代表着事态的健康发展。比如贝根先生说:"国家只有在争议与斗争中,才能获得发展。"像这样的声明,他已经强调过数次。总的来说,那些不计后果的斥责被说成是斗争的表现,是国家稳步发展的表现之一。

这类控告就像一般政治运动的政治家的声明一样,很快被谅解。被告所面对的反方的领导和证人根本不在乎这些委员会成员所作的声明,即指控无尽的背叛、专制的行径、保守的做法和不诚实的行为。如果这些被不断地重复,必然会伤害人民和国家的利益,尽管这些指控是错的。

派别的一致性和忠诚度

从申诉委员会的听证会举行时就开始的长期的讨论中,我们为反对派的领导们所持的坚定态度所震慑。在他们当中,几乎没有人愿意认同与当局利益一致的集团。我们已经见证派系之间如何意见一致、同仇敌忾,不论作为被告,还是作为证人,都显示出这一特点。他们彰显着那永远不变的忠诚。并且,"普通百姓"和激进派之间互相批评,其激烈程度如他们批评国家政策一般。

除非所有的派别都能维持一个相同的目标,对这个目标的重视程度要远高于不同派系之间各自的诉求,否则,我们担心工会势必会变得分崩离析,最后演变成两三个单独的集团。不过,即使分裂的结果有多么糟糕,也比现在这样持续的集团化要好得多。在双重工会制度之下,至少会对在政策和目标上的基本意见分歧有所承认。而在现在所能看到的争端之中,不仅那些最为真实的问题被掩盖了,而且其最终的目的被直接隐瞒了,工会所有的努力被转向了另一个极端。 338

对委员会的成员来说,最好的事情莫过于持反对意见的双方都能作出声明,站在他们各自的立场上。反对派们自然希望能插手委员会,取得部分控制权,可他们终究不会这样做。现任的官员以及选举出他们的成员,都被指责为没有遵循绝对的政治和经济观念。我们不会质疑这些被告对于他们坚持的观念的忠诚度。我们只是要指出,而且尽可能地强调:只要这些想法被持续地作为评判当前政策以及官员是否称职的唯一标准,那么,他们希望工会能够合理地发挥作用的想法越坚定,其结果就越危险。如果根据工会合理的功能观念,对其成员作出调整,那么,只有通过教育或者公开坦诚的讨论才可能达成。隐瞒要把工会变成一个阶级斗争的集聚地的最终目标,引导成员相信唯一的分歧只是在于政策上的不同意见,再加上企图不择手段地进行攻击,这只会招致目前已经出现的不满、摩擦和相互指责。

共产主义制度的议题

尽管我们只是出于个人的原因而想避免委员会在这一问题上参考有关共产主义的例子,但这种避免毕竟是不可能的。这是因为,如果不坦诚地对待这一问题,反对派在特定议题上的特殊目标和方案就不可能被理解或者置于合适的语境之中。讨论以前,委员会想要作出声明:在反对的任何一方中,大多数成员没有共产主义信仰。而且,证词远远不能证明受害的多数人有意要利用反对派来实现特定的经济或政治派别的诉求。更有可能的是,相当数量的少数派成员只是把争论中的议题看成独立的问题。而对于领导者们来说,这些议题是政策中 339

互相连接的细节,其目的是使工会的宗旨和功能有所改变。各集团的领导者不无坦诚地指出,委员会不认为他们会公开地否认这一点,也不会用其他理由解释来自反对派的攻击。委员会发现,领导者们都竭力要把工会降低为为他们的目标所用的工具。

面对委员会的时候,被告们还会谈及共产主义的话题,这是为了引出对有关"政治迫害"的辩护,而这只是想要摆脱对成员的其他影响。委员会因此必须指出,它并不关心成员的政治、经济信仰是什么派别;也不会想方设法地查出被告所属的政治派系是什么;更不同意工会有任何权利询问教师是否属于工会,从而迫使他们非得用什么政治上的自我归类当作幌子。但是,如果有证据证实一个共和国、一个民主国家、一个社会主义党派,或者任何具有特定宗教信仰的团体,欲利用工会作为实现其政治目的的工具,那么,任何一个有头脑的人会很快识别出这样的企图。如果委员会并不认为这是当今工会中很普遍的状况,那么对于这样的证据(多数是被告自己提出来的),也就不在意了。委员会多次向被告们建言:政治与经济的信仰是一回事,但出于某些信仰,使用政治与经济政策来达到控制工会的目的,是另一回事。然而,被告们却不愿意接受这样的说法。他们的失败之处,或许就在于不能区分对于共产主义的信仰与利用这一信仰而采取的方案。总的来说,他们认为,任何某一政治或经济观点的追随者,利用工会来实现他们出于此目的的利益是很自然的。

更多的证据被找出来以证明"普通百姓"的领导者们所走的路子,与共和派的路子、激进派的领导者及共和派反对者的路子是极其相似的。委员会相信,仔细研究过这些证据的人,不可能相信这只是巧合。我们不会相信,在教师联合会中,来自"普通百姓"的成员和激进派的成员不约而同地在那么多派别中只选择共和派作出自己的回应,是一种巧合。我们也不会相信,"普通百姓"和激进派互相批评的方式与共和派及其反对者之间互相批评的方式如出一辙,不过是巧合。就共和派对于工会的兴趣看来,它完全忽视教师联合会是很奇怪的。被告们想努力忽视的种种"偶然",想努力淡化它们的重要性,想仅仅把它们看成辅以证明"政治迫害"的任何其他东西,在我们看来,都只会使它们的身份遭到怀疑。委员会之所以被指控为实行"政治迫害",是因为它冒险地提及了这个问题。这是一个不可能被那些对多数工会领导者不断攻击的反动分子所宽容地忽视的问题。

为什么提及共产主义？

委员会并不是要质疑被告对提及这些议题的权利，"由于与共产主义存在相似之处就质疑被告是否使用这样的方法，这是委员会的权利之一吗？"这一提问伴随着这样的问题——"我们所使用的方法究竟和共产主义有哪些相似之处？"在我们看来，委员会确实具有这样的权利，至少有如下三个原因：

第一点，是最重要的一点，工会所面临问题的起因不可能脱离一些想要利用工会的个人的诉求，他们想把工会作为实现其推翻现有经济体系的工具。

第二点，对所有不论是共产主义还是其他激进派的工会政策进行公开的、光明正大的调查，都会使我们的工会受益。这可能使现有的社会或经济思潮明确新的、有益的方向，而不是使工会面临丑闻的诽谤。完全忽视共产主义的问题，就是鼓励欺骗和隐瞒，就是纵容我们对共产主义的盲目恐惧。就所有可能的问题召开一次勇敢无畏、开诚布公的会议，是破除所谓"政治迫害"的唯一渠道，也就是说，某些人可能为了个人的目的而利用对共产主义的偏见。民主制度的原则要求我们内部的坦诚能够有所保证。

第三点，将反对派所使用的政策与共产主义所使用的方案进行对比，有助于驳斥反对派的政策仅有破坏性这种说法。

我们引述了在 1932 年 1 月、3 月、5 月、7 月、12 月的《教育工作者》(Education Worker)中找到的材料。这份刊物由纽约教育工作者联盟(Education Workers League of New York)发布，隶属于工会团结联盟(Trade Union Unity League)和国际教育工作者(Educational Workers International)——是共产主义的组织。

在这些期数的《教育工作者》中，有三期包括"普通百姓"对教师工会、工会领导人的谴责，包括谴责他们的公开发言，以及对委员会所作的证词。比如，1932年 1 月刊中发表了对工会法案的修正意见，具体如下：

> 荣耀的时候已经过去了。法案又被改动了那么一点儿。那些勇敢无畏的教师们，"想要拯救工会"。他们不允许这位"夫人"就这样消失。他们只是想让她变得更有活力。多么渺茫的希望啊！莱夫科维茨和他的密友们把她藏在口袋里面，她会就这么腐烂，除非他拿她与 59 号街做一桩交易，以换得重要的地位和监督的权利。可现在大家都很清楚，教育工作者联盟正在以前所未有的速度发展壮大。

341

342

很明显，这一秘密联盟的成员中包括一些教师。因此，它毫无疑问地把自己定义为双重制度的工会，以及教师工会的竞争者；而且，在教师工会分裂时，它一定反而会发展壮大起来。无视这些观点与"普通百姓"对当局修改宪法的指控之间的相似之处，就等于无视事实而赞成那些愚蠢的政策。考虑到这些联系，有必要指出：共产主义者会公开地指责所有的激进派和激进的工会没有遵循共产主义的"正确道路"；后者只是通过背叛共产主义，实现了自己的资产阶级理想。所以，"普通百姓"对于工会的反对，只是在字面上同意共产主义的主张，仅有社会主义的外表，而没有真正与共产主义运动走同一条道路。所谓"激进"，只是对反对官方一派的那一派别的称谓，用它们自己的话说，他们希望"消除革命者带来的影响"。

IV. 对补救方法的建议

举行集会

考虑到目前的情况，委员会一致同意，教师工会必须采取行动，以制止大多数成员早已厌倦的对政策的滥用和不断发生的争吵。我们因此建议，可以采取如下修正宪法以及其他一些相关的方法：

（1）举行集会，其代表经由选举产生，代表各自学校的成员。这一机构拥有权力——直接的或者经投票所赋予的——就像现在某些业务会议所具有的一样。

（2）成员之间的业务会议可以进行讨论，其结果作为对集会的建议，但集会不对工会承担任何责任。

（3）成员之间要召开关于文化与社会看法方面的会议。

委员会之所以有上述建议，是因为它认为工会的成员过多，以至于不能直接在一个会议上充分行使权利。它认为，一个有代表组成的集会能更好地代表成员的意见。这比现在一次会议动辄有200到300人参与的情况要好得多。

（4）公民投票的程序需要保留，以保证被选举出来的代表具有足够的代表性。

成员所需遵守的规则

（1）主席有权利对任何在会议上行为不当的代表实行停职处理。

（2）任何对成员、群体散布错误的、诽谤的话语或指控的成员、群体，或者在会议上对主席进行攻击、表示违抗之意的成员、群体,都将在执行委员会进行听审之后,禁止其参与会议,时间不超过 6 个月。

委员会希望对上述建议的采纳,能够保证会议的有序性,制止暴力现象和逾越规则的行为,使工会重新获得现在被反对派破坏了的统一状态。

委员会相信,遵循这些建议的行为对于工会作为一个整体,发挥其应有的作用,是相当必要的。同时,我们也相信,规矩如果只说不做,是没有用的。

合作的精神

这要求让工会作为一个整体,意识到目前的情况,并让所有人愿意认可对最终目的坦诚相告的重要性;同时急切需要互相信任、个人的克制,停止人身攻击和误解,推广为了共同的目的而合作的精神——各种考虑应该为那些声称必要的竞争并不是个人的而是基本原则之一的人所欣然接受。但是,委员会已经见过和听过太多虽有政策但徒有其表的情况。我们相信,让大多数成员,包括那些在两个阵营之间左右摇摆的成员,在面临公众纷扰的观点和质疑的情况下,还能对旨在分离工会的细胞免疫。

民主进程的基础

委员会毫无异议地致力于推进工会的民主议程,并且认为,这是组织的基本目标之一。因此,我们希望强调一些民主制度的基本原则。首先,它需要持久地相信工会成员的整体性和集体智慧。如果成员存在藐视法庭或者互相之间怀疑各自的目的,那么,民主是不可能达成的。民主不仅仅靠表达出成员的意见来实现,而且要靠频繁的选举、符合比例的代表制、自由的讨论等等来实现。这些民主机制只有在成员清楚地了解工会利益的情况下,才可能实现;与此同时,他们也需要了解彼此的缺陷,互相理解,原谅对方的错误。

其次,要使一个民主组织中的政策变动获得成效,像被告在教师工会中所要求的那样,就需要一个耐心的教育过程。如果它要使民主得以实现,而不是通过一次斗争的胜利来迫使达成,那么,这样的改变肯定是一种缓慢的成长和发展。这是我们这些教书匠应该可以理解的教育原则。

委员会认为,必须警告那些反对被告的证人们,忍耐是相互的;而对于工会来说,可以变通的态度绝对是必要的。我们现有的社会和经济危机,正使民主原则面临最严峻的考验。我们希望重申,我们重视不同的意见,我们把这些意见视为对统一性的关切而不是相反。如果我们这个组织能够证明这些差异可以帮助发展工会,那么,这将会是对工会组织的一大贡献。

就针对委员会内个人的特殊指控的报告,将在 1933 年 4 月 29 日呈现给大家。这份报告的复印件将分发给各位被告和当时的各个法庭,以便他们有充分的时间作出考虑,为他们想作的辩护做好准备。

委员会已经要求打印这份报告,并发给所有的成员。

埃斯特·S·格罗斯

查尔斯·J·亨德利

马克斯·克莱恩

拉斐尔·菲利普森,秘书

约翰·杜威,主席

纽约和西伯里调查①

纽约市政府

如果有人请我们描述纽约市,我们大多数人都会提到预算和分配董事会、市
政委员会、市长,以及众多由市长任命的部门领导:财务总管、5 名行政区长官和
各级法院。这样的描述不论怎样都是对的,但总是流于表面,没有触及真正的掌
权人物。城市宪章中提到的那个政府以外,其实还有另一个政府、一个非官方的
政府,由一群虽然没有官方职位但比选举出来的官员更有权力的人组成。这些
人才是政治上的领导者,是政党的核心人物。曼哈顿的柯里(Curry)先生、布鲁
克林的麦库伊(McCooey)、布朗克斯的弗林(Flynn)先生、皇后区的提欧菲尔
(Theofel)先生、里士满的伦特(Rendt)先生,这些都是对纽约市的关键议题作出
决策的人。

这些人的权力从何而来? 他们是通过获取足够的选票的能力来获得特权或
当选而获得权力的。他们对政党组织的控制使之能够控制选举,这就是他们所
谓的"机器"。从五个自治的市镇开始,这一机器的运作范围从市议会区(州议员
选举区实际上和市议会区一样)延伸至各个选区。

---

① 首次由城市事务委员会(The City Affairs Committee)作为小册子发表,纽约,1933 年,第 48 页。

政党组织如何运作

政党组织的军队中的二等兵是选区的领导者,即选区的"队长",由他们来计算票数。他们需要了解自己选区的选民,也需要了解该地区的新面孔。该地区的选民也向他们反映意见,或者遇到了什么困难,或者为了自己或部门的什么利益。选区的领导要为移民提供如何获得国籍的文件,要告诉他们怎么把生病的妻子送到医院,怎样为他们的儿子拿到工作的许可证,也要告诉他们怎么样找到工作。他们自己也会去找市议会区或州议员选举区的领导,问他们怎样免除陪审员义务,怎样免费泊车,或者给当警员的儿子换一份轻松一点儿的工作。正是这些"队长",把各种享受特权的要求带给地区领导:享受保险政策、经济房住宅法或建筑法规的特权。

管辖这些选区"队长"的,是选区的领导。通常,他们自己就是前几任的选区"队长"。他们通过为朋友们谋取利益而得到支持以获得晋升。他们的能力大小跟邻近选区的领导相关联;当他们需要选票的时候,所能依靠的就是这样的能力。一个地区领导的指挥部设在该地区的俱乐部里面。在那里,他进行听审、会见一些有身份、可以直接面见他的普通公民,向他们提出种种要求。其中,部分要求仅凭他们自己的权力就可以满足;有一些要求,他们无法满足,得向"大老板"县领导求助。

自治市镇或县的领导——柯里先生、麦库伊先生、弗林先生、提欧菲尔先生和伦特先生是由各自所在区的区领导选举出来的。他们是各个地区领导的求助对象,那些更有权势的、想获取特权或利益的人才会向他们求助——公共服务机构想要特许经销权、银行想要更多的地方储蓄额、生产商想要向城市供货,以及

想获得更高职位的人——直接找他们求助。县领导与区领导会面,商谈从市议员和市长中选出候选人事宜,其中既有选举的成分,又有直接任命的成分,其范围从地方法官到最高法院。那么,这些政治上的大老板选择谁来担任最高法院的长官呢? 约翰·提欧菲尔在西伯里调查中呈现了这个过程。

问:那么,现在,提欧菲尔先生,你知道,在上一次州议会上,一项增加第二司法辖区最高法院法官人数的法律已经颁布了吗?

答:是的。我知道的,先生。

问:同时还增加了县法院的法官人数,是吗?

答：是的，增加了一位。

问：在你所在的县吗？

答：是的。

问：那么，市法院呢？

答：增加了两个名额。

问：地方呢？

答：两个。

问：好吧。那么，现在你已经知道哪个人要去哪个县了吧？

答：我知道的。

问：也没有任何法律规定一个县的法官应该来自哪里，对吗？

答：没有，先生。

问：那么，如果要预先决定的话，这一决定必然会通过领导之手，是这样吗？

答：我想，应该是的。

问：很好，现在，在这一法律生效之前，我想问，你记得春季在布鲁克林的那次会议吗？

答：我记得，先生。

问：你是在什么时候举行这次会议的？是在初春吗？

答：是的，在初春的时候。

问：就在确立那一法案为法律之前吗？

答：是的。

问：当时哪些人出席了会议？

答：麦库伊先生、伦特先生、克鲁格（Krug）先生、拉斯金（Rasquin）先生，还有我自己（都是县领导）。

问：是在哪里举行的会议？

答：麦库伊先生的办公室。

349

问：私人的办公室，还是公共办公室？

答：政党专用办公室。

问：政党？

答：是在组织所有的建筑之内。

问：什么组织？

答：金斯县民主机构。

问：是谁召集了这次会议？

答：为什么这么问？我只是接到了电话，通知我参加会议。

问：这是第二司法辖区所有民主机构的领导的会议吗？

答：是的。

问：现在，如果考虑到法律的生效延迟会招致极大的危险，那么，与会者是否已想出弥补这一失误的办法了？

答：唯一的办法就是再增加法官的名额。

问：好吧，那么，那些与会者通过什么样的方法可以获得更多的法官呢？

答：我不知道。

问：他们做不到吧？

答：嗯……没有某些人的帮助，的确是做不到的。

问：那有没有人建议最终能增加多少法官的名额呢？

答：嗯，某些人说，他们讨论了这件事情，说这是不可能的。我们不可能有更多的法官，除非共和党可以提名一些人。

问：这是在州议会中的？

答：是的。

问：行了，提欧菲尔先生，难道没有人说过共和党不可能有任何提名吗？如果他们这么做了，民主党会把这些人全部选上的。

答：法官先生，我倒是希望他们能够提名一些人的。

问：嗯，他们还是不会的，对吗？

答：他们不会。

问：没有人解释过，他们之所以不愿意，是因为一旦他们这么做了，民主党就会把被提名者全部选上吗？

答：我觉得，民主党不会把那 12 个名额全部选上的。

问：所有的，12 人？

350 答：是的，先生。

问：不管谁真的在选票上面，这都没有关系吗？

答：我觉得没什么关系。不过，这只是我的意见，可能不对。

问：不管怎样，你是参加了会议的政治家啊（笑，敲响小木槌）……

答：谢谢。

问：考虑到这些困难,你那时在想一些缓解最高法院紧张的日程安排的办法吧?

答：嗯,我们那时尝试着找到更多的法官,也是为了缓解日程上的安排。

问：这一会议最终的结果,是不是与会者都代表第二司法辖区民主党领导的人,就能否增加法官一事,与共和派领导进行协商?

答：嗯,我不确定他们是不是应该参与会议,也不知道民主党的人要不要参与进来,我不知道哪一个更……

问：这是不是这次会议的大致内容和取得的结果?

答：只能说大体是这种情况。

问：你总不会说我的讲法不准确吧?

答：不会。

问：那么,当这一法案立法之后,县里怎样分配这些地方的名额,是不是需要讨论?

答：嗯,他们就布鲁克林区、皇后区讨论了很多。当时,我也尽可能地为皇后区想办法。

问：你,作为皇后区的领导者,可以争取到你想要的数额吗?

答：我还想要那全部的 12 个名额呢!

问：你本来会有 12 个的(笑——敲木槌),你本来可以用上全部的 12 个名额的,对吗?

答：我想是的。

问：他们减到几个?

答：3 个。

问：就是说,你所在的县最后只剩下 3 个了?

答：是啊!

问：那么,你得为这 3 名法官,再为共和党,立个什么条款了。

答：那当然,确保这 3 位法官不会是民主党,全在于我了。

问：如果你真的可以的话,会这样的。所以,现在你不必再指望这 3 名法官能够被分配到皇后区,让你得以摆脱了吧?

答：我尽了所有的努力,法官先生,但是共和党人士不允许我那么做。

351

问：那么，你必须要放弃一个名额了。

答：是的。

问：麦库伊先生，他能分配到几个？

答：嗯，我猜，他有5个吧？

问：5个。嗯，无论你的皇后区得到几个，最终都由你决定。无论他的金斯县得到了几个，最终也是由他决定，是这样吗？

答：是的，先生。

问：在会上，他就有5个了，是吗？

答：是的，先生。

问：伦特先生在里士满有几个呢？

答：他得到一个名额，法官。

问：一个，那他该拿那些共和党怎么办呀（笑——敲木槌）。只有一个法官！

答：那确实挺困难的。

问：的确是很困难的。他们一开始为什么不分配13个名额，这样好给里士满两个？

答：我不知道。

问：好，现在，就我所理解的，所有这些任命事项都在春季落实了，也就是在法案成法之前落实了？

答：是的，先生。

问：他们有没有说起过，要分配给共和党多少人？

答：我不知道。我相信这由你决定，看你想要削减几个人。

问：这不应该由他们决定？

答：是的，先生。如果我有可能摆脱这3个名额的话，我本来就该为皇后区争取另外3个，但是正如我所说，我的共和党领导不允许我这么干。

问：好吧，就暂且这么理解。那民主党难道就不该从这12个人里面获取7个？

答：不，这是常识。

问：常识？他们只给共和党5个名额，这就有道理了？

答：是的，这里是民主党的地盘。

问：这倒是。

答：选票会显示,如果共和党没有和民主党商谈,就直接通过了法案,那么,民主党一定会退出而直接选举 12 个法官的。

问：因此,这一决定应该是一种绅士的协议吧?

答：是的,先生。

问：这也是人类活动能够取得成功的最佳方案,是吗?

答：是的,先生。

问：那么,接下去就得按照皇后区分配到的名额来选举了?

答：是的,先生。

问：你不会想要"告诉"麦库伊先生,他的金斯县应该选谁合适吧?

答：我没有。

问：那么,麦库伊先生有没有"告诉"你,皇后区应该选谁?

答：他没有。

问：也没有建议过?

答：没有。

问：那么,这件事情,你可能得和你的共和党同事们吵上了。

答：的确。

问：你在皇后区的共和党同事是哪位? 353

答：阿什米德(Ashmead)先生。

问：阿什米德先生,他是共和党的,对吧?

答：是的。

问：那么,你是民主党的?

答：是。

问：那么,先生们,你们有没有商量过,各自究竟应该得到多少名额? 或者说,阿什米德先生能否为你的两个名额签署文件,你又能否同意他的那一个名额?

答：我们的确商谈过。

问：那么,你们之间的会谈是否达成了协议,你可以在皇后区再任命两个,他还可以有一个?

答：是的,但是,阿什米德先生会同意两个的,如果我能解决他的问题的话。

问：他很愿意再有两个吧?

答：是这样。

问：你也愿意他有两个名额吗？

答：如果我无法干涉，那也就没办法了。我还希望能有3个呢！

问：你会想办法弄到3个，但同样，他也会想办法阻止你这么做。

答：是的，他不会同意的。

问：所以呢，最后就是，阿什米德先生同意你拿到两个名额，他自己则拿一个。

答：是这样，先生。

有一段时间，每个市有一个长官——比如理查德·克罗克（Richard Croker）——一位权力大到足够领导其他县领导的县领导。现在，已经没有这样的长官了，虽然约翰·F·柯里算得上是县里的高级领导，但是每个县领导的权力都是独立的。如果集中在一起，那么，他们各自分管各自的领域，而整个市则作为一个整体，受到他们的管辖。最为人所知的曼哈顿的民主党组织，就是坦慕尼协会（Tammany Hall）。从理论上说，坦慕尼协会与坦慕尼社区是相分离的，它是一个私立的友好团体；而实际上，这两个组织是完全一样的，所以由同一个人管理。

当然，要维持一个组织的运作，必然要花费不少的功夫。为什么党派的人员——不论是辖区领导、地区领导，还是县领导——都愿意不计报酬地参与其活动呢？其答案是：这一工作并不是没有酬劳的，没有针对他们具体职位的报酬，但却有附属的利益可得——职位高的地区领导或更高位的领导得到的报酬多，而职位较低的普通工作人员得到的报酬相对低一点。毫无疑问，很多人是出于对党派原则的忠诚想为其服务的。但是，大部分专职从政者，是为了摆脱政治条条框框的束缚。小领导为大领导工作，是期望能从他们那里得到好处。反之，是一样的。而要取得这些好处，就只能牺牲普通市民和纳税人的利益。正如克罗克在1889年对这一问题的回应："那么，你只是为了满足你自己的口袋而工作的？""一直是如此，你也一样。"西伯里调查报告显示，纽约市的这种情况，在1932年与1889年没有什么变化。而坦慕尼协会则远离了这个内部的特权圈子，其中的工作人员做着最基础、最底层的工作，他们就像我们这政治体系的继子一样，拿到的是被削减了的报酬。

西伯里调查揭露何为政治机器的运作动力

随着对纽约市地方法官滥用职权的指控,纽约最高法院上诉院、第一司法部在 1930 年秋委任塞缪尔·西伯里(Samuel Seabury)先生为证明人,调查第一司法部地方法官(曼哈顿与布朗克斯区)一事。在 1931 年 3 月,由于纽约城市俱乐部对托马斯·克雷恩(Thomas C. T. Crain)的指控,纽约律师协会,还有罗斯福(Roosevelt)官员,又委派西伯里委员入手调查并报道此事。在 1931 年 4 月,西伯里先生被任命为参议院联合委员会,以及为调查纽约市各政府部门而成立的州议会的法律顾问。在几个有能力的助手的协助下,西伯里先生开展了三项调查。以下所述,除了别处已经引述过的,都是从西伯里先生的调查结果和报告中筛选出来的。

355

但是,西伯里先生的权利仅限于调查和报道,他没有权利起诉任何人、审查任何人、判任何人有罪,或者把任何人从部门里清除出去。要知道,他在报道中所指控的很多人并没有受审,那些事实也没有为任何法律所证。报道中所陈述的事实来自西伯里先生,这些详细的内容足够让很多其他的说法不攻自破了。民主党对这些事实的态度十分恶劣,尤其是立法协会中的坦慕尼成员,他们指控说,共和党就是在寻求其党派利益。但从这项调查开始,他们却没有出于对政府工作的考虑与之合作,反而采取各种措施来阻挠调查。市里的官员声明,他们没有什么好反对的。他们与其他来自坦慕尼的证人一样,利用了立法程序中的漏洞来防止真相浮出水面;逃避种种问题,销毁一些可供佐证的记录。

地区领导的收入

西伯里的三项调查,显示了纽约市政府如何逾越法律行事的真相。它揭露了地区和选举区的领导具有怎样的权力,以及为什么他们如此渴望获拥权力。地区领导统辖着很多重要的部门。在 1932 年,公务改革协会公布了 106 名地区领导的名单,大部分是民主党及其这些领导的亲属;他们领取着地区政府的工资,总额为每年 715 000 美元。实际上,他们的职位都是被不合法地任命的。

356

而这些领导所拿到的丰厚薪资,只是他们收入的一小部分而已。在西伯里调查报告中,对十四届地区会议的领导托马斯·M·法利(Thomas M. Farley)的报道就很有意思。法利在 1916 年至 1922 年是市议员;1922 至 1928 年是县政府副书记;1929 年,他是县书记;到了 1930 年,他成了行政司法官;直到 1932 年,由于西伯里调查一事,被罗斯福官员免职。从 1925 年 1 月至 1931 年 9 月 22 日,他在各个银行的个人储蓄有 360 660. 34 美元,而他的工资和其他合法收入不到 90 000 美元。法利先生自己解释说,这些钱是他早年获得的。那时候,他是某协会所统辖的一个公司的代理,当时挣得了 100 000 美元,存在自己家中的一个盒子里面。正是以这个盒子里的钱为基金,他挣到了后来那么多的财产。

哈里·C·佩里(Harry C. Perry),是县总书记、第二届曼哈顿地区会议的领导。他四年的银行存款为 135 000 美元;同期,他的工资收入不到 50 000 美元。米歇尔·J·克鲁斯(Michael J. Cruise),是纽约市书记、第十二届曼哈顿地区会议领导,他六年的银行存款为 80 000 美元,远远超过同期他所获得的工资。查尔斯·W·库林(Charles W. Culkin),是前任行政司法官、第三届曼哈顿地区会议的协同领导,他有 54 000 美元的工资,加上其他的收入,七年间,他的个人储蓄达到 1 929 759 美元。他说,其中一部分钱是他担任行政司法官时拿到的工资的利息;另有一部分钱是他作为梦露灯具设备有限公司的管理官员时的收入,那家公司当时通过向各酒店、剧院和公司售卖灯泡而赢利颇丰,因为它们都想从政府处得到好处。库林先生没有接受公共庭审,因为他不愿意放弃豁免权。

357　　詹姆斯·J·麦考密克(James J. McCormick),是曼哈顿第二十二届地区会议领导,在 1921 年城市大会堂开始承办婚礼的时候是市书记。他在 1925 年至 1931 年的个人储蓄有 384 788 美元。麦考密克先生对其中 150 000 美元的收入拿不出合理的解释,只承认其中部分是某位受他照顾的新婚夫妇的"礼物"。这种职能是他作为市书记应该负责的,而这些礼金也是应该的。西伯里调查披露了这些收入没有纳税,而麦考密克先生也因此引咎辞职。

詹姆斯·A·麦奎德(James A. McQuade)先生,是第十五届布鲁克林地区会议的领导,也曾是金斯县的收纳员,后来成为书记。他如何在六年时间里,在不到 50 000 美元的收入之下有 520 000 美元的存款一事,成了西伯里调查报告中的趣事之一。

问:收纳员先生,现在的情况是这样的:在 1925 年,在金斯县信托公司的记录里,你有 9 365.40 美元的工资支票。你能记起来吗?

答:是这样的,先生。

问：除了这些支票之外，还显示你有 55 833.07 美元的现金收入。另外，你的其他支票，有整整 14 000 美元的收入。因此，那一年，你在金斯县信托公司所存放的总收入达到 80 058.41 美元。现在，考虑到你告诉我们的，你除了工资以外没有其他的收入途径，那么麻烦你告诉我们：你在 1925 年获得的 70 000 美元支票和 55 000 美元的现金是哪里来的？

答：有些钱是我借来的。如果您想让我从头开始的话，我就得对整个麦奎德家族的历史进行一番回顾了，还得忽略这些回忆可能会有损于我们家族的其他 33 名成员。如果委员会有这个时间的话，大家都可以听一听，您也可以，我会从头开始的。我不得不小心，但是我承认，很不幸，我干了政治这一行。

358

问：你不会提到那些存款吧？

答：不，您允许的话，我会慢慢地讲到的。我保释了一个偷了麦奎德兄弟 260 000 美元的人，这笔钱导致麦奎德兄弟公司破产了，最终只能在证券交易所卖掉 8 个交易席位，换得每个人 6 000 美元的股票，最后兑现 225 000 美元。换取现款之后，34 位麦奎德兄弟就得全部依靠我一个人了，我成了唯一的经济来源。也就是说，为了他们的生计，我必须出去工作，也不得不借钱。

在他们尽其所能地付清欠债之后，我承担了本应属于他们的全部责任。这当然不是必要的，但我认为，我有这个责任，因为他们是我的手足、不可或缺的部分，我得帮助他们。我做得不错，知道我的是母亲，上帝保佑她，在 1925 年去世了。之后我仍然做得不错，1926 年或是 1927 年，我的兄长也去世了，愿上帝保佑他。我另有两位兄弟，他们在临终前把家人托付给我。现在我一直在照顾他们。衷心感谢上帝。还有两位兄弟，病得很严重，有一位严重到委员会在传讯我的时候，他濒临死亡。

这些兄弟们的孩子，一共有 24 位，我得供养他们。衣服、教育，这都意味着我得借钱。你们所看到的那些额外的钱，这一年的或者随便哪一年的，都是我借来的钱款——我丝毫不会羞于承认这一点——

问：好了，收纳员先生，你——

答：——如果上帝让我活得够长，我一定会还清的。在 1926 年、1927 年、1928 年、1929 年的时候，我借了更多的钱。在那最后一个月里，我借了 10 000 美元，为了修一修他们房子的屋顶。

问：好吧，那么现在，收纳员先生，能不能请你说一说，你都是向谁借的钱呢?

答:噢,我的法官,我现在不能马上说出来。如果您记得的话,请注意,我是借的钱。然后我就被带来见您了,那会儿,我还在宾夕法尼亚州火车站呢!已故的法官麦考尔那时候对您说:"这是我的朋友,吉姆·麦奎德,西伯里法官先生,他需要帮助,我想我可以帮助他。"我不知道您还记不记得?

问:很抱歉,我想我记不起来了,收纳员先生。

答:我当时正站在您的右手边,法官问我是不是可以和他一路同行,我说大概不能。后来有一天,他给了我 5 000 美元,那是我帮助麦奎德一家最开始的时候。

问:那么,麦奎德先生,现在我接受你的说法。可你刚才拒绝了一次可以让你畅所欲言个人理由的机会,你明白吗?

答:我一点儿也不明白。我对我所做的陈述一点儿也不羞愧。

问:现在,你已经把你的故事告诉我们了。就你的说法来看,它显示了你对整个麦奎德家族成员的善心善举。那就是你所有的钱的来源吗?

答:是的。

问:真的是这样吗?

答:嗯,法官,您看,在这些钱里面——

问:这些跟你支出的钱有关系吗?

答:一直都是这些钱。

问:好,收纳员先生,那么,现在我的问题是:我丝毫不关心你用这笔钱做了什么。我相信你绝对是用这笔钱做了善举。但从这次审议来说,我的问题是:在 1925 年,你在拿着 9 365.4 美元工资的情况下,怎么有 80 000 美元的存款呢?

答:嗯,举个例子,我会向约翰·布朗借 1 000 美元。两周后,约翰要求我还他那 1 000 美元,我就得向约翰·乔纳森再借 1 000 美元。再过或者不到两周,乔纳森又跟我要那 1 000 美元,那么,我又得向约翰·史密斯借钱了。也就是说,要支付那 1 000 美元,我可能得用上 10 000 美元来维持那笔借款。

问:我明白了——一遍又一遍地借钱,就为了那 1 000 美元,对吧?

答:对,得想办法让我——

问:你能提供一份那些借钱给你的人的名单吗?那一年合计有 80 000 美元呢!

答：我暂时不能，法官先生。要知道，那是很久以前的事了。我还有很多困 360
难足够我——

问：你跟那么些人借了钱，有没有任何数据或者字条能证明的吗？

答：既然那些钱已经还掉了，我就没必要记着了。感谢上帝，还了钱之后，我还是销毁所有能让我想起来的东西比较好。

问：销毁一切能让你想起来的东西？

答：我还了钱之后，它们对我来说就没什么用处了。

问：你干嘛一直要向神明致谢？

答：我衷心感谢上帝，让我得以从那些好心人那里借到钱款。

另有一个有趣的案例，是关于那些领导如何用他们的政治职权与约翰·提欧菲尔做私人交易的。约翰·提欧菲尔与一个汽车行业的代理机构有联系。他是皇后区民主党派的领袖。我们引用了西伯里调查中的一些内容，来自 1932 年 1 月：

> 提欧菲尔先生自从威尔逊兄弟公司开张以来，一直对它很感兴趣。他自己就是该公司的股东，他的女婿达德利·威尔逊（Dudley Wilson）以及达德利的兄弟也是股东之一。提欧菲尔同时是董事和投资者，是最大的股票持有人。这家公司还经营着一家皮尔斯-阿罗（Pierce-Arrow）销售代理机构。
>
> 皇后区县书记是从威尔逊兄弟公司购买的汽车；皇后区的区律师也是从那里买的汽车；市议员从那里买车；地方治安官马文（Marvin）从那里买车；皇后区的帕克（Park）委员从那买车；洛斯卡尔佐（Loscalzo），区律师协会助理，从那里买车；皇后区的谢里夫·伯登（Sheriff Burden）也从那里买车。有些汽车是公家的车，由市政府统一购买，为政府官员办理公事用；有一些汽车是官员的私人车。
>
> 以下有关谢里夫·伯登的证词，显示了皇后区官员从威尔逊兄弟公司购买汽车一事，与民主党派领导人对该公司兴趣极大一事之间的关联。 361

问：那车（皮尔斯-阿罗汽车）是什么时候卖给你的？

答：大约是 1930 年 4 月。

问：在哪儿买的车？

答：在法拉盛的威尔逊兄弟公司。

问：你认识威尔逊兄弟吗？

答：我认识他们中的一个，是达德利。

问：达德利？

答：是的。

问：他就是约翰·提欧菲尔的女婿吗？

答：是的。

问：这位达德利先生跟你要求什么没有？

答：有的。我见了另一位叫作亚当·拜尔（Adam Bayer）的人——

问：你认识这位亚当·拜尔吗？

答：我知道他，不过不认识——他也是这么跟我说的。

问：拜尔先生与威尔逊兄弟公司有什么关系吗？

答：没有，他有自己的公司。

问：在哪里？

答：在阿斯托利亚。

问：皮尔斯-阿罗？

答：是的。我想把它给他，因为他就在我的区内。但是，威尔逊兄弟公司是属于汽车行业的，所以我只能给他们了。我们大老板的女婿，你懂的，惯常的程序。

从 1924 年到 1930 年，提欧菲尔的工资和其他收入的总和不会超过每年 11 500 美元；但是，他的净收入却从 28 650 美元增加到了 201 000 美元。

政治利益的来源：标准与诉求董事会

不幸的是，区领导们并不是唯一利用他们的职权为自己谋利益的人。这一风气弥漫在很多或高或低的市政办公室，也有一大群人拉帮结派。其中，标准与诉求董事会看起来曾一度是最主要的利益来源之一，因为它有权力调整纽约市

362

的建筑区法规。建筑区法规将整个市区划分为住宅区、商业区和工业区,控制着建筑所允许的高度和样式。这些法规不仅保住了住宅区房产的价值,也保障了居民的健康和安全。而西伯里调查显示,由被任命的政治人员组成的标准与诉求董事会,却利用了它的权力获取利益,追求一些当权官员的私人利益。

当乔治·W·欧梵尼(Geogre W. Olvany)先生担任坦慕尼协会领导的时候,他所在的律师事务所,当时作为标准与诉求董事会法规改革申请的律师,有200 000美元的报酬。欧梵尼事务所在诉讼过程取得的利益,被其中一些律师想办法掩盖了,或者转移到了其他的费用项目上。那些想让法规修订得到通过的人,似乎默认地雇用了欧梵尼事务所的一两位律师。

而欧梵尼的收益,与威廉·F·道尔(William F. Doyle)相比,是微不足道的。道尔以前是一位兽医,也是纽约市消防局的成员。在1917年,他加入了标准与诉求董事会。他相当地成功,在几年之间就有了超过1 000 000美元的个人储蓄。道尔承认,他挪用了一些经费,但否认曾向任何官员行贿。甚至由于拒绝向西伯里调查委员会交代有关事宜而被拘留18天之后,他还是拒绝回答那些被挪用的钱款落入了谁的口袋。付给道尔和欧梵尼的巨额费用,明显不是董事会所需的合法经费;但由于他们所拥有的政治关系,自然可以通过增加房屋建筑和租户的租金补回去。

布朗克斯公共事务执行官威廉·J·弗林的活动

西伯里调查显示,威廉·J·弗林利用标准与诉求董事会和他在另一个部门 363
的职权,在他与路易斯·H·威拉德(Louis H. Willard)的竞争中为己谋私。这场竞争最终在1930年悲剧性地以威拉德妻子的自杀收尾,威拉德本人也于1933年自杀身亡。1923年,威拉德在布朗克斯购买了一块土地,并向董事会申请在其上建造一个停车场。在申请信上,有他作为布朗克斯代理市镇主席的官方签名。弗林驳回了他的申请,董事会也拒绝了他的请求。在1925年,弗林通过挂名代表,直接购买了威拉德所购买土地马路对面的地产,这块土地空置了两年。弗林的一个邻居申请在其上建造公共停车场,但这一申请最终也被最高法院上诉庭拒绝了。接着,弗林肯定他的土地上不可能被允许建造公共停车场,于是就私自建造了27个小型停车场,每一个停车场可以容纳5辆汽车。在这之后,估算和分配董事会决定立法,规定在相邻的地理位置禁止建造小型停车场。

这一立法申请提交城市规划委员会,并再一次由弗林担任主席的会议上讨论。弗林作了如下陈述和保证:"这一条款在有任何解决方案之前,不允许干涉。"在他作此陈述但尚未有合适的解决方案之前,他就为自己签署了同意建造 27 个小型停车场的申请。通过这种方法,他占有本应建造公共停车场的土地,就在曾经禁止威拉德建造停车场的地方的对面。顺带说明,弗林先生是唯一一个从该法规中获益的人。

与此同时,威拉德想在他的地产上回收一点资金,就打算在那里建造商场和公共会场,但他无法租下它们。威拉德先后三次向作为公共事业执行官的弗林申请,要求在人行道和街道之间留一段 12 英尺的空间,以满足佃户的要求;因为佃户表示,除非这样才会同意出租。弗林拒绝了所有的申请,尽管他自己的每一处停车场都有四块这样的空余,每一块都有足足 20 英尺,但他没有提出过任何申请。

364　　在 1929 年,威拉德再一次向标准与诉求董事会申请,允许他在自己的土地上建停车场。弗林和一位协同律师作为反对方,出席了董事会。虽然有一位董事会执行官直接质问弗林:"你自己不也经营着停车场吗? 是那么简单容易,而且是那么自私自利!"可这一申请被再次拒绝了。由于被取消抵押品赎回权,威拉德失去了自己的地产,他没有了家,他的妻子因此自杀。

弗林对于威拉德在西伯里调查中对自己的指控很是愤怒,而且在纽约县立陪审团面前,找人给他作了伪证。威拉德最后虽然被无罪释放,但由于长期为此所累,他筋疲力竭,也自杀了。弗林起诉了纽约电报,要求电报为其指控弗林应为威拉德之死负责的社论赔偿他 1 000 000 美元。

还有其他的实例,可以证明弗林如何运用自己的职权谋取私利。这些都可以解释为何他在 13 年间的银行存款高达 650 000 美元;同期,他的地产净值高达 400 000 美元。1924 年,他签署了申请由城市购买在他所拥有的公寓用房对面建造一个公园的请愿书。最终,市政府买了地,估算和分配董事会投票表决,25% 的公园估价将纳入公共资产。弗林作出的估价为 13 000 美元。接着,他又利用权位之便,使估算和分配董事会改动其规则;最终,所有的费用皆由政府承担。也就是说,新建造的公园不仅没有使弗林偿付一分钱,而且大大地增值了他自己的地皮。

前任市长沃克一案

在所有卷入西伯里调查一事的案件中,没有哪一桩比前任市长詹姆斯·J·沃克(James J. Walker)一案更惹人注目了。这不仅因为他是西方世界最重要的城市纽约最有地位的领导的身份,还因为他头上被冠以"好市民"的光环和机智者的印象。沃克市长一案,显示了城市政府介入商业运作、政府官员利用职权谋利的不良影响。365

由于公用汽车代替了电车,成为市内交通的首选,政府就极大地介入了街道的管理之中。要获得公共汽车的运营权,公司必须付出上百万美元的费用。在1925年的选举中,沃克市长提出了一个快速解决公交车问题的方案。在沃克被提名后不久,州议员约翰·A·黑斯廷斯(John A. Hastings),作为沃克在政治上的联盟和亲密伙伴,在俄亥俄州集合了一批公交车和轮胎制造者,意欲成立一家旨在垄断纽约公共汽车运营特许权的公司。在沃克当选之后,他们立即成立了便捷长途汽车公司,申请在纽约市运营城市公共汽车的特许权。于是,黑斯廷斯拥有了大量公司的股票,还在公司有一个所谓"政治联系人"的职位,每月有1 000美元的收入。沃克市长通过财政监察委员会公布了一项有利于便捷长途汽车公司的方案,同时拒绝了一项有利于另一家服务汽车公司的方案,而该方案能够大大地减轻城市的负担。

但在长期与财政监察委员会的协商和争吵中,沃克最终同意了这项申请,将其调整为允许布朗克斯和里士满不同的汽车公司共享公共汽车的运营权。这一同意倒为便捷长途汽车公司赢得了来自各市镇的选票,在1927年1月28日,便捷长途汽车公司收到了财政监察委员会的褒奖。沃克市长于8月10日签署了协议。也是在当天,沃克市长带着一份申请10 000美元贷款的信件前往欧洲,这是公平信托公司的J·艾伦·史密斯(J. Allan Smith)申请贷款的一份信件,他是在欧洲帮助运营便捷长途汽车公司的主要人员。信中,沃克市长有着3 000美元的透支额,也是由J·艾伦·史密斯签署的。沃克市长对此项交易的解释是:这些钱都是由已故的议员唐宁(Downing)向所有政党的成员募集的,他自己也捐赠了3 000美元的现金。

在便捷长途汽车公司投入运营之前,必须从州运输委员会取得"公共交通运输许可证"。尽管沃克市长关注在公司所收的回扣,但他没有办法取悦州运输委366

员会。这一许可证被拒绝了,如此一来,特许运营权也就无效了。

　　1930 年 4 月,沃克市长委派一个执行官员调查纽约市的出租车运营情况。在他作出报告之后,市长先生就有了办法,他在市总会那里申请成立出租车管理董事会。这一董事会由市长任命的五个委员组成,有签署出租车运营许可和控制其运营的权利。董事会对外声称,是为了控制市内出租车的总数。自然,这样的控制有利于目前这一领域的各公司,尤其是那些大公司。在这里,我们不关心这项提议有多么明智,而是关心为何沃克市长对此兴致盎然。西伯里发现了一个事实,即在沃克市长委派执行官调查纽约市出租车情况之前,他收到了一位股票经纪人 J·A·西斯托(J. A. Sisto)的价值 26 000 美元(来自各个不同公司)的债券。西斯托公司对帕米利运输公司有极大的兴趣,那是一个控制着好几个出租车公司的控股公司,且同时售卖其公司债券和股票的代理权。沃克市长声称,那 26 000 美元是他自己在股票池里的收益,但没有证据证明有那么一个股票池。西斯托先生也作证说,那 26 000 美元是出于个人的敬意送给市长先生的厚礼。同时,西伯里调查发现,塞缪尔·昂格莱德(Ungerleider)公司是另一家同样对帕米利运输公司有兴趣的经纪公司。在 1930 年 5 月,该公司以高于市价22 000 美元的金额,向市长的金融代理拉塞尔·舍伍德(Russell T. Sherwood)购买其所持有的股票。这些钱流入了一个由舍伍德先生为市长代为管理的银行账户。沃克市长否认有关这一交易的所有事实,昂格莱德先生作证说,他们当时达成了口头协议,这些高于市价的钱在万一股票市值贬值之后,仍会从他这里买回去。可昂格莱德先生又承认,诸如此类的协议只会在他们与有信誉的老顾客之间发生,而舍伍德先生先前从未与该公司有过任何交易。

³⁶⁷　　沃克市长与舍伍德先生的关系是此项调查的谜团之一。在 1930 年之前的好几年,舍伍德先生被聘为由市长所管理的法律事务所的图书管理员,每年的薪酬为 3 000 美元。他通过为其他人做会计补贴家用;同时,在沃克先生成为市长的前后,他都为其提供个人服务。从 1926 年 1 月 1 日沃克市长执政以后,一直到舍伍德先生消失,他在多家银行和经纪公司的储蓄总额达 960 000 美元,其中730 000 美元是现金。沃克市长否认这些钱是他自己的,也否认这些钱与他有任何关系。他声称,这些都是舍伍德先生自己通过在职位之外的营生所挣得的钱。答案很明显,在 1930 年,曼哈顿银行以每年 10 000 美元的薪酬聘请舍伍德先生,而他也十分高兴地应了聘。这些钱对于一个有着那些巨额存款的人来说,可

丝毫不具吸引力。

西伯里先生证明了,舍伍德先生的这些钱不可能来自除了沃克市长之外的其他任何人。他总结出以下关系:

> 他(舍伍德先生)作为市长代理,实际上有很多职务。他为市长保存支票;他代市长在银行开户;他代替市长收取储蓄利息;他帮助市长处理其金融问题;他持有银行和经纪公司账户,而这些账户实际上都归市长本人所有;他承担着市长的股票交易和现金以外的报酬;他为市长的妻子贝蒂·康普顿(Betty Compton)收取银行信用证;他为市长的游艇支付日常费用,用的全是签着他自己名字的银行账户;他帮助市长定期支付为其姐妹购买的保险,用的是签着他自己名字的银行账户;他为市长的联合银行保管箱支付租金。这些市长所享受的合法服务所应偿付的费用,都是舍伍德先生一手包办的。在市长就任的前一天,他把所有的银行账户转让给了舍伍德先生,他觉得作为一个市长,不应该有这些股票。舍伍德先生频繁地往市政厅跑,其实都是为了市长及其家人的私事。

368

最可笑的事是:当舍伍德先生被立法委员会传讯之时,他消失了,直到整个调查结束之后才出现——也就是 1933 年 1 月。沃克市长称,他对此事甚为关心,一直想方设法想寻找舍伍德先生。沃克市长失败了,因为他不能为这句话提供任何证明。这里再次引述西伯里先生的话:

> 如果这些交易与市长无关,那么,舍伍德先生何以逃窜?原先谎称他只是离开纽约去度蜜月,但随后的事实证明,他的蜜月期竟长达一年之久。想来,这一期限定会延长到整个立法委员会的审查结束吧?另外,也没有任何证据证明舍伍德先生还在为其他的政府部门任职;其实,他也不可能为其他什么部门做代理工作。实际上,他不会因为这些而被委员会传讯。一个人出于什么原因,才会如舍伍德先生那样,离开自己的家,放弃自己的工作,抛弃自己的朋友,还要忍受种种污蔑,承担 50 000 美元的罚款?除非他有什么事情必须隐瞒。那么,除了他与沃克市长的关系一事之外,他还有什么需要如此苦苦地隐瞒的?

另一桩西伯里先生对沃克市长指控的案子，是沃克市长允许顾问公司接受城市赔偿的案件。顾问公司的专家们与市长的兄弟分赃，即 W·H·沃克医生。证据显示，这位占据了两个市政府职位——市立退休金董事会医生资格考核者和市教育部医生资格考核者——的沃克医生涉及城市雇员的城市工人补贴案，他与几位由顾问公司任命的医生共享一个银行账户。偿付给这些医生的钱款，既没有经过任何程序的审查，也没有审查其合理性，又没有审查其具体的服务对象。沃克医生承认，他从这些医生那里收取了大量钱款，但他否认，除了其中一件案子之外，这些钱是从补偿金里面抽出来的。他解释说，他拿到的钱的数额相当于所有医生拿到的数目的一半，这些都是"偶得"的补偿金。后来，沃克医生失去了他在教育部的职位；那些与他合作过的医生也再没有受聘处理城市补偿金案件，但他们在州立医疗诉讼委员会指控其诈骗的案件中被无罪释放。

罗斯福官员向西伯里调查组织递交了一份详细的说明，回应了一些问题。在市长先生坦白了自己的问题，西伯里先生对那些问题作了回应之后，就该由罗斯福官员决定，究竟哪些材料才是导致沃克市长下台的真正原因。在审议过程中，市长的律师向最高法院斯特利(Staley)法官申请：在沃克免职期间，限制任何官员变动。斯特利法官称他没有这样的权利，但可以将其作为自己的意见提出来。于是，沃克市长就宣称，他在审议中得不到公正对待，他坚持证明自己无罪。这一坚持的申请被县领导否决了——但这一事实证明，市长一案所牵涉的范围之广。

在沃克一案中暴露出来的问题，比沃克本人或者其他任何人的问题严重得多。沃克是一名"体制制造"的市长。他的提名和选举都要归于坦慕尼协会，这是他自己也承认的。一旦他收到指控，坦慕尼协会及其党羽就迫不及待地组织起来作为反对他的一方，这不是急于判决他究竟是不是好市长，而是一旦他真有什么违法的行为，要及时拖他下水，以免组织的利益受损。尽管坦慕尼协会可能有办法支持沃克市长，阻止调查，但当他的案件看上去没什么希望之后，协会就果断地抛弃了他。沃克倒了，但坦慕尼协会仍在。纽约市的政府之战刚刚拉开帷幕。只要目前被县、区领导控制的局面仍在，只要市长及其以下的政府职位都是为了某些利益被选举出来的，我们就只会看到这些官员向党派领袖效忠，而疏于考虑公共利益；就只会看到官员们与商业集团共谋，抢夺本该属于所有城市公民的共同财产。

地方法院

西伯里先生对地方法院的调查揭露了一些令人震惊的情况。调查更是证明了，引起这些情况的原因与政府行政部门效率低下和腐败的原因是一致的；法院以及其他部门，也是腐坏了的政府职能机构之一。实际上，地方法院是其中最重要的一环，他们为一些党派成员提供服务作为奖励；而通过党派领导对法院的控制，他们可以保证一大帮同党的利益。引述西伯里的报告如下：

> 它(1910年由下级刑事法院重组的地方法院)使得地方法院成了由政治代理所委任的单位，即市长通过他所在的党内推荐地区领导来加以任命——而这些人，正如我们所了解的，视这个地方为布满果实的理想之地。法院由这些人与职员们共同管理，他们并不是公务员，他们的入职没有经过任何对其能力和资质的考核，而只是由政治代理机构决定。助理职员和服务人员虽然表面看来，是从一份公务员名单中选出来的，但大多数仍然是一些忠心的党内分子，他们服务于党派；作为回报，得以保全自己的位置。就法官、职员、助理和随从人员的任命，背后的潜在问题已经足够严重了；但是，他们如何得以一直保持其位，这背后的原因更糟，因为他们当职，对地区领导和其他官员有所裨益。他们内部全都知道，在面对地方法院之时，在地区政治体系中拥有一个朋友，要比在案件中取得有利证据或者遇到一个好的法官更有用处。不幸的是，这一事实本身却成了一种对城市名声的口头诽谤。
>
> 很多时候，如果不是全部的话，那些丑陋的讽刺画面都被作为法院的正义一面，为公众所见。对此唯一的解释就是：殷勤、冷漠和腐败现象层出不穷——而这都是因为这个体系允许本该是正义的有力声张者的机构成了维持整个政治体系的一部分，它们存在的目的仅仅是为了保住和控制政府中的职位，以及获取工资以外的收入。

法官们本人的证词，揭露了地方领导的权力是如何左右职位提名的。8位法官证明，地区领导协助他们取得职位。还有一位吉恩·诺里斯(Jean Norris)，也是一名协同领导者。布罗德斯基(Brodsky)法官的证词相当典型：

布罗德斯基法官声称,在他被提名的前几个月,他与地区领导詹姆斯·J·哈根(James J. Hagan)进行了谈话,他表明自己想要获得一个职位的愿望。

"我找了哈根先生,我提及我为组织做过很多事情,我觉得我应该得到组织的认可了,但直至今日,我却什么也没有得到,我是多么的努力。他说,如果我能等一等的话,他可以找到机会,让我以自己在党内工作的经验为基础做些事情。他说,其实,我已经得到认可了。这就是我们谈话的内容……"

"不久之后,我知道有一个临时的空缺了。然后,哈根先生对我说:'路易,有一个空缺职位,你愿意去试试吗?'"

问:在哪里的空缺?

答:一个法官职位的空缺,那位前任法官生病了,于是有了这个空缺。我说,我可以暂时去顶替。他告诉我,他会极力地主张我在党内的提名……我明白,那意思就是强制性地要求我被提名……接着,他真的那样做了。这样,我就被提名做了临时的法官……

问:对于他这一要求,你还知道什么?

答:除了他告诉我的,其他什么也不知道了。

问:他告诉你什么?

答:他说,他提交了我的名字。

问:提交给谁?

答:给坦慕尼协会的领导,嗯,坦慕尼协会领导们。

布罗德斯基接着得到了连任两届 30 天为期的职位。

问:现在,你告诉了我们你最开始的情况。那么,你在接下来的一年里又被提名,为此你做了什么?

答:我只是继续——实质上什么也没做。

问:实际上什么也没做?

答:除了找马什·英格拉姆(Marsh Ingram)谈了谈。

问:他是谁?

答:他是接任詹姆斯·J·哈根先生的现任。

问：你是说在你所居住的那个地区吗？

答：是的。

问：那么，他做了些什么？

答：我猜，他也把我的名字提交给了坦慕尼协会。

问：他告诉你他会那么做的吗？

答：是的，他跟我说他会的。

法官希尔伯曼（Silbermann）的证词同样有意思：

法官希尔伯曼说道，在他被任命的前几年，由于法官舒尔茨（Schulz）的升职，代理法庭有了空缺职位。

> 我问墨菲〔亚瑟·H·墨菲（Arthur H. Murphy），布朗克斯县民主党派领袖〕先生，他能否帮助我在舒尔茨的职位未到期前就保证我能接任。

问：墨菲先生对此说了什么？

答：他说，他没有办法。

问：什么？

答：他说，他不能帮我。

问：他不能帮你？

答：对。

问：他说什么原因了吗？

答：没说。

问：那你有没有做什么别的事来获得舒尔茨这一未到期的代理法官的空缺？

答：我没做什么。

问：你就这么放弃了？

答：是的。

问：你因为意识到没有墨菲先生的帮助不可能得到这个空缺，才放弃的吗？

答：是这样。

希尔伯曼法官于1920年被任命：

> 在我被任命之后……我才知道，市长原先决定从布朗克斯任命一位犹太人。他与墨菲先生交流了一番，让他推荐一位犹太人。

问：就是那位亚瑟·墨菲？

答：是的，亚瑟·H·墨菲。

问：好的，我们现在说的是亚瑟·H·墨菲。

答：他要推举一位布朗克斯的犹太人，接任现在已故的马修·B·布林（Matthew B. Breen）法官的位置。当时，布林法官正病着，也住在布朗克斯……

问：好了，希尔伯曼法官先生，我现在急于知道你能不能说明：就是你自己，杰西·希尔伯曼先生，怎么淘汰了那位犹太候选人而被选上法官的？

答：我已经说明原因了。我在党内十分活跃；在任命之前，我是民主党法律委员会的主席；我在政治上相当活跃。

374　　对地方法院的控制，有时也会通过法院职员、助理职员和随从人员。职员不在公务员体制之内；实际上，所有的职员都是活跃的党内人士，他们的职位都是对他们工作的回报。正如西伯里报道所说："16位职员……承认他们接受考察，证明他们在政治上的积极性。他们的职位是他们在党内工作的回报，实际上，他们并不具有任何在法院工作的实际经验，也没有为所得的职位做任何专业上的准备。"还有，"调查明确显示，这些职员在法院内的工作就是辅助的行政人员，只是为了维持整个公义机器的正常运转而已。"几位职员都承认，是党派领导们给他们分配工作，比如为哪位与之相关的人说情。

助理职员与法院随从人员都是从公务员名单中任命的，但是证词中显示，很多时候都无视公务员法规而为保证党内工作人员能够得到任命。这些助理职员的责任之一，就是为辩护人作出陈述。当存在对证词是否支持辩护方时，通常会采取0—14模式。政治领导们经常会嘱咐助理职员，在施行0—14模式之时，趁机找几个人为党派所用。约瑟夫·沃夫曼（Joseph Wolfman），一个冒充的律师，在函授学校学习了法律知识，从未被律师团体所承认，但为第七届当地法庭工作了3年之久。他向证明人坦白，通过将其薪资与助理职员共享，他得以对他的客户实施 0—14 模式。沃夫曼同时证明,他其实很明白,一些法院助理故意把案子压到他的头上,好与他分享收成。

有 9 位地方律师副助理分配给了地方法院,以便在审讯中代表城市一方。西伯里调查显示,这些被分配下来的助理通常经验和能力不足,存在腐败行为。地方律师协会对他们也疏于监督,他们中的一些人甚至不需要作汇报。约翰·C·韦斯顿(John C. Weston),地方律师副助理,被分配到妇女法庭七年了。他承认收取了贿赂,使 600 桩案子被否决;通过此举,他入账 20 000 美元。"只要 375我的案子一出手,你每次都能拿 25 美元。"这是 21 位不同的律师对韦斯顿说的。

地方法院为政治家所控制的后果之一,就是对被告们有所影响;我们于是有了一种针对朋友的法律,另有一种针对其他市民的法律。更为严重的后果是:它使得所有对于无辜者的犯罪行为有机可乘。其中最令人不齿的,就是那些在妇女法庭上尚未公开的腐败的刑警队警员、行为不当的律师、居心叵测的债权人,还有那些"终结者"们掠夺平民的事件。警员经常会使用密探,这些密探诱使人犯罪,以便再逮捕这些人,或者仅仅是让无辜人入狱。这样,他们就能够以所谓的理由证明其有罪而正式逮捕他们。西伯里调查显示了这一过程:

> 在一些案子里,他们会实行逮捕令,而后立即向被逮捕者售卖免罪权,不会事先询问罪犯,甚至不会先去警局。如果罪犯付了钱,那么,这桩案子就此结束。如果罪犯拒绝付钱,那么,这个人会被正式逮捕、传讯至警局。那里有一个担保人,据警局人员称,他有足够好的信誉,他马上被介绍给罪犯,罪犯此时已经被禁止使用电话,或者通过其他方式联系他人。罪犯根本不熟悉法律流程,他只想知道究竟是什么力量锁住了监牢的大门,可监牢真的是锁上大门了。罪犯接着被担保人引至其办公室,通常就在附近;在那里,会对罪犯的金融状况作进一步的审问。在这个地方,担保人知道了罪犯有某个银行账户。于是,罪犯会被丢进担保人的车里,直驱他的家中,被迫交出其账户的信息。下一个早晨,担保人拿了银行存折,与罪犯一起到银行,接下去就会有足够的钱用以偿付所谓的自由了。而这些钱就是给这个担保人的。这笔钱款包括一份高额的保证金,比法律费用的两倍少一点点; 376还有额外的费用,是担保人建议偿付给律师的,这位律师将会被建议代表罪犯,"结束"这桩案子。通过行贿,官员们会使证据一直不足,无法为被告辩

护;而地区律师协会则被告知,"要小心使用"。一旦担保人发现被逮捕者有其他的储蓄,这倒霉的受害者就会被要求偿付更多的费用。他被告知,出现了一些突发情况,还需要更多的钱。当这位被告的所有资产几乎都被抢去之后,游戏升级了,案件进入审讯阶段。官员们声称没有足够的证据立案,地区律师协会的人员始终保持沉默,被告就此被释放。

如果担保人所要求的钱没有到手,那么,官员们就会宣布立案。成为法律方面的官员,他们的证词就被理所当然地认为不会有假,不论被告说什么,都会被定为有罪。事实上,被逮捕的人所提供的证据,才是唯一与事实真相一致的内容。

总的来说,程序都是一样的,不管被逮捕的人是真的有罪,还是落入了别人的陷害之中。

西伯里调查所揭露的地方法院的情况,简直是纽约市的耻辱,也是眼看着它们存在的公民们的耻辱。并且,这样的情况是对民主政府本身的一大威胁。仅在 1930 年,就有超过 50 万人被地方法院传讯。这些人既不富裕,也没有权力,大部分是贫穷、无望且无辜的百姓。对他们大部分来说,与市政府唯一的交集就是地方法院了。就这样,能指望人们心里有什么样的正义理念,除了那种被这些法庭拙劣地模仿、掩饰着的假仁假义?当人民看到政府是唯一能受法律保护的对象之时,我们能指望他们有怎样的忠诚?

在西伯里调查披露了丑闻之后,有 2 名法官辞职;3 名辞职之后,同时等候公众审讯;3 名为上诉法庭免职;6 名警员被判罪;13 名警员被警局免职;2 名律师被取消出庭资格,其中一名被警告。这是西伯里调查的结果之一。

在西伯里先生所拟改革地方法院的推荐信中,最重要的内容如下:(1)出于对效率和经济的考虑,最好合并法官法庭、儿童法庭、特殊案件法庭为一个新的法庭;(2)这一新法庭的法官的任命,应由最高法院上诉法院负责;(3)这些法庭应该集中于同一建筑之中;(4)所有被提名的法庭职员都必须通过公务员任职标准的考核,这些考核必须公开给所有有资格的候选人,还要大大减少法院内助理职员与随从人员的数量;(5)通过建立一个集中保释部门,消除在保释书环节中的回路行为;(6)为了避免任意结束案子的机会,被逮捕者不应该马上被送至警局,而是应该尽快传讯;(7)为了不让被告被不择手段地掠夺财产,最高法院上诉

377

院应该拟一张律师的名单来专门负责辩护，这些律师的薪资则由市政府承担。

这些改革极其重要，也是必须的。当然，它们仍然无法完全清楚法院种种不当的行径——只是为了处理一个腐败的政府体系。在我们指望低级法院承担起正义的代理者之前，这一体系自己先崩溃了。

西伯里调查大揭秘的重要性

西伯里调查大揭秘的重要性是什么？这些被暴露的真相对于纽约的普通市民有什么意义？首先，它们意味着，既然很多市政府的公职被直接交给那些从未接受过任何培训，也没有足够的资格任职的人，那么就是说，很多为城市服务的公职人员既没有工作效率，也没有工作能力。正如库维利耶（Cuvillier）议员在听证会上所陈述的：

> 我可以看到出席听证会的执行委员们，他们有着每年 10 000 到 15 000 美元的收入；而在外面，他们的收入不到每年 1 500 美元。可是，他们对所在部门的了解，不会比一个大街上的男孩子更多。

提欧菲尔，皇后区的县领导，1930 年 7 月后又担任了皇后区代理法院办公室主任。他拿着每年 8 000 美元的收入，却甚至无法告诉西伯里先生他的办公室究竟有多少部门。

其次，情况证明，纳税人的钱被极大地浪费了——大量的职位空置，或者只是为了保留给同一党派的成员，部门之间职能重复，各种名目的费用却很高：城市土地支出、城市工程承包人支出，以及很多市政府平时奢侈无度的开销。

他们无度开销最典型的例证之一就是：在 1932 年 1 月 23 日，有 835 辆汽车提供给除了消防和警局以外的各政府部门，这些汽车至少要支出 100 万美元；同时，政府要支付给 509 个司机年薪，也就是另外的几百万美元。15 个部门领导和一个助手使用两个司机。这样的无度挥霍，使得这个世界上最为富裕的城市之一，无法保障城市中的失业家庭最起码的生活标准；同时，必要的教育和公共服务开支被缩减。城市为债券就要花掉大笔的经费，还得恭恭敬敬地去银行家那里，向他们咨询；在这种情况之下，他们才能贷点儿款，做点事。

第三，也许是最重要的一点，居于控制地位的政治机器，以及它用以影响所有其他政府部门的手段，使很多人形成了一种对公共事务漠不关心且为犬儒主义的态度。既然什么事情都是由政府交代下来的，那么为什么要为建立一个好政府而努力工作呢？为什么要给改革者投票呢？投票甚至在不会被计数的情况下，为什么还要劳心劳力地去认真投票呢？为什么要伸张正义，既然只要取悦党派领导就可以得到利益？

西伯里先生对此作了比较好的总结，如下：

> 在很大程度上，纽约市的公共事务不是为了大多数城市居民的利益，而是为了主流政治组织取得其利，以及为了帮助它们的附属更好地为其行事。大范围的运作低效和发展停滞的后果，都让城市的失业者承担。为公费的不正当开销作种种掩饰之辞，它们的目的不是为了必要的公共福利事业支出，而是种种贪污受贿的行径。

西伯里调查描绘了纽约市政府的黑暗面貌。自然，诸如此类的情况不是纽约市特有的。它们可能会出现在其他任何一个权力运行为政治机器所垄断的县或市。坦慕尼协会的行径不会比其他的政治组织更恶劣；它只是有着可以操纵很多事情的更大权力。我们也没有办法保证，一旦纽约市的其他共和党组织也有了这样的权力，就不会做出这样的事情。很多其他案例都显示，共和党有时候会为了共同的利益，与民主党联手。在1932年的一次对选举团滥用法规的审议中，很多共和党官员与民主党成员联合，改动选举的结果。在区领导的名单之中，也有一些共和党成员位居要职，他们与民主党官员合作甚欢。皇后区市议会主席哈维（Harvey）先生，是估算与分配董事会内唯一的共和党成员，他为很多坦慕尼协会的要员投过票；他还提出建议，要提高董事会成员的薪资，也就是总额增加100％至166％。

两党合作最著名的例子，就是臭名昭著的第二司法区最高法庭法官一案。这件案子之前已经提到过，在该案中，两党的领导人同意只按照分配的名额投票选举法官，且为另一党的候选人投票。这一交易如期进行，12位法官得到提名，市民们却义愤填膺，因为他们所投的候选人无一入围。在金斯县，一个由两党共同选举出来的法官、现年31岁的小约翰·麦库伊（John McCooey, Jr.）先生，他是布鲁克林区的"头儿"麦库伊的儿子。

对改革的建议

在西伯里先生有关改革的建议的报告中,除了指出单纯的禁令和惩处的效果不大之外,他还说道:

在我看来,种种情况显示了一个无可否认的事实,即我们的市政府不可能采取任何实质性的革新措施,除非在立法层面和管理经费的机构作出根本性的变革。如此,只有保证可以全面、深入地探讨问题,才能保证政务的透明度。我想不出其他任何有效的方法,唯有通过让公正和有能力的少数派进驻政府各部门。我们的政府是在为公众服务的原则上建立的。而纽约市政府的关键部门都由单一的党派所占领,这样的情况不利于实现这一原则。我的意思不是说,由少数派担任要职就可以一劳永逸地解决我们的问题;但是我完全相信,这么做一定会使现状真正地有所改善。

西伯里先生的主要建议是:

选举一个独立的立法议院或者委员会,来替代估算和分配董事会、市议员董事会和偿债基金委员的权力;

这个委员会的成员将由市议员选举,实行无党派投票制度,不允许有任何的党派成员提名,或者任何党派体系的介入,这样就能保证每个有效力的团体都能入职,而每个团体都能发挥其所长;

取消各个市镇的主席办公室,他们的职责由公共事务执行委员代理,由市长直接任命;

应该有 10 个独立的部门,尤其要设置教育部门;

要设立一个无党派控制的市公务员委员会,其成员从具有实在的文化机构教育背景的人员中选出;

那些担任行政服务职位的人员,不允许在任何市级选举中担任要位。这一禁令应由监察执行委员会和市公务员执行委员会监督实行。

为了证明自己的第一项建议,西伯里先生指出,美国城市的发展趋势决定了要取消包含两个党派的立法机关,而现有的市议员董事会体系每年白白消耗掉714 930美元,却只是评估董事会的一个橡皮图章。一个有25名职员的单独机构,其规模之小已经足够有效;同时,它可以取代大型机构,保障少数人的利益。

委员会的成员不会由某一个区内的代表选举,而是由整个市镇共同选举,每个市镇所选举的每一个候选人至少要筹得5万张票方为有效。这样一个有着符合比例的代表率的投票方式,被称为"单记移让式比例投票法"。这一方法能够保证每一投票单位5万张的票数。投票人可以为他心目中的一号人物投一票,为二号人物投一票,再为三号人物投一票,他可以任意为所意属的人选投票。如果他投的第一票最终没有募集到足够的票数,那么,就会接着计算他的第二票;如果第二票也没有募集到足够的票数,那么就会继续计数,直到他的某一票选人被选举,或者所有票选人全部落选。这种投票方式的原则是:每一个投票人只被允许代表一种意向,直到那5万张选票无法实现的时候,他才被允许改变意向。

这一投票方式因为太过复杂而遭到反对。他们说,投票,本来应该是很简单的事情;可是,计票看上去被复杂化了。其实,原则一旦被理解,这种方式是很简单。简单地说,计票系统是这样的:所有计得的票都被集中于一处。第一步是找出投票人的第一票投给了谁。一旦有了一位得到5万张票数的候选人,他即被公布;接着,计票环节进行到第二候选人。所有计票程序结束之后,得票数最少的第一候选人就会被淘汰,他的名额就会转移到得票数最多的第二候选人——万一第二候选人彼时已被选出,那么,这一名额就再转移到第三候选人处。直到每一位候选人或者被选上,或者被淘汰之后,整个投票才可以结束。很明显,这种计票方式的好处,远远胜过由于它所谓的复杂性带来的弊处。

一些能够保证少数派的意见在议会中得到传递的系统是相当重要的。所以,现有市政府中的低效和腐败现象必须予以清除。即使坦慕尼协会的成员在估算委员会和市议会董事会中占多数,但只要有一个无所畏惧且有警惕意识的少数派成员存在,并让公众的意见得到反映,那么,由单独的区代表选举董事会成员的不公平之处就能清楚地显示在目前的市议员董事中。在1931年的市镇选举中,民主党候选人得到了66%的选票,共和党得到了25%的选票,而社会党只有9%的选票。民主党选举从65名候选人中选举了64名人员,比例超过了98%,共和党只选了1位,社会党则一个也没有。

西伯里先生同意仍然由市长领导市政府,而不是其他的城市经理计划,因为人们已经习惯于关注这样一位市长的选举。对于他们来说，"更容易决定是否要投票给一个有能力的正直人，而不是从那些职位更高的官员中选一个领导人"。在这一计划之下，便有了市长的人选，而检察官也会由同样的单记移让式比例投票法选举出来。

383

西伯里先生所赞成的一项改革，已经为市长奥布莱恩政府采纳，那就是设置执政预算。

如果市长没有足够的权力，政府的责任就无法落实；鉴于此事实，市长可能被赋予更大的权力。在西伯里先生的计划中，他会让市长对此执政预算拥有极大的权力。在这一计划之下，市长对于估算董事会的财政分配情况有绝对的责任。

取缔市镇主席办公室、原有的责任应被移交给由市长所任命的公共事务执行委员会的建议，有三个支持的理由。将这些事务集中于一个办公室，会提高行政效率、缩减开支；会有效地遏制投桃报李的现象，而不会像现在，在市镇主席中，每一个主席都想方设法地为自己所在的市镇谋利。这有利于打破主席对权力的垄断，运用其在市镇主席办公室的特权，强化在当地的权力机器的现象。

而目前，各种行政功能散见于各级部门、办公室、委员会和董事会之中，市长对这些机构有着不同程度的管理权限。这一情况应该部分归于偶然。因为每当城市想要承担什么新的职能，就要找官员代理其职，或者在没有任何详尽计划的情况下设立新的代理机构。同样，毫无疑问，在这些新设立的机构中，也有一些是用来为党派谋求利益的。除了由州定法律（state law）直接管理教育部，西伯里先生建议建立的十个部门分别是：执行部、消防部、医疗保险部、监察和许可部、法律部、警局、公共事业部、社会福利部、税务和资产部、运输和金融部。在他的计划之下，这些部门具体如何行使职能还需要科学严格的调查研究。这一创举将避免机构重叠，提高行政效率，缩减开支，也有利于公共责任的集中。

西伯里调查披露了公务系统中的职权滥用现象。没有成为城市的支柱，由市长所任命的市政公务服务系统反而成了政治机器的一部分，或者，它至少眼看着政治机器破坏了公务服务法律。在这一系统的任命方面，亟须强制地作出调整。由此，西伯里先生建议，对公务服务委员会的任命不再由市长决定，而是移交给议会。出于进一步的保障，议会只能从董事会列出的人员名单中作出选择，名单上的人都必须是城市中学院或大学的校长。

对于西伯里先生的最后一项提议，即那些担任行政服务职位的人员，除了作

384

为投票人之外,不允许在任何市级选举中担任要位——遭到了市政机构职员的竭力反对。他们声称,这样一来,他们等于被剥夺了公民权利,而且公务服务法规也证明,这是没有必要的;他们还声称,城市行政人员与其他人一样,也关心怎样才能有一个好的政府,所以有权利进入政府工作。西伯里先生对此反驳道:

> 在行政系统中服务的人员应该有这样的意识,他们的工作能否继续,是基于且仅基于他们的成绩,而不是靠屈从任何一个党派,或者由某一党派的影响持续的时间来决定其任职时间的长短。

如果西伯里的建议被采纳,那么,纽约市就会有一个诚实而有效率的政府。
385 评判这些建议的方法之一,就是看它的反对者说什么。西伯里的一系列建议,尖锐地提出了对民主党组织的反对;而鉴于共和党组织的冷淡态度,坦慕尼协会完全有能力阻止这些建议被采纳。如果西伯里所建议的改革真的有所成效,那么,纽约市民应该表示出他们对此的兴趣和决心。

的确,一个好的政府不仅是一台政治机器,或者一系列法律;各种机构、分支部门和法律法规都有利于政府的运作,而它们不可能单独地运作。除非投票人有所意识,什么样的政府才是好政府,并为此坚持,愿意为建立一个好政府作出牺牲,否则,徒有一个好政府的形式是没有用的。

如果纽约市的投票人希望坦慕尼协会继续存在,或者他们根本不关心此事,也不指望谁来执政,那么,坦慕尼协会就不会受到什么影响。

可是,很多人都意识到了,西伯里的建议还远远不够,并没有触及问题的根本。包括这次调查,很多其他的调查也都发现了,体制内腐败的原因是一些私人集团在谋取私利。如果没有行贿,也就没有官员贪污。如果没有便捷长途汽车公司想要谋取特权,也就不会有该公司的丑闻。如果纽约市可以建立自己的公车线路,运营自己的公交汽车公司和地铁系统,建立自己的加油站和电子设备工厂,那么,新的问题必然会再次出现。然而,腐败的源头会就此根除。另外,纽约大部分市民对于政府的冷漠态度,导致了他们认为政府在生活中不具有绝对的重要性。如果政府能够为他们提供真正完备的服务,是不是就可以把他们从惯常的冷漠态度中唤醒,引导他们时刻关注政府的工作质量呢?

到明天就太晚了：拯救学校从现在开始^①

对国家来说，这是一段教育的黑暗时光，但还不至于什么都没有。甚至，如 386
果采取充满希望的、建设性的措施的话，说不定还是一个可以跨出一大步的好
时机。

在过去的二十年里，我们国家中所发生的最重大的事情就是教育的发展，教
育的对象已经延伸到几乎所有的年龄层和社会群体。在大萧条之前，从儿童到
祖母辈的人都会去学校接受教育。国家教育致力于给予每个想受教育的人获得
教育的机会。而且，大家都有着强烈的信念，相信教育的惊人力量。正是在这种
支撑我们的文明得以发展的信念之下，我们的现状面临着崩塌。

很难让人相信，我们真的找不到任何的办法来拯救我们的学校。公共教育
所需的费用，仅比我们每年在烟草、珠宝、化妆品、体育用品和玩具上所花的费用
的三分之一多一点点。我们还花费了多于五倍的费用在汽车上面。所以，我们
只要在立法上作出实际的修正，情况就能够有所改善。

如果我们能够公平地对待学校，那么，3.68 亿美元的经费就不应该从预算
中被削去，也不能裁掉任何一个教师。你可能会质疑，连同其他的公共设施和我
们的生活费用的水平都降低了。但是，教育的要求提高了，如此看来，相对来说，
前者的水平并未降低。

自大萧条以来，公立学校的学生数量大幅度地增加。在 1930 年到 1932 年 387

---

① 首次发表于《好家政》(*Good Housekeeping*)，第 98 期(1934 年 3 月)，第 20—21、222—227 页。来
自对凯瑟琳·格洛弗(Katherine Glover)的采访。

间,学校的总人数整整增加了一个蒙大纳州那么多的人数。这一增长,令人想起了 1900 年公立高中所招收的学生人数。

我们所有人都曾为 NRA 能够取消童工制度而感到振奋,这一措施从商店、工厂和办公室解放了大约 10 万名青少年,把他们送回了学校。在目前的情况下,学校应该如何对待这些被解放的青少年呢?他们已经超出了学校的负荷,没有足够的桌椅供给这些急切地想要上学的孩子们。而这一增长是发生在高中的,这恰好是教育费用最高的阶段。1930 年,教育一个上高中的孩子需要 136 美元,而一个小学生则只要 65 美元。

面对这些对教育需求的增长,所需要的资金却被不分青红皂白地大幅缩减了。这样的政策如果放在服装厂、百货商场、钢铁厂上面,会让人觉得不可思议;但是放在教育上就不觉得那么不合理了,而教育的产出则是公民的明天。

在 1931 年,有一次流行大规模的小儿麻痹症,从而留下了大量的残疾儿童。我们的学校接收了这些儿童。就像为其他有障碍的儿童所做的那样,学校为他们设置了特殊的课堂。像这样的教育就是相对昂贵的教育了,因为它需要受过专门训练的教师和一些特质的教学器材。而在经济政策的实施中,这些特殊教育正在从很多学校中消失。它被归类为现代教育中的"褶皱"之一,尽管教育这些儿童使之日后成为对社会有用的人,要比在慈善机构中照料他们,一直到他们成年所需花费的少得多,甚至我们对他们个人的幸福也没有考虑过那么多。

学校就是在这样的条款中被"拯救"的。医疗保险基金也被削减了,很多地方都取消了义务训练,幼儿园关了门,学校的学期缩短了,教师的数量减少了,一个班级的人数却扩大了。教科书的问题也相当严峻,省教育长官乔治·祖克(George Zook)博士近期为此在华盛顿召开了会议,指出一些学校的教科书都是 11 年前出版的,期间被扔掉过,后来收了回去重新使用。那些既难看又不卫生的、丢了页数的教科书,在某些学校,一天要被不同的六个班级使用;而在整个国家的学校中,不少课程都是这样的,分着根本不够用的教学材料。

很多有号召力的商人,当地学校董事会的成员,他们乐意签署 NRA 那些对他们的商业活动有利的条款;同时,也乐意削减教师 20% 的工资和裁掉一部分教师。一旦有董事同意削减预算,这就意味着学校的救援计划将受到影响。他们觉得,减少一个教师,就可以为他们的商场增加更多的工人,这实在是一件善举。

他们根本不会意识到,降低学校教育标准最终会影响他们的商业活动。然而,任何时候,当他们对秘书们下达此令,她们会报告的只有向小学、中学投资行为会带来的超过一千万美元的利润。受了 12 年公立学校和 4 年大学教育的经理们,会帮助他们完成这些事情。他们的雇员们所受的训练,决定了他们能够在何种程度上帮助老板巩固乃至壮大其资产。如果这些训练减少了,那么,他们的企业必定受损。

好的教育一定比差的教育昂贵,就像质量上乘的水管、衣服、家具。如果我们只要劣质材料,当然可以用一个比较便宜的价格买到。但是,如果我们要求质量,那么就别指望有多少折扣,在教育方面也是一样。从长远来看,我们应该知道,教育一个孩子每年需要花费 91 美元;但是供一个在监狱的囚犯,每年得花300 美元。因此,我们削减学校的预算,倒是给犯罪分子更好的条件了。

经济变动也得遵循基本原则,比如金融学校的分布,一般都集中于购买力比较强的地方。学校的建筑是为了最大限度地实现其使用价值,而不是为了彰显当地的成绩,其目的是实用的而非为了创造政绩。

许多学校的董事会所采取的方案,就好比仅仅撇去蛋糕上的一层奶油。他们以为仅仅去掉了最后加上去的、称之为一些小花边、小装饰的东西。事实上,这些根本不是什么花边和装饰,而是影响到人民生活的最重大的问题之一,所发生的变动都是为了让学校更好地融入急剧变动的世界之中。

大约在 40 年前,教育领域出现了一种新的观点。教育本身意识到了教育应该与生活同步,学校应该重塑孩子的世界。在这种新的教育观念之下,学生一贯死板的课程学习变成了对其兴趣的培养。正是由于儿童是活跃的、有创造力的、时常改变的,教育改变了原来死板的面貌,从而变得生动和富有创造性,以此适应儿童的需要。学校增加了很多原本觉得根本不属于此的内容。这些变化现在发展缓慢,也远远没有被大众所接受。

在联邦教育办公厅对国家中等教育的一次调查中,他们发现,近年来,学校所提供的课程数目翻了一倍。而且,在一些学校,一些非学术课程的比例从三分之一增加到了五分之二。不过,这是学校为学生提供的那些早期的学校会提供的课程,这些内容往往都是由家庭来教授的。由于家庭的本质发生了变化,我们生活的各个方面日益复杂了,所以儿童不再指望家庭保证有这样的机会。

女孩子们总是在她们的母亲或者祖母的监管下学习烹饪或缝纫的手艺,而这些从来不会被认为是"花边"知识，或者没用的知识。现在，缝纫、烹饪，还有食物营养学的教授，转移到了学校，被称作是家庭经济学教育。男孩子们不再去他们父亲的商店或公司做学徒，而是在高中受教育。这就是更加明智的经济学，它更符合我们的生活。

从健康的国民生活到处处受限的城市生活的变化中，涌现了物理教育和健康教育。音乐、艺术、舞蹈这些原本在家中教授的内容，如今被安排进了学校活动。公民体育教育、课堂之外的兴趣等内容，在我们日益多元的文明中尤其必要。科学、审美教育和手工艺应该在学校教育中占有相当的比重，且应该开始于初级教育，以便学生更早地开始适应如今的技术时代。

我们不应该减少这些课程，相反，需要更多。我们需要对现有的课程进行重组，使它们成为教育之中的基础，也就是著名的 3R 课程。阅读和写作不能被分离，就算是非常年幼的孩童，也可以读和写些什么。比如，写一写他们在算术课上学什么，写一写他们的自然课或者发生在操场上的事情。而算术课的基本内容则可以更加经济，可以联系商场工作、基础科学和地理学来教授。这三门课程——地理、历史和公民教育，在一些学校被一门统一的课程所取代——社会科学——这门课程可以使他们建构起对社会、经济和政治运作的整体理解。

放弃了老式的背诵——学生站在那里告诉老师他们学到了什么，而其他的学生就无所事事地坐在一旁——这曾经一度被证明是一种能够节省时间来教授其他内容的好方法。在新的教育哲学下面，需要对课程进行重新安排。这种哲学认为，教育是一种整体经验，尤其将生活视为一种整体经验。只有这样的调整，才能及时回应经济危机，节省物资，减少开支，带来实际的进步；而不是直接砍掉那些表明了教育改革决心的学校活动和课程。

当 1837 年的动乱席卷全国之时，公共教育仅能找到一个立足点，尤其是在马萨诸塞州和纽约市。在那之前，教育是被看成一种有能力偿付的人的特权的。霍勒斯·曼，马萨诸塞州日益引人注目的一名年轻律师，放弃了他的本行，拿着一点可怜的薪酬，去了州立教育委员会。在那里，他发表了有关儿童教育的规章，提出了学校需要由税收支持的主张。

正是从这一改革开始，紧接着大萧条的步伐，公共教育第一次有了真正的发展动力。这个初生婴儿受到马萨诸塞州的曼的支持，以及康涅狄格州的亨利·巴纳德的支持，快速地发展，但其中仍有一个世纪之前的因素。资产税收是支持此一改革的合理渠道。在那时候，几乎每个人都拥有自己的房屋和公司，生活极端个人化，也非常简单。教育所反映的就是那种简单，因此，教育带有当地生活和习俗的色彩。现在已经没有这样的情况了，因为如今财富集中在少数人的手中。

如果不好好地考察能够支持我们的教育改革的基础，那么，对于什么能够拯救教育的问题，就不可能有明确的答案。除了在教育情况中的种种不充足之处，这就是最大的原因了。如果我们干坐着等待改革发生，一个州一个州，还有 13 万个学校，就将面临牺牲成百上千的美国儿童受教育的机会，而这些牺牲是永远无法弥补的。

凭什么在纽约或特拉华州出生的孩子就可以受到好的教育，在这些地方，因为有充足的资金，也因为资金被合理地利用了，所以没有受到大萧条的影响。而在阿肯色州和阿拉巴马州出生的孩子，却苦于无法获得好的教育，因为那里资金缺乏，也没有足够的教育津贴。在纽约，条件最困难的学校每年也会在每个学生身上花费 78 美元；而在阿肯色州，条件最困难的学校只会花 12 美元。而且，就算阿肯色州在所有可能收税之处征得税收，比如资产、收入和其他方面，这笔钱最多也只能增加到 24 美元。

在过去的两年，阿肯色州有 275 000 名在校学生的学期缩短了。在某些地方，教师免费教课，只为了让一学期维持得稍微长一点。他们住在学校的房子里，用火炉做饭，而学生则从农场带去食物。在阿拉巴马州的拉马尔县，学校在 12 月中旬就关闭了。这一年，孩子们只有三又三分之一个月可以上课；而原来，他们应当有 8 个月的上课时间。

在密西西比州的朗兹县，学生们在去年得以有一个完整的学期，今年也会有。其中有一种隐形的因素，这种因素包含在这两个州的税收情况之中。阿拉巴马的学校仍旧挣扎于旧的税收体制之中。在密西西比州（这是 48 个州中农业化程度最高的地方），这个在大萧条中大大受挫的地方，却可以依靠在 1932 年定下的应急税收方法使学校获得支持。

在这个国家中，儿童能否得到平等的教育机会，要取决于他所在的州或者社区背后的税收制度。农村的孩子没有与城市的孩子比肩的教育机会。在各州之间，在每个州的每个县之间，甚至在相邻的社区之间，都存在着很大程度的差异。在城市的孩子，每个学期会比在农村的孩子长 5 个星期左右。这样一来，农村的孩子在比如语法课程上，总的减少的时间相当于一整个学期。有四分之一15岁到18岁之间的农村孩子可以上高中，而城市却是四分之三。在某个州，最富有的学校所能接纳的学生，是条件最差的学校的275倍。

这些不平等甚至在一般的时期同样存在。大萧条只是让这样的情况凸显了出来。没什么是谁不知道的，而为了解决这些问题所成立的NRA机构，也无不表示无奈。

在教育受到大萧条冲击最为轻微的那些地方，他们找到了不完全依靠税收制度的教育救济方案。从地方到州政府，都可以实施这样的方案。一种普通的学校基金，或者有时候被称为"平等化基金"，在相当数量的州里取得了成效。

下一步就应该在所有的48个州之内，通过联邦的支持，扩大这种平等。这将保证在教育方面实行面向整个国家的改革，而不是仅限于某些州或某些地区的。换句话说，教育已经走出了只限于某地的局限性，正在迈向国家化。我们不再是单独地往前的人了，我们具有同样的目标；在不忘记当地利益的情况下，我们应该着眼于整个国家的教育情况。

393如果一个州的公民只关心本州的情况，那么，州之外的其他人也会忽视他们所需要的教育平等。但是，我们是互相关联的整体，我们可以自由地往来于整个国家，整个国家在教育问题上有着一致的利益。不能受教育的孩子在任何地方都比不上其他人，所以，一个州的教育问题也是自己的问题。

由于教育是民主制度的基石，所以教育本身也应该贯行民主原则。事实证明，今日美国的教育状况并没有那么民主，一些政府甚至在教育方面采取了集权的做法。

看起来，这已经是一个要求成立联邦教育部的合适时机了，并且要在首相内阁中任命一个教育厅长。英、法、德、意四国——事实上，几乎所有除了美国以外的大国——都在政府内部设有教育部。而我们的教育部门却只负责帮助宣传和搜集信息，没有任何足以帮助改善教育的实权。这一部门有27万美元拨款，却可以与农业部签约，花费3.7亿美元用于农业投资。

赋予美国公民以未来的教育，在面临它的巨大危机之时，整个国家却没有一个项目可以支持它。某些人说的很对，孩子们根本得不到帮助，而是接受了不公正的待遇。

在新政之下，近期在教育救助方面有了一点小小的起色：学校得到了一些修缮，一些已经关闭的学校重新开始运作，一部分教师得以返聘。大约 2 000 万美元用以教育方面的紧急预案，这笔钱主要用于成人教育和卫生教育。尽管总算走了正确的一步，但这一对我们最庞大的公共服务项目——教育——的可怜巴巴的投资，实在远远地比不上对于其他公共项目的投资，比如森林、邮政、道路和桥梁。

一个联邦教育部门并不会像很多人所担心的，成为一种标准化了的教育的执行者，就像农业部所做的那样。它只是想要给孩子们一种平等，就像农业部想保障农民的平等。如果这一部门不仅仅考虑到教育方面，还能联系儿童其他应得的服务和保护工作，那么，教育平等就更能得到保障。儿童援助局与教育部门携手，将会取得更好的成果。

394

在一些欧洲国家，教育受到政府的监督。在经济危机之下，在与我们一样严峻的经济危机之下，甚至比我们更严峻的地方，他们的学校也没有被压垮。据说，有 40 个国家在世界范围的经济危机之下，他们的学校状况维持地比美国好得多。

如果监管学校的权力移交给政府，那么，我们学校的收益会由山姆大叔来收取，最终就流进了当地政府补贴的口袋里。在这种情况下，阿拉巴马州及其邻近的各州就不可能再有这样的合约。而通过建立一个联邦教育部门，我们不会有损于当地的教育结构，反而有助于它，因为机构会在第一时间帮助教育事业阻挡违反民主原则的内容。

没有人愿意相信，美国人民将眼睁睁地看着他们的公共教育系统就此崩塌；而如果不保护教育事业，就不会有足够的重振工业的动力和动机。学校才是任何一项新项目真正能够成功且持续下去的摇篮。

为了我们的教育，一些由金融机构所实行的国家计划是很有必要的。要保证学校活动，给这些活动提供燃料。我们应该从地方、地区开始，在那里，拥有决定权的是教师家长会、妇女选民联盟、公民俱乐部，或者基瓦尼斯俱乐部①。各个社区应当从手边的工作开始，仔细地分析学校中发生的变化，以及他们所依靠的税收制度。然后，如果有必要的话，可以向州政府的教育权威求助，或者向华盛顿的代表寻求联邦救助。如果能够充分调动人民的意见，那么，这些意见总会

395

---

① 基瓦尼斯（Kiwanis）俱乐部是北美国际性服务组织。——译者

得到回音的。

这个国家对于教育的需要，已经比肩于对食物的需求了。在我们学校的大门外，有长长的等着领取救济的队伍；如果想要赶走他们，就和赶走等在福利机构门外的人们一样危险。我们不是要缩小而是要扩大教育规模，不仅为了孩子，也为了成年人。

如果我们全体人民都能关心教育的必要性，把它看成经济复苏计划的"长期努力"之一，那么，我们将重新整顿整个教育系统，正式开始实施这个四十年前就动起的念头，让教育正式踏上由现在至未来的持续发展道路。如果它真的得以成功，这将打开人们通往学校之路，即"每一个美国孩子的平等受教育的机会"。

附　　录

1.

资本主义之后——是什么? [①]

莱茵霍尔德·尼布尔著

以下对美国社会和政治状况的分析,是以资本主义正在消亡并坚信它必然消亡的这一假设为依据的。资本主义正在消亡,因为它是一个正在紧缩的经济,不足以支撑一个工业体系需要大量产品来维护这一必然性;而且,它以国家主义政治的无政府状态,干扰了国际经济体系的关系。资本主义之所以必然消亡,因为它不能基于正义,使现代科技所创造的财富让所有参与生产过程的人使用。

资本主义正在消亡并且必然消亡的信念,并没有给我们提供它所要经历的过程。它将会在另一场世界大战中消亡吗? 或者,它将在其借以可操控多项功能的信用结构的崩塌中消亡吗? 资本主义可能让位于一个由被它剥削的人的政治力量所创造的新社会秩序吗? 或者,资本主义会毁于一场革命吗? 这些问题对西方文明的任何方面来说,都是很难回答的。当这些问题指向美国时,尤其令人困惑。我们可能相信,在现代工业社会中,正在活动的基本力量在所有的国家大致相同。然而,我们不能逃避这一事实:各个国家显示了多种多样独特的社会和经济的特征,而我们国家在政治和经济生活方面的一些特征尤为独特。我们比其他任何国家拥有更庞大的财富,先锋民主的观念已经妨碍了明确的阶级形成,创新精神则刚刚产生,以至于它的个人主义尚未完全消失;并且,国家的当务之急及其排除政治和社会问题的管理任务,使我们作为一个政治领域内的人格外地显得软弱。所有这些因素及其他可能提到的因素,警告预言家谨慎地将欧洲一体化的境况运用到我们的处境中。因此,通过首先考虑这一情况的某些方面,用来分析我们所遇到的问题是可取的,即哪一种一体化同样

399

400

[①] 首次发表于《明日世界》,第 16 期(1933 年 3 月 1 日),第 203—205 页。杜威对本文的回应,见本卷第 71—75 页。

适用于欧洲和美国,然后独特的美国式局面可以更为清晰地得以展现。

可以作出最为适用的判断是:资本主义将不会向内进行改革。在历史上从未出现过这种状况:统治阶级放弃它们在社会上的地位和特权,因为它们的统治被判为无能或不公正。那些仍将此情况视为可能的理性主义者和道德主义者,对顽固的惰性和集体主义的盲目性了解甚少。

在政治上,这一判断暗含了政治中的自由主义是强弩之末。如果目前自由主义基于对能力、理性的意愿及道德个体的信心去改变社会基础,那么,每一个现代国家都将遭受幻灭。由于社会斗争变得更加清晰,困惑的自由主义者不情愿地陷入了保守的阵营。少数眼光敏锐的知识分子和理想主义者被迫要么拥护激进主义的目标,要么置身于事外,成为一个事不关己的观察者。在德国,自由的中间立场几乎完全被消灭了。今天,只有在天主教群体中,还有人秉持这种立场,这是西方政治一个独特的现象。在英国,只有那些设法让自己摆脱保守党怀抱的自由贸易主义者,以及孤单且有点可怜的劳埃德·乔治(Lloyd George)先生,持有自由主义的观点。那些英国的自由主义人士,将自己的立场解释为一个消费者共同体反对生产者敌对阵营的冠军赛。他们应当认识到,人们在生产过程中所持有的股份,比他们作为消费者的利益更有价值。罗斯福先生使民主党自由化的努力被视为一个为时已晚的尝试,而这一尝试已被欧洲证明是不可能的。那些站在罗斯福先生左边的人,以及希望组建一个政党(这个政党将给狂热的美国病号一个掺水的社会主义,并给予自由主义的药丸)的人,他们怀着对苦药的厌恶,希望避免苦药——他们的努力同样是徒劳的。

这些并不是说知识分子和道德理想主义者是无用的。我们需要他们将正直和公平带入任何社会体系;如果好人不持有仁爱的话,那么也就不会有基本的社会重组永远确保仁爱。此外,主流群体的智力将决定在压力下产生哪种措施,以及决定毫不妥协地捍卫其顽固立场到哪种程度,以至于使井然有序的撤退变得没有可能,以及在杂乱的路线下的整个社会处于混乱的状态。让我们代替那些在特权阶层中参与教育任务和道德劝说的人,承担起足够大的责任。这些结论看起来像是不恰当的愤世嫉俗。它们之所以这样,仅仅因为是过去一个世纪以来,宗教的和理性上的理想主义者在对人性的评价中过度地感情用事。也许,这将使作者以插入语的形式,补充他受到最近几个月来寄给他的一些信件的指导;这些信件抱怨宗教极端分子不应该如此放弃他们在人性方面的信仰,从而因为缺乏对神的信仰而背叛神。传统的宗教经常明确地说明人性的堕落,这是以神圣的视角看待人性而达到的结果。这也是我们文化中一个奇怪的现象。对人性的乐观评价,构成了有神论的理论基础。

紧接自由主义的无用,我们或许会认为,法西斯主义在每一个西方国家不可避免地会成为实践上的必然。一个正在解体的社会体系,将尝试通过团结一致和消除内部混乱来解救自身。它将毫无疑问地自保数十年,但终将不会成功,因为资本主义的两个基本毛病,即消费上的不平等和国际的无政府状态,将无法治愈。在意大利和德国,法西斯主义持续的时间可能会比在美国更长,因为这些国家的法西斯主义来源于军事和资本主义社会等级制度的结合。与保持资本家的特权相比,军事阶层更感兴趣于避免革命。这是由于德国和意大利有着比美国更严格地划定特权阶级的界限。而在美国,这样的社会等级制度是不存在的,并且军人缺少社会地位。建立一个比欧文·杨格(Owen Youngs)和其他人(在美国,法西斯的任务无疑要托付给他们)所组成的"公共安全委员会"更坚固的法西斯主义,冯·施莱彻尔(Von Schleicher)是值得长久信赖的。

的确,主导社会的主流社会群体将不会轻易地屈服;并且,他们的统治注定会引发为渴望社会新秩序的人制定的政策的有趣问题。在美国,这些问题由于没有真正的无产阶级这一现实而变得复杂。除了大部分被剥夺继承权的工人们之外,几乎所有的人都属于中产阶级。在未来的几年里,工人们不会联合起来,成立一个他们自己的强有力的政党。令人痛苦的社会经历,最终会使他们产生激进主义的信条;但由于没有教育经历和充足的政治哲学,可能仅仅导致零星的暴力。我们确实处在逐渐解体的经济帝国之中,并且在破产中没有接管人为解散的机构承担责任。这一切意味着资本主义在这个国家可能会继续经营数十年,尤其是它如果通过通货膨胀的运动,从现存的困难中求得暂时性缓解的话。一个强有力的政治劳工运动越早将自身表达为社会主义的发展,实现本质性改变而无需通过暴力或社会动乱的可能性也就越大。

这一情况中的一个困难是:美国可能必须经历一个纯粹议会制社会主义时期,尽管欧洲已经证明一个盲目崇拜议会制度的社会主义将不可能达到它的目标。可是,我们必须有议会制度的经历,才能在激进手段的选择中,证明我们的信心足以务实,并且是根据实验结果的。不承认纯粹的议会制度,并不意味着拥护革命。任何现代工业文明都本能地避免革命,这是其合理的本性。这无疑是担心革命可能引起整个文明的自我灭亡。当欧洲国家在其立法机构中不能达到社会主义者获胜票数的最低限度时,在美国,社会主义者的信条——社会主义宪法修正案将会通过——要在数量上取得优势,同样是很难实现的。但是,革命同样是无法想象的。一个纯粹的革命运动在这个大陆上,没有几年自相残杀的斗争,要确立秩序是不可能的。由于这一原因,在接下来的几十年里,议会制社会主义在现存宪法框架内设法制定尽可能多的程序是十分重要的,即使不抱希望,社会主义也能在这种方式下得以确立。社会主义和法西斯主义之间的最后斗争,可能将是一场旷日持久的战斗;在这场斗争中,无需把军事和革命的冒险作为反抗的手段,而法西斯主义终将屈服是可能的。法西斯主义终将屈服,这是历史的必然逻辑;加之全世界工人团体的强烈反对,最终将被消灭之。最终的权力转移,将通过使用总罢工或一些类似的手段而实现。

对遥远未来的预测,似乎是无意义且无用的。但是,无论议会制的还是革命的行动方向,都不可能为现代社会提供一个掌握技术文明的轻松的方法,认识到这一点,是十分重要的。如果是这样,那么,发展抵抗组织和大规模的高压政治的形式就是非常重要的,这将尽可能少地干预工业文明的复杂之处,并且在社会冲突的领域里保留相互尊重的情绪。政治现实主义者开始怀疑政治上的道德和宗教理想主义,这主要是因为他们用“混乱”的措辞来表达意见,而这隐藏了社会斗争的基本现实。一旦完全承认这种斗争的现实性,就会有各种可能将重要的伦理因素引入斗争,如同甘地(Gandhi)将它们引入印度。

宗教和理智上的理想主义者无法恰当地评估历史事件的过程,这是由于他们过高地估计政治生活中的理想主义和无私的因素。所有的历史证据证明新的社会产生于社会斗争,在新的社会中,不同社会群体的地位是由他们的经济利益所决定的。这些理想主义者认为,整个国家可以通过教育朝向一个新的社会理想。

那些希望创造性地参与这样的斗争,帮助历史朝向一个正义的目标并尽可能多地消除混乱、骚乱和冲突以达到目标的人,唯有他们不允许自身从确定和调节经济因素到掩盖这些因素普遍起决定作用的这一事实中相对地解放,才可能实现这一结果。没有教育或宗教理想主义能够说服一个社会阶层支持违背其经济利益的理由,或者说服他们寻求一个违背其经济利益的目标。只有社会智力不犯假定智慧摧毁冲动的错误,以及动机升华到不再有效的程度,社会智力才可以参与指导社会动机。这是自由主义和政治现实主义之间的真正问题。自由主义者是一个理想主义者,这个理想主义者想象着他的特殊教育类型,或者他的特殊的宗教理想主义方式会完成历史之前从未揭示过的事物,即一个社会群体的自然动机的完整升华。

主流群体一直有着尽可能长的时间抓住他们权力的动机。为了不断前进的正义,他们必须被驱逐。如果掌握自身未来的社会团体尽快清醒地认识到自身的命运,这将是以最少的痛苦和最少的混乱实现目标。社会团体是有纪律的且在知晓自身命运上十分自信,他们不通过斗争就可能获得所有至高的威望和社会权利。当不可避免的斗争来临(所有的权力角逐最后必定造成一个危机)时,旧的社会团体举手投降,新的社会团体则无需自相残杀便可掌握社会的发展方向,这始终是有可能的。这就是与自由主义相比,为什么一个恰当的政治现实主义最终会走向更多和平的原因。自由主义并没有恰当地理解人类本性和人类历史的事实,并将这些错误引入错误的历史预测,从而延长了旧秩序死前的挣扎并推迟新秩序的到来。

在结论中提到这一点可能是重要的:教育的和宗教的理想主义者迫使认真的学生逃避历史的现实主义分析的结论。这部分原因,是他们生活在人类的自然动机可以通过思维和意识,得到比实际更大程度的升华这一盲目的乐观中;部分原因是他们个人的理想主义逃避现实的理论构想的社会斗争的"残暴"。但是,这种理想主义充满了混乱。它没有认识到,除了苦行主义者以外,每个人目前都是社会斗争暴行的参与者;唯一重要的问题是,他们站在斗争双方的哪一方。让我们想一想那些站在反对社会冲突一方的所有人,他们是目前社会体系的既得利益者;这一社会体系迫使一千三百万人陷入痛苦和半奴隶的不幸,他们所过的舒适生活正是以此为代价的。不承认社会斗争的隐蔽暴行,可能是中产阶级自由主义者最大的弱点。它给每一个力图在社会斗争中消除暴力的道德借口,增加了一个虚伪和自我欺骗的注解。

敏感的良心和人类集体行为的残酷现实之间的联系,将会产生它自身的问题——在这一问题的解决中,正统的宗教信仰比自由主义表现得更为敏锐,因为它没有过高地估计人类社会的美德,相反,它承认人类集体生活"有罪的"特征。这一问题有其自身的困难。并且,人们不应该对获得一个恰当的社会和政治发展策略问题感到困惑,这些策略旨在实现一个公正的社会,或者实现正义——这要比腐朽的资本主义所承认的更加接近正义。

2.

我们要取消学校"不必要的课程"吗？ 是的[①]

亨利·路易斯·门肯著

常常有人批评说,美国的公立学校太过昂贵,或者说公立学校里所教授的一些课程通常是无用的和愚蠢的,或者说公立学校培养出许多对常识无知的学生,一些富有学识而傲慢的"专家"往往只以收费的方式来管理学校。这些批评是可怜的学生的残酷敌人,它们希望看到学生们在埃及的黑暗中成长。

直到一年前,这一批评还被认为是非常合理的,打动了大部分有着正确思维的美国人。结果,所有对学校的批评趋向于胆怯和无效。如今,在这个国家,要求各个领域里的人们比以前更为关注他们所缴纳的税款变成了什么。还有,现在全国上下对所有主要的政府机构,当然包括公立学校,都产生了怀疑,强烈地要求进行审查。

这一结果似乎是一个迅速增长的看法:"专家们"过分且愚蠢地管理着学校。由于这个原因,要求学校进行改革的呼声越来越高。这种要求一天天变得明了。它并不真正来自那些讨厌孩童并想对他们严加管教的愤世嫉俗的人,相反,大多来自与父母以及那些如同任何"专家"一般十分关心孩子们福利和幸福的人。

众所周知,当政客们倒台的时候,这些专家在我们之中掌权。在上一代,美国普通城镇的公立学校仍然是政治腐败的运动场所,其中大多数公立学校处于较低的水平。可以确定的是,即使是最差的学校,其中也有一些出色的教师。然而,校长和学校负责人主要是由政府任命的,他们中并不是所有的人都具有职业道德和尊严的。这时,对这种不幸状况的抗争出现了。几乎所有比较开明的国家团体都尝试改革,有

[①] 首次发表于《扶轮社》,第 42 期(1933 年 5 月),第 16—17、48 页。杜威对这一问题的回应,见本卷第 141—146 页。

些团体将教育放置在行政部门之上，并尝试保护称职的教师反抗政治的干预。再一个是建立校长和学校负责人的标准，尝试让具有相关知识的人来担当。第三，尝试为学校提供更好的校舍和设备，以便将学生安置在一个清洁舒适的环境中，并有合适的学习和娱乐工具。

毫无疑问，这些改革要求高度的诚信，这是必需的。第一，要解放女教师，让她们有一种专业自主权的感觉，并鼓励她们不断地提高技能和勤勉地工作。第二，要清理不合格的教师或"江湖郎中"，通过竞赛的方式，为年轻教师提供发展的平台，让他们有志于把教育作为一份值得献身的事业。第三，要让读书充满乐趣，鼓励学生们努力地获得他们的父母所满意的成绩。

不幸的是，正如在人类事务中不可避免的，好事和坏事总是相伴而生的。首先，女教师们一旦获得了专业感，就会要求提高工资水平，也许不久以后，她们的要求会更高。这样，维持她们的费用将会成为纳税人的沉重负担。其次，新校舍的建立和旧设备的更新如此之快，规模如此之大，以至于产生巨大的债务。这样，纳税人就会在利息和偿还金之间动摇。第三点可能是最重要的，即新老师不受约束地做很多他们喜欢做的事，积极地对基础教育的传统模式进行改革，并把它转化成奇怪、复杂和昂贵的东西，以至于很多人无法理解。即使理解它的人，也会怀疑这种改革是否明智。

人们第一次听到这些怀疑被表达得十分温和。一些无疑对学校友好的人开始宣称，尽管"新教学法"明显地具有许多优点，但似乎过多地强调本质上是游戏活动的课程——手工课、音乐课、游戏等，而很少强调自古以来的基础课——阅读、写作和算术。另外一些人十分友好地宣称，虽然所有的新活动可能使孩子们高兴，并由此激发孩子们的兴趣——这一理由得到合理的辩护，但不可否认的事实是：对于纳税人来说，它们是巨大且可能是无法担负的费用。

正如我所说，这些疑虑和怀疑是以一个十分温和的方式提出来的，主要是由信任学校并热切希望看到学校繁荣的人们提出来的。但是，教师们并没有礼貌地回应他们的批评；相反，通过以下的方式来处理这些问题：宣布他们是所有被教育者（确切来说，是所有孩童）难以和解的敌人；确立教师自身的信条，说明教师有能力决定学校里应该教授的内容、如何教授、由谁来教授，以及需要多少费用来教授。这样的努力仍在继续，但是我相信，其中的动力开始减少。

这至少部分可能源于这样一种担心，即政客伪装成纳税人甚至是父母，偷偷地到学校里去。我不认为这种担心没有正当的理由，也许会有。但是，无论这种担心是否有充足的根据，它不像其他的事物一样，能够动摇教师。这是教师们职业的虚荣心。

他们反感和憎恨被外行盘问，就像律师和医生那样。他们认为自己是一个新奇的、有创造力的奥秘唯一的拥有者和主人，这一奥秘超出了外行人的理解力。因此，他们将任何对这一奥秘的质疑，尽管是善意的质疑，也视作一种对他们尊严的侮辱。

然而，这一奥秘是真实的吗？它有任何明显且可感知的存在吗？我注意到了这一问题，从标准的教育文献中寻找根据。我不幸地发现，自己十分疑惑。实际上，所谓的"新教学法"是一种空谈。当然，里面有一些理念的混合物，但是并不多。在很大程度上，它不过是一个伪造的魔术。"新教育法"所依据的心理数据是荒谬的，它要实现的奇迹是虚构的。

由新的教学法的"泰姬陵"（Tajmahals）培养的孩子，并不比由红色小校舍培养的孩子的父母更符合社会的需求。新型的教师与他们多彩的图式以及大胆的设想，其结果几乎不如上一代的太太，以及她的卷页的拼字课本和她已经准备好的藤条。

简而言之，所有从哥伦比亚师范学院发出的抱怨和其他新福音的圣地掩藏不住的大量事实是：教育孩子实际上是一个简单和低端的技术；一个充满伪造心理学的人，与那些心灵纯洁且真正喜欢孩子的人相比，是不可能成功地实践教育的。以前的教师，无论男女，他们都将拼写视为伟大的冒险，并将书法作为高尚的艺术。这种热情，一代一代被传递着。但是，新的"专家"的着眼点虽然很高，却经常使孩子们在这方面落后，甚至完全忘记了拼写和书法。

"新教学法"的黄金时代以一系列惊人的新技术为特征，所有的技术都是为了美化和神秘化教师的职业而设计的。有一种学校坚持认为，除了应该通过学生自己的方法学会他们应该知道的知识，不应该再教授其他任何东西。另一种学校对待学生，就像对待实验室里的豚鼠，完全忘记了他们是人类。第三种学校则坚持认为，教授九九乘法表是很荒谬的。四分之一的学校嘲笑拼写，五分之一的学校没有使用语法等等，这些例子几乎是数不胜数的。这些新奇的事物中，有些如此荒诞不经，甚至连很多新教师都反对它们。在对这场运动的议论中，你将发现很多对于它们尖锐的批评。说是一回事，做是另外一回事。

随之而来的一些观点是：不管孩子们有什么想法或具备怎么样的能力，应该让他们尽可能地待在学校里；对一些智力比较低下、无法掌握普通课程的学生，应该通过各种形式的游戏使他们娱乐。他们大多需要昂贵的设备和"专家"单独地进行辅导。每个乡镇应该建立一个宏伟的高中，在未来，附近地区的农民将接受足球和议会法方面的教育，他们未来的妻子将学习整理床铺、布置房间和准备具有派克大街风格的甜点。给所有的人提供音乐方面的指导，不仅仅在音乐方面，还可以在军事策略和着装艺术方面。

一些先进的教师们则更进一步。他们开始考虑自身，不仅认为自己是一个新派和机智的科学家，而且是一个先知。他们大胆地宣称，他们的工作是革新国家。他们开始指控十几种理想主义。因此，教育法成为一种理论，目前似乎是十分教条的福音传教士。教育部门一方面积极地投身于禁酒运动，成为反沙龙联盟的热心机构；另一方面，开始干脆利落地反复宣讲由那些坚持（国库应该支付每个热爱这一旗帜的人想要的东西）这一理论的人所支持的爱国主义。

在那些浮华的日子里，这场运动的先知们竭尽全力。他们建立了越来越大的校舍，但教室却越来越少，而体育馆、实验室、画室和商店则越来越多。他们设置了众多新种类的"专家"，并使这些专家们光荣地工作。他们使可怜的女教师们在炎热的夏天，在没完没了骗人的"科学"课程中大汗淋漓。他们要求纳税人作的贡献越来越多。当纳税人请求他们高抬贵手时，他们对纳税人进行咒骂。更有甚者，他们兴奋地梦想着为内阁增加一名教育部长，并梦想着在教师政客组成的克漠拉（camorra）秘密组织中，集中控制所有振兴国家的不切实际的事业。

所有的一切将会持续，直到萧条期打了这个国家，预算开始进入不平衡状态。然后，对整个教学的骗局进行某种程度上令人不悦的探讨。结果发现，会员们每年得到近 30 亿美元（甚至是 40 亿美元，数据并不容易得到），并且他们要求更多。结果发现，一年"教育"一个学生的费用，在 1880 年是 15 美元，如今已接近 100 美元，并有继续增长的趋势。人们发现，大量的资金流出，使美国数百个城镇几乎沦为破产，严重地威胁着整个国家的偿付能力。

因此，需要继续进行审议。如今，它已损害到了可怜的教师：一些教师的工资被大幅度地削减，在一些地方，教师的工资所剩无几。冒牌的专家和无足轻重的理想主义者目前已经逃逸，他们中有些人仍然梦想着在内阁中占有一席之地。但是，我怀疑，他们的逆转很快就要来到。

3.
威曼和麦金托什与杜威的"对话"①

致《基督教世纪》的编辑：

412　　阁下：我想讨论一下杜威先生提出的许多观点，作为他对我关于上帝的那部分批评的一个回应。但是，由于版面受到严格的限制，我必须集中于他提出的主要问题。

　　这里，我必须纠正他一个公然的错误。他说，我将信仰上帝存在的整个事件都建立在人们需要去热爱、崇拜一些事物这一事实之上。在我的讨论中，我用相当多的篇幅展示了人们需要上帝，这与上帝存在的问题无关。然而，奥托和麦金托什已经做了如此之多，他们对人们需要上帝的陈述，对我来说是不正确的；所以，我必须作出自己的陈述。但是，我明确地否定，对于人的信仰来说，人的需要是有效的理由。的确，杜威先生在接着下来的段落中撤回了他对我的论点的最初解释，虽然他是以一种极不认真的方式。他写道，"威曼先生坚持认为，存在着产生、支持和构建善的一些客观事物"等等。

　　现在来谈谈到杜威先生提出的主要问题。

　　首先，应当注意，杜威先生在谈话中承认我的一半的主要论点。他承认，"除了人类的欲望和意图之外，还存在其他的条件和力量，带来可享受和令人愉悦的善的事物；这些善的事物的安全性和外延，由对这些条件的关注和服务而提高。"他不止一次
413　地这样陈述，共有三次。事先声明，这里只是引述他所写的："人们发现，存在的条件和力量产生并维持了生活中善的事物。"他还写道："我们在经验中寻找组成善的事物的力量，这可能是明智的。"

---

① 首次发表于《基督教世纪》，第 50 期（1933 年 3 月 1 日），第 299—302 页。这是对杜威评论的回应；杜威的评论，见本卷第 213—222 页；杜威对本文的反驳，见本卷第 223—228 页。

然而,这在杜威先生看来已经确定下来了。在存在中有着条件和力量,它们超过有意识的目的和人类努力之上的善,我们依赖并服务于它们。这在争论中是很大的进步。在他对我的立场的理解中,仍有一个很大的批评。而正是这些"条件和力量",没有足够的统一性去构建一个信仰的单一目标,因此不能被认为是上帝。

我将尽力证明杜威先生在自己诸多著作中提出的原则,这些条件和力量构建成一个单一的目标,这一目标能够赢得我们最高的信仰。但明显的事实是:当杜威先生转而讨论上帝的观念时,不再坚持这些原则。他所展示的思想中的一些"变化和矛盾",认为是出自我的。当他提出令人震惊的主张:上帝的观念决不允许超越由各种历史团体设立的边界而发展——尤其是上帝的观念在他的年轻时期占有重要的位置——他似乎表明,是他而不是我"被一个来自排外的和善妒的神这一较早的概念的感情色彩所压倒"。他写道,唯一"值得兴奋"的上帝观念是上帝的排外性和善妒性。注意"感情色彩"!

显然,所有曾经赢得我们最高信仰的事物是那些有着最高价值的事物,无论它是实际的,或者是可能的,或者是两者兼而有之的。我认为,最高价值的事物值得我们最高的信仰,这是不言而喻的,因为最高的价值恰恰意味着如此值得。无论最高的价值何以被限制,更高程度的信仰不能理所应当地给予其他事物。

但是,什么构成了价值? 更具体地说,什么构成了最高价值?

杜威先生的诸多著作陈述了可享受和令人愉悦的善的事物的条件和力量,以及有着那些善的事物的全部价值。的确,根据杜威先生的观点,价值存在于可享受和令人愉悦的善的事物及其条件和结果之间的统一体中。根据杜威先生所说,如果可享受和令人愉悦的善的事物不考虑条件和结果的话,那么就没有价值。对于这种说法,他甚至比我走得更远一些。但是,他未置一词。如果是错误的话,他的错误是天使的一面。不仅是条件和力量必须通过意义和价值与它们产生的可享受和令人愉悦的善的事物所联系,而且这种联系构建了价值。但是,杜威先生依旧走得很远。可享受和令人愉悦的善的事物必须在功能上,与其他事物以构建一个有意义的体系这样的方式相联系,在这一体系中,每一种情况的愉悦维系和促进着它者。在任何高价值中,令人愉悦的善的事物中的主要部分必须意识到我所做的事情的意义,也就是说,意识到我现在所享受的事物有保持和促进整个互相支持的条件、力量和令人愉悦的善的事物体系的这种功能。这就是杜威先生关于价值的学说。

根据这种观点,有一个关于价值的简单例子,即一个妇女清扫地板的例子。这个妇女在扫地中找到了价值,因为她知道,在整个由家庭、孩子、丈夫、邻居和流行文化

414

组成的统一体中,为了保持良好的生活环境,清扫是必需的功能。

那么,根据杜威先生在过去四十年诸多著作中所宣扬的这些原则,什么构成了最大的价值呢? 坦白地讲,最大的价值处于现在或曾经存在的任何统一体中,其中在现在和未来的这个世界里曾经有的所有的条件、力量和令人愉悦的善的事物。这一统一体并不意味着一致性。它没有消除多样化和分歧,反而更需要它们。举例说,心脏和肺、眼睛和手都是具有不同功能的部件,在统一体中,它们各自的功能需要差异性和多样性。条件、力量和令人愉悦的善的事物组成的统一体也是这样,它组成的最高的价值需要众多的多样性。

让我们总结一下。无论最高价值是什么,它都应该依照事实赢得我们的最高信仰。无论统一体是否存在,或将要到来,在所有条件、力量和令人愉悦的善的事物中,它都可以在现实世界中找到,而其未来可能的发展构成了最高的价值。这样的价值和这样的统一体是最高的宗教信仰的正当目标,在我们现在的存在状态中,无论它的实现多么的不容易;它多么的有限和薄弱,或者多么的广阔和浩瀚。

我想用另一种方式来申明论点。最高价值在有机统一体中得以实现。通过有机统一体,我们发现,在生活的多样性活动和境况中有着连通性和组织,以至于当我们进行任何活动或进入任何境况时,将发现在这一生命整体中,服务于一些必要功能的尊严和价值。这种有机统一体是程度上的问题。根据它盛行的程度,每一个活动和境况都将携有成为生命整体中一个功能部件的意义。

这样的活动和境况,是在社会学的意义上构成文化的事物。一个人有一个有价值的文化,因此在生活中发现了最高的价值。就他的世界来说,是以这种方式组成的。

文明和文化是不同的。文明意味着我们科技的实力,文化则意味着我们的行为由于在功能上彼此联系的方式而具有的意义和价值。这样的文化不能被人类智力建造或生产。它必须成长。人类所能做的,是为它的成长提供最有利的条件。文化成长的过程,是个人、团体和一代代人之间相互作用的过程,其中很大一部分是无意识和意想不到的。当供给了有利的环境,最高价值的有机统一体就在我们中间成长。

既然在这一意义上,有机统一体可以单独地构成最高的价值,那么,它本身就应该得到我们最高的信仰。唯有它,才能正当地赢得最高的信仰。如果这是正确,那么,以下三个宗教观点就是可能的。第一个观点是绝对的理想主义,它坚称,因为有机统一体确实有最高的价值,所以宇宙整体必须是这样的一个统一体,并且可以合理地证明是这样。这不是我的主张。第二个观点是,由于有机统一体有最高的价值,因此我们可以坚持这一信仰:整个宇宙就是这样的一个整体,尽管我们无法知道。这不是我的主张。我不做任何有关整个宇宙的断言。我认为,整个宇宙和价值有联系是荒谬的。但是,我支持第三个观点,这第三个观点在上述意义上理解有机统一体。无论有机统一体在宇宙中是什么,真实的或可能的,它都值得拥有我们最高的信仰。我们应该把我们的最高崇敬和服务给予这一统一体,无论这一统一体是真实存在的,还是可能存在的。除了它构成最高的价值以外,没有其他的原因。无论这一统一体是否有一定的限制和范围,这样的价值和信仰都属于它;我们的宗教信仰应该给予它,而且不允许由需要、欲望或传统引导我们去信仰与其相关的不被观察、理性和实验所支持的事物。的确,一个真正信仰的要求是:我们不允许我们的信仰离开经过检验的发现。

所以我们推断,杜威先生反对我们主张上帝存在的唯一异议,被证明是无效的;而且,它的无效性是由杜威先生自己的价值构成原则所证明的。正如他在对我的批评中所说的,在条件、力量和令人愉悦的善的事物中,真实的或可能的统一体不是最高的价值,并且不需要我们的最高信仰。杜威先生背叛神圣事业的原因,是他在其一生信仰的服务中投入了较多的时间。

即使我可能误解杜威先生的价值理论(我不认为自己误解了,因为我很认真地研究过这一理论),我的论据仍然是一样的。我没有坚持这一价值观点,因为我认为,这是杜威先生所坚持的观点。我完全准备用它自身的优点来对它进行辩护,而不管杜威先生对价值可能的看法。我的价值观与他的价值观完全不同,但是在他的理论中,我强调过的看法也将作为我自己的观点。

"上帝"一词无论可以做什么,我们都不能在没有灾难中忽视实体,在这里,我尝试通过实体的意义来指明它。什么是实体?它是在我们的有机统一体之中的成长。在这一有机统一体中,我们参与寻求最大价值的活动和境况,通过在整个互相支持的活动和境况体系,完成一个有价值的功能;而这些活动和境况应该尽可能多地包括人类生活。这是所有人类生活的目标。

我们的文化和文明目前的危险状态极为紧迫地需要这样的宗教信仰。我们的状况是危险的,因为构成我们文明的高效率行为的技术如此迅速地改变着我们的生活,并使我们的生活变得错综复杂,导致构成我们功能部件的有机统一体还没有跟上步伐。我们必须将我们所有的信仰和服务、灵敏度和智力转向这种统一体,从而使我们互相成为功能部件;并且,如果我们以高度的信仰投入其中,它就会产生成长的能力。如果我们不能将这种发挥功能的统一体称作"上帝",那么就给它另外一个名字。但是,只有它能够拯救我们。这个统一体或组织,使我们和我们的活动彼此成为功能部件。由于我们是人类,它在某种程度上总是在我们中间起作用,无论叫它什么名字,我们都必须投入于它,这就是一个实体。如果我们有足够的人数屈从于这一发挥功能的统一体,我们的理想、计划和政策,我们的制度、需要和希望,通过统一体的要求而重建,那么,我们应该被鼓舞、受影响和得到更新。我们的文明将成功地越过现在正在威胁它的灾难。

亨利·尼尔森·威曼

致《基督教世纪》的编辑:

阁下:在杜威先生对我们的书所作的评论《存在一个上帝吗?》中,他作了四个主要的批评,其中两个批评主要是针对我的观点,另外两个批评是反对威曼先生的观点的。杜威先生对意义含糊不清的指控,特别是对威曼先生使用术语"上帝"的指控,在这一点上,我对威曼先生抱有极大的同情,我愿意把这一指控留给威曼先生来作出回应。但是,另一个针对威曼先生的批评,即有利于人类福祉的因素和力量有很多,而不是一个单一的神,这影响到我的论点,以至于我必须考虑它。然而,在做此事之前,我必须接受杜威先生的挑战,即在我的观点中有两个"内在矛盾"。

杜威先生在呼吁"把道德理想的至高地位作为宗教思想内容的理由,包括神的理由"中发现一个矛盾,然后坚持主张上帝"给予道德理想外部的和独立的支持"。现在,如果我在这里没有误解批评我的人,那么,他肯定误解了我。这一批评将有很多理由,我首先尝试从道德价值的客观性和绝对性方面,证明一个道德的上帝的存在,然后论证道德律在其作为一个绝对存在主权和立法者的意志上的绝对性。但是,我一直很小心地避免这一错误。我相信,当道德理想根据所有人关心的终极的善、道德、知识、审美和社会来陈述,并且行为必须表明终极的善时,无论在何时何地,对所有人来说,都是绝对有效的。如果有个人的上帝,这种理想对他来说,也是绝对有效的;无论如何,它都是有效的,并且无需外在的立法者使它无条件地势在必行。

与此同时,可以说,实在作为一个整体,必定与这种道德价值的绝对性相一致。一个有绝对约束力的道德责任落在我们的身上;内在和外在的实在,都必定是将绝对责任放置在我们身上的那种实在。此外,那个自然而然的猜想——即有个超越人类的、宇宙性的大写存在,且其对人的旨意符合真正的道德理想——已经成为在我借助宇宙事实、趋势和灵性经验的亮光看来本质上合理的宗教信仰中的一个要素。如果

418

有这样一个超人类道德的宇宙存在，想必它的活动将直接朝向那些道德生活中同样绝对有效的价值的生产和保护。

但是在谈话过程中，我避免甚至明确地否定了任何论证个人的上帝的存在的尝试，尤其是通过辩论。我所要说的，是采用一种为了生活而产生效果的假说，作为适用于伦理主题的道德上乐观信仰的最初的合理性，然而鉴于进一步的经验，使这合理性重新讨论，特别是面对那些相反的事实，正如"恶的问题"的提出。我应该响应号召去捍卫宗教上这种基本的实证方法，去反对一个被认为是经验主义典范的人相当先验的异议。我应该煞费苦心地指出，我的宗教经验现实主义与古时候思考的一个先验的"证据"是完全不同的，这难道不是很讽刺吗？

在我的论点中，另外一个所谓的矛盾——这一点，杜威先生提到多次——与我所主张的在宗教中采用归纳法紧密相关。因为归纳法在公认的实证科学中的结果，杜威先生如此地推崇它们。他说，宗教自由主义在不稳定的平衡中，在宗教自由主义所主张的观念和价值的普遍性，以及对一个特定的传统宗教的观念和经验单独的强调（即基督教、福音派新教的观念和经验）之间存在矛盾。

这里再次说明，如果我没有弄错的话，那么，是杜威先生没有抓住问题的关键。毫无疑问，有些宗教自由主义者，他们的立场容易受到杜威先生的批评。首次坚称关于上帝不同的观点，是不同的历史宗教的各种宗教感情的必要和适当的表达；然后，仅仅通过辩论尝试改变人类的上帝观念，并没有涉及宗教感情的本质，在此之中有矛盾或与矛盾类似的东西。在提倡理性地论证宗教和与此同时使一个人的传统信仰免受理性批判之间，存在着矛盾。然而，我主张的程序肯定避免了这样的矛盾。

再一次注意宗教知识问题中客观的实证方法，我可以通过回想杜威先生在"一个坚持普遍性"和"一个较早的独有传统幸存"之间没有必要的矛盾而开始吗？最普遍的科学真理起初都是独有的发现，并具有特殊的历史人物或群体。没有人抱怨在维护日心天文学的普遍有效性与哥白尼传统的"明确幸存"之间的一个"内在矛盾"，或者抱怨在发现美洲普遍和永久的有效性和哥伦布一年一度的庆典之间的一个"内在的矛盾"。我的主张是：在宗教中，如同生活中的其他阶段，对先驱者来说，有所发现是可能的；这种发现可能不立即被大众接受，却是普遍有效的，因此最终足以赢得全世界的认可。

正是在这种客观的、本质上的科学的意义上，我使用了许多令人误解的术语——"正确的宗教调整"。宗教调整不是正确的，因为它只是在主观上"感觉是正确的"。正是出于同样的原因，在任何应用科学中的任何调整是正确的。也就是说，它正确地

419

考虑到可靠的流程,如此可信赖地影响着期望的结果。现在,碰巧在灵性领域里,尤其在道德体验领域里(在促进善的发展中),并且不在外部的物理领域里(例如,在对天气的控制中),我所描述的宗教调整和认为的"正确"的事物,有着直接、可靠和令人满意的结果。因此,我得出结论:正确的宗教调整是属于这种具体的灵性类型。此外,由于我似乎发现这种调整类型和接踵而来的体验与其他地方相比,更充分、更频繁地出现在"西方基督教传统"中,尤其是出现在"这种传统的新教福音派视角"中。我坦白地承认信仰,与对所有可能曾被历史上基督教排斥宗教发现的普遍意义的应有与默许一起,在基督教福音派某些事物中是最具活力和最好的。这些事物在科学上和其灵性价值中,在本质上是"正确"的,以至于对那些知晓它并尽其所能与整个世界分享它的人来说,是有价值的。但是在任何情况下,考查的意思是:关于任何宗教调整的正当性,不仅是主观的考查,而且是一个彻底客观的和本质上科学的考查。

杜威先生第三个重要的批评陈述了我们所发现的"众多的因素和力量",这些因素和力量与推进善的生活极为类似,并且不再是单一的、一致的神圣存在。它无论有怎样的目的,都与机械论的哲学家所说的人类行为十分相似。机械论哲学家看到了微小的细节,但并不是这场运动的大战略。然而,这种化学和机械的"因素和力量"参与人类行为,并不是没有思想的直接因素的充分理由,超越它们所有的纯物理因素,而是在内在的运作中,将这些纯物理因素作为工具来使用。

同样,在我看来,在宇宙中假定一个类似人体组织中的心灵与意志的直接因素,并非没有道理,尤其是如果我们有兴趣去发现以下事物的充分理由:(1)宇宙的理性秩序,即使我们不试图说明原初形成(参见怀特海);(2)新的和更高级的存在种类突

生进化(例如,第一意识),和以作为理性和灵性存在的人的面貌,以及为了进一步发展而尚未出现的能力,一起走向最高的"定向"进化;(3)在人类历史中的生产价值如此普遍、永恒和绝对有效,从质量上来讲,是为了被适当地评为"神";(4)在呼吁正当的宗教调整中,我感到了正当理由的可靠、理想的结果。将这个有序和不断发展的产生人格、教育人格、再生人格过程的充分理由,最终仅仅解释为是一个盲目意外的、巧合的、机械的因素和力量,在合理性方面对我来说,几乎是同等的。

杜威先生似乎惊讶于我的论点细节中所表明的"传统宗教信仰中的巨大变化"。如果变化是翻天覆地的,也许它们不会比应用于传统宗教思想构建的实证检验中所预期的变化更大。人们希望杜威先生本人给予多年来的宗教问题以同情的因而是通情达理的理解。从他的实证观点的立场来看,他已经将此授予了教育、社会伦理和政府问题。如果他这样做,我确信,他会得出一个更具建设性、更人性化的结论;与此同

时，当然不会有比"世俗化的人文主义"更少的智力上的可敬。杜威将他的忠诚、他的声望给予了世俗化的人文主义，并且为了美国形式的发展，他承担了相当重的任务。任何人都不愿意控告一个如此伟大、如此彬彬有礼的基督教徒绅士，一个如此坦率的思想家。但是人们不禁怀疑，在杜威先生早期的宗教经验中，是否从来没有发生过不幸的事情，以至于影响了他后来对这一主题的思考，并部分地蒙蔽了他关于宗教的善的不可否认的价值和可能性，尤其是西方基督教中的新教福音派形式。至少，这已经不幸地发生在许多人的经验中。与此同时，在杜威先生的哲学自传［在《当代美国哲学》(Contemporary Americam Philosophy)中，麦克米兰出版公司，1930 年］中，反对那些神学的制度主义和巴特勒的《宗教的类比》的记录，有助于合理地说明他现在的状态。当然，自传所给予的解释可能是不完善的。我曾经读到或听到过他的叙述，他年轻的时候有太多的宗教。也许他被教授的那些宗教，或者说宗教的教条和其他宗教行为，不是很明智或不太好的。不管怎么说，真是可惜了。不过，我请求甚至冒昧地希望：在我冒险捍卫的温和的实证宗教现实主义中，他至少可能收回对双重"内在矛盾"的控诉。

422

道格拉斯·克莱德·麦金托什

4.

约翰·杜威的信条①

诺伯特·古特曼著

纽黑文:耶鲁大学出版社,1934年

423　　在这本小册子中,约翰·杜威着手为我们提供了"宗教的自然主义基础和担当"。他认为,他的工作如许多先于他之前的其他哲学家一样,就是作为对宗教的批判,旨在净化和维护宗教价值观。杜威认为,这些宗教价值观被传统信条搞得模糊不清,并被传统信条所阻挠。他提出一个原始且有力的论证来反对采信这些教条:因为试图把道德理想的权威奠定在本体论领域中的某种先验体现上,各种各样的信条会削弱这些理想的力量,并使旨在实现这些理想的活跃信仰变得徒然无功;有关启示真理的教义不仅与科学知识的理想相背离,而且与教会所传讲的伦理理想相抵牾。

　　因此,在"宗教"一词的传统意义上的诸般宗教遭到拒斥。但是,杜威并不是一个无神论者。他在经验中发现一个不可化约的宗教元素,而这一点,他坚持自己的意见。杜威将它命名为"宗教性的"——一个形容词,与名词"宗教"相对。"宗教性的"是由它的功能来定义的。它有三重作用,即通过一个包容各方面行动的理想,通过信仰与自然相通,以统一人和宇宙,并将个人与社会、人类统一起来。在这种构建中,上帝没有消失,而是被重新定义为"理想和现实之间的能动关系"。杜威轻松地展示,这424些统一的功能无需"诉诸辩护的必要性",便可以完成。他相信,如果现存的教堂抛弃一切科学主张,取而代之宣扬个人和社会改良主义的信仰,那么,"一种不局限于宗派、阶级和种族的信仰"便可以挺过目前的危机。

---

① 首次发表于《新共和》,第82期(1935年2月20日),第53页。杜威的回应,见本卷第293页。

《共同信仰》论及了许多有趣的哲学和社会学问题。对这本书的详细探讨，会使我们超越书评的限制；但是，我倒想对杜威提出的一个基本问题作简单的分析。

他认为，宗教对我们生活的影响逐渐减弱的原因，是宗教在智识上的不足。为了反驳这一绝对的判断，只要回想起有多少高级的科学家目前似乎已"回归"到宗教就足够了。这一问题的真正原因，应该到宗教的社会角色和功能中去寻找。但是，与他为"宗教信徒"在功能方面的定义相反，杜威忽视了从相同功能的视角来审查宗教。如果他这样做，肯定不会这样宣布：在他所认为的宗教价值和宗教之间，有一个"不被联系的"反对意见。宗教也是这样，履行一个统一的功能——一种特殊的宗教类型。奴隶和领主、工人和资本家、穷人和富人在属灵的意义上，在上帝中统一。宗教可能在其自身结束时呈现出统一性；实际上，它的功能是掩盖真实的对立。宗教掩盖了社会矛盾，以一种超验的、补偿的承诺来安慰奴隶，由肤浅的礼仪和态度证明了主人的正当性。

一个人在不限定"统一"的情况下，没有权利谈论它。否则，它仍然是一个抽象的、形而上学的概念，一个空洞的形式。杜威的"宗教的"完成的统一，与宗教所完成的统一并没有本质上的区别。它纯粹是一种心境、一种属灵的态度。杜威所说的统一，没有分析分裂的原因，似乎人与其自身的分裂、与自然和社会的分离与给定的社会秩序无关，但有些东西是内在和永恒的。有一个目标，与实际斗争中精神乐土的创造相比，更高贵和更具人类最高理想的包容性：这个目标是人类在无阶级社会中的真正统一，并且只能通过实际的革命活动而获得。这一革命将排除宗教，因为宗教只是一种虚有其表的统一，而不是真正的统一，因为它在为实现真正的统一，在与统治阶级作斗争的时刻，宣扬信仰高于阶级；并且用"宗教的"来代替宗教，而没有改变这一状况。

5.

约翰·杜威的共同信仰①

亨利·尼尔森·威曼著

426　　约翰·杜威在各行各业对世界作出了巨大的贡献。现在,他在成熟之年转向了宗教,他对宗教的服务与他在其他方面的服务一样多。众所周知,杜威是一个虔诚的教徒。此外,很多人在他所有的著作中都看到了一个崇高宗教的隐形轮廓。但是,他从未明说,你不得不从字里行间去发现。它就像是隐形墨水,等待着被阐述清楚而使大家有目共睹。至少,现在他已经声明了。我们并不失望。

　　在杜威的最新著作《共同信仰》中,他谈及了绝大多数有宗教信仰的人。他讨论宗教经验,弄清楚一些重要的东西,并澄清一些区别(见本卷第10—11页)。他不用"皈依"这一词,但是描述了意志的转变,描述了"我们生存的有机整体"的重新定向。这是我们大多数人承认的皈依。他宣布,这种皈依对进入宗教的生活方式来说,是十分必要的(本书第13、23—24页)。他提出宗教生活的本质和信仰在生活中的位置,并区别了宗教生活的基本信仰和仅在理智上认同的信仰(第16—17、23—24页)。他展示了神秘体验的重要性和价值,并将对神秘体验的误用从真实的重要性中区分出来(第25—26页)。他宣告,无神论的人文主义是无用和错误的,并从那场运动中清427晰地将他自己的观点区别于许多人认为的他的观点(第36—37页)。总之,他宣布了他对上帝的认识和对上帝的信仰。

　　无论杜威对上帝的认识是或真或假的信仰,在这些信仰之上,一个人都"用他的生命做赌注"。杜威坚信,并且我们都共享这一信念,宗教已经被我们执著的信念而退化和削弱。对于这些执著的信念而言,我们还没有确定的证据。

---

① 首次发表于《基督教世纪》,第51期(1934年11月14日),第1450—1452页。奥布里和威曼的评论,见本卷附录6和附录7;杜威的回应,见本卷第294—295页。

一个愿景和一个建议

杜威以一个愿景和一个建设性的建议谈及宗教。其愿景是:生活中宗教的功能的愿景是什么并应该是什么。其建议是:将宗教带回到之前曾有的较高位置。

三百年来,宗教的生活功能在人类生活功能中逐渐降低到第二位、第三位、第四位。宗教功能的废黜开始于文艺复兴时期,并不断地加深至今。杜威称之为"自从人类生活在地球上,千百年来,宗教中已经发生的最大的革命"。这是社会场所和宗教功能的一个根本性改变。

宗教曾经给予整个社会进步和群体的生活以特色、意义、方向和尊严。就个人能够富有想象力地指引生活而言,宗教是人类生活的极致和荣耀。一个人并非加入作为一种分离的、有着特殊功能和机制的教会;一个人出生于一个群体,而随着至上者而来的极致延伸则形成了群体生活的整个拱顶和眼界。教士和仪式并不代表教会,况且教会仅仅是群体生活中的一个部分和一个机构;进一步说,即使作为机构,它今天也经常被忽视并被其他志趣排挤到一边。就这一群体的个人能够理解它而言,教士、先知、仪式表达了所有人类生活的最高忠诚。无可否认,个体成员并非总是产生一心一意的忠诚;尽管远非如此,但他们都承认宗教作为生活主宰的合法地位和功能。

作为一种特殊利益的当代宗教

428

对于我们当下的生活方式来讲,宗教的高尚地位是如此的陌生,使它对当代人的思维而言,几乎是难以置信的。今天的宗教,是与其他利益竞争的一个特殊利益。总体来说,有教会这一特殊的机构掌管着宗教。对一个人而言,今天有着与宗教并排的其他利益,例如经济、政治、社会、家族及其他需要他越来越多的思考和精力,以满足他越来越多的需求,从而给宗教留下的思考和精力则越来越少。即使教会的成员突飞猛进地增长,比人口的增长速度更快,以至于几乎每个人都隶属于一些教会,每个人都在星期天参与教会的活动,但这一问题也不会得到解决。无论给予宗教活动的时间和精力有多少,只要宗教利益是一系列竞争利益中的一种,而不是成为它们的来源和包容性理念,这一问题就不会得到解决。这既不是教会成员和出席率的问题,也不是对宗教利益的分配问题。这是一个至关重要的"宗教的社会地位和功能"问题。在那些宗教行使正常职责的时候,宗教的从属和竞争状态是难以想象的。

困难是什么? 杜威提出了诊断和治疗的建议。首先是诊断上定位困难的原因。宗教态度——也就是一个人生活中最重要的功能——被一系列超自然事物所领导的信仰所抓住、限制和束缚。宗教被全社会认为是人类生活中与超自然事物相联系的一部分。可能有些人认为，他们自己的宗教不只是这样。但是，已经确立的传统将宗教和超自然事物联系在一起，并将宗教放置在那里。绝大多数人们无论是否公开地声明宗教信仰，他们都认为，宗教是人类与超自然事物的联系，尤其是与超自然的上帝的永恒联系。

现在，根据人们的思考，曾经自然和超自然之间的分割线是一条水平线，而不是如同现在的垂直线。也就是说，超自然笼罩了自然。下面是人类的自然利益；之上是超自然的。所有自然利益的正当目标，导向超自然的。

自然和超自然

但是，在今天，这条分割线是垂直的。为了与超自然事物交流，你必须暂且不议其他事物。这些其他的利益注入超自然，并不像河流汇入海洋一样。我们可能在理论上宣布它们可以，但是在人类的实际思考和实践上，它们不是这样也不可能这样。在我们今天的思考和实践上，自然已经没有固定和已知的界限。自然中进行的活动，导致继续进行且没有限制的活动。我们可以说，在超越我们理解范围之外的地方，自然中的活动导向了超自然。人们可能将它作为一个理论，但它不能对可观察的事实进行强行的控制。

这种情形的结果是不可避免的。当自然和超自然如此构想，与超自然有关的宗教会越来越被推向另一边；与此同时，日常生活中实际和紧急的事务将占有人们越来越多的注意力。当其他更为紧迫的事情不再要求人们的注意力时，人们可能会为教会服务一段时间，并表达他们对超自然的贡献。做这些事的人数可能会越来越多，然而，这是宗教态度的一幅讽刺漫画。

讨论了太多的诊断，现在将讨论治疗。宗教态度必须从对超自然的这种有趣和歪曲的痴迷中解放出来。但是，什么是杜威所谈论的宗教态度呢？正是对理念上的实体的信仰，发挥了控制人们行为的作用。服务和崇拜中的忠诚是一个人所拥有的极为有价值的东西，不仅仅是对他自己，而且是对所有的人。这一态度必须从某些固定的和传统信仰的束缚中解放出来，这些传统信仰将它所探寻的事物限制在一个狭小的范围内。我们必须有足够大的自由空间去寻找，在所有人类生活至高无上的忠诚中去寻找真正值得的事物。

诊断和治疗

杜威说，如果宗教态度能够从现在被监禁的牢房里解脱出来，那么，宗教将会再次获得属于它的人类生活中的重要地位。确定的是,即使是现在,它也没有完全受限,你不能将飞马困在动物收养所里。但是无论在什么地方,它打破了关于超自然至上地位的固定信仰的监禁的墙,它都不被承认是宗教,因为这些固定信仰声称持有宗教上的垄断。因此,它尽管打破了自由,但不能在社会中运行,因为它不被全社会认可。当它隐瞒自己的身份时,其独立自主就消失了。当宗教态度如此的偷偷摸摸和对自身无意识时,它不能自我繁衍,也不能组织和指导团体的生活。它不能够传播和进行统治。

接下来就是治疗,即公开、坦然地将宗教态度从超自然信仰的牢房中解放出来。当宗教态度从这些监禁的信仰中逃离时,它必定不再被迫在一种睡梦的状态下游荡,对其自身的身份无意识且不被人们所承认。

但是,我们曾讨论的这种宗教信仰的目标是什么呢? 杜威先生说,是上帝,除了上帝,没有人有理由能够赢得所有人类生活的最高信仰。我们请求读者回到书中,去阅读杜威关于上帝的讨论。在第 32—37 页和第 56—57 页,他在这最后两页没有使用"上帝"一词,而又一次讨论他在之前的篇章中所呈现的内容。他所讨论的实体,是人类最高的信仰应有的对象。

上帝是忠诚的对象

杜威谈到很多有关上帝的理念。但是,上帝不仅仅是我们的理念。我们的理念仅仅是我们对扎根于现存世界的可能性有意识和充满想象的理解。上帝不仅仅是存在于这个世界的某物,也不仅仅是巨大价值的可能性,而是在这个现存世界中起作用的实体。让我们读一下杜威先生对上帝观点的阐述:

"我们心中的理想,既不是完全地在存在中体现,也不是无根的理想、幻想或乌托邦。因为自然和社会中的力量产生和支持着理想。"

最后一句的引用,应该说特别的深思熟虑。注意,他并不仅仅说"在社会中",而是说"在自然和社会中"。他再次写道:"在理想和现实之间是能动的关系,我将会给它以上帝之名。"上帝将现实和理想结合在一起。既非现实是理想,也非理想是现实。这是理想主义的错误。但是,这两者相互结合,而将它们结合起来的积极力量是上帝。

这种结合现实和理想的活动不仅是人类的意识和理智的努力,也是有意识的理智努力的目标,以及那些与这一目标相关的存在条件之间的互相作用。这一互相作用逐步地改变人类目标,与目标改变条件差不多。因此,支配性力量不是目标,因为目标是它自身连续不断地改造。支配性力量是互相作用的,但这种互相作用并不仅仅处在目标和某些非人类条件之间。它也是在不同的个体、团体和时代的目标之间的相互作用。

这是一个起作用的实体,给充满活力、有创造力的统一体带来许多不同的活动,以致对一方的批评激发对另一方的思考,以致命运的击打在人类历史中打造出意义、价值和高尚的目的,以致一方的活动较大地成全了另一方的活动,并且存在的自然事物都被从野蛮事实转化为意义和价值的承载者。

让杜威用他自己的语言来描述"上帝"这一起作用的实体吧:"我们,连同那些还未出生的人所沉浸的原因及结果的共同体……是我们的理想的愿望土生土长的母体。正是价值的来源,使道德想象力呈现为指导性的标准并作为正在成型目的。"

432　一个不能动摇的信条

暂时思考一会儿,然后阅读下面的陈述。"这个复杂的人类共同体的持续生活,包括人类在科学上、艺术上以及交往和沟通所有友好方面的全部明显的成就。这一共同体控制着所有的物质,这些物质为我们的理念的信仰提供能证实的理智上的支持。建立在这个物质之上的'信条'将会改变和成长,但是它不会被动摇。"

如果我们要了解这些句子的全部意义,必须一句一句地进行。(这一信仰)所战胜的事物之所以高兴地放弃的原因是新的观点,而不是因为不情愿的让步。(这一信仰)所增加的内容是因为新知识对影响着我们生活目的的形成和实施的条件有了进一步的理解……在某一特定时间内所知的统一,并不是建立在不可能的永恒和抽象的基础之上的,而是在与人类的渴望和目的的统一的关系上,为人类的认可提供充足的信条。这一信条可能提供宗教的解放和知识的加强。

人类的渴望和目的的统一陷入原因和结果的体系中。当人类的态度被正确地设置在对它的崇敬和热爱中,并对它来说最有利的条件提供最大的人类努力,人类和非人类就是一个可以成长的实体。这就是最为值得的事物在这个世界上的成长。它成长的越来越好。它是渐进的整合。上帝,作为一个起作用的实体,成长得越来越好;在这一实体中,我们的日常生活不断地进步。杜威说,如果宗教态度能从它现在的束缚中解脱出来,并转向对宗教的服务和信仰,有益的结果将会数不胜数。

我们可以用一句话来总结杜威的上帝观:上帝是连接理想和现实的活动。

超越人类

这个活动不是超自然的,但是超人类的。它并不是在排除人类的意义上超越人类；相反，它融入人类并与人类一起。它不是在它有高于人类的思想、智力或品格的意义上超越人类。它超越人类，是因为它超越了人格、思想或智力。它超越人类体现在以下五个方面。

第一，无论怎样被放大，这一活动通过比任何单一人格可能有的更广阔的眼界和更大的力量，支持和促进了最高的价值。因此，无论多么荣耀，在这一方式上理解，上帝超越人类的高度比人格可能达到的高度更高。

第二，这一活动是超人类的，因为它承载了价值的可能性，这些价值远远地超越了人类的领会或想象，除了当价值出现在人类意识中，以及当人的能力得以发展而领会价值的时候。

第三，这一活动是超人类的，因为它的产生、发展带来了人类品格的最高实现。人类没有创造它，而是它创造了人类；人格依赖于为了它的存在和所有最高发展的互相作用的协调。因此，上帝是超人类的，因为它是人类品格的摇篮，而更高的人类品格却无法作为摇篮。

第四，这一活动是超人类的，因为它发挥其温和的力量，而没有人能够这样做。它的力量是成长的力量，其成长总是温和的并超过人类的任何工作。

第五，这是超人类的。为了得到它所带来的滋养、发展和高度成全，人类必须受其掌管。只要人们试图掌管它，那么便失去了它注入人类生活中的价值。

最高权柄

这一活动既不是全能的，也不是无所不知的。根据迄今为止我们所知道的，它没有"无限性"。但是，它在人类每一个冲动和习惯、制度和实践、梦想和愿望之上行使正当的主权。这个主权不是那种蛮力，而是通过最高的价值理由，指导我们的最高信仰。

这一活动是上帝，因为当祷告者被理解为调整人类品格去适应它的时候，它才回应祷告者。杜威没有提到祷告者。因此，这是我的看法，而不是他的。在对祷告的回应中——祷告并非被理解为喉部收缩引起的空气震动而可能达到超人类的耳膜，而是理解为人格对于这一相互作用的活动的恰当调整——上帝以良好的方式改变了物理世界，而这是人类的智力无法以其他的方式达到的。

如果富有同情心的友情是一种安慰，那么，在遇到麻烦和灾难时，这项活动就是上帝的安慰和支持；因为这个活动，以兄弟关系把我们团结在一起。即使当人类的同情心无效时，知道有一项活动永远吸引着人们进入互相支持、更为紧密的联系中，知道即使很多力量要摧毁我们，但它仍用有力的臂膀拥抱我们的世界，这是令人欣慰的。

宗教的功能将不会再次来到地球上，用对上帝热情的信仰来填满人类的生活，除非我们发现上帝实际上起着作用，并且每天以杜威所指的方式关心着人类的生活。我们必须舍弃杜威所称的宗教僵化的形式，并恢复杜威称之为宗教态度复苏的精神。只有当我们得知上帝是自然的而非超自然的，这种精神的复苏才可能在人类生活中广泛地传播。

6.

约翰·杜威是一个有神论者吗？^①

致《基督教世纪》的编辑：435

阁下：我饶有兴趣地阅读了由我可敬的同事威曼先生所写的约翰·杜威的《共同信仰》的评论（《基督教世纪》11 月 14 日）。因为我确信许多神父们将对有神论的新转向进行三次欢呼，所以，我要履行这一无礼的任务，质疑杜威先生一书中给予的解释。

这位伟大的哲学家现在自愿地表达了在他自己著作中体现的"G‑O‑D"一词，是伟大时刻唯一的一件事——如果是重要的话。

威曼先生庆幸杜威教授赞同将上帝作为"把现实和理想结合的东西"的观点，并且他强调杜威先生措辞的应用——"自然和社会中的力量产生和支持着理想"。现在，这一措辞可能以两种方式被理解：或者是（根据怀特海的观点）作为一些渐进一体化的超人类原则的存在的证实，这些原则在宇宙和部分人类中起作用；或者是（根据杜威先生先前的言论）断言，总体的人类理智的力量将实际的自然赐予和预计的理想结合在一起，引入被控制的活动计划之中。

仔细地阅读《共同信仰》，也未能发现杜威先生超越了第二种解释。诚然，基于威曼先生自己的前提，第一种立场或许已暗含其中；但是，与把该观点归于杜威先生是 436 两码事。威曼先生希望在这方面能创立自己的观点。在这本书中，似乎没有他的陈述的正当理由（大概在杜威先生的阐述中），他的陈述是："这个结合了现实和理想的活动，不仅仅是人类意识、理智的努力"；并且明显的是，在支持这一解释中没有可以提供的引证。的确，引证可能很容易变为反对这样的解释。

---

① 首次发表于《基督教世纪》，第 51 期（1933 年 12 月 5 日），第 1550 页。在对奥布里评论之前，威曼对杜威的评论，见本卷附录 5；威曼的评论，见本卷附录 7；杜威的回应，见本卷第 294—295 页。

在各种各样的要素中,有一种组构性的、协和性的要素,尽管我们周围的那些特殊条件有所变化,但那些条件也在与我们的关系中得到分类、安置。这种态度包含某种顺从的意味。然而,它是自愿的,而非外部强加的……(本卷第12—13页,我加的斜体①)。

人的命运与超出人类掌控的诸般力量交织在一起的这个事实,使假设与之伴随的依赖和谦卑非得找到传统教义所指定的渠道成为不再必要……自然的虔诚……它可能只是基于对自然作为我们是其组成部分的那个整体的一种感觉……具有智识和目的这样的标识,具有在它们的援助下奋力把诸般条件纳入与人类可心的东西之间一种更和谐的职能(第18页,我加的斜体)。

暂且假定"上帝"这个词意味着一个人在某个既定的时间和地点所承认的,对于他的意志活动和情绪拥有权威的那些理想目的(只要这些目的借助想象力而呈现统一性)、一个人极力献身的那些价值(第29页,我加的斜体)……那种统一并不是意味着一个单一的、大写的存在,而是被这样的事实——许多目的就它们的理想力量而言,其实是一个——所激发的忠诚和努力的统一性,或激发和掌控我们的想象性的属性(第30页)。

依靠外部力量,等于放弃了人的努力(第31—32页)。

……理想本身根植于自然条件之中,浮现于想象力通过把持住向思想和行动所呈示的诸般可能性而把存在加以理想化之时……进行理想化的想象力,利用在经验的跃变时刻所发现的那些最为珍贵的东西并投射它们。对于它们的善性,我们无需外在的准则和保障(第33页,我加的斜体)。

理想随着被应用于实存条件而发生变化,该过程伴随着人类的生命持续和前进(第34页)。……一个人是否给予在思想和行动中这一操作性的统一以"上帝"之名,完全是一件由个人决定的事(第35页,我加的斜体)。

鉴于以上陈述,在杜威先生的想法中,似乎捆绑现实和理想的综合力量仍然局限于人类富有想象的智力。这一解释进一步由本书第三章加强,其中记述了他的立场上的社会含义。作者坚持"所有有意义的目的和所有安稳与和平的保障,都是在人类关系的母体中生发出来的"(第47页);并且坚持"在我们对于彼此那些关系的理解方面,以及包含在这些关系中的那些价值方面,它们呈现为具体的形式。我们现今在世

---

① 英文版中的斜体在中文版中为楷体。下同——译者

的人,是延伸到遥远过去的一个人类的组成部分、一个业已与自然相互作用的人类的组成部分。在文明中,我们最为褒扬的那些东西并非我们自己。它们承蒙我们仅为其中一环的那个绵延不断的人类共同体的有所作为和历经磨难而存在"(第57页,我加的斜体)。无论杜威先生的读者正确或错误地推断出什么结论,从这本书中的各种陈述来看,杜威先生还未谈论一个超人类力量和一体化原则的上帝,如同威曼先生的评论似乎要表达的那样。他要谈论的,是由神创造的人类智慧。实质上,这是杜威先生已经阐述的多年的立场。

埃德温·尤尔特·奥布里

7.
约翰·杜威是一个有神论者吗？[①]

438 致《基督教世纪》的编辑：

　　阁下：当我的朋友兼同事奥布里先生将他对我关于杜威的《共同信仰》总体研究的评论寄送给我时，我看到了自己之前未曾意识到的东西，以至于我可能极大地误解了杜威的文字。我不是认为杜威的上帝观等同于怀特海的上帝观。如果有神论者意味着相信一个神，在这个神中，价值所有最大的可能性都将被实现，那么，我并没有将杜威描绘成一个有神论者。显然，杜威坚决且一贯地拒绝这样的观点。理想和可能性都不存在。它们都被尽可能地带入存在。

　　但是，如果我完全理解杜威的文字和他的阐述，那么，他的立场暗含了在自然界中的活动正在进行，这些活动包括理性的人类努力；但是，它超越了理智，因为它们构建了智力得以发展的母体，在这一母体中，如果智力是行之有效的，那么，它必须发挥作用。

　　　　在原因和结果的共同体中，我们与那些还未出生的人一起，都陷入了被称作宇宙图景的大谜团的最广泛和最深奥的符号中。它是感觉和思考的体现，其存在的涵盖范围是理智所不能掌握的。它是我们理想抱负诞生和孕育的母体。正是道德想象力，展现为一个直接的标准和逐渐成形的目的。这是价值的来源。

---

① 首次发表于《基督教世纪》，第 51 期，(1934 年 12 月 5 日)：第 1550—1551 页。威曼对杜威的《共同信仰》的评论，见本卷附录 5；奥布里的评论，见本卷附录 6；杜威的回应，见本卷 294—295 页。

这一母体由原因和结果构成,这些都不是人类活动,而是与人类活动有联系的。它也产生了我们的理想。它只是部分地由我们的理想奋斗而创建的。此外,这一母体承载了人们在意识上尚未理解的可能性。

正是这一母体、这一社会、这一运行系统的内部相互作用及其可能性,将理想和现实结合在一起。我所说的"将它们结合在一起",意味着如果没有驱使力量的母体系统,这些价值的可能性在这个世界中将不会存在。它不是在理想已经存在于上帝之中或存在于其他地方的意义上,将理想和现实结合在一起。但是,没有这一起驱动作用的母体,这些可能性将不会被有理智的人类作为理想,因为它们既不是可发现的,也不是可工作的。仔细地阅读本人对杜威著作的评论,应该清楚,除了这一点,我并没有把其他归之于他。

这一原因和结果相互作用的共同体,与人类的品格和理想,以及整个体系进一步的可能性一起,是这里最有价值的实体。为它服务,促进它,提升它,直到实现它的价值的最高可能性,这是人类生活的最高目标。因此,正是这一实体,正确地指导人类生活对最高主权的忠诚。从这个意义上讲,"上帝"的名字适用于它。

这一共同体或母体生长,即使当破坏性的力量以比它生长更快的速度摧毁它,它仍在生长。在这个意义上,我称它为"渐进的整合";并在我对杜威著作的评论中用了这一词语,虽然杜威并没有用这个词。这个词可能是一个不成功的表达,因为它引起了误解。

人们对上帝观点的表达,差别是极大的,甚至是互相对立的。没有什么比这一方面更多样化了。但是,当它被诚恳地使用时,它的意义在人类行为方面并没有变化。在人类行为方面,它一直意味着由于至高的重要性,指导人类生活中最具包容性和最高主权的东西。人类行为方面的意义是最重要的意义,所以我认为,杜威用这种方式表达了这一含义。

我们对人类生活中具有神的功能的实体的知识,是十分有限的。人类思想的表述方式,根据文化内容的不断改变,以及理解力和洞见力的不断增长,世世代代地发生着变化。但是在生活中,没有什么比以下更为重要:(1)我们效忠于神;(2)我们认识到我们关于神的判断的不可靠性,并认真执著地探寻,以更多地了解它。

通过古代思考模式的一切细枝末节,一个人必须在人类生活的中心寻找这种实体,并虔诚地塑造一个适应我们时代的模式;通过这种模式,人们可能热爱、服务并把自己的一切贡献给这一实体。《共同信仰》的重要性,在于它参与了这一努力。

但是,人们可能会对杜威的想法进行辩论,他的工作有这一意义。他所追寻的东西非常有价值,除去目前所有的传统偏见和一厢情愿的想法,应该被人们广泛地共享。

亨利·尼尔森·威曼

文本研究资料

文本注释

下述标出当前版本的页码和行数的注释,讨论了范本所采纳的那些读法;它们要 443 么是对范本读法的校勘,要么是对本来或许应当予以校勘的范本读法的保留。

64.5 - 6   the producer, and the ultimate consumer,]根据出版日期,杜威在撰写这个广播致辞的同时,很可能在复审《社会的压力和张力》[本卷第 229—236 页]。在此处和在 232.40 处,杜威参考了《社会的压力和张力》中的遣词——"终极消费者"。凡在范本中出现"生产者"和"消费者"语序颠倒的地方,全都采信《商业与金融》中重印文本校勘过的语序。

116.30 - 117.1;121.8 salary... salary;over...dollars]尽管范本中这些句子的遣词有些绕,但是它的确反映了杜威的谈吐风格。有鉴于没有证据表明,杜威曾介入那个把他的致辞作为小册子出版的过程当中,而且那些改动很可能是编辑出于行文更贴切的考虑而进行的修改,杜威原初的遣词则予以保留。

310.9 - 10   doorstep, ... involved,]此处恢复了原初范本所删略的一个短语。在校勘列表中,方括号右边的省略号出现在范本译文中,以表明有删改的材料。

310.10   atrocities are]这个更正去除了范本中出现的、方括号右侧的省略号。

340.18   unions]这个报告的油印本在本是"unions"之处错打了"trade

unions"。鉴于印刷版中的"trade unions"直接在"unions"的上面一行,很可能是打字员的目光落在了上面一行而造成修饰词的偶发重复。

文本说明

《杜威晚期著作》(1925—1953)第九卷收纳了杜威于1933—1934年间发表的60篇文章,包括他于1934年在耶鲁大学"特里讲座"上的演讲,即所发表的《共同信仰》。而杜威于1933年撰写的《我们如何思考》、《教育前沿》中与另一人合作的两章、三篇书评和给《社会科学百科全书》所写的三个条目,则收入第八卷。他于1934年出版的《作为经验的艺术》,则单独作为第十卷重印。

在本卷的60篇文章中,有21篇论文,其中2篇作为小册子发表,19篇在杂志上发表。绝大多数有关教育和政治中的社会问题的文章,源于大萧条时期。8篇是杜威在诸如明尼苏达明尼阿波利斯教育指导委员会的监事和董事会、在南非开普敦和约翰内斯堡召开的南非教育大会等各类会议上刊发的致辞。

此外,本卷还有5篇书评和1个回应,18篇投给《人民游说团》的稿件,10篇杂记,一篇杜威呈递给纽约教师联合会的速记报告,2篇以杜威的名义准备的报告(《教师工会特殊申诉委员会的报告》和《纽约和西伯里调查》),以及一篇凯塞林·格洛弗对杜威的访谈。

本卷中有15篇文章在杜威有生之年重印过一次或多次,从而提供了选择权威文本的可能性,下文中将依次讨论它们:《共同信仰》,《经济复苏的步骤》,《迫切的需要:一个新型的激进政党》,《什么使资金远离买方?》,《为什么我不是一个共产主义者?》,《知识分子的最高责任》,《教育中的危机》,《教育和我们当前的社会问题》,《我们应该废除学校的"虚饰"吗? 不》,《为什么有进步学校?》,《面向不断变化的社会秩序的教育》,《教育和社会秩序》,《年轻人的性格培养》,《教育哲学的必要性》和《教师工会特别申诉委员会的报告》。有45篇文章只有一种形式,自然充当范本。就绝大多数文章而言,由于只有一个单一的权威文本,消除了文本难题;然而,说明这些文本中某些文本的起源和接受情况,能够证明杜威在 1933—1934 年间的写作习惯和活动。如果有关那些只出现过一次的文本没有发现补充信息,那么,在此"文本说明"中就不予讨论;否则,大致将遵循本卷的目录顺序进行讨论。

《共同信仰》

杜威 1934 年的著作《共同信仰》直接发端于他在 1933 年的评论《"一个上帝"还是"那个上帝"?》,以及围绕该评论刊发的哲学性的对话。因而,他的那篇评论在此与《共同信仰》一并讨论,跳出了其在本卷中的顺序。

《"一个上帝"还是"那个上帝"?》

《基督教世纪》杂志在 1933 年 1 月 18 日以一整页的广告发布了一个"第一重要的新闻事件":约翰·杜威将会讨论"存在一个上帝吗?";并且提醒读者们注意"来自芝加哥、耶鲁和威斯康星大学三位著名哲学家(亨利·尼尔森·威曼、道格拉斯·克莱德·麦金托什和麦克斯·卡尔·奥托)齐聚本刊,讨论那个人类绞尽脑汁、最为严肃的问题,这是睿智头脑之间的碰撞与激荡"。[①] 2 月 1 日再次提请读者们注意:下周的《基督教世纪》将会"敬呈这位美国哲学和教育领域中的领袖人物关于人类不得不处理的那个最深层次问题的思想"。[②]

447　　　杜威的评论《"一个上帝"还是"那个上帝"?》(《基督教世纪》,第 50 期,1933 年 2 月 8 日,第 193—196 页;本卷第 213—222 页)讨论了威曼、麦金托什和奥托的著作《存在一个上帝吗? 一场对话》[③],并且引起《基督教世纪》杂志上持续数月的一场对话。杜威的评论,引发了威曼和麦金托什的迅速回应。[④] 杜威接着在《基督教世纪》第 50 期第 394—395 页[本卷第 223—228 页]的《杜威博士的回应》中,回应了他们的评论。

---

① 《基督教世纪》,第 50 期(1933 年 1 月 18 日),第 101 页。
② 《基督教世纪》,第 50 期(1933 年 2 月 1 日),第 165 页。
③ 威曼、麦金托什和奥托的讨论"存在一个上帝吗?"最初分批发表在 1932 年 2 月 10 日到 8 月 24 日的《基督教世纪》杂志上,后来发表在《存在一个上帝吗? 一场对话》(芝加哥和纽约:克拉克·惠勒特出版公司)一书中,该书由《基督教世纪》的编辑查尔斯·柯雷顿·莫里森作序。
④ 《威曼和麦金托什与杜威的"对话"》,刊载于《基督教世纪》,第 50 期(1933 年 3 月 1 日),第 299—303 页(本卷附录 3)。

在这些文章发表之后,奥托给杜威写了一封长信,其中的部分内容讨论了杜威的评论:

> 那是一项非常困难的工作;对于任何人而言都是如此,而对你而言,困难更甚,因为你并不委身于那些立场之一。我们这里一干人自然非常好奇地想知道你从何处进入森林,又从何处出来。我们知道你不会迷路,但我们也知道你会发现属于你自己的路径——对此路径,我们愿闻其详,翘首以待。①

奥托说,他感佩杜威对其立场的某种支持,但他要让杜威知道:他不会做任何事,"把那种支持延伸到涵盖比阁下意图表达的更多的东西——不会公开表达任何东西……我无意着手讨论那个问题或者那场争论;我只是想告知阁下,能够得到您的评论真是乐莫大焉!"②

在信件临近结尾的地方,奥托写道:"此信动笔后,最新一期的《基督教世纪》(4月5日)已经送达,其中有一种新的尝试,就是把一切都推给阁下。这几乎让我停下笔来。我本以为,那场讨论已经结束。"③在4月5日出版的那期《基督教世纪》的社论中,查尔斯·克莱顿·莫里森(Charles Clayton Morrison)写道:"在杜威教授和威曼教授之间,当下那场讨论中的主要问题本身好像正在聚焦。"克莱顿说,杜威"与奥托先生结盟来批评麦金托什先生和威曼先生……杜威先生刚一介入对话,就与奥托先生并肩而立,好像要否认上帝的存在。随着讨论的进展,将会显露这种态度是不是最终态度。"那篇社论总结说:"杜威先生和威曼先生两者都可能确信,这个讨论宗教的杂志的读者们带着深深的和强烈的兴趣追随着他们。"④在同一期上,威曼回应了杜威;而且两周后,麦金托什重申了他的立场。⑤

奥托这样结束他在4月5日致杜威的那封信:"当我暗自思忖他答应评论那场辩论时,肯定不知道自己正陷入麻烦之中。在我的意识背景上,绝大多数的时间都会浮

---

① 奥托致杜威的信,1933年4月5日,奥托文集,威斯康星州,历史学会编,麦迪逊。

② 同上。

③ 同上。

④ 《杜威与威曼》,《基督教世纪》,第50期(1933年4月5日),第448—449页。

⑤ 《威曼先生回应杜威先生》,《基督教世纪》,第50期(1933年4月5日),第466—467页;《麦金托什先生重申其立场》,《基督教世纪》,第50期(1933年4月19日),第531—533页。

现一张笑脸。"①

《共同信仰》

随着这样一场受到广泛关注的宗教辩论的进行,耶鲁大学校长詹姆斯·R·恩格尔(James R. Engell)在 1933 年 3 月邀请杜威前往耶鲁大学的"特里讲座"发表演讲,就没有什么可奇怪的了。② 德怀特·哈灵顿·特里(Dwight Harrington Terry)在 1923 年的那次捐赠设立了一项基金,用以资助发表"科学和哲学亮光下的宗教"系列讲演和事后的结集出版。③ 在有关该邀请的后续信件中,恩格尔写到他之前忘了说"根据那次捐赠条款,该系列讲座通常要在布里奇波特市重讲……如果你发现这样的一种完全重复有些不爽,无疑,我们可以安排只重讲一次。"④杜威接受了邀请,他在信里写道:"忝列先前巨擘,鄙人不胜荣幸;对此邀请,奉为珍馐。"并在信末附言补充说:"有关布里奇波特的信笺收讫,谨遵钧命。我确信此事将会得到圆满的解决。"⑤

3 月 24 日,杜威问及"特里讲座"的可能时间。耶鲁大学校务卿卡尔·A·洛曼(Carl A. Lohmann)写道:"在过去的一些年间,我们通常把讲座安排在 1 月中旬或者 4 月下旬。经验告诉我们,得避开 2 月和 3 月。另一方面,在时间安排上,我们乐意主从客便。"⑥杜威在 4 月 5 日的回复说:1 月中旬对他而言是一个方便的时间,并且询问讲座是连续几天进行的,还是连续几周进行的。⑦ 4 月 7 日,洛曼鸣谢杜威的来函,并建议讲座在 1934 年 1 月 17—19 日的周三、周四和周五连续几天进行。⑧ 杜威表示同意,并回复说:"除非哪一方出现始料不及的事情,我们就算把讲座日期这件事定下来了。"⑨

1933 年 10 月,洛曼致信提醒杜威即将到来的讲座日期,并且说:"现在离

① 奥托致杜威的信,1933 年 4 月 5 日,奥托文集,威斯康星州,历史学会编,麦迪逊。
② 杜威在 3 月 22 日致恩格尔的应邀函中写道:"3 月 18 日来函收讫。"
③ "耶鲁大学新闻报道",1934 年 1 月 12 日,耶鲁大学档案馆,校务卿档案,耶鲁大学图书馆,纽黑文,康涅狄格州。
④ 恩格尔致杜威,1933 年 3 月 22 日,耶鲁大学档案馆,校务卿档案。
⑤ 杜威致恩格尔,1933 年 3 月 22 日,耶鲁大学档案馆,校务卿档案。
⑥ 洛曼致杜威,1933 年 3 月 24 日,耶鲁大学档案馆,校务卿档案。
⑦ 杜威致洛曼,1933 年 4 月 5 日,耶鲁大学档案馆,校务卿档案。
⑧ 洛曼致杜威,1933 年 4 月 7 日,耶鲁大学档案馆,校务卿档案。
⑨ 杜威致洛曼,1933 年 4 月 11 日,耶鲁大学档案馆,校务卿档案。

我们商定在布里奇波特的那次单场讲座的时间已经很近了。"洛曼接着继续写道：

> "特里讲座"的演讲人要到基金捐赠人的家乡布里奇波特作一次讲座，这是一种惯例。不揣冒昧，特此提醒。讲座可以重讲，作为在大学进行的系列讲座中的一讲，也可以是二讲或三讲的一种浓缩。讲座通常在布里奇波特（卫理公会的）协和教堂进行，而且是在礼拜天晚上，这主要是因为该教堂那天晚上有论坛，以确保讲者有大量明辨道理的听众。1月21日的那个礼拜天晚上是否合乎尊意？
>
> 还要垂询一事。一旦确定那些讲座的分次题目，而且如若还确定整个系列讲座的题目，尽快告知为盼。我们那些富有哲学头脑的教授们总是对事先知晓这类事情大感兴趣，而且大学11月初发布的某些通报中要用到那些讲座题目。①

450

杜威回复说，1月21日的那个礼拜天对于布里奇波特讲座而言，是个令人满意的日子。至于题目，杜威写道："迄今为止，尽管我已经列出分次讲座的一些提纲，但还未能想好整个系列讲座的题目。"②

同月，诺曼·V·唐纳森（Norman V. Donaldson）代表耶鲁大学出版社总编尤金·亚瑟·戴维森（Eugene Arthur Davidson）致信杜威，非正式地讨论了即将进行的本次"特里讲座"的出版事宜：

> 尽管过去我们从未在"特里讲座"的出版方面支付过版税，但我们愿意在阁下这里破例，并且打算按照第一次印数3 000册（定价）的10%、印数3 000—5 000册的12%、印数5 000册以上的15%奉上版税。……根据我们的理解，大学将在讲座开讲的时候支付阁下750美元报酬，在讲稿送达出版的时候另行支付500美元的报酬。我们建议，把那500美元视作预付版税……
>
> 自不待言的是，对于惠赐大作的殷切期盼足令我们欢欣鼓舞；至于包君满意的拳拳之心，则使我们竭尽所能。我们对于大作深受大众欢迎这一点寄予厚望，

---

① 洛曼致杜威，1933年10月17日，耶鲁大学档案馆，校务卿档案。
② 杜威致洛曼，1933年10月19日，耶鲁大学档案馆，校务卿档案。

而且果真事如人愿的话,我们感到,阁下肯定会共享回报。因此,我们才如此打破处理这个系列图书的常规,提议作出该项变通。①

就此,杜威回复说:"贵社所提安排切理会心,破例施惠感激不尽。"②

1934 年 1 月 6 日,洛曼再次致信杜威,恳请杜威告知"特里讲座"的题目。他暗示《大学通报》1 月 10 日行将刊印。为了营造公众效应,他还索要一份讲座的"摘要"。③ 次日,"布里奇波特共同体论坛"的秘书格蕾丝·L·韦斯特(Grace L. West)致信耶鲁大学,谋求获取杜威讲座的有关主题,以便用以公共宣传。④ 洛曼在 1 月 11 日发电报给杜威,敦请他用收电人付费的方式电报告知讲座主题。⑤ 1 月 12 日,耶鲁大学发布了一则新闻,宣布讲座的题目是"诸般宗教与宗教性的"、"信仰的解放"和"共同体生活与宗教态度"。⑥

1 月 13 日,洛曼的秘书埃赛尔·H·汤普金斯(Ethel H. Tompkins)回复格蕾丝·韦斯特说:"至于讲座主题,他们只是从杜威教授那里获得寥寥数语而已。"他随信附上了 1 月 12 日所发新闻的副本,并且补充说"我们希望获得内容提要,以备进一步新闻发布之需。"⑦

1 月 14 日,杜威给洛曼寄了一封亲笔信,为有所耽搁而致歉:"今晚一回家就看到了阁下 6 日的来信。我将尽快把内容提要备妥给你。"⑧次日,杜威又写信说:"随信寄送前两次讲座的内容提要。其他亦将及时地寄送给你。"⑨1 月 16 日,亦即排定的首次讲座的前一日,洛曼发电报给杜威,感谢他寄来前两次讲座的内容提要,并指点杜威如何抵达纽黑文。⑩

1 月 17 日,"论坛"秘书知会洛曼办公室,说他们已经选定杜威的第三讲"共同体生活与宗教态度",作为 1 月 21 日的演讲题目。⑪ 布里奇波特演讲之后,韦斯特感谢

---

① 唐纳森致杜威,1933 年 10 月 18 日,耶鲁大学档案馆,纽黑文,康涅狄格州。
② 杜威致唐纳森,1933 年 11 月 1 日,耶鲁大学档案馆,校务卿档案。
③ 洛曼致杜威,1934 年 1 月 6 日,耶鲁大学档案馆,校务卿档案。
④ 韦斯特致埃赛尔·H·汤普金斯,1934 年 1 月 7 日,耶鲁大学档案馆,校务卿档案。
⑤ 洛曼致杜威,1934 年 1 月 11 日,耶鲁大学档案馆,校务卿档案。
⑥ 耶鲁大学新闻报道,1934 年 1 月 12 日,耶鲁大学档案馆,校务卿档案。
⑦ 汤普金斯致韦斯特,1934 年 1 月 13 日,耶鲁大学档案馆,校务卿档案。
⑧ 杜威致洛曼,1934 年 1 月 14 日,耶鲁大学档案馆,校务卿档案。
⑨ 杜威致洛曼,1934 年 1 月 15 日,耶鲁大学档案馆,校务卿档案。
⑩ 洛曼致杜威,1934 年 1 月 16 日,耶鲁大学档案馆,校务卿档案。
⑪ 韦斯特致汤普金斯,1934 年 1 月 17 日,耶鲁大学档案馆,校务卿档案。

洛曼办公室安排了杜威的演讲,而且补充说:

> 杜威教授当然给我们作了一场极为精彩的讲座,而且讲座结尾时对听众问题的回答令人叫绝。问题纷至沓来,应接不暇。出席讲座的人数约有 500 名之众。我相信,这是历次特里基金讲座上演讲者所吸引的最大人群······他们是极具鉴赏力、极为出类拔萃的一群人。①

《耶鲁评论》(*Yale Review*)的编辑威尔伯·L·克劳斯(Wilbur L. Cross)显然请求杜威准其在《耶鲁评论》上原封不动地发表同一讲座的内容,说他会直接从耶鲁大学出版社获取文本。杜威 4 月 5 日写信给克劳斯说:"今晚,我将向(耶鲁大学出版社总编)戴维森先生寄送我所作"特里讲座"三讲中的第一讲。其余演讲稿的修订尚未完成,但是我会在接下来的 10 天之内寄出。"尽管杜威写到第二讲和第三讲时,在某种程度上依赖第一讲,"但是,我认为,你可以最后从编辑的角度作些改动,以便它可以独立成篇。"②不知何故,《耶鲁评论》发表的实际上是杜威的第二讲"信仰的解放"的内容,标题是"现代宗教的解放"。③

1934 年 4 月 24 日,杜威与耶鲁大学出版社之间的一纸《协定备忘录》订立了题为"宗教与宗教性的"那份手稿的出版条款。其中重申了唐纳森在 1933 年 10 月 18 日那封信中所说的版税事宜。④ 5 月 3 日,耶鲁大学寄给杜威一张 500 美元的支票,告知"这是手稿一旦收讫便要支付的款项"。上面的附言是:"感谢阁下如此迅速地寄给我们完整的手稿。"⑤

在某个时间节点上,这部著作的标题一定是从协议中的"宗教与宗教性的"改成了现在的样子,因为杜威 5 月 26 日写信给约瑟夫·拉特纳(Joseph Ratner)说:"我已经校阅 8 月出来的、我所作的特里讲座暨著作'共同信仰'的校样。"⑥

---

① 韦斯特致汤普金斯,1934 年 1 月 25 日,耶鲁大学档案馆,校务卿档案。
② 杜威致克劳斯,1934 年 4 月 5 日,《耶鲁评论》文存,耶鲁大学图书馆,纽黑文,康涅狄格州。
③《耶鲁评论》,第 23 期(1934 年 6 月),第 751—770 页。
④《协议备忘录》,1934 年 4 月 24 日,耶鲁大学档案馆,校务卿档案。
⑤ 洛曼致杜威,1934 年 5 月 3 日,耶鲁大学档案馆,校务卿档案。
⑥ 杜威致拉特纳,1934 年 5 月 26 日,拉特纳/杜威文集,卡本代尔:南伊利诺伊大学,莫里斯图书馆,特别收藏。

　　1934 年 9 月，这本 87 页的小书——《共同信仰》出版之后，引发了无数宗教、哲学和文学出版物的评论。[①] 尽管那些评论观点各异，但无论是否同意杜威的观点，都对该书作为杜威宗教立场的一种陈述加以欢迎。该书出版不久，莱茵霍尔德·尼布尔就在《国家》杂志中如此写道：

　　　　这册小书……是美国领军哲学家给自己毕生哲学工作所添加的某种有关宗教的脚注。鉴于杜威的经验主义和自然主义与那些历史性宗教的前提的冲突，比与古老的唯心主义的冲突更为明显，这个脚注正是人们长期以来翘首以待的。

　　尼布尔继续写道："他当下的这卷著作唯有一点遗憾，就是篇幅过于短小，无法完全恰如其分地处理这个问题。"[②]加里森（W. E. Garrison）则热情洋溢地开始他的评论："如果宗教领域中有任何一本书严格说来和真正说来满足了一种长久渴望的话，那就是杜威教授清晰地阐发并捍卫自身信仰的这本书。"[③]作为他们 1933 年那场讨论的

----

① 《共同信仰》得到的评论如下：*A. L. A. Booklist* 31（1934）：50；*Anglican Theological Review* 17（1935）：44 - 45（Frederick C. Grant）；*Boston Evening Transcript*，1 September 1934（E. N.）；*Catholic World* 140（1934）：240（G. A. T.）；*Christian Century* 51（10 October 1934）：1281（Winfred E. Garrison）；*Christian Register* 113（1934）：787 - 89（Andrew Banning）；*Common Sense* 3（November 1934）：26（Walter Edwin Peck）；*Concordia Theological Monthly* 6（1935）：312 -13（J. T. Mueller）；*Descant* 11（Spring 1967）：25 - 32（Harry M. Campbell）；*International Journal of Ethics* 45（1934 - 35）：359 - 61（Albert Eustace Haydon）；*Journal of Philosophy* 31（1934）：584 - 85（Robert Scoon）；*Living Church*，16 March 1935，pp. 327 - 30（Jonathan G. Sherman）；*Mental Hygiene* 20（1936）：493 - 95（Eleanor Hope Johnson）；*Mind* 44（1935）：397 - 99（F. C. S. Schiller）；*Monist* 45（1935）：309；*Nation* 139（26 September 1934）：358 - 59（Reinhold Niebuhr）；*New Masses* 13（2 October 1934）：38 - 39（Corliss Lamont）；*New Republic* 82（20 February 1935）：53（Norbert Guterman）；*New York Herald Tribune*，20 September 1934，p. 15（Lewis Gannett）；*New York Herald Tribune Books*，4 November 1934，p. 2（John Haynes Holmes）；*New York Times Book Review*，30 September 1934，p. 10；*Philosophical Review* 44（1935）：496 - 97（Max C. Otto）；*Philosophy*（London）10（1935）：235 - 36（A. E. Elder）；*Psychiatric Quarterly* 9（1935）：156（Brown）；*Saturday Review of Literature*，22 December 1934，p. 389（Albert C. Wyckoff）；*School and Society* 41（1935）：744 -45（William McAndrew）；*Social Frontier* 2（1936）：109 - 13（John Herman Randall, Jr.）；*Springfield Daily Republican*，5 October 1934，p. 10；*Survey Graphic* 24（February 1935）：87 - 88（Charles S. Brown）；*Thought* 11（1936）：147 - 53（L. E. Sullivan）；*Times Literary Supplement*（London），15 November 1934，p. 799；*Yale Review* 24（September 1934）：166 - 68（Henry Hazlitt）。

② 尼布尔：《一个宗教脚注》，《国家》，第 139 期（1934 年 9 月 26 日），第 358 页。

③ 加里森：《杜威教授论宗教》，《基督教世纪》，第 51 期，（1934 年 10 月 10 日），第 1281 页。

一种延续,威曼为《基督教世纪》撰写了有关杜威这部著作的长篇书评①,结果引发埃德温·尤尔特·奥布里、威曼和杜威三方在《基督教世纪》12 月 5 日那期有关"约翰·杜威是一个有神论者吗?"的论战,其中奥布里对于威曼就《共同信仰》所写书评提出批评,威曼作出回应,而杜威就奥布里与威曼两者之间的交流发表评论。② 在这场交锋之后所写的一篇评论中,查尔斯·斯塔福德·布朗(Charles Stafford Brown)写道:

> 这本书招惹争议。它坦率且毫不含混地陈述了当今任何伟大的宗教思想家都必须面对的那些立场。它挑起亨利·N·威曼和埃德温·奥布里在"杜威是一位有神论者吗?"这个问题上针锋相对和殊死的较量。顺便说一下,那场争论值得一读;而且对这个系列讲座而言,不啻一份最有价值的补遗。③

纽约市"上帝一位论"教派牧师约翰·海恩斯·霍尔姆斯(John Haynes Holmes)称赞杜威的著作,在其书评开篇伊始就称道那本书呈现出"一个伟大头脑对于那个伟大宗教主题所作思考的纯粹精华",而且在结尾时直言不讳地说:

> 僻字涩句、佶屈聱牙的行文一直有损杜威的文体,但值得一提的是:这本书中几乎并无这类痼疾。行文简洁、清晰和精确——读来毫不费力,令人愉快。④

F.C.S. 席勒对于这本书的风格则不以为然,他说:

> 当促请一个具有杜威那样体量的哲学家来界定其对于宗教问题的态度的时候,就预先确保了他会得到充满敬意的倾听……结果就是用简单的和直接的(尽管仍然相当抽象和艰涩)语言呈现一种尽管绝非肤浅却是骄人的、"肉实的"

---

① 威曼:《约翰·杜威的〈共同信仰〉》,《基督教世纪》,第 51 期(1934 年 11 月 14 日),第 1450—1452 页(本卷附录 5)。

② 奥布里、威曼和杜威:《约翰·杜威是一个有神论者吗?》,《基督教世纪》,第 51 期(1934 年 12 月 5 日),第 1550—1552 页(本卷附录 6 和附录 7,第 294—295 页)。

③ 布朗:《信仰如命》,《图志》(*Survey Graphic*),第 24 期(1935 年 2 月),第 87 页。

④ 霍尔姆斯:《约翰·杜威论"宗教"》,1934 年 11 月 4 日,《纽约先驱论坛报》,图书版,第 2 页。

论证。①

　　　奥托在其书评中写道:"这本小书一石激起千层浪,而且将会长期如此。"②在致杜威的信中,他写道:

> 我从你最近的著作《共同信仰》中,获得极大的快慰。我不仅自己读了又读,而且与大学里不同院系的同事们讨论这本书。自然,他们当中并非所有人都认同你反对超自然的立场,但是就我所到之处而言,人人对你有关立场的阐述都留下了深刻印象。我自己最钦佩的是第51页(本卷第35页)上的中间一段。该段用即便不说动人但也堪称生动的语言总结了纲领。尽管对于你的论证已经有而且仍将会有误解,但是,我情不自禁地感到,你对自己所理解的宗教态度的那种知无不言、言无不尽的倡导,必将极大地澄清一直极为混乱的一个问题。③

杜威感谢奥托的来信,而且解释了《共同信仰》是为哪些读者而写的。

> 尽管那本杂志中有位评论者说,我在"宗教"与"宗教性的"之间所作的区分令人困惑,但我的那本书是为那些难以言表地感到自己拥有本质上宗教性的东西而又受到诸般宗教排斥的困惑人群而写的——主要是为他们而写的,其次是为了那些"开明派",以便助其意识到他们自己是多么前后不一。我从书信和对话中知道,我确实触及前者中一些人的内心;而且,这让我能够在威曼为一方和科利斯·拉蒙特(Corliss Lamont)为另一方之间的交火地带保持精神抖擞。我不想被进一步拖入《基督教世纪》的讨论当中,因为他们以为我——像他们那样——主要对"上帝"感兴趣。而事实上,我纯粹是附带性地提及"上帝",而且真正的含义就在你所提到的那个段落之中。④

　　　拉蒙特在其有关《共同信仰》的评论中指出,尽管他可能并不赞同杜威,但是"这

---

① 席勒:《心灵》(*Mind*),第44期(1935年),第397页。
② 奥托:《哲学评论》,第44期(1935年)第496页。
③ 奥托致杜威,1935年1月4日,奥托文集。
④ 杜威致奥托,1935年1月14日,奥托文集。杜威指的是罗伯特·苏坤(Robert Scoon)在《哲学杂志》第31期(1934)第584—585页中的评论。

本书就像杜威的绝大多数作品一样,不乏大量精彩的和有价值的材料。"①

　　耶鲁大学 1934 年 9 月 18 日所注册的《共同信仰》版权编号为 A76336。耶鲁大学曾经发布过第二个版权印记,在版权页上印有"(版前),1934 年 9 月"字样。《共同信仰》在杜威有生之年重印了 8 次。除了第一和第二印次之外,1952 年之前的重版日期还有:1934 年 10 月第三次印刷,1934 年 11 月第四次印刷,1936 年 10 月第五次印刷,1940 年 6 月第六次印刷,1944 年 11 月第七次印刷,1947 年 3 月第八次印刷,1948 年 3 月第九次印刷,1950 年 2 月第十次印刷。在 1960 年耶鲁大学简装书系列出版之前,耶鲁大学总共授权 13 个印次(1952 年 9 月第十一次印刷,1955 年 7 月第十二次印刷,1957 年第十三次印刷),总印数达到 17 531 册。尽管《共同信仰》的布面精装版在 1975 年停印,但简装本现今仍在印行。

　　版权注册缴送本(A76336)被用作本版的范本。把 1950 年 2 月的第 10 次印刷与版权注册缴送本加以核对(目视和机器),结果发现无异。

　　《耶鲁评论》第 23 期(1934 年 6 月)第 751—770 页上的《现代宗教的解放》一文,是《共同信仰》第二章"信仰及其对象"的首次印刷面世。从杜威与克劳斯的通信证据可知,原以为《耶鲁评论》的编辑克劳斯使用耶鲁大学的手稿作为那篇《耶鲁评论》文章的定稿。杜威 5 月 26 日致拉特纳的信件,证实了他处理过书稿的清样,但没有证据表明他审阅过《耶鲁评论》的清样,而且《耶鲁评论》6 月刊印的文章被假定为独立457的。尽管第二章内容的《耶鲁评论》版的出版日期早于该书 9 月的出版日期,但书中相应章节里的一些实质性变化表明:杜威对于该书的文本清样,进行了不少再加工。《耶鲁评论》的那篇文章与《共同信仰》第二章之间存在的那些实质性异写,列在"《信仰及其对象》中的实质性更改"中。

　　前 6 版精装本中插有耶鲁大学印制的一份描述"德怀特·哈灵顿·特里基金"的 4 页传单。传单的开篇一段解释说:"附随书卷基于在耶鲁大学所进行的第十一次系列讲座……"这份陈述从 1944 年的第 7 次印刷被印制为前言,开篇的句子改为"当前书卷……"。但在 1960 年的简装版和以后的历次重印中都被删去。1934 年版的副标题页的反面,列有先前的"特里讲座"作者的名录。这个名录在第七(1944 年)、第十

---

① 拉蒙特:《再定义者牧师大人》,《新大众》(New Masses),第 13 期(1934 年 10 月 2 日),第 39 页。拉蒙特先前在《新大众》[第 12 期(1934 年 7 月 31 日),第 23—24 页]的《约翰·杜威屈从于"上帝"》一文中,评论过杜威的《现代宗教的解放》[《耶鲁评论》,第 23 期(1934 年 6 月),第 751—770 页]。

（1950 年）和第十二（1955 年）印次进行了更新，最后在第十三印次及随后的那些印次中被删除了。

《经济复苏的步骤》

罗伯特·沙尔克巴赫基金会于 1925 年设立，"目的是为了传播……亨利·乔治的社会和政治哲学"。① 及至 1933 年，杜威与该基金会的关系延续了一些年头。1928 年，杜威为该基金会赞助出版的哈里·冈尼森·布朗（Harry Gunnison Brown）的著作《来自亨利·乔治〈进步与贫困〉的重要段落》（*Significant Paragraphs from Henry George's "Progress and Poverty"*）②撰写了《赞亨利·乔治》一文。杜威的这篇文章同年作为沙尔克巴赫基金会题为"杜威论亨利·乔治及其他人"的小册子重印。1933 年，杜威为乔治·雷蒙德·盖格的著作——《亨利·乔治的哲学》作序（本卷第 299—302 页）。盖格在其前言中表示：他受惠于杜威，"因为著作绝大部分的内容都得到他耐心的、友善的帮助。在这本书的数年准备期内，他一直是一位忠实的和上心的批评者"。③

盖格的著作在 1933 年 4 月出版不久，杜威在 WEVD 空中大学发表广播演讲。④沙尔克巴赫基金会总裁查尔斯·奥康纳·轩尼斯（Charles O'Connor Hennessy）在其年度报告中提到杜威的演讲，说明基金会的教育目标如何受惠于"广播宣传的巨大影响"。⑤ 鉴于杜威 4 月 28 日的演说"经济复苏的步骤"主要是讲亨利·乔治的政治哲学，自然引发沙尔克巴赫基金会的兴趣，因此把它制作成 16 页的小册子（纽约：罗伯特·沙尔克巴赫基金会，1933 年）（P）加以出版。杜威的这场演说，还见于《商业和金融》（*Commerce and Finance*）第 22 期（1933 年 8 月 30 日）第 751—752 页，标题是"丰富和稀缺"（CF）。罗伯特·沙尔克巴赫基金会的文存中，有杜威演说的一个油印本（M）。

---

① 《经济复苏的步骤》，纽约：罗伯特·沙尔克巴赫基金会，1933 年，第 2 页。
② 布朗主编，纽约加登城：罗伯特·沙尔克巴赫基金会委托道布尔迪-多兰出版公司出版，1928 年，第 1—3 页（杜威晚期著作），第 3 卷，乔·安·博伊兹顿编（卡本代尔及爱德华兹维尔：南伊利诺伊大学出版社，1984 年），第 359—360 页）。
③ 盖格：《亨利·乔治的哲学》，纽约：麦克米伦出版公司，1933 年，第 vii 页。
④ 空中大学 1933 年 1 月云集"200 位作家、艺术家、教育家和其他众家"，杜威"领衔哲学家团队"（"规划'空中大学'"，《纽约时报》，1933 年 1 月 26 日，第 13 页）。
⑤ 罗伯特·沙尔克巴赫基金会，《土地和自由》（*Land and Freedom*），第 33 期（1933 年 5—6 月）第 78 页。

鉴于这篇文章作为三种文献而存在,就有必要了解它们的出版史,以便从中选择范本。根据本版所遵循的原则和步骤,范本是与作者关系最为接近的版本。[1] 那份油印本(M)最有可能是杜威讲演的第一个刊印本,很有可能是在 4 月广播后不久印制的。1933 年 6 月 27 日,基金会执委会决议印发杜威演说 15 000 份。[2] 鉴于基金会向全国报纸派发那份小册子,人们假设那些杂志也会被包括在寄送名单中。

对于文献的稽考,证明了这个假设。M 包含了演讲的全部文献信息——电台、日期和时间,而 P 和 CF 只注明是 WEVD 的广播演说。P 和 CF 两者在其他一些行文上,部分保持一致,而与 M 有异:63.2 处的"无望"是对 M 中"无助"的更正;64.6 - 7处的短语"寄生虫、剥削者和特权阶层",是对 M 中"寄生虫和剥削者、特权阶层"的修订;64.24 处的词语"迫使人的",是对 M 中"已经迫使"的更正;65.17 处"乔治的",是对 M 中"他的"的替换。P 和 CF 行文一致的地方却与 M 相异,这表明:M 是 P 或 CF 乃至两者的底本,因为不大可能出现这样的情况,即 P 和 CF 两者在绝大多数情况下,与 M 之间存在异写纯属巧合。尽管 P 和 CF 在这些行文中一致,而且一方可能是另一方的底本,但是 P 和 CF 之间的那些异写的性质证明了这样一个假设,即 CF 以 P 为底本,而不是相反:在 64.5 - 6 处,P 遵循 M 中的遣词"消费者和终极生产者",而 CF 则把遣词更改为"生产者和终极消费者";而且在 65.26 处,P 遵循 M 中的遣词"劫掠",而此处 CF 则把遣词改正为亨利·乔治的《社会问题》中出现的"掠夺"。因而,根据有些段落 P 和 CF 一致而与 M 相异,以及 CF 中的那些更正异于 P,可以假定:CF 以 P 为底本,而后者以 M 为底本。于是,M 充当了这个演讲的范本。

459

《迫切的需要:一个新型的激进政党》

杜威担任独立政治行动联盟执行委员会第一任主席,于 1933 年 9 月 2—3 日在芝加哥举办"进步政治行动联合大会"。1933 年 8 月,该联盟正式出版物《独立政治行动联盟新闻公报》宣布了此次大会的计划:"联盟启动这次大会,并且为此做各项准备。它不会只是成为联盟自己的一个大会,而是为进步运动中崭露头角的那些个人举办的自由参加的大会;他们可以齐聚一堂,共同商讨政治战线方面联合行动的

---

[1] 弗雷德森·鲍尔斯(Fredson Bowers)在《文本的校勘原则和程序》中描述了这个原则(《杜威晚期著作》,第 2 卷,第 407—418 页)。
[2] 《1933 年 6 月 27 日执委会纪要》,罗伯特·沙尔克巴赫基金会,纽约市,纽约州。

基础。"①

　　在制定芝加哥大会计划的时候,杜威写了《迫切需要:一个新型的激进政党》一文。在《常识》第 2 期(1933 年 9 月)第 6—7 页发表的这篇文章,就作为范本。该文的眉批解释说:

　　　　美国最为杰出的哲学家的这篇文章……分析了罗斯福当局的政策……杜威博士得出结论:这些政策的最终结果要么成功,要么失败。如果人民想要一个合作的社会,想要把权力掌握在自己的手中,那么只能作出一种回答,即他们必须形成一个联合的激进第三政党,而且时不我待。

　　次年,《常识》的创立者兼编辑阿尔弗雷德·米歇尔·宾厄姆和塞尔登·罗德曼从杂志中选出一些文章和绘画,集成《对新政的挑战》(纽约:福尔肯出版社,1934 年)一书出版。杜威那篇在《常识》上发表的文章收入该书第三部分第 269—273 页重新发表,题目是"迫切的需要:一个新型的激进政党"。编辑们指出:

　　　　如果"新政"不能或不会解决现代权力时代所呈现出来的那些难题,而且日益增长的经济压力和大众压力要求它们得到解决,那么,显然,一场激进的政治运动就为时不远了……在前一部分,作为对整个难题最为可能的答案,呈现了一个强大的"第三政党"运动的需要和前景。②

　　既然杜威为该书写了导论(本卷第 296—298 页),那么,为了提供在《对新政的挑战》中发表而对于他发表在《常识》上的那篇文章的修订就被视为权威性的,而且被作为校订来接受。题目被改动,而且删除了该文在《常识》中发表时的三个副标题。《常识》中在 79.7 - 9 和 80.8 - 9 之处,以大写字母强调的陈述在书中印成了斜体。

《什么使资金远离买方?》

　　1934 年 4 月 21 日,杜威在华盛顿宇宙俱乐部"失业联委会"的一次会议上,发表

---

① 《联合行动运动》,《常识》,第 2 期(1933 年 8 月),第 28—29 页。至于这次大会的报道,参见阿尔弗雷德·M·宾厄姆的《农民劳工同盟》一文,《常识》,第 2 期,(1933 年 10 月),第 18—20 页。
② "第三部分导言",《对于新政的挑战》,纽约:福尔肯出版社,1934 年,第 203 页。

了"什么使资金远离买方"的演说。所有演说都通过国家广播公司的 WRC 加以广播。4 月 26 日,参议员林恩·J·弗雷泽(Lynn J. Frazier)要求把杜威的演说刊登在《国会议事录》中(第 73 届国会,第二会期,1934 年,第 78 部,第 7 部分,第 7384—7385 页);这个版本在此作为范本。杜威演讲的前半部分(本卷 81.1-82.33),在《人民游说团公告》第 4 号(1934 年 5 月)第 1—2 页中重新刊印(参见《人民游说团公告》的讨论,本卷第 474—475 页)。从《人民游说团公告》中采纳了两处修订,而且本卷 82.33 处删除了《国会议事录》中所提供的一个副标题——"生产者和消费者针对剥削者的战斗"。

《美国的理想(Ⅰ):自由的理论与组织化的事实》

杜威发表在《常识》第 3 期(1934 年 12 月)第 10—11 页的文章——《自由的理论与组织化的事实》,是他在《常识》上发表的论美国理想的三篇系列论文中的第一篇。杜威这篇文章的眉批中指出:

> 自创刊号以来,《常识》就为自己设定了通过当今现实来重新定义美国理想的任务。尽管这点作为一种历史使命是重要的,但作为一种手段来给予激进主义一种美国传统中的周全基础,则更加迫在眉睫……一位伟大的哲学家在此讨论了一个很不错的理论,却被用来证成一种罪恶实践的问题。杜威教授建言,管制"事物",但要给人类自由!

此系列中后续两篇文章出自罗杰·N·鲍德温(Roger N. Baldwin)和哈里·埃尔默·巴恩斯(Harry Elmer Barnes)之手。根据《常识》1935 年 4 月的一则广告,这三篇文章连同《纽约时报》专栏作家约翰·张伯伦(John Chamberlain)的早先一篇文章,作为《常识》论美国理想的系列发行,但这个版本尚未寻获。[①]

462

《为什么我不是一个共产主义者?》

《现代月刊》第 9 期(1934 年 4 月)第 133—165 页的"共产主义专题"刊载了伯特

[①] 鲍德温:《美国的理想(Ⅱ):正在到来的自由之争》,《常识》,第 4 期(1935 年 1 月),第 6—7 页;巴恩斯:《民主是一种失败吗?》,《常识》,第 4 期(1935 年 1 月),第 17—20 页;张伯伦:《民主与资本主义》,《常识》,第 3 期(1934 年 12 月),第 6—8 页。《常识》第 4 期(1935 年 4 月)为此系列刊登了一则广告。

兰•罗素(第 133—134 页)、约翰•杜威(第 135—137 页)和莫里斯•R•科恩(第 138—142 页)三篇"为什么我不是一个共产主义者"的同名文章,以及悉尼•胡克题为"为什么我不是一个共产主义者:没有教条的共产主义"(第 143—165 页)的回应。此刊所刊印的那篇杜威的文章在此作为范本。

在悉尼•胡克和舍伍德•艾迪(Sherwood Eddy)的《马克思的意义:一个专题》(Meaning of Marx:A Symposium)中重印了这四篇文章;而且,艾迪为此撰写了导言。[①] 在有关该书的一篇评论中,法比安•富兰克林(Fabian Franklin)指出,尽管罗素、杜威和科恩的文章汇集在"为什么我不是一个共产主义者"标题下发表……但是,他们的非共产主义立场主要在于诘难现存的苏俄政权所体现的那种特殊类型的共产主义,诘难有关阶级斗争的马克思主义理论及其个人在人类生活中相关作用的忽视,以及诘难通过暴力革命而达共产主义的实践。在所有这些要点上,杜威教授和科恩教授两者都强有力地亮明了自己的观点。[②]

《知识分子的最高责任》

1933 年 12 月 27 日,杜威在波士顿大学俱乐部向詹姆斯•麦基恩•卡特尔(James McKeen Cartell)表达敬意的晚宴上致辞。当晚,也是"美国科学促进会"(AAAS)波士顿大会的开幕晚宴——晚宴组委会成员奥提斯•W•考德威尔(Otis W. Caldwell)、波顿•E•利文斯顿(Burton E. Livingston)和亨利•B•沃德(Henry B. Ward)都是促进会的成员。[③]

亨利•沃德在美国科学促进会本次会议的报告中评论了这次晚宴:

若非提及一个虽不属官方议程但由促进会工作的领导人物操持的事件,有关该次波士顿会议的记录就不会完整。周三晚上,全会开幕前夕,130 位科学工作者暨 J•麦基恩•卡特尔博士的朋友齐聚一场计划好的见证晚宴,表达对这位

---

① 杜威:《为什么我不是一个共产主义者?》,《马克思的意义:一个专题》,纽约:法拉拉和莱因哈特出版公司,1934 年,第 86—90 页。

② 富兰克林:《马克思主义哲学》,《周六文学评论》(*Saturday Review of Literature*),第 11 期(1935 年 3 月 2 日),第 522 页。

③ 哥伦比亚大学教师学院的教育学教授考德威尔是 1935 年美国科学促进会的秘书长,霍普金斯大学的植物生理学教授利文斯顿是美国科学促进会 1933 年的秘书长,而伊利诺伊大学的动物学教授沃德则是 1933 年选出来的美国科学促进会的终身秘书长。

杰出的心理学家、促进会的前主席和现今的活跃分子、重要的科学著作和杂志编辑在科学、教育和促进会工作方面所提供服务的由衷感佩。①

会议由麻省理工大学校长卡尔·T·康普顿(Karl T. Compton)主持,杜威发表了该会议上最为重要的致辞——"知识分子的最高责任"。

除了在晚宴委员会服务之外,考德威尔和利文斯顿两人还是美国科学促进会四人"教育中的科学地位委员会"的成员,该委员会于 1 月 29 日为科学教师特别组织了一个项目;该项目吸引了一百多位科学教师参加,特别来宾中有《科学》(Science)杂志编辑卡特尔博士。《科学教育》(Science Education)编委会成员 W·L·艾肯伯里(Eikenberry)发表午宴致辞,而且被任命为来年会议组委会成员。② 因为这些叠加的委员会的存在,晚宴委员会很有可能把杜威的晚宴致辞发给了卡特尔和艾肯伯里两人,供其在各自的杂志上发表。

杜威的致辞首先刊发《科学教育》,第 18 期(1934 年 2 月),第 1—4 页;随后刊发在《科学》,第 79 期(1934 年 3 月 16 日),第 240—243 页,后者还发行了抽印本。该致辞经压缩后,刊登在《美国大学教授联合会公告》(Bulletin of the American Association of University Professors),第 20 期(1934 年 5 月),第 307—309 页和《现代思想家》(Modern Thinker),第 4 期(1934 年 4 月),第 323—325 页,标题为"科学新世界"。杜威的这篇致辞被作为《科学教育》季刊 1934 年首期的首篇,随后是艾肯伯里的午宴致辞。因为要优先发表美国科学促进会那些科学会议上的主要致辞和报告,美国科学促进会的官方杂志——《科学》周刊直到 3 月中旬才发表杜威的致辞。

作为范本的是《科学教育》中首次发表的文本,同时采用了《科学》中所发文本中的两个更正:97.11 处"发现"的错误拼写得到更正,不带冠词的"地区"更正为带不定冠词的"地区"。《科学》杂志刊发的文本与范本存在 27 处偶发异写,绝大多数属于单词拆分和标点符号使用的差异。其他刊发文本因为是《科学教育》或《科学》中的文本的浓缩或重印,所以不具有权威性。

464

---

① 沃德:《美国科学促进会及联合会波士顿会议》,《科学》,第 79 期(1934 年 2 月 2 日),第 87—88页。
② 同上,第 95 页。

《一个伟大的美国先知》

杜威在《常识》第 3 期（1934 年 4 月）第 6—7 页上发表了论爱德华·贝拉米的文章。这篇文章的眉批勾勒了贝拉米观点的历史意义：

> 一代人之前，爱德华·贝拉米以其有关这个国家可能变成何种样子的崭新远见震惊了美国。《回首》出版于 1888 年，9 年后《平等》接踵而至。这两部著作描绘了美国到 2000 年时可能的样子……现在，对于贝拉米的兴趣再次涌现出来。贝拉米俱乐部雨后春笋般地出现在各地。技术专家治国承载着贝拉米的许多观念。伟大的美国哲学家-教育家下面的这篇文章根据当前的危机，分析了贝拉米著作的重要性。

465　　　当前版本删略了《常识》中的三个副标题：103.18＋处的"他对民主的信仰"、104.8＋处的"他对'进化'的信赖"和 104.29＋处"管制的对立面"。

《教育中的危机》

1933 年 1 月 28 日，杜威在美国教师联合会和纽黑文教师协会的"第 204 次耶鲁本地会议"上，发表题为"教育中的危机"的致辞。这篇文章首次发表于《美国教师》第 17 期（1933 年 4 月），第 5—9 页——作为范本的，正是这个文本。当年，美国教师联合会以 16 页小册子的形式加以重印（芝加哥，1933 年）。对两个文件加以稽考表明，两者印自同一批印版。尽管小册子中有一些更正和变化，但是几乎没有整个句子完全重置的情况。而且，两个文件在 122.20 处的"报界"之后，都是句号而非逗号。

小册子中删除了杜威的两处旁白：112.6 处的离题短语"恐怕比我想要承认的年份还要多"和 115.39‑40 处的解释短语"你们已经听说过美国商务部"。杜威在 116.30‑117.2 处（"平均薪酬……1 167 美元"）的那些卷绕的句子，在小册子中被改写；而且，124.25 处的"汉森女士"被认定为美国教师联盟的秘书兼司库。重印更正了 113.13 处麦戈德里克教授的名字、112 处注释 2 有关致辞的日期和 123.30‑31 处的引文。除了更正之处，杜威致辞首发文本的遣词都得以保留，因为不能确定杜威是否介入过小册子的出版。这篇文章的校勘列表——充当一种历史上的校对——还标示了该版本中所删除的那些副标题。

两则文本内证表明,杜威是根据提纲发言的,而《美国教师》把一份速记报告作为杜威致辞的底本。① 首先,在 113.10 - 11 处,杜威提到,那天上午他在前往纽黑文的火车上所读的一份报纸;其次,他自己的评论插入所引用的美国劳联(AFL)的陈言之中(124.35 - 36 处的"这席卷全国——"、124.37 - 38 处的"降低了教师的标准"和125.2 - 4 处的"没有一个城市……缓解")。这些是速记员无法与逐字逐句的引用材料区分开来的。②

《教育和我们当前的社会问题》

1933 年 3 月 1 日,杜威在孟菲斯举办的"全国教育协会指导监事理事部"第 13 次年会上发表致辞。《秘书备忘录》记载说,杜威发表讲话的周三有"一个部门项目有史以来所吸引的最大数量的听众……如此兴趣被证明有其道理。三位讲者尽显大师风采,一干听众无不聚精会神。"③压轴讲者杜威回答了这样一个问题,即"有无可以帮助教育者着手解决目前尖锐社会问题的方法?"

杜威的回答——《教育和我们当前的社会问题》一文首次发表于《学校和社会》,第 37 期(1933 年 4 月 15 日),第 473—478 页。他的致辞还发表在《教育方法》(Educational Method),第 12 期(1933 年 4 月),第 385—390 页;而且以一种浓缩的方式,发表在全国教育协会的《致辞和议程》(Addresses and Proceedings),第 687—689页。在《致辞和议程》的前言中,出版事务主任乔伊·埃尔默·摩根(Joy Elmer Morgan)解释了浓缩的必要:"因为各种各样的大会上——还有先前的部门会议上——发表的材料量十分庞大,所以今年有必要压缩绝大多数文章的长度。不过,已经不遗余力地保留每个致辞最为精要的部分。"摩根指出,1933 年的这一卷"记载了美国教育中最为关键的年份之一……该卷作为一个整体,构成了可资研究教育趋势和发展之用的丰富材料。"④

会后,杜威极有可能立刻把他的致辞副本寄给了《学校与社会》周刊;那上面首发

---

① 杜威在马萨诸塞州坎布里奇所作致辞的一个速记报告——《作为公民的教师》数年前就在《美国教师》上发表:《美国教师》,第 16 期(1931 年),第 7 页(《杜威晚期著作》,第 6 卷,第 433—435页)。

② 弗兰克·莫里森:《所呈现的观点 III》,载于《教育中的危机公民大会》(The Citizens Conference on the Crisis in Education),华盛顿特区:美国教育理事会,1933 年,第 29—31 页。

③ "秘书备忘录",全国教育协会,《致辞和议程》(1933 年),第 694 页。

④ 摩根:"前言",出处同上,第 3 页。

的文章在此作为范本。至于在"指导监事理事部"的杂志——《教育方法》中所发表的文本，则是杜威进一步对他自己保留的一个副本，或者是对《学校与社会》上所刊登的文本所作的润色。《学校与社会》文本中的135.2-3处，整整一行打字（"更加无助于建设一个全新的社会秩序"）在《教育方法》中被删除。这表明，《学校与社会》中所刊印的文本被后者当作底本。《学校与社会》文本中的134.26-27处，"就此我一直在说的"一句话在《教育方法》中被改成"为此我一直在说的"。

《我们应该废除学校的"虚饰"吗？ 不》

杜威与H·L·门肯在《扶轮社》第42期（1933年5月）第18—19、49页讨论了"我们应该废除学校的'虚饰'吗？"，这个问题正反两方面的意见充当底本的，正是这个文本。在1933年2月《美国信使月刊》（American Mercury）的长篇社论中，门肯批评了美国的教育状况。[①]《扶轮社》很可能邀请杜威作为最适合的教育家回应门肯的批评。杜威的立场是应当维持那些"虚饰"，与门肯应当废除那些"虚饰"的观点形成对立（本卷附录2）。

《现代思想家》（Modern Thinker）第3期（1933年6月）第149—153页只是重新刊登了杜威的文章，题目是"教育和社会变化"，注明《扶轮社》是材料来源。尽管重新刊登不具权威性，但那些更正首次出现的源头一直归《现代思想家》。双方的文章删节刊登在《学校管理》（School Management）第2期（1933年6月）第5及16页，以及《杂志文摘》（Magazine Digest）（多伦多）第7期（1933年7月）第47—50页。在6月刊《扶轮社》这一期，亚利桑那州一所高中的校监约翰·葛德乐（John Girdler）对这场辩论发表了评论。他说："它不是一个'虚饰'问题，而是一个强调问题。"[②]杜威与门肯之间的口角，促发了读者在6月刊《扶轮社》"读者公开论坛"上的7封来信。

468

《为什么有进步学校？》

《当下历史》（Current History）第38期（1933年7月）第441—448页上刊登的《为什么有进步学校？》一文，其眉批介绍杜威是"美国进步学校之父"。杜威的文章延续了4月由克劳德·摩尔·菲斯（Claude Moore Fuess）所开启的一场有关进步学校

---

① 门肯：《这个世界正在发生什么？》，《美国信使月刊》，第28期（1933年2月），第129—135页。
② 葛德乐：《虚饰门肯——去虚饰杜威》，《扶轮社》，第42期（1933年6月），第38—39页。

的讨论。① 杜威的文章还以一种删节的形式,发表在英格兰哲学学会的杂志《哲学家》(*Philosopher*)第 12 期(1934 年 4 月)第 56—62 页,标题是"个人心理学和教育"。那些删除和文中修订都表明,杜威本人很可能修改过那篇文章。"《为什么有进步学校》的实质性更改"记录了这些删除和修订。

《面向不断变化的社会秩序的教育》

1934 年 2 月 23 日,杜威在俄亥俄州克利夫兰市的美国教师学院协会所发表的致辞的标题"为了不断变化的社会秩序的教育",与事先宣布的那个周五晚上会期的标题"为了不断变化的社会秩序的教师教育"略有不同。杜威的致辞首发于田纳西州纳什维尔的乔治·皮博迪教师学院出版的《皮博迪反光镜和校友新闻》,第 7 期(1934 年 4 月),第 123—124、142—143 页(PR)。作为范本的,正是这个文本。

杜威的致辞 9 月份发表在美国教师学院协会的《十三周年年鉴》(*Thirteenth Yearbook*,1934 年)第 60—68 页(TC),以及《致辞和议程》(1934 年)第 744—752 页(NEA)。美国教师学院协会是全国教育协会的部门单位,两个机构共同承担《年鉴》的出版费用。② 校勘表明,两份杂志都印自相同的印版,只是 NEA 的页码有所变化而已。TC 和 NEA 发表的文本中,有一些与 PR 范本中的杜威风格不同的偶发拼读是:前两者在 158.14、160.13、161.16、161.31 和 163.14 处连续添加逗号;159.3、160.2 处的"直到"、163.17 处的"彻底地"和 168.9 处的"彻底的"拼写,变成那时流行的 NEA 风格。根据那些肯定并非出自杜威之手的偶发异写,可以断定:那些细小的实质性变化也非出自杜威之手,而是归于 TC 和 NEA 的编辑。从 TC 和 NEA 采纳了纠正范本的三处勘误:161.22 处大写"内战",162.32 处把"学院"更正为"中学",163.3 处把"那"更正为"比"。

《活动运动》

杜威有关活动运动的评论,发表于全国教育研究会《三十三周年年鉴》,第二部分(1934 年),第 81—86 页。此年鉴中的标题是编者添加的,因为杜威的稿子及其他教育家的评论本来在年鉴中是没有标题的。尽管杜威并非是该研究会的活动运动委员会

---

① 菲斯:《进步教育的允诺》,《当下历史》,第 38 期(1933 年 4 月),第 61—68 页。
② 《秘书报告》,美国教师协会,《十二周年年鉴》(*Twelfth Yearbook*),1933 年,第 9 页。

的成员,但被列为十二位"襄助活动运动委员会的研究会积极分子和荣誉会员"之一。①

470 全国教育研究会秘书和年鉴编辑盖伊·蒙特罗斯·惠普尔(Guy Montrose Whipple)在前言中勾勒了该年鉴较长的发展历程:"编制活动课程或活动运动年鉴的想法……发端于1930年5月的水牛城会议。"②当时不仅指定了一个委员会,而且经过深思熟虑的考虑,原计划于1932年出版。然而,两位委员会成员在1931年和1932年相继亡故,致使项目濒临崩溃。1932年12月的会议上讨论了活动运动年鉴,并且提出1934年出版。"有了这额外的一年来发展",惠普尔写道,"或许可以再鼓余勇,尽量把那些因为强调活动而对儿童进步所产生的影响——就像各种各样的活动课程和活动学校的项目中实际体现出来的那样——的客观证据整合到年鉴当中。"③在1933年的2月年会上讨论了一项推迟活动运动年鉴的出版,以便出版一份国际关系年鉴的提议;最终,理事会一致认为不予推迟,而是竭尽所能于1934年2月如期出版活动运动年鉴。④

编辑之所以追溯年鉴的历史,因为"在这个事例中,这样一种理解比在其他绝大多数年鉴的情况中更有必要,因为所讨论的话题仍处于争议的阶段,而且在理论和实践上包含各种各样的衍生物。"他继续说:"该年鉴将证明其独特的价值,因为它确实进一步澄清了那些存在争议的许多问题,而且展现了那些在'活动'护盾下发展出来的各种各样的实践。"⑤

在为那些教育领袖们的评论(第五章)所写的导语中,委员会解释说:"它本身不会成为权威法庭,借以消弭差异。它把自己的功能设想为通过尝试聚焦重点而推进思考。"⑥杜威与其他六位教育家一道被获邀考量该委员会所呈示的活动运动的定义(第三章),评议活动原则应用于学校工作的时候加以诠释的方法(第四章)。⑦

471

---

① 全国教育研究会,《三十三周年年鉴》,第二部分(1934年),第v页。

② 全国教育研究会,《三十三周年年鉴》,"编者前言",第ix页。讨论年鉴的2月年会与全国教育协会监督会的会议,在同一地点和同一时间举行。

③ 同上,第二部分(1934年),第x页。

④《1933年期间学会理事会议程提要》,同上,第288—290页。

⑤ "编辑前言",同上,第xi页。

⑥ "我们一些大学教育领袖的评论和批评",出处同上,第77页。

⑦ 出处同上。被获邀的其他六位教育家有:哥伦比亚大学教师学院教育学教授威廉·C·巴格利(William C. Bagley);俄亥俄州立大学教育学教授博伊德·H·博德(Boyd H. Bode);明尼苏达大学教育社会学副教授罗斯·L·芬尼(Ross L. Finney);芝加哥大学教育学教授弗兰克·N·弗雷曼(Frank N. Freeman);明尼苏达大学教育学院院长M·E·哈格蒂(M. E Haggerty);哥伦比亚大学教师学院教育学副教授古德温·沃森(Goodwin Watson)。

该年鉴只印刷一次;这次印刷在此作为范本。

《教育和社会秩序》

《教育和社会秩序》由工业民主联盟(纽约,1934 年)作为 16 页的小册子首次出版。作为范本的,正是这个版本。作为杜威 1949 年 90 岁寿诞庆祝活动的一部分,该联盟几乎原封不动地重印了"他睿智而富有社会远见的"专论。[①] 在 1949 年出版的那个版本的前言中,哈里·W·莱德勒描述,该论文"当今就像原初写作时那样切中时弊"。[②] 1949 年版本中的修订很可能出自莱德勒之手,列在《《教育和社会秩序》的实质性更改"中。《新领袖》把 1949 年小册子的内容分成两篇文章,分别发表于 1949 年 4 月 16 日一期的第 5 页和 1949 年 4 月 23 日一期的第 8—9 页,标题分别为"教育:共同体的仆人"和"教育:社会的仆人"(本卷 175.2—178.26 和 178.27—185.36)。

《年轻人的性格培养》

这篇文章首次发表于《扶轮社》第 45 期(1934 年 9 月)第 6—8、58—59 页,该版本作为范本。承蒙《扶轮社》慨允,《娱乐》(*Recreation*)第 29 期(1935 年)第 139—142、175—176 页重印了该文。《娱乐》中那个不具权威性的文本,没有出现实质性更改;否则,本卷也要从编辑角度进行词汇的规范化:删除 191.6 处的形容词"合作性的"、192.23 处的名词"合作"和 193.15 处的动词"合作"的分音符号。

《教育哲学的必要性》

1934 年 7 月期间,杜威在女儿简的陪同下,参加了由新教育团契主办和南非教育部门、教育机构、教会和市民组织资助和支持的"南非教育研讨会"。杜威的旅行费用由纽约卡内基公司支付。[③] 4 000 多人参加了这次分为两个会期的大会,即 7 月 2—13 日的开普敦会期和 7 月 16—27 日的约翰内斯堡会期;300 多人在这次大会上发表正式的致辞。[④]

[①] 哈里·W·莱德勒:"前言",《教育和社会秩序》,纽约:工业民主联盟,1949 年,第 2 页。

[②] 同上。

[③] 乔治·戴奎真(George Dykhuizen):《约翰·杜威的生平和思想》(*The Life and Mind of John Dewey*),卡本代尔和爱德华兹维尔:南伊利诺伊大学出版社,1973 年,第 264、390 页。

[④] "编辑引言",《变化社会中的教育调适》,E·G·马勒布编,开普敦和约翰内斯堡:朱塔出版公司,1937 年,第 iii 页。至于参办组织的更多信息,参见"新教育团契代表什么",出处同上,第 i—ii 页。

在"变化社会中的教育调适"这个中心议题之下,大会考虑了"教育为何、如何和是何这三个基本问题,这些是每个教育者——如果他是一位思考着的个体——都要回答的问题"。① 这个顺应变化社会的调适概念如何影响教育目标,"由约翰·杜威教授在其《教育哲学的必要性》一文中最为清晰地表达了出来"。② 在"课程问题"这个分组,杜威发表了题为"何为学习?"的致辞③;而且在"新的方法"这个分组,发表了题为"行动中的成长"的致辞。④

473 本卷收入了杜威的第一个致辞"教育哲学的必要性",这是整个大会在 1937 年出版之前唯一刊印的致辞。这个致辞被新教育团契首次发表于英格兰的《家庭和学校中的新时代》,第 15 期(1934 年 12 月),第 211—214 页(NE)。后来出现在 E·G·马勒布编辑的大会报告《变化社会中的教育调适》中,刊载在第 22—28 页(EA)。

在为报告所写的导言中,马勒布为出版延宕而致歉:"尽管未能更早一些付诸出版实属遗憾,但是大会发言中有那么多可以当作不受时间影响的——在那么多说到根本性问题的这个意义上——以至于仅仅出版延误这一点,并不能减损这份报告作为一种教育文件的价值。"⑤

约翰内斯堡会期议程大致上是开普敦会期议程的翻版,但一般性的分组安排却并不一致。是故,杜威在两个会期都发表了致辞。对于 NE 和 EA 的校勘,揭示出两个文本之间的许多异读。尽管并不知道定为范本的 NE 是基于开普敦版本,还是约翰内斯堡版本,但该文本在 EA 中却被扩写和修订。这可以从马勒布在导言中的说法得到解释:"在两个会议中心所作的两个致辞本质上相同的情况下,它们被综合成一篇致辞,以便囊括两者中那些重要的因素。"⑥鉴于这篇论文存在两个文本——无论出自杜威开普敦致辞还是约翰内斯堡致辞,以及那个出自相反地点的未明文本,这两者都应视作权威性的。两个权威文本的实质性部分可能被融汇在一起,获得了一个从未存在过的文本;尽管这个文本形成于不同的时间,却是表明杜威陈言的文本——这正是马勒布所做的。如是,NE 和 EA 中的实词性异读必须作为具有同等权

---

① "编辑引言",《变化社会中的教育调适》,E. G. 马勒布编,开普敦和约翰内斯堡:朱塔出版公司,1937 年,第 iv 和 vi 页。

② 同上,第 vii 页。

③ 同上,第 91—93 页。

④ 同上,第 120—122 页。

⑤ 同上,第 iv 页。

⑥ 同上。

威性的东西被接受。因此，EA 中的实词性异读被作为 NE 范本的勘误，而 NE 的虚词拼读修改则加以保留。① 而勘误表充当一种历史上的校勘，记录实词和虚词的所
有异读。

《人民游说团公告》

自 1928 年起，杜威一直担任独立政治行动联盟的主席；而且自 1931 年 5 月《人民游说团公告》(以下简称《公告》)出版以来，他一直定期投稿。② 1933 年期间，杜威每月都向这个刊物投稿，只有 8 月份例外。1934 年，杜威的南非之行打断了那年他在夏季和早秋的投稿。杜威所写的文章，主要是关乎减少失业和通过税收进行国家收入的再分配。1933 年和 1944 年的《公告》中，包括致罗斯福总统的四封信、一封致国会的公开信，以及他在华盛顿特区举办的"人民游说团"大会上的讲话。杜威在失业联委会上的致辞"什么使资金远离买方"——部分刊发于 1934 年 5 月的《公告》(本卷第 81.1—82.33)——首次发表于 1934 年第 73 届国会第二会期的《国会议事录》，第 78 部，第 7 部分，第 7384—7385 页(本卷第 81—86 页)。

该联盟执行秘书本杰明·C·马什(Benjamin C. Marsh)编撰了《公告》的绝大多数材料。③ 1931—1932 年的信件往来显示，杜威签名的或者以主席名义发出的一些信件和文章，是由杜威和马什合作而成的。④ 不过，1934 年 3 月 2 日，《华盛顿邮报》(Washington Post)发表一篇"人民游说团公告"，极力批评罗斯福总统的新闻稿的时候，则让杜威感到有所顾虑。一篇暗指杜威是作者的文章，引起了杜威的注意。杜威把剪报寄给马什，并且写道："通过所附剪报，你可以看到，尽管事实上你并未那样发稿，但是避免你的新闻稿被归于我何其难也！我不愿加到你的作品上，但同时必须把所有的发布看作以'人民游说团'的名义。"⑤

475

---

① 参见弗雷德森·鲍尔斯：《多重权威：范本的新问题和新概念》，《书目、文本和编辑中的论文》(Essays in Bibliography, Text, and Editing)，夏洛茨维尔：弗吉尼亚大学出版社，1975 年，第 447—487 页。

② 有关杜威与"人民游说团"关系的更多信息，参见本杰明·C·马什的《为人民游说：五十年记载》(Lobbyist for the People: A Record of Fifty Years)华盛顿特区：公共事务出版社，1953 年，第 69—88 页和《杜威晚期著作》，第 6 卷，第 535—540 页。

③ "人民游说团第二次年会备忘录"，马什文存，国会图书馆，华盛顿特区。本次会议于 1934 年 1 月 1 日在杜威的家乡举行。

④ 《杜威晚期著作》，第 6 卷，第 535—540 页。

⑤ 1934 年 3 月 3 日，杜威致马什，马什文存。

文本研究资料　　381

就供此版本而言，一些文章前面的解释性眉批得以保留，而且以斜体发排。绝大多数勘误所更正的，是《人民游说团公告》初版时被忽略的排印错误。

《〈古巴的恐怖活动〉英文版前言》

杜威为《古巴的恐怖活动》所写的前言，在 1933 年以法文发表（古巴革命青年委员会，巴黎：库尔贝伏瓦，共同印刷所）。尽管法文版标题页提及一个英文版本，但是一直没有寻获其副本。杜威的前言由乔·安·博伊兹顿译成英文，1968 年首次发表于《学校和社会》。[①] 博伊兹顿是从巴黎国家图书馆的一个影印本进行翻译的。她的译作引言解释了那个小册子的背景：

> 1933 年早些时候，马查多总统的秘密警察与敌对的 ABC 秘密社团双方的密谋、共谋、迫害和暗杀，在古巴开始达到危机点……
>
> 一方面为了证明日益增长的危机，另一方面为了对其推波助澜，自称古巴革命青年委员会的一群人在许多国家寻求知识和社会领袖对他们在古巴恢复宪政努力的支持。他们获得即刻而有利的回应。此种回应的证据，保留在一个小册子里……形式上有来自 16 个组织和 33 个个人的陈言……前言则由亨利·巴比塞[②]（法文版）和约翰·杜威（英文版）所撰。这个 98 页的小册子在 1933 年暮春或初夏出版于巴黎，其中在第一部分包含寻求全世界理解的呼吁书——"9 月 27 日的暗杀"，在第二部分包含"一个暴政的历史"……
>
> 小册子的标题很可能源于 1933 年 2 月《伦敦每日先驱报》（*London Daily Herald*）的一篇报道，说到古巴的恐怖活动当道。在其他消息来源重复这种新闻之后，伦敦的古巴使团出面否认，声称哈瓦那的社会生活比以往更加歌舞升平，"恐怖活动当道"之说是荒谬之极。
>
> ……作为马查多所面临的越来越大的压力的一部分，《古巴的恐怖活动》是一份重要的历史文献。作为三年前大学被关闭的一群流亡学生的一个出版物，

---

① 博伊兹顿：《约翰·杜威的〈1933 年古巴的恐怖活动〉》（*Terror in Cuba in 1933*，by John Dewey），《学校和社会》，第 96 期（1968 年 11 月 23 日），第 444—445 页。

② 亨利·巴比塞（Heri Barbusse, 1873—1935），法国小说家、法共党员，其作品的主题大多涉及一战和共产主义；其著作有 1916 年以西线作战经历为基础的、史上第一部描写一战的小说《遭袭：野战排故事》等。——译者

476

它是一份吸引人的、雄辩的、寻求支持的呼吁书。作为杜威长期致力于各地自由事业的又一例证，它对于美国思想学人而言，具有持续的兴趣。①

《教师工会特别申诉委员会的报告》

20 世纪 20 年代期间，共产主义者与教师的瓜葛是有限的，而且显然不是处心积虑的。那时，人们对于苏俄实验及其理论和实践基础有相当的兴趣。② 正如杜威在其"为什么我不是一个共产主义者"（本卷第 91—95 页）中所说的，他从哲学和实践上诘难共产主义，而且视其教育结果是危险的。1930 年之后，共产主义活动在纽约教师工会第五地方分会有所增加，大致起因于教师们发现自身地位在萧条期间并不稳固。③

1932 年，自称"普通百姓"的一个人多势众的异议群体，挑战该教师联合会主席亨利·R·林维尔的领导权。尽管他们输掉了选举，但是成功地把伊西多尔·贝根安置到理事会当中。该地方分会的法律代表亚伯拉罕·莱夫科维茨在执委会会议上动议：从工会中驱逐所有"普通百姓"的成员，希望维持工会中传统的领导权。④ 1932 年 9 月，执委会指定了一个委员会，以便准备指控那些搅局者。10 月 7 日提交报告之后，该委员会扩员，囊括了工会所有的官员。这个联委会在 1932 年 10 月 27 日向全体会员大会提交了报告。⑤ 会上选出了一个包括杜威在内的特别申诉委员会，以便审定根据下述理由驱逐伊西多尔·贝根、艾丽丝·西特伦、克莱拉·里伯、亚伯拉罕·齐琼、约瑟夫·勒布尔特和伯特伦·D·沃尔夫等人的合理性："1. 试图败坏工会官员的名誉；2. 有算计持续地传播有关执委会及其活动的失实言论；3. 在会议上实施少数人控制；4. 实施旨在追求异于工会目的及其成员意愿的那些目标的扰乱性策略。"⑥林维尔后来解释说，"申诉委员会工作的主要目的之一，是提出一些措施；一

477

---

① 博伊兹顿：《约翰·杜威的〈1933 年古巴的恐怖活动〉》。
② 威廉·爱德华·伊顿（William Edward Eaton）：《美国教师联合会 1916—1961：一部运动史》（*The American Federation of Teachers*，1916 - 1961：*A History of the Movement*），卡本代尔和爱德华兹维尔：南伊利诺伊大学出版社，1975 年，第 86 页。
③ 同上，第 91 页。
④ 同上。
⑤ 菲利普·塔夫特（Philip Taft）：《他们教导团结起来：教师团结联盟的故事》（*United They Teach*：*The Story of the United Federation of Teachers*），洛杉矶：纳什出版社，1974 年，第 31—32 页。
⑥ 伊顿：《美国教师联合会》（*The American Federation of Teachers*），第 91 页。

旦采纳，就会帮助工会解决它的困难"。①

选举杜威为主席的这个申诉委员会，"组织过 24 次会议，每次长达 2 到 3 个小时。其中 5 次是常务会议，主要是为了处理辩护者提出的问题"。② 有 109 位证人作证，其中 63 位证人有利于联委会所提出的指控，另外 46 人是辩方传唤。

478在所确定的 1933 年 4 月 29 日周六，在纽约市商业中学举行特别会议之前数周，报告就已经备妥，并印刷和发给了工会会员。林维尔报告说，超过 800 名会员出席了 2 点开始、8 点结束的本次会议。"暂停（克莱拉·里伯）会员资格的投票结果是：451 票赞成，316 票反对，差 23 票未到三分之二的多数。考虑撤销另外四人案子的动议，获得 444 张赞成票和 238 张反对票，则被采纳。"③在其有关本次会议的报告中，林维尔写道："特别申诉委员会主席杜威教授在呈递报告时发表了值得纪念的即席演讲，本期《教师工会》刊载了其速记报告。"（本卷第 315—319 页）④

《教师工会特别委员会的报告》首先由美国教师联合会教师工会作为第 5 号文件（一份 8 页 8½ 乘以 11 英寸页面的印刷文件）出版（纽约：梅多勃洛克出版社，1933 年）（R）。1933 年 4 月之后，因为出现了大量索求报告的情况，位于芝加哥的美国教师联合会总部油印了这份报告，发往所有的地方分会。

范本（R）采纳了来自油印本（M）的一些勘误成果：把 321.2 处的单数"证人"更正为复数，而且把 R 中原来紧跟"运动"之后的"吾辈当中和避免暴露鬼魅魍魉"这行字移到 M 中 341.13 处"隐瞒"之后的恰当位置。在 340.18 处 M 读作"行业工会"，而 R 只简单地读作"工会"。鉴于 R 中"行业工会"直接出现在"工会"的上面一行，可以推定打字员的眼光落到上面一行，导致"行业工会"的重复使用，从而 R 中的"工会"仍然予以保留。

《纽约和西伯里调查》

1930 年，著名律师贾奇·萨缪尔·西伯里被任命为调查纽约市政府状况的首席479调查员。西伯里的发现，令市政领导们如此震惊，以至于"市务委员会"出版了一个小册子，以唤起公众对那些曝光问题的关注。"市务委员会"成立于 1930 年 3 月，由一

---

① 林维尔：《工会能解决其左翼难题吗?》，《教师工会》，第 10 期（1933 年 5 月），第 4—6 页。

② 《教师工会特别申诉委员会的报告》，美国教师工会，第 5 号文件，纽约：梅多勃洛克出版社，1933 年，第 2 页（本卷第 320 页）。

③ 林维尔：《工会能解决其左翼难题吗?》，《教师工会》，第 10 期（1933 年 5 月），第 4 页。

④ 同上。

群市政领导和教育家组成,约翰·海恩斯·霍尔姆斯和诺曼·托马斯担任共同主席,杜威担任副主席。该委员会的目的是其各个分委会与各市政部门并行运作,以便"保护和促进市政利益"。① 执行主任保罗·布兰夏德(Paul Blanshard)把该委员会描述为"一个非党派组织,誓言不为任何投票时的候选人背书。它的安排中包含许多措施,这些措施包括诸如比例代表、政府效率和降低政治喜好者的高薪。就此,社会主义者和非社会主义者都可以团结起来。"②

《纽约和西伯里调查》由"市务委员会"以 5½ 乘以 8 英寸页面的 48 页小册子的形式出版(纽约:1933 年)。布兰夏德把小册子作为辅助读物,向纽约的公立学校派发。布兰夏德致信各个学校的校监,解释那个小册子是"基于立法机关授权的本州官方文件","由纽约公立学校系统中附有经验的教师执笔,由美国领衔教育家杜威教授编辑"。③

《到明天就太晚了:拯救学校从现在开始》

备有得自"教育中的紧急状况联合委员会"报告的诸般事实,1930 年,"白宫儿童健康与保护会议"报告编辑暨与伊芙琳·杜威一道担任《新时代儿童》(*Child of the New Day*)共同编辑的凯瑟琳·格洛弗④,寻求杜威有关教育危机的观点。她邀请杜威——她认为,他是"比其他任何人……肩负更多塑造与现代生活方式相适应的教育这一责任"的人——解释她所收集到的那些事实。杜威的长篇回应发表于《好家政》,第 98 期(1934 年 3 月)第 20—21、222—227 页。

480

A. S.

---

① 《托马斯·班克斯参加市政委员会》,《纽约时报》,1930 年 3 月 30 日,第 23 页。

② 布兰夏德:《市政社会主义已然存在》,《新共和》,第 73 期(1932 年 11 月 30 日),第 75 页。

③ 《34 人组亮相"教科书"》,《纽约时报》,1933 年 6 月 30 日,第 19 页。

④ 《白宫儿童健康与保护会议》(*White House Conference on Child Health and Protection*),纽约:世纪出版公司,1931 年;《新时代儿童》,纽约:D·阿普尔顿世纪公司,1934 年。

校勘表

　　　范本中的所有校勘，无论针对实质性用词还是偶发拼读的校勘，被记录在下表中，除了一些形式上的变化。25篇文章都是在校勘后出现的。每一篇文章的范本都在对该文章的校勘伊始得到确定。对于那些在它之前只有一个版本的文章，下面列表从没有这个范本的缩写。左边的页码—行数来自本版；除标题之外，所有行数都计算在内。方括号前的内容出自本版，括号后面是首次出现的校勘内容来源的缩写。方括号后面的缩写词的顺序，表明了按时间顺序从头到尾出现的校勘。缩写词后面的分号是校订来源。分号后面被摒弃的行文按反向的时间顺序排列，最早的版本——通常是范本——排列在最后。

　　　W表示著作（Works）——当前版本，并且首次用作本卷校勘。WS（Works Source）用来表明：杜威引用材料的拼法、大写法，以及他的材料来源中某些特定的实质性用词加以重新拼写时所作的校勘（参见"引文勘误"）。*Stet* 和版本或者印次一起，指后来被修订的版本或印次中被保留的一个重要的内容；分号后面是不再被使用的改动。

　　　当修订只限于标点时，波浪线"～"表示括号前的相同词语，脱字符号"＾"指缺失一个标点符号。缩写[*om.*]表示括号前面的内容在该缩写后面所指定的版本，或印次中被省略；[*not present*]被用来表明在确定版本中没有出现的文字。缩写的[*rom.*]表示罗马字体，并用来标明斜体字的省略；缩写的[*cap.*]指方括号前面的词条是大写字母。修订的页码—行数之前的星号，指该内容在原文注中被讨论。

　　　以下这些形式的或机械的更改遍及全书：

　　　1. 对杜威论文或章节的大量脚注按照顺序加了上标序号。

2. 书名和杂志名以斜体标示;出现在杂志名称前的"the"用小写罗马字体标示;文章和书的章节名加了引号。

3. 句号和逗号在引号之内。

4. 不在所引内容之内的单引号被改成了双引号;必要时,补充了开始或结束部分的引号。引文中的前引号和后引号被省略掉了。

5. 连字被拆开了。

下列拼法在编辑时被调整为出现在方括号之前的众所周知的杜威的用法:

centre(s)]	center 23.22, 36.11, 41.21, 42.4, 88.39, 145.22, 179.39, 185.2, 213.17, 216.22, 389.7
commonplace]	common place 97.26
cooperate (all forms)]	co-operate 183.32, 184.9, 184.37, 185.7, 203.20
cooperate (all forms)]	coöperate 18.26, 23.10, 72.30
coordination]	co-ordination 230.27
naïve]	naive 87.30
preeminently]	preëminently 45.6
role]	rôle 48.40, 170.22, 245.14, 245.16
uncoordinated]	unco-ordinated 234.4

《共同信仰》

范本是受版权保护的存储本 A76336(纽黑文:耶鲁大学出版社,1934 年)。在《共同信仰》第 2 章中,以及在《耶鲁评论》第 23 期(1934 年 6 月)第 751—770 页上,标题为"现代宗教的解放"中的词语更改罗列在"《信仰及其对象》的实质性更改"中。

10.4	Ultimate Source]	WS; ultimate source
10.20	Savior]	WS; savior
10.20	Power]	WS; power
13.34	starting-point]	WS; ∼∧∼
50.19	Ayres]	W; Ayers

《经济复苏的步骤》

范本首次由罗伯特·沙尔克巴赫基金会结集出版。在范本作为一个小册子(纽约:罗伯特·沙尔克巴赫基金会,1933 年),以及在《商业和金融》第 22 期(1933 年 8 月 30 日)第 751—752 页,标题为"富有与匮乏"的出版中,校勘得到了认可。

61.24	*Progress and Poverty*]	P, CF; [*rom.*]
62.26	world."]	P, CF; ∼".

62.38	all."] P, CF; ~".
63.2	hopeless] P, CF; helpless
63.28	sure,"] P, CF; ~",
63.31	before."] P, CF; ~".
*64.5	producer,] CF; consumer,
*64.6	consumer,] CF; producer, P; producer.
64.6	parasites, exploiters and] P, CF; parasites and exploiters,
64.6-7	privileged,—] P, CF; ~,∧
64.7-8	excess,—] P, CF; ~,∧
64.8	cases,] P, CF; ~∧
64.24	compelling] P, CF; has compelled
65.17	George's] P, CF; his
65.17	a panacea] P, CF; panacea
65.26	spoliation] CF; spoilation

《统一与进步》

范本是先前唯一的一次印刷,首次发表于《明日世界》,第 16 期(1933 年 3 月 8 日),第 232—233 页。

74.32	anomalous] W; anomolous

《追切的需要:一个新型的激进政党》

范本首次发表于《常识》,第 2 期(1933 年 9 月),第 6—7 页。在由阿尔弗雷德·米切尔·宾厄姆和塞尔登·罗德曼编辑的《新政的挑战》(纽约:福尔肯出版社,1934 年)第 269—273 页中,校勘得到了认可。

76.1	Imperative ... Party] CND; THE IMPERATIVE NEED FOR A NEW RADICAL PARTY
76.25-26	propaganda. [¶] In order] CND; propaganda./*Capitalism Is Not Democracy*/[¶]In order
77.8-9	beneficent] CND; beneficient
77.34	Civil War] W; civil war .
78.4-5	power. [¶] I am] CND; power./*The Rôle of Franklin D. Roosevelt*/[¶]I am
79.6-7	pottage." [¶] *The*] CND; pottage."/*A United Radical Party*/[¶] THE
79.7-9	*only ... party.*] CND; [*cap.*]
79.35	interests] CND; intersts
80.8-9	*The ... party.*] CND; [*cap.*]

《什么使资金远离买方？》

范本首次发表于《国会议事录》,第 73 届国会,第二会期,1934 年,第 78 部,第 7 分,第 7384—7385 页。在《人民游说团公报》第 4 期(1934 年 5 月)第 1—2 页的部分出版中,校勘得到了认可。

81.4	us] PL; us all
81.15	of all families came] PL; came
82.33 - 34	nonproductive. [¶] The] W; nonproductive./THE BATTLE OF THE PRODUCERS AND CONSUMERS AGAIN ST EXPL - OITERS/[¶] The
84.19	farmer] W; farmers

《美国的理想（Ⅰ）：自由的理论与组织化的事实》

范本是先前唯一的一次印刷,首次发表于《常识》,第 3 期(1934 年 12 月),第 10—11 页。

87.17 - 18	Moscow. [¶] If] W; Moscow./*Regimentation Today*/[¶] If
88.35 - 36	of. [¶] The] W; of./*Not Our Idea of Democracy*/[¶] The
89.23 - 24	millions. [¶] The] W; millions./*Liberty of Wealth*/[¶] The

《知识分子的最高责任》

范本首次发表于《科学教育》,第 18 期(1934 年 2 月),第 1—4 页。在《科学》第 79 期(1934 年 3 月 16 日)第 240—243 页的出版中,校勘得到了认可。

97.12	discovered] S; disvovered
97.34	expenditure] *stet* SE; expenditures
98.13	in human] *stet* SE; in humane
99.22	all else] *stet* SE; all
99.29	a region] S; region

《一个伟大的美国先知》

范本是先前唯一的一次印刷,首次发表于《常识》,第 3 期(1934 年 4 月),第 6—7 页。

103.18 - 19	distribution. [¶] Bellamy] W; distribution. /*His Faith in Democracy*/[¶] Bellamy

104.8 - 9	people. 〔¶ The〕 W; people./His Trust in "Evolution"/〔¶ The
104.29 - 30	society. 〔¶ I wish〕 W; society./The Opposite of Regimentation/〔¶ I wish
104.31 - 32	regimentation〕 W; regimentating
105.6	every one〕 WS; everyone
105.7	any one〕 WS; anyone
105.8	regimentation〕 W; regimentaion
105.28	millennium〕 W; millenium
105.37 - 38	"Economic Suicide〕 W; " Suicide
105.38 - 39	"'The . . . Tank'"〕 W; "∧～∧"

《智力和权力》

范本是先前唯一的一次印刷,首次发表于《新共和》,第 78 期(1934 年 4 月 25
日),第 306—307 页。

108n.1	realised〕 WS; realized

《教育中的危机》

范本首次发表于《美国教师》,第 17 期(1933 年 4 月),第 5—9 页。在美国教师联
合会再版的 16 页小册子中(芝加哥:美国教师联合会,1933 年),校勘得到了认可。这
一列表也用作两个文件基于史事的核对。

112.5 - 6	years . . . teacher,〕 stet AM; years a teacher, AFT
112.12 - 13	card.〔¶ The〕 W; card./Extra Legal Committees/〔¶ The
112.16	that〕 AFT; who
112n.2	28〕 AFT; 29
113.9 - 10	applied. 〔¶ It〕 W; applied. /Banker Control/〔¶ It
113.12	McGoldrick〕 AFT; Goldrick
115.34	school〕 W; schools
115.39 - 40	interests . . . is〕 stet AM; interests is AFT .
116.4	privilege,〕 AFT;～∧
116.20 - 21	available.〔¶ In〕 W; available./Teachers' Salaries/〔¶ In
*116.30 - 32	salary . . . groups.〕 stet AM; salary of the elementary and rural groups in what is, in the total, probably the largest single group of sections is less than $787 a year. AFT
*116.33 - 34	There . . . across the〕 stet AM; In the states just across the AFT
*116.34 - 35	Mississippi, in which〕 W; Mississippi AFT; Mississippi∧ in which AM
*116.36	There . . . mainly in〕 stet AM; In AFT
*116.37 - 38	where the average〕 stet AM; the average AFT
*116.38 - 39	and . . . Connecticut,〕 stet AM; and in Connecticut AFT

*117.1	west … salary] *stet* AM; west the salary AFT
117.27 – 28	argument. [¶] Of] W; argument. /Comparative School Costs/[¶] Of
119.7 – 8	campaign. [¶] This] W; campaign. /Breakdown of School System/ [¶] This
119.9	this increase] AFT; in this increase
119.12	make] *stet* AM; make the AFT
119.37	Citizens] W; ~'
120.8	State Legislatures] WS; state legislatures
120.13 – 14	more! [¶] The] W; more! / Conference on the Crisis in Education/[¶] The
120.33	nation] WS; Nation
121.7	New York City] AFT; New York
*121.8	two … quarter] *stet* AM; two and a quarter million AFT
122.16 – 17	condition. [¶] And] W; condition. /Meeting the Crisis/[¶] And
122.20	press,] W; ~.
123.21 – 22	country. [¶] Why] W; country. /How Shall Teachers Meet the Crisis?/[¶] Why
123.31	shall] AFT; will
124.9	*Teachers Union*] WS; *teachers unions*
124.25	Mrs. Hanson] *stet* AM; Mrs. Hanson, the secre tary-treasu-rer, AFT
124.37	classes,"] WS; ~,∧
124.38	teachers,∧] WS; ~,"
125.7 – 8	unit." [¶] Now] W; unit."/Friends of the Public Schools/ [¶] Now

《教育和我们当前的社会问题》

范本首次发表于《学校与社会》，第 37 期(1933 年 4 月 15 日)，第 473—478 页。

在《教育方法》第 14 期(1933 年 4 月)第 385—390 页的再版中，校勘得到了认可。

127.19	the earlier] EM; that earlier
127.23	ask:] EM; ~,
127.23	educators] EM; an educator
127.25	that] EM; which
127.25	help us] EM; help
127n.1	delivered before] EM; before
127n.2	Instruction at] EM; Instruction,
127n.2	March 1,1933.] EM; March 1.
128.9	out] EM; on the basis
128.12	of] EM; for
128.14	And educators] EM; Educators
128.15	by starting] EM; because they start
128.16	isolated] EM; in isolation

128.17   what they wish] EM; their wishes
128.31   at hand] EM; which we command
129.15   crisis.] EM; educational crisis.
129.17   number] EM; numbers
129.20 – 21 population and] EM; population, the
129.22   elimination] EM; eliminations
129.29   great] EM; outstanding
129.32   to some] EM; in some
129.34   heads] EM; head
129.35   which] EM; that
130.1   the attack] EM; attack
130.9   And any] EM; Any
130.11 – 12 crisis] EM; crises
130.15   Whatever] EM; What
130.15   or] EM; or even
130.18   same beneficial] EM; same
130n.3   were] EM; was
130n.4   prepared] EM; did prepare
131.1   find themselves in] EM; find
131.3 – 4   will not merely] EM; will
131.4   said,] EM; said, not merely
131.17   an avenue∧] EM; a line, an avenue,
131.18   problems∧] EM; ～,
131.18   which] EM; that
131.18   that] EM; which
131.19   and so direct] EM; in direction of
131.19   that they will] EM; that will
131.22   work,] EM; ～∧
131.23   and, once more,] EM; ～ (～)
131.23   are not so] EM; are so, not
131.23   just because] EM; just as
131.24   because of education itself.] EM; in the educational cause to which he
            has devoted himself.
131.25   problems] EM; the problems
131.26   common. They] EM; common; they
131.27   cyclones,] EM; ～∧
131.27   outside; they] EM; outside but
131.28   social causes] EM; causes
131.28   social effects] EM; effects
131.29   the educator] EM; himself
131.32   their effects are something] EM; effects are
131.33   the social] EM; social
131.38   not just] EM; not
132.4   men] EM; the men

132.4	groups] EM; other groups
132.9	the social] EM; social
132.15	service] EM; a service
132.22	the conditions] EM; conditions
132.23	work,] *stet* SS; forces, EM
132.24	thus deprive] EM; deprive
132.25	as a whole] EM; of a whole
132.25	needs,] EM; ~∧
132.26	bedlam,] EM; bedlam and
133.7	this function] EM; the function of education
133.8	formation] EM; the forming
133.10	something] EM; if it were something
133.10	and of] EM; and think of
133.19	common. And] EM; common, and
133.19 – 20	due in turn] EM; in turn due
133.20	remoteness] EM; the remoteness
133.22	themselves can] EM; can themselves
133.27	make] EM; which make
133.31	Social Trends,] EM; social trends∧
133.31 – 32	toward] EM; towards
134.2	adjusting certain] EM; adjusting
134.11 – 12	separate . . . groups.] EM; separate.
134.19	create] EM; create direct
134.19	bonds∧] EM; ~,
134.19	exchange] EM; produce exchange
134.26	understanding for] EM; understanding of
134.27	pleading.] EM; speaking.
134.38 – 39	lack . . . power] EM; lack of social power possessed
135.1	general settlement] EM; settlement
135.2 – 3	much . . . until] *stet* SS; until EM
135.6	Beginning] EM; Begin

《杜威概述乌托邦的学校》 *489*

范本是先前唯一的一次印刷,首次发表于《纽约时报》,1933 年 4 月 23 日,教育版,第 7 页。

136.25 – 26	library. [¶] The] W; library. /Parenthood Required. /[¶] The
137.2	persons.] W; person
137.20 – 21	children. [¶] The] W; children. /Learning by Association. /[¶] The
137.22	say,] W; ~∧
137.38 – 39	cooperating. [¶] Naturally] W; cooperating. /Emphasis on Development. /[¶] Naturally

138.24 – 25	them. [¶ I] W; them. /The Inevitability of Learning. /[¶ I
139.5 – 6	living. [¶ The] W; living. /Relation to Economic ldeas. /[¶ The
139.34 – 35	effectually. [¶ In] W; effectually. /Attainments vs. Capacities. /[¶ In

《我们应该废除学校的"虚饰"吗？不》

范本首次发表于《扶轮社》,第 42 期(1933 年 5 月),第 18—19、49 页。在《现代思想家》第 3 期(1933 年 6 月)第 149—153 页的再版中,校勘得到了认可,题目是"教育和社会的变革"。

143.4	disease;] MT; ∼,
145.19	excrescences.] MT; excresences.
146.8	excrescences] MT; excrescenes
146.9	off] MT; enough

《为什么有进步学校？》

范本首次发表于《当代历史》,第 38 期(1933 年 7 月),第 441—448 页。重新发表在《哲学家》第 12 期(1934 年 4 月)第 56—62 页上,题目是"个体心理学和教育"。其实质性的更改罗列在"《为什么有进步学校?》中的实质性更改"中。

| 147.18 | new"?] W; ∼?" |
| 157.25 | the] W; the the |

《面向不断变化的社会秩序的教育》

范本首次发表于《皮博迪反光镜和校友新闻》,第 7 期(1934 年 4 月),第 123—124、142—143 页。在美国教师学院协会 1934 年出版的《第十三年鉴》的第 60—68 页中,校勘得到了认可。

158.6	*status*] W; *statu*
161.14	arm's] W; arms,
161.22	Civil War] TC; civil war
162.32	high schools] TC; colleges
163.3	than] TC; that
165.21	cooperatively]TC; co-operatively
167.25	reorganization] TC; re-organization

《教育和社会秩序》

范本首次由工业民主联盟作为一个小册子发表(纽约,1934 年),共 16 页。1949

年的修订版由工业民主联盟出版,列出了"《教育和社会秩序》中的实质性更改"。

176.8	Old World] W; old world
176.21	its] W; it
178.4	ne'er-do-well] W; neer-do-well
179.23 – 24	children's] W; childrens'
180.25	minds] W; mind
181.22	schools] W; school
181.31	achievements] W; achievments

《年轻人的性格培养》

范本发表于《扶轮社》,第 45 期(1934 年 9 月),第 6—8、58—59 页。在《休闲》(*Recreation*)第 29 期(1935 年 6 月)第 139—142、175—176 页的校勘得到了认可。

187.16	children's] W; childrens'
191.6	cooperative] R; cooperative
192.23	cooperation] R; co-/öperation
193.15	cooperate] R; coöperate

《教育哲学的必要性》

范本发表于《家庭和学校中的新时代》,第 15 期(1934 年 11 月),第 211—214 页。在马勒布编辑的《变化社会中的教育调适性》(开普敦和约翰内兹堡:朱塔出版公司,1937 年)第 22—28 页中,校勘得到了认可。这一列表用作两个文件基于史事的核对。

194.2	"Progressive . . . phrase] EA; The phrase "progressive education" is one, if not of protest,
194.2	contrast] EA; contrast, of contrast
194.3	education] EA; education which was
194.6	method] EA; idea
194.7	reaction, . . . as an] EA; reaction/ʌ and protest. For it is an
194.8	as identified] EA; when we identify education
194.9	does . . . actual] EA; does it seem to be a simple thing to tell what
194.9 - 10	education . . . definition] EA; education actually is, and yet a clear idea of what it *is*
194.10	gives the] EA; gives us our
194.11	the work of schools.] EA; what goes on in schools.
194.12	Some suppose that the] EA; It is sometimes supposed that it is the business of the
194.12	should tell] EA; to tell
194.13 - 15	*should* be . . . implied.] EA; *should* be.
194.15	For] EA; But

文本研究资料 **395**

194.16	and which] EA; at least, the only way
194.16 – 17	take ... processes,] EA; lead us into the clouds,
194.18 – 27	Any ... forces and] EA; And before we can formulate a philosophy of education we must know how human nature is constituted in the concrete; we must know about the working of actual social forces; we must know
195.1	things] EA; something
195.4	find] EA; and then find
195.5	place, and then] EA; place. Then we can
195.5	place] EA; place in these instances
195.10	Firstly,] EA; In the first place,
195.10	development—] EA; ~,
195.11	growth, and] EA; growth. And it is
195.11	*process*,] EA; *process* and
195.11	end result,] EA; result that
195.13	one who through his] EA; a person whose
195.13	will] EA; go on in such a way that he will
195.14 – 16	He ... ill.] EA; [*not present*]
195.16	person] EA; person is the person who
195.17 – 19	education, ... educated.] EA; education.
195.20	[¶] What is] EA; [*no* ¶] Just what do we mean by
195.20	growth? ... Early] EA; growth, by development? Some of the early educational
195.22	plant, deducing] EA; plant. They used this analogy to draw
195.24	left] EA; if they are only left
195.25	a *natural*] EA; *natural*
195.25 – 26	development, ... alone,] EA; development
195.26 – 28	growth, ... powers.] EA; growth which they regarded as artificial.
195.29	This ... fallacies.] EA; [*not present*]
195.29	In] EA; But in
195.29	seed-growth] EA; the growth of a seed
195.30	with human growth;] EA; with that of a human being;
195.30 – 31	much more] EA; largely
195.31 – 32	nature; ... it] EA; nature. It
195.32	not] EA; not got
195.33	outcomes] EA; outcomes that are
195.33 – 34	human young, which] EA; more flexible and richly endowed human young. The latter
195.34	seed embodying] EA; seed, a collection of
195.35	powers but] EA; powers, but he
195.35	develop ... forms.] EA; a sturdy oak, a willow that bends with every wind, a thorny cactus or a poisonous weed.
195.36	the second] EA; a second

195.37	itself ... aids.] EA; itself.
195.37	Its] EA; It must have light, air and moisture in order to grow. Its
195.38	is] EA; is after all
195.38	external conditions] EA; conditions
195.38	forces.] EA; forces that are outside of it.
195.39	external] EA; those of its surroundings
195.40	In brief,] EA; In fact,
196.1	depends on] EA; is a matter of
196.1	between] EA; that goes on between
196.1 – 2	its environment.] EA; the conditions and forces that form its environment.
196.2	or a stalk] EA; a stalk
196.2	with few ears of] EA; that bears few ears with only a few
196.3	exhibits] EA; exhibit so-called
196.3	as the noblest] EA; as does the noble
196.4	tree] EA; tree with expanding branches
196.4	prize-winning ear of maize.] EA; ear of maize that wins the prize at an exhibition.
196.4 – 5	is due not only] EA; may in part be due
196.5	stock∧ but also] EA; stock, but it is also due in part
196.5	environment;] EA; what the environment has provided. And even
196.6	end, or give] EA; end or result in
196.7	product,] EA; ∼∧
196.8	atmospheric conditions.] EA; conditions of light, moisture, air, etc.
196.9	There being] EA; Since there are
196.9	in any] EA; in the existence of any
196.9 – 10	interaction ... growth)] EA; interaction,
196.11 – 14	Na tive ... cooperate.] EA; [not present]
196.15	fail in three ways] EA; failed
196.15	take this factor] EA; take
196.15 – 16	account. In the ... ignore] EA; account
196.17	needs of] EA; needs that exists in
196.17 – 18	beings ... individuality.] EA; beings.
196.18	They virtually assume] EA; It virtually assumed
196.18	education,] EA; education at least,
196.19 – 20	hence their provision of] EA; and it therefore provided
196.20 – 21	curriculum, ... recitation.] EA; curriculum for all.
196.22	they fail] EA; it failed
196.24	for] EA; that results in
196.26	if they are to] EA; in order that they may
196.27	With] EA; As with

196.28	food] EA; nourishment,
196.29 – 30	Without ... food] EA; Without them, the food that is theoretically most nutritious
196.30	vain; ... result.] EA; vain.
196.31	No proper] EA; Nothing would be more extraordinary if we had a proper
196.31 – 32	could ... assumption,] EA; than the assumption, now so commonly made,
196.34	naturally] EA; naturally or inherently
196.35	within] EA; that are within
196.35	capacities.] EA; capacities—precisely as the body of the baby is constantly active as long as the infant is awake.
196.36	problem is] EA; problem, a difficult and delicate one, is
196.39 – 40	this failure ... lies] EA; the failure of traditional education to see that the initiative in learning and growth is with the individual learner lay
196.40	imposition by] EA; imposition from the side of
196.40 – 197.1	of ... pupil.] EA; reception, absorption, from the side of the pupil.
197.1 – 3	The ... blows.] EA; [*not present*]
197.3 – 4	follows] EA; follows when there is
197.4	urgent] EA; that are urgent
197.5 – 6	are needed] EA; have to be resorted to in order
197.8	phonograph] EA; phonographic
197.8 – 9	secure their return] EA; result in giving back what has been inscribed
197.9	pressed.] EA; pressed in recitation or examination.
197.9 – 12	Or ... lead.] EA; [*not present*]
197.13 – 14	The ... observe] EA; It is impossible, of course, for any teacher not to observe
197.15	But,] EA; ~∧
197.15	these] EA; these differences
197.16	of individuality] EA; in individuality, to differences
197.17	under] EA; by being summed up under
197.18	are bright, others dull] EA; are just naturally bright∧ while others are dull
197.19	obedient, others] EA; obedient and others are
197.19 – 21	Inability ... taken] EA; [*not present*]
197.21	as a sign] W; as as sign EA; [*not present*]
197.21 – 22	of either ... wilfulness.] EA; [*not present*]
197.23	of judgment] EA; by which the pupil is judged
197.23	value of] EA; fact that
197.24	in life.] EA; are precious qualities in life.
197.26 – 27	to be ... educator] EA; which it is the duty of the educator

	to furnish
197.27 – 28	means of their development.] EA; means by which in-trinsic possibilities are developed.
197.28	They] EA; Native capacities are the beginning, the starting-point. They
197.28	not, and do] EA; not the end and they do
197.28	decide,] EA; ~∧
197.29	must observe] EA; will not get far in his work if he does not observe
197.30	his material.] EA; the material he deals with.
197.30	If] EA; But if
197.30 – 31	properties ... form] EA; properties
197.31	dictate his treatment,] EA; dictate what he does,
197.32 – 33	If they ... state.] EA; [*not present*]
197.34	consideration of his material] EA; consideration of what he finds
197.34 – 35	an idea, an ideal,] EA; an ideal
197.35	realized,] W; realised, EA; realized.
197.35	which must] EA; This idea and ideal must
197.36	his plant or ore;] EA; the raw material;
197.37	must be] EA; must express
197.37	Yet] EA; But, nevertheless,
197.38	their present form but] EA; them as they now exist. It must come
197.39	reflectively,] EA; ~;
197.39	hence ... source.] EA; hence it must come from a source other than what is already at hand.
197.40	Similarly ... him] EA; In the case of the educator the demand
198.2 – 3	measures ... achieved] EA; measure of the end to be accomplished the things that have already been done
198.3 – 4	originality and invention] EA; if they are original or inventive they
198.4	variation.] EA; variation. But human individuals vary in their structure and possibilities as plants and metals do not.
198.4 – 5	But ... using] EA; While the educator must use
198.5	results already] EA; results that have already been
198.5	cannot] EA; he cannot, if he is truly an educator,
198.7 – 8	some previous creation.] EA; anything that has been wrought and achieved previously.
198.9	development and growth]EA; development, growth,
198.9 – 10	change and modification] EA; change, modification, and modification
198.10	A teacher,] EA; It is quite possible for a teacher,
198.11	may fixate] EA; to fixate
198.12 – 13	level, ... estate.] EA; level.
198.14	the *intellectual* study of] EA; *intellectual*. It signifies studying
198.14 – 15	to discover material.] EA; to see what is there to work with.
198.15	With] EA; Having

496

198.15	understanding∧] EA;～,	
198.16	begins] EA; begins, for the practical work is one	
198.17	be toward] EA; be towards	
198.18	greater] EA; towards greater	
198.18	a more] EA; towards a more	
198.19	disposition] EA; disposition, one	
198.21 – 22	Some … reaction] EA; The weakness of some schools and teachers that would like to claim the name of progressive is that in reaction	
198.22	method] EA; traditional method	
198.22	external imposition] EA; external and authoritative imposition, they	
198.24	not examine closely or] EA; not, in the first place, examine closely enough and	
198.25	what] EA; to find out what	
198.25	may actually] EA; actually may	
198.25 – 26	be; … circumstances.] EA; be.	
198.27 – 28	evidentindividual traits] EA; individual traits that are showing themselves	
198.28	finalities … for] EA; finalities, instead of possibilities which by	
198.28 – 29	direction] EA; direction can be transformed	
198.29	significance.] EA; significance, value and effectiveness.	
198.29 – 31	Under … overlooked.] EA; [*not present*]	
198.31 – 32	The idea persists] EA; There is still current in many quarters the idea	
198.33	automatic unfolding] EA; unfolding	
198.33	within.] EA; within and that the unfolding will take place almost automatically if hands are kept off.	
198.34	This is a] EA; This point of view is	
198.34	reaction] EA; as a reaction	
198.35 – 38	there … development.] EA; there is an alternative; and this alternative is not just a middle course or compromise between the two procedures. It is something radically different from either.	
198.39	possibilities necessary] EA; possibilities, as starting-points, that are absolutely necessary necessary	
199.1	of direction] EA; *towards* which	
199.1	a starting-point with] EA; one *from* which; it involves	
199.2	that… direction-point,] EA; a given direction. Then when the point	
199.2	as the temporary goal,] EA; that is for the time being the goal and end	
199.3	reached only as] EA; reached, it is in its turn but	
199.4	problem] EA; problems	
199.4	educator] EA; adult who has to deal with the young	

497 appears at left of 198.39 row.

199.4	see intellectually,] EA; see,
199.5	deeply,] EA; deeply as well as merely to see intellectually,
199.5	forces] EA; forces that are
199.5	young] EA; young; but it is to see them
199.6	promises, and] EA; promises;
199.6	them] EA; them, in short,
199.7	become.] EA; come to be.
199.7	exact ing task] EA; task
199.7	there: it] EA; there. It
199.8	judging] EA; further problem of judging
199.8	of the conditions,] EA; the conditions,
199.9	materials, ... social—] EA; materials, both physical, such as tools of work, and moral and social,
199.10	more by *interaction*] EA; more, so *interact*
199.10 – 11	preferences, ... transformation.] EA; preferences as to bring about transformation in the desired direction.
199.12	The old education] EA; The essential weakness of the old and traditional education was not just that it
199.13	activities, which] EA; activities. These things
199.14	right education.] EA; anything that can rightly be called education.
199.14	weakness] EA; weakness and evil
199.14	its imagination] EA; the imagination of educators
199.15	rigid] EA; fixed and rigid
199.15 – 16	subject-matter drawn] EA; subject-matter, one drawn moreover
199.16 – 18	remote ... past.] EA; altogether too remote from the experiences of the pupil.
199.18	The New Education needs] EA; What is needed in the new education is
199.19 – 20	technique ... results.] EA; technique.
199.20	More ... mean] EA; But when I say more, I do not mean
199.21	kind but] EA; kind. 1 mean
199.21	vision,] EA; ～ ∧
199.22	can] EA; can possibly
199.23	for] EA; that will best promote
199.23 – 24	each individual,] EA; every individual young person;
199.24	since each] EA; that every new individual
199.24	problem and] EA; problem; that he
199.25 – 26	either ... presentation.] EA; subject-matter presented.
199.26	Only blindly obtuse convention] EA; There is nothing more blindly obtuse than the convention which
199.27	actual ... text-books] EA; matter actually contained in text-books of arithmetic, history, geography, etc., is just what
199.28 – 29	children, or ... are.] EA; children.

498

199.29 – 34	As ... individual.] EA; [*not present*]
199.35	In short, ... rigidity the] EA; But withdrawal from the hard and fast and narrow contents
199.36	side.] EA; side of the matter.
199.37 – 38	providing, ... experiment,] EA; providing
199.39	also] EA; also in truth
199.39	definite] EA; definite, judged
199.40	educated,] EA; educated, than traditional education supplied,
200.1 – 2	The old ... truth.] EA; [*not present*]
200.3 – 4	environment] EA; environment whether we intend it or not, and this environment is
200.4	the young] EA; children and youth
200.5 – 6	minds and characters] EA; minds and character
200.8	environment ... understanding,] EA; environment that his best understanding leads him to think will be conducive
200.10	forces] EA; forces of the modern social environment
200.10	throughout life.] EA; as long as they live.
200.11	judgment, or] EA; judgment and
200.12	teacher becomes] EA; teacher is
200.12	factor.] EA; factor, that it is in the traditional school.
200.12 – 13	He now] EA; The difference is that the teacher
200.13	possessed of] EA; marked by
200.16 – 17	There is ... violated.] EA; [*not present*]
200.17	Development] EA; Development, however
200.18	process∧] EA; ~,
200.18	continually] EA; continuity
200.19	action –] EA; action. Here was
200.20	involved] EA; involved of necessity, for those who mastered it,
200.21 – 22	In the ... it] EA; Here lies perhaps the greatest problem of the newer efforts in education. It
200.23	to-day and] EA; to-day and this week and then
200.23	to-morrow,] EA; to-morrow and next week. Things are done
200.24	stimulus] EA; interest and stimulation
200.24 – 25	to its objective or whether] EA; to what it leads to, as to whether
200.25 – 26	difficult ... calling] EA; difficult, setting new demands for information, need
200.27	more adequate] EA; greater adequacy in
200.27	skill.] EA; skill, is led up to and grows naturally out of what is started.
200.27 – 28	There is genuine need] EA; The need
200.28	spontaneous] EA; spontaneous and uncoerced
200.28 – 29	activity but,] EA; activity is a genuine need; but
200.29	thought, ... results] EA; thought it results, all too readily,
200.30	brief-lived] EA; short time

499

200.31	not ... growth.] EA; and the continuity necessary for growth is lost.
200.31	educational] EA; education
200.32 – 33	by ... planning] EA; on the part of teachers than did the old—for there the planning
200.33	effected] EA; done
200.34	curriculum, etc.] EA; curriculum.
200.35	But] EA; I have spoken of the importance of environment, but
200.35	education also] EA; education
200.36	specified as] EA; specified. It must be seen to be
200.37	with ... social.] EA; and its values as social.
200.37	Through its influence] EA; Through the influence of the social environment
200.39	fears, ... group.] EA; fears of the cultural group to which he belongs.
201.2	his community.] EA; the community.
201.2 – 3	His ... experiences] EA; Hills and plains, plants and animals, climate and change of seasons,
201.4	the characteristic ... society.] EA; and characteristic occupations and interests, of the society of which he is part.
201.4 – 5	In ... then,] EA; In the earlier years of education,
201.6 – 7	Here ... proceeding] EA; Here is one of the commonest failures of the school. We are told that instruction must proceed
201.8	it forgets ... child] EA; but it is forgotten that in the experience of the child
201.8	human] EA; a human
201.10 – 11	him ... specialist] EA; him
201.11	if] EA; if they were
201.11 – 12	to the child] EA; in the actual experience of a child,
201.12	meaning] EA; meaning for him
201.14 – 15	whose ... association,] EA; which have developed for the purposes of furthering human association, of making human contacts closer and richer,
201.15 – 16	subjects ... not] EA; subjects in themselves. They are not
201.16	as is ... speech,] EA; as friendly speech is used in ordinary life,
201.17	mystery belonging] EA; kind of mystery that belongs
201.18	daily life.] EA; life outside the school.
201.19 – 27	The same ... experience.] EA; [not present]
201.30 – 31	acquisition however perfectly] EA; acquisition
201.32	use as a] EA; use, and that use is their
201.36 – 37	others, ... lives,] EA; others,
201.37	use] EA; use, and may be employed
201.38 – 39	shrewdness ... life.] EA; shrewdness in which one person gets the better of others.

500

202.2	bestowal] EA; bestowing	
202.2 – 3	prizes ... battle,] EA; prizes,	
202.4	in ... employs] EA; makes an individual when he leaves school employ his	
202.5 – 6	outwit ... welfare.] EA; outwit his fellows without respect for the welfare of others.	
202.7	And as ... also with] EA; What is true of the skills aquired in school, is true also of the	
202.8	in school.] EA; there.	
202.10	The background] EA; It should never be forgotten that the background	
202.11	society,] EA; ～∧	
202.11	opportunity] EA; that opportunity	
202.12	ones,] EA; ～∧	
202.14	well-born] EA; ～∧～	
202.14	well-to-do,] EA; ～∧～∧～.	
202.14	and thus] EA; Because of this fact,	
202.16 – 17	status, ... persons] EA; status. For many persons the possesion of knowledge	
202.17	self-display.] EA; display, almost of showing off.	
202.19	those] EA; those who were	
202.20 – 21	knowledge, save for purely] EA; knowledge for all purposes save purely	
202.21	culture,] EA; ～∧	
202.22 – 23	universal for all,] EA; universal,	
202.23	egotism] EA; egoism	
202.24	treated] EA; it is treated	
202.25	cherished] EA; held and cherished	
202.25	Yet to eliminate] EA; Yet the only way of eliminating	
202.26	all] EA; is that all	
202.27	must tend] EA; should tend	
202.28	trust] EA; possesion held in trust	
202.31	to-day] EA; at the present time	
202.32	practice ... end] EA; practice that its end is social,	
202.33	criterion ... social.] EA; criterion to be applied in estimating the value of the practices that exist in schools is also social.	
202.34	[¶] The aim] EA; [no ¶] It is true that the aim	
202.35	as such] EA; in isolation	
202.36	question of] EA; question as to what is	
202.36 – 37	development ... for.] EA; development.	
202.38	in doing each his own] EA; through their own	
202.39	others∧] EA; ～,	
202.39 – 203.1	environment ... to full] EA; environment in which any individual can really grow normally to his full	

501 appears to the left of row 202.20 – 21.

203.1	some are] EA; some are practically enslaved, degraded,
203.2	limited‸] EA; ~,
203.2	always in reaction] EA; always react to
203.5 – 6	existing world conditions] EA; the conditions of the world at present
203.7 – 8	being rapidly] EA; rapidly
203.11	affected] EA; affected for better or worse—and often for worse —
203.11	its expansion.] EA; the expansion of that system.
203.11 – 12	The principle ... based on] EA; What the Geneva Commission reported after
203.12 – 13	conditions ... holds good] EA; natives in the mining districts of South Africa, holds
203.13	world,] EA; world, with proper change of some of the terms used:
203.16 – 17	continent."] EA; ~".
203.17 – 18	mad, often brutal,] EA; mad and often brutally harsh
203.18 – 19	competition ... must] EA; competition, it behoves the school to
203.19	ceaseless and] EA; ceaseless amd
203.21	individual] EA; individual one who has
203.24	necessary, not merely] EA; necessary for other reasons than
203.25	exploitation but] EA; exploitation. It is necessary
203.26	an inevitable new] EA; a new
203.27	society] EA; society which is sure to come, and
203.28	evils of] EA; evils that result from
203.29	changes] EA; changes effected
203.30	especially urgent need] EA; need especially urgent at the present time
203.30 – 31	present unprecedented] EA; unprecedented
203.32	to force of arms.] EA; to the ordeal of arms to settle questions, that animates the world at the present time.
203.32 – 33	For this ... schools] EA; The schools of the world
203.34	grievously.] EA; grievously or the rise of this evil spirit on so vast a scale would not have been possible.
203.34	Their ... that] EA; The best excuse, probably, that can be made is that
203. 35	unawares.] EA; unawares. Who could have dreamed that the demon of fear, suspicion, prejudice and hatred, would take possesion of men's minds in the way it has done?
203.37	unite in effort] EA; engage in a common effort
204.1	they] EA; the schools
204.2	the sure] EA; which is the sure
204.3	if unchecked] EA; if they go on unchecked
204.5 – 6	It is ... countries.] EA; [not present]

502

《教育可以参与社会重建吗？》

范本是先前唯一的一次印刷，首次发表于《社会前沿》，第 1 期（1934 年 10 月），第 11—12 页。

206.26 – 27	students. [¶ It]	W; students. / Forces and Tendencies Now in Conflict / [¶ It
207.25 – 26	ambitions. [¶ I]	W; ambitions. / The Obligation Upon Education / [¶ I

《"一个上帝"还是"那个上帝"？》

范本是先前唯一的一次印刷，首次发表于《基督教世纪》，第 50 期（1933 年 2 月 8 日），第 193—196 页。

213.24	Aristotelian]	W; Aristoteleian
213.25	Creed]	W; creed
214.20	God]	W; god
219.7	*cognoscendi*]	W; *cogniscendi*

《杜威博士的回应》

范本是先前唯一的一次印刷，首次发表于《基督教世纪》，第 50 期（1933 年 3 月 22 日），第 394—395 页。

223.19	paragraph)∧]	W; ～),
224.16	*genuinely*]	W; *geuinely*
225.12	attention]	W; attenion
225.27	which,]	W; ～∧

《社会的压力和张力》

范本是先前唯一的一次印刷，首次发表于《国际伦理学杂志》，第 43 期（1933 年 4 月），第 339—345 页。

230.5	moralist]	W; moralists
234.5	coordinate]	WS; co-ordinate
234.7	nurture";]	W; ～,"

《桑塔亚那的正统性》

范本是先前唯一的一次印刷，首次发表于《新共和》，第 78 期（1934 年 2 月 28

日），第 79—80 页。

240.30	"Locke] WS; "John Locke
241.17	God,ᴧ] WS; ～,"
241.17	ᴧwould] WS; "～
243.12	aesthetic] WS; esthetic

《失业与低收入消费者不应向投机者提供高额补贴》

范本是先前唯一的一次印刷,首次发表于《人民游说团公告》,第 2 号(1933 年 1 月),第 1—2 页。

| 250.7 | short, runᴧ] W; ～ᴧ～, |
| 250.23 | obsolete] W; absolete |

《紧急救济金》

范本是先前唯一的一次印刷,发表于《人民游说团公告》,第 2 号(1933 年 2 月),第 1—2 页。

252.6	1½] WS; one and one-half
252.7	37½] WS; thirty-seven and one-half
253.7	relief — direct] W; ～-～

《银行业危机》

范本是先前唯一的一次印刷,首次发表于《人民游说团公告》,第 2 号(1933 年 3 月),第 1—2 页。

| 254.22 | institutions.] W; ～ᴧ |
| 255.14 | paralyzing] W; paralysing |

《表面功夫注定失败》

范本是先前唯一的一次印刷,首次发表于《人民游说团公告》,第 3 号(1933 年 6 月),第 1—3 页。

| 263.9,17 | can not] WS; cannot |
| 263.36 | Reducingᴧ] W; ～, |

《总统的政策主要帮助产权者》

范本是先前唯一的一次印刷,首次发表于《人民游说团公告》,第 3 号(1934 年 1

月），第1—2页。

277.8   trickle] W; trickled

《行政机关的考验》

范本是先前唯一的一次印刷，首次发表于《人民游说团公告》，第 3 号（1934 年 2 月），第1—2页。

282.24   Congress] W; Congresss

《面对真实的时代》

范本是先前唯一的一次印刷，首次发表于《人民游说团公告》，第 3 号（1934 年 4 月），第1—2页。

288.34   effect] W; affect

《美国还有很长的路要走》

范本是先前唯一的一次印刷，首次发表于《人民游说团公告》，第 4 号（1934 年 11 月），第1页。

289.1   Half-Way] W; HALF∧WAY

《〈古巴的恐怖活动〉英文版前言》

范本是先前唯一的一次英文版出版，首次发表于《学校和社会》，第 96 期（1968 年 11 月 23 日），第 444—445 页，由乔·安·博伊兹顿翻译。

*310.9 - 10 doorstep, in a country with which we are directly involved,] W; doorstep . . .
*310.10   atrocities are] W; atrocities . . . are
 310.20   régime] WS; regime
 310.24   emerged] WS; merged
 311n.2   38:] W; 37:

《申诉委员会的报告》

范本是先前唯一的一次印刷，首次发表于《教师工会》，第 10 期（1933 年 5 月），第2—4页。

318.40   itself] W; iself

《教师工会特别申诉委员的报告》

范本首次由教师工会以第 5 号文件(一份 8 页纸的报告)发表(纽约:梅多勃洛克出版社,1933 年)。校勘得到美国教师联合会办公室的印刷版本的认可(芝加哥,1933 年)。来自杜威/拉纳特文集,特别收藏,卡本代尔:南伊利诺伊大学,莫里斯图书馆。

320.11	favor).] W; ~.)
320.12	Isidore] W; Isidor
321.2	witnesses] M; witness
322.2	Committee] M; Committe
334.18	ESTABLISHED] M; Estabished
335.10	*Is*] W; is
*340.18	unions] *stet* R; trade unions
341.10	relation to] M; re- / within our ranks and to protect from exposure bugaboos which / lation to
341.12 – 13	concealment . . . exist] M; concealment exist
341.26	Education] W; Educational
341.26	Workers∧] W; ~'
341.28	Workers∧] W; ~'
341.38	union.] WS; Union.
342.3	Education Workers∧] WS; Educational Workers'

《纽约和西伯里调查》

范本是唯一的一次印刷,首次由城市事务委员会作为小册子发表,纽约,1933 年,第 48 页。

356.15 – 16	disclosures] W; dosclosures
357.19	deposited] W; desposited
359.30	$80,000-odd?] W; ~.?
370.11	moreover,] W; moverover,
373.22	Murphy?] WS; ~.
373.33	standing.] WS; ~?
374.39	years,] W; ~.
381.13	departments;] WS; ~:
381.17	institutions;] WS; ~:

《信仰及其对象》中的实质性异读

507 　　《共同信仰》(纽黑文：耶鲁大学出版社，1934 年)第 2 章第 29—57 页"信仰及其对象"中的实质性异读罗列如下。它作为范本，在正式出版前出现于《耶鲁评论》第 23 期(1934 年 6 月)，第 751—770 页，标题是"现代宗教的解放"。该文本证实了杜威的修改，但没有证据说明他插手《耶鲁评论》的出版。括号左边的是本卷范本的读法，右边是《耶鲁评论》的变更。

21.1	Faith and Its Object] THE LIBERATION OF MODERN RELIGION
21.2 – 3	religions, . . . involve] religions involve
21.8	apparatus] apparatus which
21.11	hold.] maintain.
22.38	The . . . purpose] For my purpose, the significant bearing
23.10	inquiry operating] inquiry
23.13 – 14	surrendered . . . theologian] surrendered, the liberal theologian usually remarks
23.18 – 19	Equally . . . churches.] [*not present*]
23.26	single] one
23.27	even that] even with that
23.29	only through] through
23.32	we] we once
23.35 – 36	the faith] the essential faith
23.40 – 24.19	It is . . . criterion.] [*not present*]
24.20	impact] modern impact
24.26 – 27	the division, . . . between] [*not present*]
24.36	subject-matter] materials
24.37	limitation] present limitation
24.37 – 38	now . . . future] which the future
24.38	to be done] will do
25.6	It] This

25.7	The] First of all, the
25.7	difference, however,] difference
25.21	induced by] from
25.32 – 33	— to . . . found.] [*not present*]
25.37	union that is] union
26.5	ideas that are] the ideas
26.9 – 12	There . . . operation.] [*not present*]
26.12	The aim] Their aim
26.13	gain] obtain
26.14	etc.] and so on.
26.22 – 23	that take] taking
26.23	rhythmic points] points
26.23	movement] rhythmic movement
26.23 – 24	experience.] personal life.
26.24	assumption] assumption often made
26.25	those] individuals
26.26	so] with the impfication
26.28 – 30	As . . . causation.] [*not present*]
26.32	than] than there is
27.1	operates] is used
27.2	in order to] to
27.12	place in science] place
27.30	It signifies] What it signifies is
27.32	ultimately is a conflict] is a conflict ultimately
27.35 – 28.12	The method . . . differ.] [*not present*]
28.13	It] But it
28.15	But] Yet
28.17 – 19	Are . . . standing?] [*not present*]
28.19	Or are] Are
28.32	evident] clear
28.35	concrete] the concrete
28.39 – 40	materializations] incarnations
29.1	They are symbolic of] They symbolize
29.4	they mark] experience of
29.7	if it were also admitted] if we were also to admit
29.18	actions.] action.
29.18	Does the] Does such a
29.29	regard] respect
29.34	them] Judaism and Christianity
29.38	a] [*rom.*]
29.39	religious] religious element in life
30.1	that is] having an
30.1	in origin∧] origin,
30.8	that] which

30.8	assigned] assigned to
30.9	things] it is the channel by which things
30.18	the hypostatization of them] their erection
30.20 – 21	(as was . . . chapter)] [*not present*]
30.33	The dislocation] It
31.16	history, by] history or by
31.21	apologetics] apologists
32.3	egoistical] egotistical
32.3 – 4	the first,] egotistical,
32.5	the second,] sentimentally optimistica∧
32.18	that the established] of vitiation of the
32.19	has] that has
32.19	vitiated.] established.
32.21	a sudden] sudden
32.24	in general just about] [*not present*]
32.30	There is] We have
32.30	toward] towards
33.14 – 15	They . . . good,] They exist, as goods,
33.17 – 18	only they exist] but they exist only
33.18	ends.] [*ital.*]
33.24	neighbors,] good neighbors,
33.34	are already] have already been
34.2	Imagination] The imagination of the two inventors
34.5	The new] His new
34.17	in existent conditions] [*not present*]
34.24	When the] The
34.21 – 22	natural . . . action,] natural process are emotion, thought, and action. When this is generally acknowledged,
34.23 – 24	that culminates] which culminates
34.24	the vital] these vital
34.36	For there] There
34.39 – 35.4	I would . . . ideas.] [*not present*]
35.5	They . . . view.] [*not present*]
35.5	But] But whatever name be used,
35.18	age,] age like ours,
35.21	gives the name "God"] give the name of God
35.22	for individual] of individual
35.32	had] have
35.40	*uniting*, not something given.] *uniting*.
36.2	that] such a
36.2 – 3	which . . . of,] [*not present*]
36.5 – 7	I do not . . . pertinent.] [*not present*]
36.22	words] word
36.28 – 31	It excludes . . . confusion.] [*not present*]

510

36.35 – 37.6	Matthew Arnold's ... without.] [*not present*]
37.17	mechanicalism[1]] [*number not present*]
37.19	view] conception
37.19	simply] actually
37n.1 – 3	1.I use ... things.] [*not present*]
38.11	toward] towards
39.3	aspect] kind
39.4	stir by] zeal for
39.5	in behalf of] for

《为什么有进步学校？》中的实质性异读

　　　在《当代历史》第 38 期（1933 年 7 月）第 441—448 页上，《为什么有进步学校?》中的实质性异读罗列如下：《哲学家》第 12 期（1934 年 4 月）的标题是"个体心理学和教育"。虽然没有具体的证据证明杜威插手《哲学家》的出版，异读却可能是由杜威自己修改的。括号左边的是本卷范本的读法，括号右边是《哲学家》的更改。

147.1	Why Have Progressive Schools?] INDIVIDUAL PSYCHOL-OGY AND EDUCATION
147.2 – 22	One ... society.] [*om.*]
148.8	here.] elsewhere.
148.10	two such] such
148.23 – 24	our American] most
148.24	democracy] democratic countries,
148.27	education in this country] modern education,
148.32 – 149.15	The little ... needed.] [*om.*]
149.34 – 150.23	The simple ... fundamentals.] [*om.*]
151.1	three] psychological
151.19	or does ... individual] he
151.25	The] A
151.25	is] has been
151.36 – 37	The ... the desire] The desire
151.37	the curriculum] a school curriculum
151.38	and to use] results too from the use of
151.39 – 152.1	are numerous, ... themselves.] [*om.*]
152.1	an ... group] one
152.1 – 2	the curriculum] a school curriculum
152.17 – 18	This ... schools.] [*om.*]
152.19 – 20	in a democracy ... succeed,] [*om.*]
152.21	opinions] opinion
152.22	sign.] sign and an encouragement to progressive education.

152.22 – 153.13   In developing . . . problems.] [*om.*]

153.14 – 15   and . . . school] [*om.*]

153.17 – 30   Some . . . methods.] [*om.*]

153.33   causes.] causes, or is a combination of all these possibilities.

153.33 – 35   The only . . . possibilities.] [*om.*]

153.35   the child] a child

153.36   time he is] age of

153.38   three.] three. This shows that the fact that some children are backward about learning to read has nothing to do with the kind of school they go to. Similarly, there is absolutely no scientific objective evidence to support the view that behaviour problems are relatively more common in progressive schools than in traditional schools, or that the former are less successful in straightening out those that do arise than the latter.

153.39 – 154.4   In the . . . orderliness.] [*om.*]

154.7   desks] desk

154.8   a teacher.] the teacher.

154.14   kinds] kind

154.16 – 26   A different . . . latter.] [*om.*]

154.27 – 28   Another . . . individual] Progressive education, it is sometimes said, stresses individual

154.28 – 29   talents are stressed] talents

154.30 – 31   adults — . . . highly] adults. In fact, it is criticized because of its highly

154.37 – 155.4   A group . . . bodies.] [*om.*]

155.13   under minute,] under

155.14   boss.] master.

155.15 – 31   Many . . . developed.] [*om.*]

155.33   worker's] individual's

155.34   as of] as it is of

155.35   the progressive] progressive

155.35   schools seek] education seeks

155.35 – 156.3   If they . . . schools?] [*om.*]

156.4   It is . . . progressive] Progressive

156.4   methods] methods, some would say,

156.5   that when] when

156.6 – 7   these schools . . . can] they must be given up and replaced by the old methods in order to allow pupils to

156.7   college entrance] these

156.11 – 14   however, . . . to get] however, anything more than to get

156.17 – 21   Some . . . nearly] This is so much true, that an interesting experiment is being carried out at present in the United States where nearly

156.24   graduates] students

156.25 – 35   The school ... future.] [*om.*]
156.36 – 37   pupils, ... system,] progressive school pupils
156.39 – 157.2 If the ... thing.] [*om.*]
157.10 – 32   Judged ... that] For after all
157.35   They ... while] Life is growth, and while
157.37   is essentially] it is essentially
157.37 – 39   That ... education.] [*om.*]

《教育和社会秩序》中的实质性异读

《教育和社会秩序》首次由工业民主联盟作为一个小册子发表（纽约，1934 年），514
共 16 页。工业民主联盟于 1949 年重新印刷。以下括号右边的是小册子中的读法，
括号左边的是范本中的读法。如果已经作出了校勘，那么与目前版本的读法不同，这
些读法以♯号标出。

175.2	It . . . that] [*om.*]
175.4 – 5	For . . . coincidence.] [*om.*]
175.6	chief . . . movement.] movement's chief supporters.
175.6 – 7	This . . . accomplishments] [¶] The positive achievements
175.7 – 8	the movement. . . . reason.] this movement have often been eulogized. They are familiar to all of us, and I shall not attempt here to review them.
175.8 – 10	In many . . . fact.] [*om.*]
175.10	But now,] [¶] Today, over
175.11 – 12	later, . . . again] after the beginnings of this movement, we find ourselves in
175.16	reason] reason for this failure
175.20	insight and imagination] insight
176.17	climate] climate of those days
♯176.21	it] its
177.7	The traditional] Under these circumstances the traditional
177.8	developed . . . circumstances.] developed.
177.13	world,] world of
178.13	twenty years] generation
178.24	contrary] contrary to these influences,
178.32	forty years have] half century has
179.10	forty] fifty
179.11	open to students] [*om.*]
180.27	notion] notion that

行末连字符列表

I. 范本表

以下所列出是一些在编辑过程中发现的可能的复合词，它们以连字符的形式出现在现在范本的行末：

4.18	hangover	152.12	worth-while
5.11	semi-divine	157.24	cooperation
14.20	deep-seated	157.32	worth-while
18.23	cooperation	157.39	re-discovery
18.37	cooperative	159.12	reinforced
25.26	Neoplatonism	178.22	other-worldly
32.29	cooperative	181.18	subject-matter
57.7	cooperative	184.33	re-organization
57.28	outreaching	188.20	underestimate
64.12	hard-working	192.23	cooperation
67.14	prejudged	193.12	so-called
89.37	today	208.25	playground
94.8	deep-seated	228.4	wrong-headed
97.7	today	256.17	short-sighted
97.39	commonplace	264.12	today
100.27	safe-keeping	281.5	pocketbooks
112.14	extra-legal	285.13	patchwork
133.38	Today	288.23	cooperation
133.39	commonplace	333.8	part-time
144.6	saw-mills	364.36	"wisecracking"
149.18	railroads	380.16	money-spending

387.15	high-school	390.19	rearranging
388.1	textbooks	390.27	foothold
388.12	payroll	394.9	coordinated

II. 校勘表

在本版中,模棱两可断开的可能的复合词中的行末连字符均未保留,除了以下所列出的这些:

7.12	self-respecting	185.26	re-organized
27.20	subject-matter	197.6	subject-matter
52.25	old-fashioned	215.28	all-embracing
57.4	one-sided	226.2	chemico-physical
65.2	ground-rent	230.33	clear-cut
77.33	post-revolutionary	234.19	non-experimental
99.6	make-up	244.29	non-communists
132.20	anti-social	255.35	non-profit
142.34	machine-shop	329.25	self-evident
144.5	grist-mills	330.16	"red-baiting"
146.9	job-holding	340.22	"red-baiting"
151.19	by-products	371.21	co-leader
164.9	wagon-works	393.4	set-up
173.36	self-reliant	393.18	fact-finding
184.33	re-organization		

引文勘误

杜威有关引文中那些实质性导读的重要性足以授权这一特定的列表。杜威用诸
多不同的方法呈现资料来源，从记忆性的复述，到逐字逐句的引用。在有些情况下，
杜威在脚注中完全明确了他的材料；在另一些情况下，他仅仅提到作者的名字，以及
完全省略了参考资料。本卷中包含在引号里的所有资料（除了引号明显是用于强调
或重复以外）的出处都已找到，引文内容也已被证实，并在必要时对文献资料进行了
校勘。除此之外，文本中所有引文都和其第一次发表时保持一致。因此，将《校勘表》
与这一列表联系起来十分必要。

与同时期的许多学者一样，杜威对形式上的精确性并不关心；不过，引用材料时
发生的许多改变可能是在印刷过程中出现的。例如，对比原著与杜威的引文，可以看
出，所引资料除了杜威自己的变动之外，也有一些杂志编辑特有的编排风格。因此，
在当前版本中，原始资料的拼写和大写都被重新呈现出来，这些变化——WS（当前版
本中的 Works，是对杜威原始材料的校勘）的符号在校勘表中被记录下来。在可能的
排版或打印错误的情况下，与原文本相比所发生的词语或次要的变更同样被标为
"WS"。杜威在引用材料时，最为频繁的变动是改动或省略标点符号；如果有必要恢
复这些资料来源的标点，也记录在校勘表里，并标以"WS"。

假如杜威没有正确地使用省略号，或者省略了出现在这个表的短语，那么，超过
一行的省略则用方括号内的省略号标记[…]。材料来源中的斜体字被当作是临时的
符号。杜威省略和增加的斜体这里都标记出来。

杜威的引文和材料来源之间的差异是由引文呈现其中的上下文，语境引起的，那
么，这种差异（例如数字或时态的变化）没有被标示出来。

这部分的标注符号遵循这样的格式：首先是目前文本中的页码、行数，随之是词条，然后是半个方括号；括号之后是原来的格式。接着圆括号里的是：作者的姓氏、杜威参考书目中的来源简称，以及参考资料的页码。

《共同信仰》

4.28	unseen higher] higher unseen (*Oxford English Dictionary*, 410.3.95 – 96)
10.1	upon] on (Macintosh et al., *Is There a God?* 254.18)
10.2	begin ... God.] [*ital.*] (Macintosh et al., *Is There a God?* 254.18 – 19)
10.3 – 4	a quiet ... God I] [*ital.*] (Macintosh et al., *Is There a God?* 254.19 – 21)
10.4 – 5	live, move] *live and move* (Macintosh et al., *Is There a God?* 254.21)
10.5	and have my being.] [*ital.*] (Macintosh et al., *Is There a Cod?* 254.21)
10.17	sure] *scientifically certain* of the fact (Macintosh et al., *Is There a God?* 257.18 – 19)
10.17	can of] can be of the existence of (Macintosh et al., *Is There a Cod?* 257.19 – 20)
10.21	that] which (Macintosh et al., *Is There a God?* 257.28)
13.29 – 31	"its highest ... life."] to the ideals and purposes of life. In that relevance lies its highest power. (Santayana, *Interpretations*, vi.21 – 23)
15.7	a proposition] any proposition (Locke, *Philosophy*, 154.28 – 29)
15.7	on] upon (Locke, *Philosophy*, 154.30)
15.7	its] the (Locke, *Philosophy*, 154.30)

《经济复苏的步骤》

62.11	it is] is it (George, *Social Problems*, 73.31)
62.12 – 13	that power] that the power (George, *Social Problems*, 73.33)
62.18	large] great (George, *Social Problems*, 74.4)
62.25	powers] power (George, *Social Problems*, 74.25)
63.2	I can] that I can (George, *Social Problems*, 35.11)
63.4	giving of] giving to the possession of (George, *Social Problems*, 35.14)
63.8	feeder or attendant;] attendant or feeder; (George, *Social Problems*, 35.23)
63.9	control of] control over (George, *Social Problems*, 37.13)
63.10 – 11	the railway train] a railroad car (George, *Social Problems*, 37.15)
65.24	recognize that] recognize the fact that (George, *Social Problems*, 201.9)
65.27	as long] so long (George, *Social Problems*, 201.12)

520

《一个伟大的美国先知》

102.7 - 8   face that] face, and always had done so, that (Bellamy, *Equality*, 86.9 - 10)

102.8   for judging] of judging (Bellamy, *Equality*, 86.10)

102.8 - 9   were too] were, as we might say, too (Bellamy, *Equality*, 86.11)

103.2   ignores] ignored (Bellamy, *Equality*, 87.21)

103.3   the unequal] an unequal (Bellamy, *Equality*, 87.22)

《智力和权力》

108.26   sciences, ... gained] sciences gained (Niebuhr, *Moral Man*, xiv. 19)

109.10   always must] ought only to (Hume, *Treatise*, 248.13)

109.10   of passion"] of the passions (Hume, *Treatise*, 248.13 - 14)

《教育中的危机》

113.29   not an] not merely an (McGoldrick, "Bankers," 19.5.54)

113.29   opportunity but] opportunity, it is (McGoldrick, "Bankers," 19.5.55)

113.29   responsibility. It] responsibility. [...] It (McGoldrick, "Bankers," 19.5.55 - 59)

113.30   to be] that must be (McGoldrick, "Bankers," 19.5.59 - 60)

113.30   consideration] a consideration (McGoldrick, "Bankers," 19.5.60)

113.31   investing and general] investing (McGoldrick, "Bankers," 19.5.61)

113.31   public.] and of the general public as well. (McGoldrick, "Bankers," 19.5.62 - 63)

521

113.33 - 34   do not] do now (McGoldrick, "Bankers," 19.5.68)

113.34   now prepared] prepared (McGoldrick, "Bankers,"19.5.69)

113.36   form] type (McGoldrick, "Bankers," 19.5.72)

120.3   youth] youths (Mort, "Shift of School Tax," 30.2.137)

120.4   through] about (Mort, "Shift of School Tax," 30.2.138)

120.7   children that] children and to public welfare that (Mort, "Shift of School Tax," 30.2.144 - 45)

120.21   money,] money to pay them, (Wilbur, "Proceedings," 8.38)

120.22   So we] So that we (Wilbur, "Proceedings," 8.39)

120.24   It is not] This is not (Wilbur, "Proceedings," 8.41)

120.26   child, and] child. (Wilbur, "Proceedings,"9.1)

120.27   these] those (Wilbur, "Proceedings," 9.2)

120.35   of economic,] of our economic (Hoover, "Proceedings," 3.15)

120.36   citizenry] citizens (Hoover, "Proceedings," 3.16)

124.5   *head and hand,*] the head and the hand, (Dewey, "Teachers Union," 6.18) [*Later Works* 3:275.8]

124.6 - 7   *which symbolizes the*] which is symbolized in this (Dewey, "Teachers Union," 6.19 - 20) [*Later Works* 3:275.9 - 10]

124.8   *form*] are (Dewey, "Teachers Union," 6.21) [*Later Works* 3:275.11]

124.8   *community. If*] community. [...] If(Dewey, "Teachers Union," 6:21 - 28) [*Later Works* 3:275.11 - 17]

124.9   *were in active*] were[...] into (Dewey, "Teachers Union," 6.29 - 33) [*Later Works* 3:275.21]

124.9   *contact with*] contact with the labor unions, with (Dewey, "Teachers Union," 6.33) [*Later Works* 3:275.21]

124.10   *men and women*] men (Dewey, "Teachers Union," 6.34) [*Later Works* 3:275.21]

124.11   *sure more*] sure that more (Dewey, "Teachers Union," 6. 34 - 35) [*Later Works* 3:275.22]

124.13   *educators than*] educators and reformers than (Dewey, "Teachers Union," 6.38) [*Later Works* 3:275.25]

124.33   and should] there should (Morrison, "Points of View," 29.28)

124.33 - 34 insistent on] no lowering of (Morrison, "Points of View", 29.29)

124.34   education, no] education or (Morrison, "Points of View," 29.29)

124.34   of activities,] of services or activities. (Morrison, "Points of View," 29. 29 - 30)

124.35   or employment] Salary cuts, employment (Morrison, "Points of View," 29.30)

124.35   of lower] with lower (Morrison, "Points of View," 29.30 - 31)

124.35 - 36 standards... curtailment] standards, curtailment (Morrison, "Points of View," 29.31)

124.36   in length of school] of the school (Morrison, "Points of View," 29.31)

124.36 - 37 unduly] or unduly (Morrison, "Points of View," 29.31)

124.37   size of classes,"] standard teacher load (Morrison, "Points of View," 29.32)

125.1   "Cities] Local tax provisions (Morrison, "Points of View," 30.12)

125.1   of rapidly] of declining national income and rapidly (Morrison, "Points of View," 30.12 - 13)

125.2   of the] for the (Morrison, "Points of View," 30.14)

125.2 - 5   unemployed... that responsibility] unemployed. Although responsibility (Morrison, "Points of View," 30.14)

125.5   for relief] for unemployment relief (Morrison, "Points of View," 30.14 - 15)

125.5   government] fundamental governmental (Morrison, "Points of View," 30.15)

125.6   all,] all units — (Morrison, "Points of View," 30.16)

125.6   nation, state, homes, the] national, state and local — (Morrison, "Points of View," 30.16)

《教育和社会秩序》

177.28　　part] role (Counts, *American Road*, 60.5)

《教育哲学的必要性》

199.30　　full] so full (Stevenson, "Happy Thought," 33.2)

《教育可以参与社会重建吗？》

208.39　　ideal] ideals (Kandel, "Mobilizing the Teacher," 478.36)
208.39　　oncoming] coming (Kandel, "Mobilizing the Teacher," 478.36)

《"一个上帝"还是"那个上帝"？》

219.13　　"the hunger] a hunger (Wieman et al., *Is There a God?* 45.8)
219.34　　"*rightly*] [*rom.*] (Wieman et al., *Is There a God?* 46.22)
219.39　　*commanding*] [*rom.*] (Wieman et al., *Is There a God?* 47.6)　　　523
220.2　　the one] to be one (Wieman et al., *Is There a God?* 46.13)

《社会的压力和张力》

231.22　　features] forces (*Recent Social Trends*, xii.40)
232.33　　is lack] is a lack (*Recent Social Trends*, 125.17)
234.5　　is indifference] is also indifference (*Recent Social Trends*, 799.3)
234.20　　government] governmental (*Recent Social Trends*, 1534.5)
234.21–22　　and mechanical] and in mechanical (*Recent Social Trends*, 1534.7)
234.24　　traditions] tradition (*Recent Social Trends*, 1534.9)
234.32　　or a] or of a (*Recent Social Trends*, 1534.14)
234.36　　helps explain] helps to explain (*Recent Social Trends*, 1534.18)

《评〈贾斯蒂斯·布兰代斯〉》

238.21　　"The] This (Frankfurter, *Brandeis*, 135.23)
238.21　　is both] is, thus, both (Frankfurter, *Brandeis*, 135.23)

《桑塔亚那的正统性》

240.9　　which may] which is or which may (Santayana, *Turns of Thought*, 23.13)

241.17　　would] could (Santayana, *Turns of Thought*, 18.19)

《对〈"约翰·杜威是一个有神论者吗？〉的回应》

294.13 ideal] the ideal (Wieman, "Dewey's Common Faith," 1451.39) [*Later Works* 9:431.12]

295.5 *interacted*] [*rom.*] (Dewey, *A Common Faith*, 87.10) [*Later Works* 9:57.35]

《意义、断言和建议》

303.13 "all statements] all (true or false) statements (Carnap, "Philosophic Problems," 12.11)

303.18 language is] Language to others is (Carnap, "Philosophic Problems," 19.18)

《〈古巴的恐怖活动〉英文版前言》

310.28 up meetings] up these meetings (Porter, "Cuba," 30.12)

《教师工会特别申诉委员会的报告》

341.39 it.] her. ("Constitution Gets Revised," 4.3.56)

《纽约和西伯里调查》

361.7 Bros., Inc., in] Bros. in (New York [State], *City of New York, Intermediate Report*, 136.26)

368.13 these] Sherwood's (New York [State], *City of New York, 2nd Intermediate Report*, 100.17)

368.13 not the Mayor's,] not on behalf of the Mayor (New York [State], *City of New York, 2nd Intermediate Report*, 100.17–18)

368.17 has already reached almost] exceeds (New York [Stare], *City of New York, 2nd Intermediate Report*, 100.22)

368.25 hiding,] hiding with all his books and records, (New York [State], *City of New York, 2nd Intermediate Report*, 100.30)

368.27 Has there been any] There has been no (New York [State], *City of New York, 2nd Intermediate Report*, 100.33)

368.28 Sherwood has] Sherwood had (New York [State], *City of New York, 2nd Intermediate Report*, 100.34)

371.5 that intervention] that the intervention (New York [State], *Magistrates' Courts*, 15.8)

杜威的参考书目

这里给出了杜威所引著作的全部出版信息。杜威的个人藏书（约翰·杜威文集，525卡本代尔：南伊利诺伊大学，莫里斯图书馆，特别珍藏）也尽可能地罗列出来。在杜威给出每本著作页码的时候，他所使用的版本完全是通过寻找相应的引文而加以确认的；至于其他的参考文献，这里列出的版本是他最有可能掌握的版本；确认这一点的根据来自出版物的出版地或时间，或是在当时可能通行的版本，或是从通信和其他材料得到的证据。

Aubrey, Edwin Ewart. "Is John Dewey a Theist?" *Christian Century* 51(5 December 1934): 1550. [*The Later Works of John Dewey, 1925 – 1953*, ed. Jo Ann Boydston, 9:435 – 437. Carbondale and Edwardsville: Southern Illinois University Press, 1986.]

Ayres, C. E. *Science: The False Messiah.* Indianapolis: Bobbs-Merrill Co., 1927.

Bellamy, Edward. *Equality.* New York: D. Appleton-Century Co., 1933.

——. *Looking Backward: 2000 – 1887.* Boston: Houghton Mifflin Co., 1926.

Brameld, Theodore B. H. *A Philosophic Approach to Communism.* Chicago: University of Chicago Press, 1933.

Breasted, James Henry. *The Dawn of Conscience.* New York: Charles Scribner's Sons, 1933.

Carnap, Rudolf. "On the Character of Philosophic Problems." *Philosophy of Science* 1 (January 1934): 5 – 19.

The Citizens Conference on the Crisis in Education. Washington, D.C.: American Council on Education, 1933.

"The Constitution Gets Revised." *Education Worker* 2 (January 1932): 4.

Counts, George S. *The American Road to Culture: A Social Interpretation of Education in the United States.* New York: John Day Co., 1930.

Dewey, John. *A Common Faith.* New Haven: Yale University Press, 1934. [*Later

Works 9:1－58.]

526 ——. "Why I Am a Member of the Teachers Union." *American Teacher* 12 (January 1928):3－6. [*Later Works* 3:269－275.]

Frankfurter, Felix, ed. *Mr. Justice Brandeis*. New Haven: Yale University Press, 1932.

George, Henry. *Progress and Poverty*. New York: D. Appleton and Co., 1880.

——. *Social Problems*. Garden City, N.Y.: Doubleday, Doran and Co., 1930.

Guterman, Norbert. "John Dewey's Credo." *New Republic* 82 (20 February 1935): 53. [*Later Works* 9:423－425.]

Hoover, Herbert. "The Proceedings of the Conference." In *The Citizens Conference on the Crisis in Education*, pp.3－16. Washington, D.C.: American Council on Education, 1933.

"How Many Jobless?" *Business Week*, 18 January 1933, pp.19－20.

Hume, David. *A Treatise of Human Nature: Being an Attempt to Introduce the Experimental Method of Reasoning into Moral Subjects*. Vol. 1, *Of the Understanding*. London: John Noon, 1739.

Kandel, I. L. "Mobilizing the Teacher." *Teachers College Record* 35 (March 1934): 473－479.

Krock, Arthur. "In Washington." *New York Times*, 22 March 1934, p.20.

Lefèvre, Edwin. "Tax Blindness." *Saturday Evening Post* 205 (28 January 1933): 3－5,57－58.

Locke, John. *The Philosophy of Locke in Extracts from the Essay concerning Human Understanding*. Arranged, with introductory notes, by John E. Russell. New York: Henry Holt and Co., 1891.

McGoldrick, Joseph. "Bankers Told They Shirk City Responsibility." *New York Herald Tribune*, 28 January 1933, p.19.

Macintosh, Douglas Clyde, and Henry Nelson Wieman. "Mr. Wieman and Mr. Macintosh 'Converse' with Mr. Dewey." *Christian Century* 50 (1 March 1933): 299－302. [*Later Works* 9:412－422.]

Macintosh, Douglas Clyde, Henry Nelson Wieman, and Max Carl Otto. *Is There a God? A Conversation*. Chicago and New York: Willett, Clark and Co., 1932.

Mencken, H. L. "Shall We Abolish School 'Frills'? Yes." *Rotarian* 42 (May 1933): 16－17, 48. [*Later Works* 9:406－411.]

Morrison, Frank. "Points of View Presented, III." In *The Citizens Conference on the Crisis in Education*, pp. 29－31. Washington, D.C.: American Council on Education, 1933.

Mort, Paul R. "Shift of School Tax to States Is Urged." *New York Times*, 23 January 1933, p.30.

New York (State). Legislature. Joint Committee on Affairs of the City of New York. *In the Matter of the Investigation of the Departments of the Government of the City of New York, etc. Final Report*. New York, December 27, 1932.

527 ——. *In the Matter of the Investigation of the Departments of the Government of the City of New York, etc. Intermediate Report*. New York, January 25,1932.

——. *In the Matter of the Investigation of the Departments of the Government of the City of New York, etc. Second Intermediate Report.* New York, December 19, 1932.

——. Supreme Court. Appellate Division. *In the Matter of the Investigation of the Magistrates' Courts in the First Judicial Department and the Magistrates thereof, and of the Attorneys-at-law Practicing in said Courts. March 28, 1932.* New York: Lawyers Press, 1932.

Niebuhr, Reinhold. *Moral Man and Immoral Society: A Study in Ethics and Politics.* New York: Charles Scribner's Sons, 1932.

——. "After Capitalism — What?" *World Tomorrow* 16 (1 March 1933): 203 – 205. [*Later Works* 9:399 – 405.]

Otto, Max Carl, Henry Nelson Wieman, and Douglas Clyde Macintosh. *Is There a God? A Conversation.* Chicago and New York: Willett, Clark and Co., 1932.

The Oxford English Dictionary. Vol. 8. Oxford: At the Clarendon Press, 1933.

Parker, William Stanley. "Weighs Slum Land Costs." *New York Times,* 27 October 1932, p. 37.

Porter, Russell. "Cuba under President Machado." *Current History* 38 (April 1933): 29 – 34.

Quick, Herbert. *The Real Trouble with the Farmers.* Indianapolis: Bobbs-Merrill Co., 1924.

Recent Social Trends in the United States: Report of the President's Research Committee on Social Trends. New York and London: McGraw-Hill Book Co., 1933.

Russell, Bertrand. "Why I Am Not a Communist." *Modern Monthly* 8 (April 1934): 133 – 134.

Santayana, George. *Interpretations of Poetry and Religion.* New York: Charles Scribner's Sons, 1927.

——. *Some Turns of Thought in Modern Philosophy: Five Essays.* New York: Charles Scribner's Sons, 1934.

Shakespeare, William. *A Winter's Tale.* The Temple Shakespeare. London: J. M. Dent, Aldine House, 1905.

Stevenson, Robert Louis. "Happy Thought." In *A Child's Garden of Verses,* p. 33. Boston: Herbert B. Turner and Co., 1906.

Thomas, Norman. *As I See It.* New York: Macmillan Co., 1932.

——. "The Future of the Socialist Party." *Nation* 135 (14 December 1932): 584 – 586.

"Where Your Food Dollar Goes." *Consumers' Guide* 1 (9 April 1934): 12.

Wieman, Henry Nelson. "Is John Dewey a Theist?" *Christian Century* 51 (5 December 1934): 1550 – 1551. [*Later Works* 9:438 – 440.]

——. "John Dewey's Common Faith." *Christian Century* 51 (14 November 1934): 1450 – 1452. [*Later Works* 9:426 – 434.]

Wieman, Henry Nelson, and Douglas Clyde Macintosh. "Mr. Wieman and Mr. Macintosh 'Converse' with Mr. Dewey." *Christian Century* 50 (1 March 1933): 299 – 302. [*Later Works* 9:412 – 422.]

Wieman, Henry Nelson, Douglas Clyde Macintosh, and Max Carl Otto. *Is There a*

God? A Conversation. Chicago and New York: Willett, Clark and Co., 1932.

Wilbur, Ray Lyman. "The Proceedings of the Conference." In *The Citizens Conference on the Crisis in Education*, pp. 3 - 16. Washington, D.C.: American Council on Education, 1933.

Wolfe, Bertram D. *What Is the Communist Opposition?* New York: Workers Age Publishing Association, 1933.

索 引[①]

Acitivity：活动

allied with God，432 - 434，436，与上帝联合的活动；concepts compared，173 - 174，活动的概念比较；as overt doing，169 - 171，活动作为公开的行为；personal desire vs. social value in，活动中的个人欲望和社会价值；place in education of，169，173 - 174，179，在教育中活动的位置

Actual：事实上的

God as union of ideal and，xvi - xvii，34 - 36，435，436，437，438，439，上帝作为理念和事实上的结合

Adams，George Plimpton，xiin，乔治·普林顿·亚当斯

Adaptation：调适

related to religion，11 - 13，14，与宗教相关的调适

Administration Group：政府当局

charges against，326 - 327，328 - 330，控告政府当局；in Teacher Union，323 - 324，325 - 326，335，336，342，教师工会中的组织；See also Grievance Committee，另参见：申诉委员会

Adults：成年人

importance of education for，100，184 - 185，191，成人教育的重要性；role of，in utopian schools，136 - 137，乌托邦学校中的成年人的角色

Agnosticism，xx，57，不可知论

Agricultural Adjustment Administration（AAA）：农业调整管理局（农业部 3A 机构）

report on dollar distribution，83 - 84，农业部 3A 机构关于美元的分配的报告；report on parity prices，84 - 85，农业部 3A 机构关于平价价格的报告

Agricultural：农业

need for organization in，249，农业中组织的需要；See also Farmers，另参见：农民

Aid：资助

federal，to education，392 - 393，联邦资助教育

Allotment plan：分配计划

for farmers，249 - 250，农民的分配计划；See also Farmers，另参见：农民

American Association of Teachers Colleges，158n，美国教师教育学院协会

American Civil Liberties Union，87，美国民权同盟

America Farm Bureau Federation，250，273，美国农业事务联合会；See also Farmers，另参见：农民

American Federation of Labor（AFL），250，

---

① 本索引的每个条目后所附的页码均为英文原版书页码，即本书边码。——译者

会

Belief:信仰

compared with religions, 21 - 22, 23, 24 - 25,信仰与宗教比较; and intellectual content of religions, xv - xvi, 38 - 39, 40,信仰与宗教的理智内容, *See also* Religion; Religions,另参见:宗教;诸般宗教

Bellamy, Edward:爱德华·贝拉米

compared with Marx, 103 - 104, 105,爱德华·贝拉米与马克思比较; on view of new social order, 102 - 106,爱德华·贝拉米对新社会秩序的观察

Benda, Julien, 243,朱利恩·本达

Benninger, Albert C. , 360,艾伯特·C·本宁格

Bible:圣经

on morality, xxviii and *n*,圣经关于道德的内容

Bingham, Alfred Mitchell, 296,阿尔弗雷德·米切尔·宾厄姆

Blake, William, 25,威廉·布莱克

Board of Education, New York City:纽约教育委员会

and Seabury investigation, 369,纽约教育委员会与西伯里调查; and Teacher Union, 332,纽约教育委员会与教师工会

Bolshevism, 76 - 77,布尔什维主义

Bosanquet, Bernard:伯纳德·鲍桑奎, on religious experience, xxv and *n*,伯纳德·鲍桑奎谈及宗教体验

Brameld, Theodore B. H. :西奥多·B·H·布拉梅德尔

on communism, 244 - 245,西奥多·B·H·布拉梅德尔谈及共产主义

Brandeis, Justice, 237 - 239,贾斯蒂斯·布兰代斯

Breasted, James Henry:詹姆斯·亨利·布雷斯特德

on man and the universe, 37 - 38,詹姆斯·亨利·布雷斯特德谈及人类和宇宙

Breen, Matthew B. , 373,马修·B·布林

British Labour Party, 289,英国工党

Brodsky, Louis B. :路易斯·B·布罗德斯基

testimony of, 371 - 372,路易斯·B·布罗德斯基的证词; *See also* Seabury investigation,另参见:西伯里调查

Burden, Sheriff J. , 360,谢尔夫·J·伯登, testimony of, 361,谢尔夫·J·伯登的证词; See also Seabury inrestimony of,另参见:西伯里调查

Bus franchises:巴士专营权

in New York City, 365 - 366, 385,纽约的巴士专营权; *See also* Seabury investigation,另参见:西伯里调查

Business:商业

influence of, on character, 193,商业对性格的影响

Business Week :《商业周刊》

on unemployment, 252,《商业周刊》谈及失业

Bulter, Joseph, xii, 422,约瑟夫·巴特勒

Capacity:能力

native, in education, 197 - 199,教育中的天赋能力

Capitalism, 319,资本主义; Bellamy on, 104 - 5,贝拉米谈及资本主义; Dewey on Niebuhr's view of, 73,杜威谈及尼布尔对资本主义的观点; flaws in, 298,资本主义的缺点; Niebuhr on state of , 399 - 405,尼布尔谈及资本主义国家; and Roosevelt's policy, 297,资本主义与罗斯福的政策; social control of, 208,资本主义的社会控制

Carnap, Rudolf, 303, 304,鲁道夫·卡纳普

Catholicism, Roman:罗马天主教

vs. Protestantism in relation to God, 45 - 46,罗马天主教与新教和上帝的关系,

尔德的共产主义观点；comparison of Russian and Western，91－94，比较俄罗斯和西方的共产主义；reasons for denouncing，94－95，谴责共产主义的原因；related to Teacher Union，338－342，共产主义与教师工会相关

Communist Opposition：共产主义的反对者
  related to unions，335－336，340，与工会相关的共产主义的反对者；*See also* Grievance Committee；Teacher Union，另参见：申诉委员会、教师工会

Communist party，69，327，340，共产党

Community：社区
  place of schools in，183－184，185，社区中学校的位置；relation of religion to，40－41，42，57－58，431，宗教对社区的关系

Compton，Betty，367，贝蒂·康普顿

Conference on the Educational Status of the Four-and Five-Year-old Child，136*n*，四五岁儿童教育状况的会议

Conflict：冲突
  causes of，in Teachers Union，330－332，教师工会中冲突的原因；*See also* Grievance Committee，另参见：申诉委员会

Conformity：一致
  in education，197，教育中的一致

Congress，国会；*See* United Stated Congress，参见：美国国会

Consideration：思考
  formal *vs.* connotative，in Carnap，303－304，卡纳普中形式和内涵的思考

Consumers，249，286，消费者；compared with producers，64，83－84，85－86，比较消费者与生产者；effect of taxes on，273－274，278，对消费者税收的影响；in England，400，英国的消费者；purchasing power of，277，280，281，消费者的购买力；*See also* Economics；Economy，另参见：经济的、经济

Consumers' Guide，83，《消费者指南》

Consumption：消费
  and capitalism，401，消费与资本主义；of farm products，287，农产品消费；vs. production，消费与产品，232－233；and social planning，134，消费与社会计划；and taxes，259，266，268，消费与税收

Contemporary American Philosophy（Adams and Montague），xii and *n*，xiin，421－422，《当代美国哲学》（亚当斯和蒙塔古）

Conversion：转变
  Wieman on religious，426，威曼谈及宗教转变

Cosmos：宇宙
  Macintosh relates man and，214，217，420－421，麦金托什叙述人和宇宙，214，217，420－421；Aubrey relates man and，435，奥布里叙述人和宇宙；*See also* Religion；Religions，另参见：宗教、诸般宗教

Costigan，Edward P.，288，爱德华·科斯蒂根

Costigan-La Follette Relief Bill，253，科斯蒂根-拉福莱特救济资金

Courts，George S.，177，乔治·S·克奥兹

Courts：法庭
  Appellate Division of New York State，376－377，纽约的上诉法庭；investigation of Magistrates'，370－377，地方法院的调查；judges in New York City，348－353，纽约的法院法官；political control of New York City，370－377，纽约的法庭政治控制；*See also* Seabury investigation，另参见：西伯里调查

Couzens，James，288，詹姆斯·卡曾斯

Crain，Thomas C. T.，354－355，托马斯·C·T·克雷恩

Creation：产物
  as result of imagination，33－34，想象的产物；*See also* Religion；Religions，另参见：宗教、诸般宗教

Creed：信条

related to religion, 22, 28 - 29, 56 - 57, 432, 与宗教相关的信条

Critique of Practical Reason (Kant), xxx, 《实践理性批判》(康德)

Critique of Pure Reason (Kant), xxx, 《纯粹理性批判》(康德)

Croker, Richard, 353, 354, 理查德·克罗克

Cruise, Michael J., 353, 354, 迈克尔·J·克鲁斯

Cuba, 古巴

    political situation in, 310 - 311, 古巴的政治形势, "Cuba under President Machado" (Porter), 310 - 311, 311n, 《总统马查多领导下的古巴》(波特)

Culkin, Charles W., 356, 查尔斯·W·卡尔金

Culture, 文化

    and changing views of God, 439 - 440, 文化和不断变化的上帝观; and need for liberty, 89 - 90, 文化和自由的需要; related to religion, xv, 3, 6, 38, 与宗教相关的文化; Wieman on, 415, 威曼谈及文化

Curiosity, 好奇心

    need in education for, 180 - 181, 教育中好奇心的需要

Curley, James Michael, 262, 詹姆斯·迈克尔·柯利

Current History, 311n, 《当代历史》

Curriculum, 143, 145, 196 - 197, 388 - 390, 课程; adjusted to society, 151 - 152, 适应社会的课程; effect on schools of changing, 179, 课程对不断变化的学校的影响; historical changes in, 148 - 150, 课程中的历史变化; Mencken on, 408, 409, 门肯谈及课程; need for socially oriented, 167 - 168, 需要以社会为导向的课程; See also Education, 另参见：教育

Curry, John F., 346, 347, 353, 约翰·F·柯里

Cuvillier, Louis A., 378, 路易斯·A·库维利耶

Dawn of Conscience, The (Breasted), 37 - 38, 《良心发现》(布雷斯特德)

Debets, 79, 278, 债务; compared with school taxes, 117, 债务与学校税收的比较; farmers', 249, 256 - 257, 农民们的债务; mortage, 249, 250, 255, 256 - 257, 269 - 270, 277, 抵押债务; national, 281, 国债; need to reduce, 261, 需要减少债务; People's Lobby on, 255, 269 - 270, 人民游说议员谈及债务; See also Economics, 另参见：经济学

Democracy, 民主

    Bellamy's view of, 103, 贝拉米的民主观; birth of, 76, 民主的诞生; in education, 393, 教育中的民主; need for interest in, 162 - 163, 需要对民主感兴趣; related to Brandeis, 238, 与布兰德斯相关的民主; related to Teacher Union, 317, 318, 341, 344 - 345, 与教师工会相关的民主

Democratic party, 66, 290, 民主党; in New York City, 349 - 353, 356, 373, 379, 382, 384, 纽约的民主党; role of, in economic crisis, 79, 在经济危机中民主党的角色; and Roosevelt, 400 - 401, 民主党与罗斯福; on taxation, 260, 民主党在税收方面; See also Politics, 另参见：政治

Democritus, 242, 德谟克利特

Depression, 296, 大萧条, economic effects of, 267 - 268, 大萧条的经济影响; effect of, on character, 190 - 191, 大萧条对性格的影响; People's Lobby on, 261 - 264, 人民游说团谈及大萧条; See also Economics; Economy, 另参见：经济学、经济

Descartes, René, 241, 勒内·笛卡尔

Development, 发展, stages in educational, 198 - 199, 教育发展中的阶段; in traditional vs. new education, 200, 传统与新型教育中的发展; See also Education, 另参见：教

育

Devotion, 28, 219 - 220, 211, 225 - 226, 虔诚; Wieman on, 414 - 417, 427, 434, 威曼谈及虔诚; See also Religion, 另参见:宗教

Discipline:学科

in education, 176 - 177, 179, 教育中的学科; in Teacher Union, 343, 教师工会中的学科

Distribution:分配

problems in, 232, 250, 285, 286, 分配中的问题

Diversity:多样性

in educational capacities, 196, 197 - 199, 教育能力中的多样性

Divine, xvii, 32 - 33, 34 - 35, 36, 神; See also God; Religion; Religions, 另参见:上帝、宗教、诸般宗教

"Dr. Dewey Replies", xxi*n*, xxii - xxiii, xxiiin,《杜威博士的回应》

Doctrine:学说

of Lenin, 244 - 245, 列宁的学说; in religions, xv, 18, 23 - 24, 436, 宗教中的学说; scientific method opposed to, 27, 与学说相反的科学方法; and supernatural, 37, 超自然学说

Dogberry [Prentice Mulford], 176, 道格贝里（普伦蒂斯·马尔福德）

Doughton, Robert L., 260, 罗伯特·L·道顿

Downing, Bernard, 365, 伯纳德·唐宁

Doyle, William F., 362, 威廉·F·道尔

Dualism:二元论

according to Santayana, 241 - 242, 依据桑塔亚那的二元论; related to religion, 49, 与宗教相关的二元论

Dual unionism, 335 - 337, 双工会主义; See also Grievance Committee; Teachers Union, 另参见:申诉委员会;教师工会

Du Pont, Irénée, 89, 埃林尼·杜邦, See also American Liberty League, 美国自由联盟

Economics:经济学

allied with politics, 163, 经济与政治结合; Bellamy's view of, 102 - 103, 贝拉米的经济学观点; effect of education on, 183, 教育对经济学的影响; effect of monopoly on, 63, 经济垄断的影响; effect of science on, 97 - 98, 科技对经济的影响; effect on character of, 190 - 191, 对经济特征的影响; function of family in, 233, 经济中家庭的功能; George on, 61 - 65, 乔治谈及经济; influence of citizens' committees on, 112 - 113, 公民委员会对经济的影响; international cooperation in, 261, 经济中的国际合作; *laissez faire* in, 206, 297, 经济中的放任自由; Niebuhr on, 399, 404, 尼布尔谈及经济; and philosophy of history, 74 - 75, 经济与历史哲学; problems in, 61, 64, 77, 82 - 83, 经济中的问题; producer and consumer cooperation in, 85 - 86, 生产者和消费者在经济中的合作; regimentation of, 89 - 90, 206 - 207, 经济中的组织化, related to educational crisis, 112 - 126, 128 - 129, 130, 141 - 145, 386 - 395, 与教育危机相关的经济; related to social conditions, 208, 229, 231, 232, 234 - 235, 312, 与社会状况相关的经济; related to Teachers Union, 318 - 19, 338, 339 - 340, 与教师工会相关的经济; role of Democratic party in, 79, 经济中民主党的角色; role of unions in, 79 - 80, 经济中联盟的角色; teacher study of, 183, 185, 教师研究经济

Economy:经济

AAA reports on, 83 - 85, 3A 机构的经济报告; banks' role in crisis in, 113, 114 - 115, 经济危机中银行的角色; and emergency acts, 287, 经济与应急行动; government responsibility for, 77, 264, 政府对经济的责任; need for redistribution of income in, 64,82 - 83,256,261,266, 268,288,经济中重新分配收入的需要；related to unions, 333,与联盟相关的经济；role of Roosevelt in crisis in, 78 - 79, 277 - 279,287,288,经济危机中罗斯福的角色

Eddington, Arthur Stanley, 242,亚瑟·斯坦利·埃丁顿

Education：教育

activity programs related to, 169, 173 - 174,与教育相关的活动项目；for citizenship, 161,163,164,为公民身份提供的教育；committees studying problems in, 167,委员会研究教育中的问题；compared in Europe and U. S. , 393, 394,比较欧洲和美国的教育；conformity in, 197,教育中的一致,defined, 195,明确的教育；democracy in, 393,教育中的民主；discipline in, 176 - 177,179,教育中的纪律,economic crisis in, 112 - 126, 128 - 129,130,141 - 145,386 - 395,教育中的经济危机；environment and, 197, 200,环境与教育；equality of opportunity in, 392.教育中的机会均等；federal aid to, 392 - 393,联邦政府工作人员帮助教育；freedom in, 206 - 207,教育中的自由；"frills"in, 141 - 146,387, 388 - 389,406 - 411,教育中的"虚饰"；function of, in society, 132,133,社会中教育的功能；Grievance Committee and, 315 - 319,320 - 345,申诉委员会与教育；historical changes in, 148 - 50,175 - 176,390 - 391,教育中的历史变革；ideals in, 194 - 195,196,教育中的理念；importance of adult, 100,184 - 185, 191,成年人教育的重要性；individuality in, 177 - 178,179,180,183,196,198, 207,教育中的个体性；indoctrination as method in, 178,179,181 - 182,教化作为教育中的方法；initiative in, 196 -

197,205,教育中的主动精神；Mencken criticizes, 406 - 411,门肯批评教育, Mort Committee and, 119 - 120,129,莫特委员会和教育；need for curiosity in, 180 - 181,教育中需要好奇心；need for moral, 186 - 193,需要道德教育；passive attitude in, 159 - 160,教育中的积极态度；philosophy of, 204,390,教育哲学；problems facing, 129,教育面临的问题；progressive, 151,153 - 154,155 - 157, 194,先进的教育；psychology related to, 150 - 151,155,179,183,191,409,与教育相关的心理学；purposes of,147 - 148, 194 - 195,196,教育的目的；related to social affairs, 110 - 111,127 - 128,131 - 132,133,134 - 135,159,160 - 61,167 - 168,175,180,181,182 - 183,184 - 185, 206,393 - 395,教育与社会事务相关；role of science in, 98 - 100,195 - 196, 197 - 198,教育中科学的角色；role of unions in improving, 125 - 126,教育改善中联盟的角色；social class related to, 114,145,202,与教育相关的社会阶层；social value as criterion of, 202 - 203；stages in development of, 198 - 199,教育发展中的阶段；for *status quo*, 181, 205,206,教育的现状；study of evolution and, 161 - 162,进化论研究与教育；subject-matter related to, 179,181,182, 184 - 185,196,199,与教育相关的素材；success as motive for, 177 - 178,179,成功作为教育的动机；taxes related to, 115 - 118,121 - 122,394 - 395,与教育相关的税收；in utopian schools, 136 - 140,乌托邦学校中的教育；vacuum in, 127 - 128,199 - 200,教育中的真空；vocational, 145 - 146,职业教育

Educational Workers International, 341,国际教育工作者

Education Worker ,341,《教育工作者》

相关的善；history related to belief in，71，216，与信仰上帝相关的历史；human experience related to belief in，220，224，412 - 413，415 - 417，与信仰上帝相关的人类经验；ideals related to，29 - 30，34 - 35，36，294 - 295，430 - 431，与上帝相关的理念；love related to belief in，220，223，与信仰上帝相关的爱；Macintosh's view of，214，217 - 218，219，227 - 228，419，麦金什的上帝观；man related to，45 - 46，与上帝相关的人类；moral ideals related to，218 - 219，227 - 228，与上帝相关的道德理念；as a name，xxii，29 - 30，34 - 35，36，220 - 221，294，416，417，431，435，436，437，439，作为一个名称的上帝；Otto's view of，214，215，224，奥托的上帝观；problem of，defined，213 - 214，定义上帝的问题；proof of existence of，9 - 10，上帝存在的证明；religion related to belief in，23，45 - 46，215 - 216，228，与信仰上帝相关的宗教；as a union of ideal and actual，xvi - xvii，34 - 36，435，436，437，438，439，上帝作为理念与实际的结合；value related to，29 - 30，225，430 - 431，与上帝相关的价值；Wieman's view of，214 - 215，218 - 220，221，224 - 228，412 - 413，427，430 - 431，438，威曼的上帝观；See also Religion；Religions，另参见：宗教、诸般宗教

Goldstein，Sidney E.，271，西德尼·E·戈德斯坦

Good：善

　　in existence，xxii，31 - 32，35，存在中的善；as guidance in life，47，善作为生活中的指导；as ideal end，33，36，作为理念上目的的善；Macintosh on，417 - 418，麦金托什谈及善；proponents of，33，善的支持者；related to God，xxiii，219 - 221，222，224，225，226，与上帝相关的善；Wieman on，412 - 414，威曼谈及善；See also Religion；Religions，另参见：宗教、诸般宗教

Government：政府

　　actions of Cuban，310 - 311，古巴政府的行动；and cultural values，234，政府与文化的价值；loans to farmers，269，政府贷款给农民；of New York City，346 - 385，纽约市政府；regimentation in，88，政府中的组织化；related to economic crisis，77，79 - 80，82，264，政府与经济危机相关；responsibility of，to unemployed，77，254，259 - 260，262，278，283，政府对失业的责任；policies regarding industry，277 - 278，与工业相关的政府政策；See also Politics；Seabury investigation，另参见：政治、西伯里调查

Green，William，252，威廉姆·格林

Grievance Committee：申诉委员会

　　address on report of，315 - 319，关于申诉委员会的报告的演说；causes of conflict in，330 - 332，申诉委员会中冲突的原因；and communism，338 - 339，340 - 342，申诉委员会与共产主义；defendants before，320，321，322，326 - 327，329，335，336 - 337，申诉委员会之前的被告人；and dual unionism，335 - 337，申诉委员会与双工会主义；hearings of，320 - 321，322，324，337，申诉委员会的听证会；lists charges against Administration Group，326 - 327，328 - 330，申诉委员会列出对当局的控告；members of，320，申诉委员会的成员；procedure of，321 - 322，345 - 345，申诉委员会的程序；recommendation of，342 - 345，申诉委员会的建议；on unions，323 - 325，330，333 - 335，申诉委员会谈联盟；See also Teacher Union，另参见：教师工会

Gross，Esther S.，320，345，埃斯特·S·格罗斯

Growth：成长

compared with education，195－196，197－198，成长与教育相比较

Guterman, Norbert，293，诺伯特·古特曼；on Dewey's *Common Faith*，423－425，诺伯特·古特曼谈及杜威的《共同信仰》

Habit：习惯

related to formation of character，186－187，与性格形成相关的习惯；*vs.* values in government，234，习惯与政府中的价值

Haeckel, Ernst Heinrich，37，恩斯特·海因里希·海克尔

Hagan, James J.，371－372，詹姆斯·J·哈根

Hanson, Florence Curtis，124，弗洛伦斯·柯蒂斯·汉森

Hardy, Ruth G.，320，鲁思·G·哈迪

Harvey, George U.，379，乔治·U·哈维

Hastings, John A.，365，约翰·A·黑斯廷斯

Havana, Cuba，311，古巴，哈瓦那

Hendley, Charles J.，320，345，查尔斯·J·亨德利；*See also* Grievance Committee；Teacher Union，另参见：申诉委员会、教师工会

High School：高中

progressive education and，156－157，先进教育和高中

Himmelfarb, Gertrude，xxxi*n*，格特鲁德·希梅尔法布

History：历史

of American schools，148－150，175－178，390－391，美国学校的历史；of changes in industry，163－164，工业变革的历史；communism and philosophy of，92，共产主义和历史哲学；economics and philosophy of，74－75，经济学和历史哲学；God and philosophy of，71－72，上帝和历史哲学；Niebuhr on，399－400，403－405，尼布尔谈及历史；politics and philosophy of，71－72，政治学和历史哲学；related to religion，xviii－xix，xxix，xxxi，3，4－5，6，40－41，43，45，48－49，216，与宗教相关的历史；and social order，205，历史与社会秩序

Holmes, Oliver Wendell，237，奥利弗·温德尔·霍姆斯

Hoover, Herbert C.，206－207，277，赫伯特·C·胡佛；and Citizens Conference on the Crisis in Education，119，120，129，赫伯特·C·胡佛与公民会议谈及教育中的危机，119，120，129；and Research Committee on Social Trends，235，赫伯特·C·胡佛与研究委员会谈及社会趋势

Hopkins, Harry L.：哈里·L·霍普金斯

letter to，271－272，致哈里·L·霍普金斯的信；*See also* People's Lobby；Unemployment，另参见：人民游说议员、失业

House Ways and Means Committee，284，众议院筹款委员会

Hughes, Charles Evans：查尔斯·埃文·休斯

on Brandeis，237，查尔斯·埃文·休斯谈及布兰代斯

"Human Abode of the Religious Function, The，"294，"宗教功能的属人栖所"

Humanism，224，227，426，人文主义；secularized，221－222，421，世俗人文主义；*See also* Religions，另参见：诸般宗教

Humanity，295，人性

Human nature：人性

Niebuhr on，401，尼布尔谈人性

Human relations：人际关系

and imagination，54，295，人际关系与想象；related to religion，40－58，437，与宗教相关的人际关系

Hypostasis，221，本质

Ideal:理念、理想

  God as union of actual and，xvi－xvii，34－
  36，435，436，437，438，439，上帝作为现
  实和理想的结合；in religion，32－33，
  56，436－437，宗教中的理念

Idealism:唯心主义

  Niebuhr on，401，403－404，尼布尔谈及唯
  心主义；practical，exemplified in George，
  299，乔治举例证明的实践唯心主义；
  related to Marx and Lenin，105，与马克
  思和列宁相关的唯心主义，related to
  religion，17，与宗教相关的唯心主义；
  and social reconstruction，128，唯心主义
  与社会重建

Ideals:理想

  in education，194－195，196，教育中的理想
  典范；related to God，xvi－xvii，xviii，
  29－30，34－35，36，227－228，294－295，
  430－431，与上帝相关的理想典范；See
  also Religion；Religions，另参见：宗教、
  诸般宗教

Illusions:幻觉

  influencing social institutions，107－108，
  幻觉影响社会机制

Imagination:想象

  as creative force，33－34，想象作为创造的
  力量；and human relations，54，295，想象
  与人际关系；lack of，in traditional
  education，199，传统教育中缺少想象；
  related to formation of character，186，与
  性格形成相关的想象；related to
  religion，17，29－30，54，431，436，437，
  与宗教相关的想象；related to religious
  experience，13－14，与宗教经验相关的
  想象；related to supernatural，47，294－
  295，与超自然事物相关的想象

Income:收入

  of district leaders in New York City，335－
  61，纽约地区领导的收入；national，252，
  274，280，287－288，国民收入；
  redistribution of，64，82－83，256，261，
  266，278，282，288，收入的重新分配；
  report on，81－82，267，287－288，收入
  报告；See also Economics；Seabury
  investigation，另参见：经济学、西伯里调
  查

Individualism，57，个人主义；concept of
  rugged，205，207，208，231，238，强烈个人
  主义观念；relate to Brandeis，238－39；与
  布兰德斯相关的个人主义

Individuality，205，个体性

  according to Brameld，244－245，依据布拉
  梅尔德的个体性；related to activity
  programs，172－173，与活动方案相关的
  个体性；related to religion，xx，52，与宗
  教相关的个体性；role in education of，
  177－178，179，180，183，196，198，207，
  个体性教育中的角色

Indoctrination:教化

  as method in education，178，179，181－
  182，作为教育中的方法

Industry:工业

  historic changes compared in，163－164，工
  业中历史变化的比较；reform in，296－
  297，工业中的改革；Roosevelt's policy
  regarding，277－228，罗斯福有关工业的
  政策

Inflation:通货膨胀

  effect of，265－266，267－268，通货膨胀的
  影响；monetary，269，275，通货膨胀

Ingram，Marsh，372，马什·英格拉姆

Inhaltlich，303，内容

Initiative:主动性

  in education，196－197，205，教育中的主动
  性

Inquiry:调查

  related to religion，18－19，22－23，与宗教
  相关的调查

Institutions:制度

  related to society，50，107－108，与社会相

关的制度

Integration:整合

in social planning, 230 - 231,社会计划中的整合

Intelligence:智力

allied with emotion in social action, 52 - 53,在社会行动中智力与情感结合;allied with science, 98,智力与科学相结合; related to social affairs, 51 - 52,53,54, 107 - 108,109 - 111,智力与社会事务相关;and religious belief, xx,23 - 25,38 - 39,40,56 - 57,432,437,438,智力与宗教信仰

Is There a God? A Conversation (Wieman, Macintosh, Otto), xxi - xxiii, xxi*n*,213 - 222,223,417,《存在一个上帝吗? 一场对话》(威曼、麦金托什、奥托)

Jeans, James Hopwood, 242,詹姆斯·霍普伍德·琼斯

Jefferson, Thomas, 162 - 163,托马斯·杰斐逊

Johnson, Huge S., 280 - 281,休·S·约翰逊

Joint Committee on Unemployment, 271 - 272,联合委员会就失业问题;urges unemployment relief, 253,联合委员催促救济失业;See also People's Lobby, 另参见:人民游说团

Judges:法官

for New York City, 348 - 353,纽约的法官;See also Courts,另参见:法庭

Kandel,I. L.:I·L·坎德尔

on society, 208 - 209,I·L·坎德尔谈及社会

Kant, Immanuel, xxx, 9,217,伊曼纽尔·康德

Kline, Max, 320,345,马克斯·克莱恩;*See also* Grievance Committee,另参见:申诉委

员会

Knowledge:知识

and religion, 14 - 15,18 - 19,22 - 23,24 - 25,28,知识与宗教;role of, in shaping existence, 56 - 57,塑造存在中知识的角色

Krock, Arthur, 287,亚瑟·克罗克

Krug, Philip N., 348,菲利普·N·克鲁格

Laissez faire:放任自由

in economics, 206,297,经济学中的放任自由;in religion, xx, 52,54,55,宗教中的放任自由;in social conditions, 52,54,社会现状中的放任自由

Land Value, 277,290,土地价值;according to George, 301;依据乔治的土地价值;and farmers, 250, 255, 257, 258, 262 - 263, 269 - 270,土地价值与农民;in New York City, 257 - 258,265,纽约的土地价值; People's Lobby urges reforms in, 263 - 264,人民游说团催促土地价值改革;and taxation, 64 - 65,土地价值与税收;U. S. Constitution and, 266,美国宪法与土地价值

Law:法律

contribution of Brandeis to, 237 - 239,布兰代斯对法律的贡献

League for Independent Political Action (LIPA):独立政治行动联盟

function of, 67,独立政治行动联盟的功能;funds for, 307 - 308,独立政治行动联盟的基金; political philosophy of, 67 - 69,独立政治行动联盟的政治哲学; stresses need for political action, 69 - 70,独立政治行动联盟强调需要政治行动

League for Industrial Democracy, 175*n*,工业民主联盟

Leboit, Joseph, 320,约瑟夫·勒布尔特;*See also* Grievance Committee,另参见:申诉委员会

Lefkowitz，Abraham，326，341，亚伯拉罕·莱夫科维茨

Legends：传说
    role of，in religions，40，传说在宗教中的角色

Lenin，Vladimir Ilyich，105，弗拉基米尔·伊里奇·列宁；Brameld on doctrine of，244－245，布拉梅尔德谈及弗拉基米尔·伊里奇·列宁的学说

Lerner，Max，237－238，马克斯·勒纳

Liberalism：自由主义
    Macintosh on Dewey's view of，418－419，麦金塔谈及杜威的自由主义观；Niebuhr on，73－74，400－401，404－405，尼布尔谈及自由主义；in religion，xix，24，216－217，218，222，宗教中的自由主义

Liberty，87，88，89－90，自由；plea for Cuban，311，古巴自由的请求

Lincoln，Abraham，162－163，176，亚伯拉罕·林肯

Linville，Henry R.，124，326，亨利·R·林维尔

Literature and Dogma（Arnold），xiv－xv，xv*n*，xvii－xviii，xviii*n*，xxv，《文学和教义》（阿诺德）

Locke，John，242，约翰·洛克；on faith，15，约翰·洛克谈及信仰；Santayana on，240－241，桑塔亚那谈及约翰·洛克

"Locke and the Frontiers of Common Sense"（Santayana），240－241，"洛克和常识的新领域"（桑塔亚那）

Logic，xxiv，《逻辑》

Logical Positivism，303，逻辑的实证主义

Looking Backward（Bellamy），102，105－106，《回顾》（贝拉米）

Loscalzo，Joseph V.，360，约瑟夫·V·洛斯卡尔佐

Love：爱
    related to belief in God，220，223，与信仰上帝相关的爱

Loyalty：忠诚
    allied with regimentation，87，与组织化相联系的忠诚

McCooey，John H.，346，347，348，349，351，352，380，约翰·H·麦库伊；*See also* Seabury investigation，另参见：西伯里调查

McCooey，John，Jr.，380，小约翰·麦库伊

McCormick，James J.，357，詹姆斯·J·麦考密克

McColdrick，Joseph，259，约瑟夫·麦戈德里克；addresses bankers，113，约瑟夫·麦戈德里克向银行家们演说

Machado，Gerardo，310，311*n*，杰勒德·马查多

Macitosh，Douglas Clyde，213 and *n*，223，道格拉斯·克莱德·麦金托什；replies to Dewey on religion，417－422，道格拉斯·克莱德·麦金托什对杜威关于宗教的回应；view of God of，xxi－xxii，xxi*n*，214，215，217－218，219，227－228，道格拉斯·克莱德·麦金托什的上帝观

McQuade，James A.：詹姆斯·A·麦奎德
    testimony of，357－360，詹姆斯·A·麦奎德的证词；*See also* Seabury investigation，另参见：西伯里调查

Magistrates' Courts：裁判法院
    control of clerks in，373－377，裁判法院中职员管理；investigation of，370－377，裁判法院的调查；reform of，377，裁判法院的改革；*See also* Seabury investigation，另参见：西伯里调查

Mailly，Bertha H.，306，伯莎·H·迈利

Man：人类
    place of，in Dewey's philosophy，295，杜威哲学中人类的位置；related to cosmos，214，217，420－421，435，人类与宇宙联系；related to God，45－46，人类与上帝联系；universe and，37－38，宇宙和人类

Mandelbaum，Bernard，xxix*n*，伯纳德·曼德

28,35,426,神秘体验；*See also* Religion；Religions，另参见：宗教；各种宗教

Mysticism，25-27，神秘主义

*N*ation，66，305-306，《国家》

National Bureau of Economic Research：国家经济研究局

on national income，81-82，267，287-288，国家经济研究局关于国民收入

National Education Association，167，全国教育协会

National Grange，250，273，国家农庄；*See also* Farmers，另参见：农民

National Manufacturers Association，125，全国制造商协会

National Recovery Act：国家复兴法案

as topic in education，160-161，国家复兴法案作为教育中的话题

National Recovery Administration（NRA），84，280-281，297，387，388，全国复兴总署

Natural：自然的

vs. supernatural，30，37，46-48，294-295，429，434，自然的与超自然的；*See also* Religion；Religions，另参见：宗教、诸般宗教

Natural religion：自然宗教

concept of，43，自然宗教的概念

Natural resources：自然资源

People's Lobby on，289-290，人民游说团谈及自然资源

Natural rights：自然权利

George on，301-302，乔治谈及自然权利

Neoplatonism，25-26，新柏拉图主义

New Deal，166，259，296，297，新政；People's Lobby on，280-281，人民游说团谈及新政

New Education：development in，200，新教育中的发展；Mencken on，408-410，门肯谈及新教育；subject-matter in，199，新教育中的素材

"New England Reformers"（Emerson），xxvi and *n*，《新英格兰改革派》（爱默生）

New Pedagogy，新教学法；*See* New Education，参见：新教育

New Republic，293 and *n*，《新共和》

Newton，Issac，241，艾萨克·牛顿

New York City，112，121，122，191，257，265，271，纽约；administrative function of，383，纽约的行政功能；banks in，114-115，纽约的银行；bus franchises in，365-366，385，纽约的巴士专营权；choosing judges in，348-353，在纽约选择法官；City Club of，354，纽约的城市俱乐部；Civil Service Reform Association in，356，纽约的公务员改革协会；Council in，381，382，383，384，纽约的议会；Court of Special Sessions in，377，纽约的地方刑事法庭；departments of，346，361，362，363，364，365，366，369，380，381，382，383，纽约的各个部门；incomes of district leaders in，355-361，纽约不同领导的收入；investigation of government of，346-385，纽约政府的调查；land values in，257-258，265，纽约的土地价值；Municipal Civil Service Commission in，381，384，纽约的城市公务员委员会；political party organization in，346-354，纽约的政党组织；Supreme Court in，384，350，369，377，379，纽约的最高法庭；Tammany Hall in，353，354，355，362，369，372，379，382，384，385，纽约的坦慕尼协会；zoning in，363，纽约的分区

New York Herald Tribune，113，《纽约先锋论坛报》

New York Times，287，310，311*n*，《纽约时报》

New York World-Telegram，364，《纽约世界报》

Niebuhr，Reinhold，71，73-74，110，莱茵霍尔德·尼布尔；on capitalism，399-405，莱因霍尔德·尼布尔谈及资本主义；on illusions, 108 and *n*, 莱因霍尔德·尼布尔谈及幻觉; on liberalism, 404 - 405, 莱因霍尔德·尼布尔谈及自由主义

Norris, Jean H. , 371, 吉恩·H·诺里斯

Norris-Sinclair Bill, 249, 诺里斯-辛克莱法案

Object of devotion, 220, 221, 414 - 417, 奉献的目标

Object of worship, 5, 9, 28, 29, 36, 221, 崇拜的目标

O'brien, John P. , 383, 约翰·P·奥布莱恩

Olvany, George W. , 362, 乔治·W·欧梵尼

"On the Character of Philosophic Problems" (Carnap), 303, 《哲学问题的性质》(卡纳普)

Orthodoxy: 正统性

Santayana's philosophical, 240 - 241, 243, 桑塔亚那哲学的正统性

Otto, Max Carl, xxi and *n*, 213; 马克斯·卡尔·奥托; and existence of God, 214, 215, 224, 227, 马克斯·卡尔·奥托与上帝的存在; *See also* Religion; Religions, 另参见: 宗教; 诸般宗教

Paine, Thomas, 298, 托马斯·潘恩

Parity: 平价

AAA report on, 84 - 85, 3A 机构关于平价的报告

Parker, William Stanley, 262, 威廉·斯坦利·帕克

Patriotism: 爱国主义

in education, 161, 教育中的爱国主义

People's Lobby: 人民游说团

advocates public ownership program, 285 - 286, 人民游说团主张公有制计划; advocates socialization system, 289 - 290, 人民游说团主张社会化制度; conference of 285, 人民游说团会议; on congressional duties, 287 - 288, 人民游说团谈及国会职责; lists programs for

Congress, 276, 人民游说团为国会列出计划; on needs of farmers, 249 - 251, 人民游说团谈及农民的需求; recommends land tax, 266, 人民游说团建议土地税; requests special session on debts, 269 - 270, 人民游说团要求关于债务的特别会议; urges appraisal of New Deal, 280 - 281, 人民游说团催促评估新政; urges changes in taxation, 256 - 258, 282 - 284, 人民游说团催促税收改革; urges land and housing reforms, 263 - 264, 人民游说团催促土地和住房改革; urges reduction of debts, 255, 人民游说团催促削减债务; urges repeal of processing taxes, 273 - 274, 人民游说团催促撤销农产品加工税; urges revision of Revenue Act, 259, 260, 274, 人民游说团催促修订税收法案; urges solution to banking crisis, 254 - 255, 人民游说团催促解决银行危机; urges solution to depression, 261 - 264, 人民游说团催促解决大萧条; urges unemployment relief, 253, 人民游说团催促缓解失业

People's Lobby Bulletin, 249 - 289, 《人民游说团公告》

Perry, Harry C. , 356, 哈里·C·佩里

Philipson, Raphael, 320, 345, 拉斐尔·菲利普森; *See also* Grievance Committee, 另参见: 申诉委员会

Philosophic Approach to Communism, A (Brameld), 244 - 245, 《共产主义的哲学进路》(布拉梅尔德)

Philosophy: 哲学

according to Sanatayana, 240 - 243, 依据桑塔亚那的哲学; American radical, 298, 美国的激进哲学; of Brandeis, 237, 238, 布兰代斯的哲学; and communism, 92, 244 - 245, 哲学与共产主义; of education, 194 - 204, 309, 教育哲学; of George, 63 - 64, 299, 300 - 301, 乔治的哲学; of history and politics，71-72，历史及政治哲学；place of man in Dewey's，295，杜威哲学中人类的位置；political，of LIPA，67-79，独立政治行动联盟的政治哲学；related to social condition，236，哲学与社会现状相关

Philosophy of Henry George，*The*（Geiger），299，《亨利·乔治的哲学》（盖革）

Philosophy of John Stuart Mill，*The*（Cohen），xxxin，《约翰·斯图亚特·穆勒的哲学》（科恩）

Pinchot，Gifford，286，吉福德·平肖

Plato，xiii，柏拉图

Plenty，81，富裕；*vs.* poverty in society，61-62，社会中的富裕与贫穷

Political economy：政治经济学

of George，299-300，乔治的政治经济学

Politics：政治

allied with economics，163，政治与经济相结合；and control of Magistrates' Courts，370-377，政治与地方法庭的控制；future of technocracy in，312，政治中技术专家治国论的未来；and government of New York City，346-385，政治与纽约政府；holders of power and，76-77，权力的持有者与政治；influence on business of，360-361，政治生意的影响；LIPA and，67-70，307，独立政治行动联盟与政治；manifested in unions，333-334，在工会中政治的显示；Mencken on relation of schools and，406-407，408，门肯谈及学校与政治的关系；need for new interest in，162-163，需要对政治的新兴趣；need for unity in，74-75，需要政治统一；Niebuhr on，339，400-401，尼布尔谈及政治；parties and，66，79，80，297，政党与政治；and philosophy of history，71-72，政治与历史哲学；revolution in，296，298，政治中的革命；and social

conditions，231，234-335，政治与社会现状；Teachers Union and，318-319，338，339，教师工会与政治

Polytheism，294，多神教

Porter，Russell：拉塞尔·波特，on situation in Cuba，310-311，拉塞尔·波特谈及古巴的现状

Poverty，81，贫穷；*vs.* plenty，61-62，贫穷与富裕

Power：权力

kinds of，in social affairs，109，社会事务中各种各样的权力；politics and holders of，76-77，政治与权力的持有者；purchasing，277，280，281，购买力

Prayer：祈祷

Wieman on Prayer，433-434，威曼谈及祈祷

Prejudice：偏见

role of schools in eliminating，203-204，在消除偏见中学校的角色；in Teachers Union，316-318，322，326，教师工会中的偏见；*See also* Grievance Committee，另参见：申诉委员会

President's Research Committee on Social Trends，133，229，230，231，235，社会趋势总统研究委员会

Producers：生产者

compared with consumers，64，83-84，85-86，生产者与消费者相比较

Production，134，289，生产；*vs.* consumption，232-233，生产与消费；and distribution，250，285，生产与分配；farm，287，生产与农场；*See also* Economics，另参见：经济

Profit：利润

related to unemployment，65，289，与失业相关的利润

Progress and Poverty（George），61-62，300，《进步与贫困》（乔治）

Progressive education，151，194，先进的教育；*vs.* traditional education，153-154，

155－156,157,199,先进教育与传统教育

Progressive Group:先进团体

in Teachers Union, 323, 324, 335, 337, 340,342,教师工会中的先进团体;*See also* Grievance Committee,另参见:申诉委员会

Progressive integration:逐步整合

of Wieman, 432,439,威曼的逐步整合;*See also* Religion,另参见:宗教

Propaganda:政治宣传

use of radio for, 309,利用无线电政治宣传

Proposals:倡议

vs. assertions in philosophy of Carnap, 304,卡纳普哲学中的倡议与主张

Protestantism:新教

vs. Roman Catholicism in relation to God, 45－46,新教与罗马天主教与上帝的关系;*See also* Religions,另参见:各种宗教

Psychology:心理学

effect on education of,183,心理学对教育的影响;related to education, 150－151, 155,179,191,409,心理学与教育相关; related to religion, 3,57,心理学与宗教相关;Santayana relates morals to,241, 桑塔亚那将道德与心理学联系起来

Public Works Administration(PWA), 286, 公共工程管理局

Queens County, N. Y. ,346,350－53,360－61,378,纽约昆斯县;*See also* Seabury investigation,另参见:西伯里调查

Quick, Herbert:赫伯特・奎克, on farm situation, 262－263,赫伯特・奎克谈及农场的情况

Radicalism:激进主义

in U. S. ,297,298,美国的激进主义;*See also* Politics,另参见:政治

Radio:无线电

used for social education, 309,利用无线电进行社会教育

Rand School of Social Science:社会科学的兰特学校

organizations and facilities supported by, 305－306,社会科学的兰特学校支持的组织和设施

Rank and File Group:会员团体

accusations of, 325－326,会员团体的指控;compared with other groups, 340,会员团体与其他团体比较; in Teacher Union, 323, 324, 327, 328－329, 334, 335－336,337,341,342,教师工会中的会员团体;*See also* Grievance Committee; Teacher Union,另参见:申诉委员会;教师工会

Rasquin, Almon G. , 348,阿尔蒙・拉斯金

Realism:现实主义

Niebuhr on political, 404－405,尼布尔谈及政治现实主义;religious, 422,宗教现实主义

Recent Social Trends in the United States, 229－236,《美国最近的社会趋势》

Reconstruction:重建

in education, 393－395,教育中的重建

Reconstruction Finance Corporation(RFC), 253, 262, 286,复兴银行公司; role in helping schools, 125,复兴银行公司在帮助学校中的角色

Recreation:娱乐活动

affects character, 191－192,娱乐活动影响性格

Red-baiting:政治迫害

and Teachers Union, 316, 322, 326, 330, 339,340,341,政治迫害与教师工会;*See also* Grievance Committee,另参见:申诉委员会

Reform:改革

monetary, 296－297,货币改革

Regimentation:组织化

allied with loyalty, 87,组织化与忠诚相联

展；importance of scriptures to，3，经典对诸般宗教的重要性；objects of worship in，5，28，29，36，211，诸般宗教中崇拜的对象；Otto's view on，214，215，奥托对诸般宗教的看法；role of legends in，40，传说在诸般宗教中的角色；*vs.* secularism，xviii - xix，43，44，45 - 46，55 - 56，宗教与世俗主义；symbolism in，28 - 29，215，诸般宗教中的象征主义

Religious experience：宗教经验

   Arnold on，xiv - xv，xvn，xvii - xviii，xviin，xxiv - xxv，xxvii，阿诺德谈及宗教经验；Bosanquet on，xxv and *n*，鲍桑奎谈及宗教经验；concept of，4，8 - 9，10 - 11，13，23 - 24，26，426，宗教经验的概念；as epiphenomenon，xiv，xxiv，宗教经验作为偶发现象；identified with supernatural，xxviii - xxix，3 - 4，宗教经验与超自然等同；imagination related to，13 - 14，与宗教经验相关的想象；Macintosh on，418，麦金托什谈及宗教经验；opposed to religion，4，8 - 9，29，宗教经验与宗教相反；Royce on，xxviii and *n*，罗伊斯谈宗教经验

Religious function，434，宗教的功能

Renaissance：文艺复兴

   related to religion，xix，与宗教相关的文艺复兴

Rendt，David S.，346，347，348，351，大卫·S·伦特

Republican party，290，共和党；in New York City，349 - 353，355，379，382，384，纽约的共和党

Revolution：革命

   Brameld's view of，245，布拉梅尔德的革命观；as national crisis，77，革命作为国家的危机；Niebuhr on，402 - 403，尼布尔谈及革命；political，296，298，政治革命

"Revolutions in Science"（Santayana），242 - 243，《科学中的革命》（桑塔亚那）

Rieber，Clara，320，321，克莱拉·里伯；*See also* Grievance Committee；Teachers Union，另参见：申诉委员会、教师工会

Rights：权利

   according to American Liberty League，89，依据美国自由联盟的权利

Rites：仪式

   role of religious，40 - 41，427，宗教仪式的角色

Robert Schalkenbach Foundation，61*n*，罗伯特·沙尔克巴赫基金会

Rodman，Selden，296，塞尔登·罗德曼

Roman Catholicism：罗马天主教

   vs. Protestantism in relation to God，45 - 46，罗马天主教与新教与上帝的关系

Roosevelt，Franklin D.，260，289，富兰克林·D·罗斯福；administration of，296，富兰克林·D·罗斯福的政府机关；and banks，254，255，富兰克林·D·罗斯福与银行；and Democratic party，400 - 401，富兰克林·D·罗斯福与民党；letters to，265 - 266，269 - 270，273 - 274，277 - 278，致富兰克林·D·罗斯福的信；policies of，277 - 279，280，297，富兰克林·D·罗斯福的政策；related to Seabury investigation，355，356，369，富兰克林·D·罗斯福与西伯里调查相关；role of，in economic crisis，78 - 79，287，288，经济危机中富兰克林·D·罗斯福的角色

Rousseau，Jean Jacques，195，让·雅克·卢梭

Royce，Josiah：乔赛亚·罗伊斯

   on religious experience，xxvii and *n*，罗伊斯谈宗教经验

Rugged individualism：强烈的个人主义

   concept of，205，207，208，231，238，强烈的个人主义观念

Russell，Bertrand，91，伯特兰·罗素

Salaries：工资

Shouse, Jouett, 89,朱厄特·肖斯;*See also* American Liberty League,另参见:美国自由联盟

Silbermann, Jesse:耶西·西尔伯曼

testimony of, 372 - 373,耶西·西尔伯曼的证词;*See also* Seabury investigation,另参见:西伯里调查

Sisto, J. A. ,366,J·A·西斯托

Skepticism, xx, 怀疑主义; according to Santayana, 242,243,依据桑塔亚那的怀疑主义

Smith, J. Allan, 365,J·艾伦·史密斯

Social conditions:社会现状

ethics and study of, 235,236,伦理学和社会现状研究;*laissez faire in*, 52,54,社会现状中的放任自由,and morals,229,社会现状与道德;philosophy related to, 236,与社会现状相关的哲学;politics and, 231,234 - 235,政治与社会现状;topics discussed in study of, 229 - 230,社会现状研究中讨论的话题

Social Democratic party, 289,社会民主党

Socialism, 76 - 77, 社会主义; Niebuhr on fascism *vs.* , 402 - 403,尼布尔谈及法西斯主义与社会主义

Socialist party, 66 - 69,社会党

Social order:社会秩序

Bellamy on, 102 - 106,贝拉米谈及社会秩序;Brandeis on, 237,布兰登斯谈及社会秩序;churches lag in, 46,54 - 55,教会滞后于社会秩序;committees studying, 167,委员会委员研究社会秩序;development of new, 297,新的社会秩序的发展;and economics, 208,229,231, 232,234 - 235,312,社会秩序与经济;and history, 205,社会秩序与历史;Niebuhr on, 402 - 404,尼布尔谈及社会秩序;relation of education to, 131 - 132,159, 167 - 168, 182 - 183, 184 - 185,教育与社会秩序的关系;role of

teachers in, 134 - 135,167,206,207, 208 - 209,社会秩序中教师的角色;schools and new, 167 - 168,192 - 193, 207 - 208,学校与新的社会秩序

Social planning:社会计划

need for, 133 - 134, 230 - 232,需要社会计划

Social problems (George), 62 - 63,《社会问题》(乔治)

Social reconstruction:社会重建

and schools, 127,社会重建与学校

Social relations:社会关系

Brameld's view of, 244 - 245,布拉梅尔德的社会关系观;supernatural and, xix, 49 - 50,52,53 - 55,超自然与社会关系;*See also* Religion;Religions,另参见:宗教、诸般宗教

Social struggle:社会斗争

Niebuhr's views on, 399 - 405,尼布尔的社会斗争观

"Social Thought of Mr. Justice Brandeis, The"(Lerner), 237 - 238,《布兰代斯的社会观》(勒纳)

Social trends:社会趋势

conflict in, 234 - 235,社会趋势中的斗争;president's Research Committee on, 229,230,231,235,社会趋势总统研究委员会

Society:社会

education related to, 127 - 128,132,133, 142 - 144, 151 - 152, 175, 180, 183 - 184,185, 200 - 202, 203 - 204, 207 - 208,教育与社会相关;effect of child care on, 233 - 234,保育对社会的影响;effect of communism on, 94 - 95,共产主义对社会的影响;effect on character of, 191, 社会对性格的影响;effect of science on, 96 - 97,100,101,108 - 110,科学对社会的影响;emotions affecting, 52 - 53,54 - 55,情感影响社会;George on problems

《共同信仰》第一版关键页码标注

　　　以下列表将 1934 年版(耶鲁大学出版社出版的《共同信仰》)与本版本的页码标注联系起来。冒号前面是 1934 年版的页码,冒号后面的是当前版本的页码及相关文本。

1:3	23:16 – 17	45:31	67:45
2:3 – 4	24:17 – 18	46:31 – 32	68:45 – 46
3:4 – 5	25:18	47:32	69:46
4:5	26:18 – 19	48:32 – 33	70:46 – 47
5:5 – 6	27:19 – 20	49:33 – 34	71:47 – 48
6:6	28:20	50:34	72:48
7:6 – 7	29:21	51:34 – 35	73:48 – 49
8:7 – 8	30:21 – 22	52:35 – 36	74:49 – 50
9:8	31:22 – 23	53:36	75:50
10:8 – 9	32:23	54:36 – 37	76:50 – 51
11:9 – 10	33:23 – 24	55:37 – 38	77:51
12:10	34:24	56:38	78:51 – 52
13:10 – 11	35:24 – 25	57:38 – 39	79:52 – 53
14:11	36:25 – 26	58:-	80:53
15:11 – 12	37:26	59:40	81:53 – 54
16:12 – 13	38:26 – 27	60:40 – 41	82:54 – 55
17:13	39:27 – 28	61:41	83:55
18:13 – 14	40:28	62:41 – 42	84:55 – 56
19:14 – 15	41:28 – 29	63:42 – 43	85:56 – 57
20:15	42:29	64:43	86:57
21:15 – 16	43:29 – 30	65:43 – 44	87:57 – 58
22:16	44:30 – 31	66:44 – 45	

译后记

  自从本人作为"发起成员"之一,着手翻译《杜威早期著作》第四卷,迄今已过去七八年了。记得当年自己把翻译《杜威早期著作》第四卷作为唯一重要的学术活动,加班加点地工作,率先完成了自己那部分任务。正所谓风水轮流转,原来"早起的鸟儿"由于各种原因,在翻译《杜威晚期著作》第九卷时却沦为催稿对象,不禁唏嘘。也因此而对他人多了一份理解,对出版社多了一份歉疚。好在如今终于译成了!

  作为局外人,也作为局内人,几乎见证了整个项目的肇始和历史,庆幸自己成为其中的参译者之一;也庆幸随着物换星移,杜威在其晚期著作第九卷中的行文比早期著作第四卷"更像英文"了!尽管杜威仍然不失佶屈聱牙的风范,但毕竟让人容易迻译了一些。鉴于杜威的句子行文艰涩和冗长的一贯风格,译文在某些地方难免有这方面的表现。当然,这并不能成为译文出现欠当的借口。此外,尽管文责自负,但本卷的其他两位译者都是自己的学生一辈,译文如有不周之处,本人作为负责人和校改人,自然难辞其咎。

  下面就本卷的分工情况作些交代:王新生负责翻译"导言"、《共同信仰》、"文本研究资料"中的《文本注释》和《文本说明》,以及封面前后勒口的文字,并适当地作些译注;朱剑虹负责翻译"论文"、"杂记"、"附录"、"索引"部分,以及"文本研究资料"中除《文本注释》和《文本说明》之外的部分;沈诗懿负责翻译"书评"、"人民游说团公告"、"报道和访谈"部分。

  尽管《杜威晚期著作》第九卷有不同的话题,但是我认为,倘若要找出本卷的主题与核心的话,那么,非"杜威的宗教观"莫属;之前只是零星可见的杜威宗教观一览无余地呈现在《共同信仰》以及相关的讨论和评论中。借此,读者可以比较全面而集中地了解杜威的宗教立场、主张和特点。而对于全面研究杜威的研究者,以及想要大致了解本卷各篇文章的主要内容和前因后果的读者而言,导言和文本研究资料中的"文本说明"则是最好的切入点。

最后,对于华东师范大学出版社领导的关心和编辑的辛勤劳动表示由衷的感谢,并恳请同侪巨擘和广大读者不吝指教。

王新生
于复旦大学光华楼
2015 年 3 月 4 日

图书在版编目(CIP)数据

杜威全集.晚期著作:1925～1953.第9卷:1933～1934/
(美)杜威著;王新生等译.—上海:华东师范大学出版社,
2015.4
ISBN 978－7－5675－3377－6

Ⅰ.①杜…　Ⅱ.①杜…②王…　Ⅲ.①杜威,J.(1859～
1952)—全集　Ⅳ.①B712.51－52

中国版本图书馆 CIP 数据核字(2015)第 075955 号

国家社科基金重大项目资助(项目批准号:12＆ZD123)

杜威全集·晚期著作(1925—1953)
第九卷(1933—1934)

著　　者　(美)约翰·杜威
译　　者　王新生　朱剑虹　沈诗懿
策划编辑　朱杰人
项目编辑　王　焰　朱华华
审读编辑　曹利群
责任校对　高士吟
装帧设计　高　山

出版发行　华东师范大学出版社
社　　址　上海市中山北路 3663 号　邮编 200062
网　　址　www.ecnupress.com.cn
电　　话　021－60821666　行政传真 021－62572105
客服电话　021－62865537　门市(邮购)电话 021－62869887
地　　址　上海市中山北路 3663 号华东师范大学校内先锋路口
网　　店　http://hdsdcbs.tmall.com

印　刷　者　上海中华商务联合印刷有限公司
开　　本　787×1092　16 开
印　　张　32
字　　数　515 千字
版　　次　2015 年 4 月第 1 版
印　　次　2015 年 4 月第 1 次
印　　数　1—2100
书　　号　ISBN 978－7－5675－3377－6/B·927
定　　价　108.00 元

出　版　人　王　焰

(如发现本版图书有印订质量问题,请寄回本社客服中心调换或电话 021－62865537 联系)